本书出版得到
国家重点文物保护专项补助经费资助

明蓟镇长城

1981～1987年考古报告

第六卷　喜峰口　洪山口

河北省文物研究所　编著

主　编　郑绍宗

副主编　韩立森　郑立新

文物出版社

2013·北京

封面题签　宿　白
盒封照片（金山岭长城）　罗哲文

封面设计　周小玮
责任印制　陈　杰
责任编辑　刘　昶

图书在版编目(CIP)数据

明蓟镇长城:1981～1987年考古报告. 第6卷，喜峰口、洪山口／河北省文物研究所编著. —北京：文物出版社，2013. 1

ISBN 978－7－5010－3657－8

Ⅰ. ①明… Ⅱ. ①河… Ⅲ. ①长城－考古发掘－发掘报告－明代 Ⅳ. ①K878. 05

中国版本图书馆CIP数据核字（2012）第313795号

明蓟镇长城——1981～1987年考古报告

第六卷　喜峰口　洪山口

河北省文物研究所　编著

*

文物出版社出版发行

北京市东直门内北小街2号楼

邮政编码：100007

http://www.wenwu.com

E－mail:web@wenwu.com

北京中达兴雅印刷有限公司印刷

新　华　书　店　经　销

889×1194　1/16　印张:23.5

2013年1月第1版　2013年1月第1次印刷

ISBN 978－7－5010－3657－8　定价：330.00元

总　目

目　次

实测图目次

图版目次

第十章　铁门关　董家口　青山口长城

（第十四测区长城［属喜峰口路］）

第一节　铁门关—青山口段边墙建筑遗迹

本测区为第十四测区（属喜峰口路），是由西往东进行考察的，长城内侧属迁西县，外侧（即北侧）属青龙县。敌台编号西接十三测区，即从铁门关口（倒流河）东青山口台72号开始，依次向东，过石家峪北贾庄，沿东西行的女儿山脊呈一直线东行，越过海拔754.2米的女儿山顶峰，东过龙凤沟北，山势下降到海拔511米，东越长河到董家口，主体墙在东沟村北山脊上继续东偏北行，过812米高峰，东偏北过拔云峰在黑沟梁尖东南行到青山口。长城墙体总体保存较好，特别是女儿山东西。此段考察从1983年12月开始，到1984年春结束。

长城主体墙	全长20273.5米（其中砖墙3420.5米、石墙12106米、山险墙4747米）
附墙体	1020米（其中石墙770米、山险墙250米）
敌　台	59座
墩　台	17座
烽　墩	6座
关　隘	3处
便　门	15处
房　基	14座
炮　台	11处
城　堡	7处（内有1马圈城）
水门洞	1处
碑　碣	21处

本测区编号延续十三测区，以青山口为敌台代号字头，从青山口台72号开始，其他遗迹基本是穿插在敌台中间的墙体上，以保墙体的完整。下面从铁门关口倒流河东的青山口台72号依次向东叙述（图［14］001～026）。

（七二）青山口台72号

位于铁门关口东40米的平山坡上。

楼体已毁，只存部分墙基址（图版［14］001）。

楼基　因山坡度高差，西侧用四层条石平铺，东部就山坡而筑。平面长方形，东西5、南北7、存高1.5米。

从青山口台72号到青山口台73号为773米，其中有320米筑有墙体。墙体从青山口台72号往东，在东山梁脊东行经110米窄墙后，出现山险墙，东行又出现断续窄墙，墙宽1～4、残高0.5～0.2米，大部用毛石、白灰勾抹砌起。在青山口台73号西侧出现一段砖墙，基底用两层条石平铺，以上用砖到顶，白灰勾缝。

（七三）青山口台73号

俗称“洼楼”。

位于铁门关口东侧高山顶部。

楼体早年已毁，仅存方形楼基。

楼基　下石上砖筑起。平面近方形，东西8、南北10、存高1.5米。

墙体从青山口台73号东偏南行610.5米到达青山口台74号。其中大部分为窄体石墙，石墙宽3、存高2米。另有100米为山险墙。

（七四）青山口台74号

正南北向。俗称“双楼子”。

位于柴火沟北侧山梁较缓处。

楼体部分毁坏，整体结构保存较好，顶塌，仍存垛口墙。存基高3.5、通高7.2米（图版［14］002）。

楼基　底部用三层条石平铺，以上砖砌，白灰勾抹。平面长方形，东西12.5、南北9、存高3.5米（图［14］027）。

楼体四墙　东墙一门一箭窗，西墙一门，南、北两墙各四箭窗。

西墙　有一门。门位于墙的北侧，直对前面的马道。门拱券形，石制，由下而上为石门枕、石门柱、一字石，再上为三块弧状石起拱。门高1.88、宽0.9、进深0.47米，门内券高2.19、宽0.9、进深0.8米（图［14］028）。

东墙　有一门一箭窗。门口已毁，形制同西墙，内券宽1、高2.17、进深0.8米。箭窗单券单伏，窗宽0.52、高0.8、进深0.38米，窗内龛宽1、高1.71、进深0.9米。窗台石制，上有盲孔，距地面0.8米。

南、北两墙　各有四箭窗。皆单券单伏，窗间距1.8米，窗宽0.53、高0.78、进深0.38米，内券龛宽1、高1.7、进深0.9米。窗台下距地面0.8米（图［14］029）。

楼体内部结构　由东西两道筒拱和中间一道隔墙组成。筒拱长10.3、宽2.35、高3.13米（图［14］030）。隔墙上设三券门，作为南北通道，门间距1.6米，宽0.77、高1.72、进深（过道）1.6米（图［14］031）。

梯道　位于隔墙西侧。呈拱洞形，宽0.52、高1.85米，由北向南梯洞长2.55、宽0.7米。梯洞用毛石砌筑，结构不坚，已毁。梯道上口在西南角，长2.1、宽0.7米。

楼顶　中间设一长方形楼橹，门朝南，东西7、南北3.5、墙厚0.4米，可能是面一进三。顶周有一周菱角檐。垛口墙长1.7、存高0.8米，垛口宽0.5米。在垛口墙西侧有一残吐水嘴（图［14］032）。

从青山口台74号到青山口台75号为379米，其中51米为山险墙，多筑削坡。石墙体从青山口台74号沿柴火沟东北侧山梁东行，墙体窄小多毛石干砌，一般不用石灰，筑于山脊上。石墙体宽3.5、内高0.5～1、外高1～2米。

便门12号

在青山口台74号西侧有一段墙体为砖筑，基底铺两层条石，上有一座便门，门宽1.5米，拱券已塌，门内西侧有砖阶。

（七五）青山口台75号

俗称“双眼楼”或“尖楼子”。

位于柴火沟东北侧高山顶部。

楼体早年已毁，仅存四墙和楼基。存基高2.5、通高6.5米（图版［14］003）。

楼基　基底南侧用四层条石平铺，北侧用三层，以上用砖，白灰勾抹。平面方形，东西10、南北8、基高2.5米。

楼体四墙　东墙未筑门、窗，西墙有一门，南、北两墙各有两箭窗。

西墙　有一门。门在中间，石制，由下而上为门槛、左右石门柱、一字石和三块弧状石筑成的拱券。门宽0.67、高1.65、进深0.29米，门内券宽1.12、高2.2、进深0.8米。

南、北两墙　以南墙为例，有两箭窗，箭窗间距2.42米，两边箭窗距墙外皮1.3～1.39米。箭窗拱券形，宽0.61、高0.87、进深（边墙厚）0.41米，窗内券宽1.46、高1.9、进深1.91米，窗台距地面高0.8米。

楼体内部结构　为东西一道筒拱。筒拱长9.18、宽2.8、高3.47米。

梯井　位于筒拱东侧，井下为砖阶。梯井南北长4.7、宽0.77、砖阶宽0.77、台阶高1.85米。

楼顶　已毁，存残垛口墙，高0.5～1.6米。

从青山口台75号到青山口台76号为422米。墙体从青山口台75号沿柴火沟东侧山梁向女儿山方向爬行。墙因山险，修筑简单，毛石干砌，大部分为山险墙。墙宽2.5、存高0.5～1.5米。推测墙体可能为明初完成。

（七六）青山口台76号

俗称“五眼楼”。

位于贾庄大队北250米女儿山西侧的山梁上。西为尖楼，东南为上城子和下城子。

楼体墙基和墙体大部分保存完整，唯顶部塌陷。

楼基　用三层条石平铺，以上用砖，白灰勾抹。平面长方形，东西13.9、南北8、基高4米。

楼体四墙　东、西两墙筑一门一箭窗，早年已毁，南、北两墙有五箭窗。因无法攀登而未实测楼体内部结构，据推断为东西向两筒拱一隔墙（图版［14］004）。

楼顶　原有楼橹，现已无。因楼内有碎瓦可证。

从青山口台76号到青山口台77号为357米，其中230米为山险墙。墙体从青山口台76号向东面女儿山方向爬行，山缓处筑墙，山险处筑单边墙或山险墙，墙高0.5~2、厚3米，墙体用毛石干砌。中途经过便门13号。

便门13号

位于青山口台77号西15米墙体内侧。口门宽1.5、存高2、进深1.5米，门内东侧有阶梯可达楼内。

（七七）青山口台77号

位于贾庄北第四生产队正北300米女儿山西侧山梁上，正东为女儿山主峰。

楼体早年已毁，仅存砖石残墙体和楼基，楼顶彻底塌陷。

楼基　平面长方形，东西14.5、南北7、存高2.5米。因毁坏严重，结构不清。

从青山口台77号到青山口台78号为2876米。主墙体从青山口台77号向东筑49米石墙，宽4、存高2.5米，毛石干砌。再东因山险，利用陡峭山体不筑墙，直向东550米到达女儿山西北侧一高山，再东1200米到达女儿山主峰。女儿山是附近制高点，海拔754.2米①，女儿山南为上城子，东南为下城子，西为贾庄。主峰距上城子不足1000米，上城子有可能为胜岭砦。

胜岭寨口

上城子东为榆树口村。据记载女儿山主峰东侧可能有一关口，估计是胜岭寨口。具体口门未找到，已多年毁坏不存了。

从青山口台77号向南沿女儿山山脊东行1799米到达女儿山墩台。

墩台25号（原编墩台01号）

俗称“女儿山墩台”。

位于女儿山顶端，为制高点。墩台东南为榆树口，即大榆树村，东北为分水岭岭根村。墩台石砌，平面方形，白灰勾抹。边长5、高2米。

榆树口

现痕迹皆无，只能大体推测其位置位于墩台25号东部。

从墩台25号即女儿山顶东行375米山险墙有一座房基。

房基7号（原编房基01号）

平面长方形，东西8、南北4、存墙高1米。

从墩台25号沿女儿山脊东行，出现窄体石墙385米，到达墩台26号（墩台在山脊顶者有可能为烽墩）。

墩台26号

位于石墙体上。毛石砌筑，白灰勾抹。长5、宽5、高2米。

墙体从墩台26号东偏南行308米到达青山口台78号。墙宽3.5、高0.5~1.5米，外高于内。

（七八）青山口台78号

位于女儿山东侧半山坡、凤凰沟北侧的山梁上。

---

① 五万分之一图标，喜峰口K－50－120－T。

楼体方柱形，依山的斜坡而筑，结构基本保存，部分已坍塌。存基高 4.2、楼体高 3.7、通高7.9 米。

楼基　用两层毛石铺底，以上用三层条石平铺，再上为砖铺，白灰勾抹。平面方形，边长 10、存高 4.2 米。

楼体四墙　东、西两墙一门两箭窗，南、北两墙各设三箭窗（图版［14］005）。

东墙　有一门两箭窗。门在中间，箭窗位列左右，门左右距两箭窗各为 2.04 米。门拱券形，两券两伏，门宽 0.74、高 1.65、进深 0.38 米，门内券宽 1.2、高 2.27、进深 1.2 米。箭窗拱券形，宽 0.63、高 0.97、进深 0.27 米，窗内龛宽 1、高 2.29、进深 1.16 米，窗台下距地面 0.77 米。

西墙　有一门两箭窗。形制同东墙。

南墙　有三箭窗。间距 1.67 米，形制相同，皆为拱券形，宽 0.63、高 0.99、进深 0.27 米，窗内龛宽 1、高 2.29、进深 1.16 米，窗距楼顶檐 0.77 米。

北墙　有三箭窗。形制同南墙。

楼体内部结构　由东西三道筒拱和中间两道隔墙组成。筒拱长 9.46、高 3.8 米，中部筒拱宽 2、两侧宽 1.5 米，隔墙上有三券门，券门宽 1.21、高 2、进深（过道）1.23 米。

楼顶　因无法攀登，结构不详。

从青山口台 78 号北行 241 米为青山口台 79 号。此段墙体为窄体墙，毛石干砌，宽 3.5、高 0.5 ~ 1.5 米，墙内侧高 0.2 ~ 1 米。中途经过房基 8 号。

房基 8 号

位于墙体北侧。石砌，平面方形，边长 4、存高约 1 米。

（七九）青山口台 79 号

位于女儿山东、龙凤沟北侧山顶上，东北 500 米为宽城碾子峪公社大屯大队。

楼体方柱形，大部分保存，基底、墙体结构均存。基高 3.65、残通高 7.65 米。

楼基　先用三层毛石砌基，再上平铺三层条石，以上砖包到顶，白灰勾抹。平面方形，东西 11.5、南北 10、基高 3.65 米。

楼体四墙　东、西两墙各设一门两箭窗，南、北两墙各设三箭窗。

东墙　有一门两箭窗。门在中间，箭窗分列两侧。门拱券形，门宽 0.77、高 1.4、进深 0.37 米，门内券宽 1.24、高 2.1、进深 1.1 米。门距两侧箭窗为 1.8 米，箭窗拱券形，窗宽 0.62、高 0.97、进深 0.3 米，窗内龛宽 1.03、高 2、进深 1.1 米（图版［14］006）。

西墙　有一门两箭窗。形制同东墙。

南墙　有三箭窗。间距 2.3 米，形制相同，皆拱券形，宽 0.62、高 0.97、进深 0.3 米，窗内龛宽 1.03、高 2.1、进深 1.1 米。

北墙　有三箭窗。形制同南墙。

楼体内部结构　由东西三道筒拱和两道隔墙组成。筒拱通长 10.8、高 3.5 米，中央筒拱宽 1.75、两侧筒拱宽 1.45 米。隔墙上有三拱券门，尺寸相同，宽 0.97、高 2.15、进深 1.24 米，各门间距 2.37 米。

梯井　在南侧筒拱的西侧设一梯井，长 1.55、宽 0.7 米。

壁龛　在北侧筒拱的墙壁上设一个小型壁龛，宽 0.24、高 0.3、进深 0.2 米。

楼顶　因无法攀登，结构不清。

从青山口台 79 号到青山口台 80 号为 749.5 米。墙体从青山口台 79 号南行 276.5 米到达墩台 27 号。墙体位于较缓的山梁上，向南爬行，石筑，宽 3、存高 0.5～1、墙外高 2 米。从青山口台 79 号往南 80 米石墙用白灰勾抹，80 米以外为毛石干砌，或削坡筑墙（图［14］033）。

墩台 27 号

石砌，平面方形，边长 5、高约 1.5 米。

从墩台 27 号东行 473 米到达青山口台 80 号。墙体由窄变宽，仍毛石砌筑，宽 3.5、高 2.5 米。其中有 25 米为山险墙。

（八〇）青山口台 80 号

位于宽城县碾子峪公社南屯大队南坡的顶部。楼北 350 米为南屯村。

楼体已毁，仅存楼基。

楼基　用三层条石平铺，以上用砖。平面方形，东西 11、南北 10、存高 3.5 米（图版［14］007）。

从青山口台 80 号到青山口台 81 号为 694 米。墙体从青山口台 80 号东行 316 米到达墩台 28 号和房基 9 号。墙体宽窄结合，宽 1.5～3、外侧高 0.5～1.3、内侧高 1.8～2 米。因山势陡峭，墙体砌筑简单，部分顶部还存有垛口墙，墙宽 0.8、存高 0.9～1.2 米。墙体毛石干砌，而垛墙则为毛石加白灰砌筑。

墩台 28 号

位于墙体内侧。石砌，平面方形，边长 6、高 1.5 米。

房基 9 号

位于墩台 28 号西侧。石砌，平面长方形，东西 6、南北 4、残墙高 1 米。

墙体从墩台 28 号东南行 218 米到达“八角城”，又东南行 160 米到达青山口台 81 号。

八角城

位于南屯大队南侧山梁墙体南侧。所谓“八角城”并非完全八角形，只是因地形而筑成的不规则长圆形，弧度较大。北墙 75、南墙 85 米，东、西两侧为城门，门两侧均有门垛，门宽 2、进深 5 米，均设置在主体墙内侧。此城似为临时屯驻之地，并无其他特殊设施。

（八一）青山口台 81 号

位于南屯大队东南 600 米的山梁上，地势平缓。

楼体早年破坏，存楼基和楼体西半部。基高 2.5、通存高 5.5 米。

楼基　平铺一层条石，以上用砖筑起，白灰勾抹。平面方形，东西 9、南北 10、基高 2.5 米。

西墙　有一门两箭窗。门在墙体北侧，两箭窗在西墙中间和南端。楼门呈拱券形，与箭窗间距 1.76 米。门口外侧已毁，门内口宽 1.05、高 2.35、进深 0.95 米。箭窗宽 0.54、高 0.95、进深 0.4 米，窗内龛宽 1.03、高 2、进深 0.8 米，窗台下距楼地面 0.75 米（图版［14］008）。

东、南、北三墙　早年坍塌，结构不详。

楼体内部结构　由南北三道筒拱和中间两道隔墙组成。筒拱长 7.1、宽 1.6、高 2.3 米。两道隔墙各三券门，门宽 1、高 1.8、进深（过道）1.4 米。现隔墙、筒拱大部分毁坏。

梯道　位于中央筒拱东侧的隔墙中间，为洞券形，宽 0.54、高 2.15、进深 1.03 米。梯洞东西 0.66、南北 3.2 米。梯道口由东向西，然后再向北拐。梯道上口南北 2、东西 0.66 米。

楼顶　已毁，结构不清。

楼体东部形成一三角形护墙，楼体西侧护墙长 22、东侧 43 米。皆窄小石墙，宽 2、存高 3 米。楼体向东 200 米山顶上有一座烽墩。

烽墩 13 号

位于青山口台 81 号东 200 米的小山包上。烽墩在小长河南岸高地上，可俯控河道。

台体为石砌，存基址，平面圆形，直径 5 米。

从洪山口台 81 号到洪山口台 82 号为 89 米。主体墙从青山口台 81 号南行，地势逐渐降低，接近董家口，在龙凤沟东侧山梁上，顶部毁坏，墙南、北两侧用砖包砌，中填碎石、沙土，分析为二次筑成，可以肯定是先后两次完成。墙宽 5～6、外高 1.5～2、内高 1～1.5 米。

（八二）青山口台 82 号

俗称“洼子楼”。

位于迁西上营公社贾庄子大队第十生产队正东 400 米较缓的山梁上。

楼体毁坏，从门部塌裂，基址完好。基高 4.25、楼体存高 4.25、存通高 9.1 米。

楼基　基底平铺三层条石，以上用砖，白灰勾抹。平面方形，东西 10.5、南北 10.6、基高 4.25 米。

楼体四墙　南、北两墙一门两箭窗，东、西两墙三箭窗。

北墙　有一门两箭窗。一门设于中间，两箭窗分列两侧，门距箭窗为 1.4 米，箭窗距墙外皮 0.65 米。门上下裂开，外存宽 1.3、内存宽 1.3、存高 2.7、进深 1 米。箭窗宽 0.65、进深 0.4 米，高度不详，窗内龛宽 1.52、高 1.18、进深 1.53 米。窗台距楼基平面高 1.1 米（图版［14］009）。

南墙　有一门两箭窗。门外券已毁，内券宽 1.3、高 1.95、进深 1 米，西侧箭窗宽 0.6、高 0.97、进深 0.33 米，内券龛宽 1.2、高 2.23、进深 0.9 米，窗台距地面 0.9 米。

东墙　有三箭窗。间距 1.5 米，两侧窗距墙外皮为 0.65 米。箭窗外高 0.93、宽 0.6、进深 0.34 米，窗内龛高 2.34、宽 1.18、进深 0.82 米。

西墙　有三箭窗。窗宽 0.6、高 1.05、进深 0.34 米，窗内券龛宽 1.18、高 2.34、进深 0.82 米。

楼体内部结构　由南北三道筒拱和中间两道隔墙组成。筒拱呈券棚形，筒拱通长 9.92、高 3.8 米，中央筒拱宽 1.9、东侧宽 2、西侧宽 1.64 米。两道隔墙上各设三券门，形制相同，间距 2.15 米，门宽 1.13、高 2.21、进深（过道）1.12 米。

梯道　位于楼西墙南侧箭窗内券的北壁上。东西 0.74、南北 1.66 米，现梯道已毁。

楼顶　结构不清。

从青山口台 82 号到青山口台 83 号为 74 米。墙体从青山口台 82 号沿北低南高的山坡南行，为二次筑墙，即石心外砖包，石心用较大的毛石块砌筑，内填碎石、沙土。现外包砖大部被拆走。中途经过墩台 29 号。

墩台 29 号

位于青山口台 82 号东面山坡上，今存台址（图版［14］010）。

石砌，平面方形，东西 9、南北 10.2、存高 8.4 米。四面用较大的毛石砌筑，白灰勾抹，内填碎石、沙土。台体东部已倒塌。

（八三）青山口台 83 号

位于迁西上营公社贾庄大队第十队东南 450 米的山梁上。

楼体早年已毁，只存基址和残墙。存基高 3.5、通高 6.7 米。

楼基 基底用两层条石平铺，以上用砖，白灰勾抹。平面方形，东西 10.5、南北 11、存基高 3.5 米。

楼体只存残墙，结构不清（图版［14］011）。

从青山口台 83 号到青山口台 84 号为 605 米。主体墙从青山口台 83 号南行 95 米，出现 500 米山险墙，又经 10 米窄墙而到青山口台 84 号。墙体仍为内石外包砖的二次墙，墙宽 3.6～4、外高 2～3、内高 1.5～2 米，墙基铺两层条石，以上石心，砖包外皮到顶。中途经过烽墩 14 号。

烽墩 14 号

位于青山口台 83 号东 400 米。台东北是长河，再东为三道关。

墩体已毁。台基石砌，平面方形，东西 9.8、南北 9.5、存高 5.2 米。顶已毁。

（八四）青山口台 84 号

北偏东 31°。

位于迁西上营公社贾庄大队第十生产队东 300 米的龙凤沟沟门东侧山顶。楼北是由西北向东南流的长河，楼南 600 米是傅（富）家沟大队。

楼体长方柱形，虽已毁坏，但结构可复原。基高 3.2、通高 7.9 米。

楼基 基底四周平铺三至五层条石，以上砖砌到顶。平面长方形，东西 13.3、南北 8.1、基高 3.2 米（图［14］034）。

楼体四墙 西墙一门一箭窗（图版［14］012），东墙两箭窗，北墙五箭窗，南墙三箭窗（图版［14］013）。从总的格局看和普通敌台有别。

西墙 有一门一箭窗。门在南，箭窗在北，门距南墙外皮 0.4 米，北距箭窗 2.9 米。门拱券形，宽 0.85、高 2、进深 0.45 米，门内券宽 1.3、高 2.6、进深 0.65 米。箭窗拱券形，宽 0.57、高 0.94、进深 0.4 米，窗内券龛宽 0.97、高 2.2、进深 0.65 米。窗台石制，下距地面 0.85 米（图［14］035）。

东墙 有两箭窗。形制相同，间距 2.9 米。箭窗宽 0.58、高 0.8、进深 0.4 米，窗内券龛宽 0.97、高 1.95、进深 0.65 米。窗台距地面 0.9 米。

北墙 有五箭窗。两端箭窗距两侧墙为 0.37 米。箭窗拱券形，宽 0.57、高 0.97、进深 0.4 米，窗内券龛宽 0.97、高 2、进深 0.65 米。窗台距地面 0.85 米。

南墙 有三箭窗。两端箭窗距两侧墙为 0.37 米，结构、尺寸同北墙。

楼体内部结构 由东西向两道通券式筒拱和中间一道隔墙组成（图［14］036）。券室即筒拱，通长 11、高 3.65、宽 1.92～1.95 米。隔墙上三券门（过道），形制相同，宽约 1.13、高 1.7、进深 1.89 米，中间券门和两侧券门间隔为 3.95 米（图［14］037）。

梯道 设于中间券门的西侧。券洞式，高 1.71、宽 0.71、东西斜上 4.2 米，砖阶梯已毁。梯道距南北两券皆为 0.65 米。

楼顶　存一楼橹，平面长方形，东西 6.65、南北 3.4、墙厚 0.42 米。西侧有梯道口。南侧中部为门，似是面三进一。楼顶四周存垛口墙，墙存高 0.5～1.26、宽 0.43 米。垛口墙底部留有望孔，宽 0.22、高 0.3 米，全部砖筑，白灰勾抹（图［14］038）。

从青山口台 84 号到青山口台 85 号为 538 米。墙体从青山口台 84 号沿上营公社董家口大队（村）西侧山梁向东行，墙体已倒塌，距长河约 300 米。墙体由二次墙改为石筑墙，白灰勾抹。墙宽 2.7～3.17、高 2 米。较好者，墙顶铺一层条砖。顶部残留部分垛口墙，垛口墙高 0.5～1.2、墙宽 0.47 米。墙下设有望孔，孔高 0.52、宽 0.26、进深 0.47 米，望孔间距 3 米，垛口墙全部砖砌，平卧砖，石灰勾缝，多已毁坏。中途经过房基 10、11、12、13 号。

房基 10 号

南偏西 45°。

位于墙体上。基址石砌，平面方形，东西 4.4、南北 5.9、存高 2.5 米（图版［14］014）。

房基 11 号

南偏西 12°。

位于房基 10 号东墙体内侧山坡上。用白灰、毛石干砌，平面呈方形，东西 7、南北 6.15、存高 3.2 米。

拦马墙

从房基 11 号向南 200 米的山梁顶出现一段拦马石墙，墙长 310、宽 2.5、高 0.5～0.9 米，南行到一高山而终止。墙体全部用石块干砌。

房基 12 号

位于青山口台 85 号西侧的一个山坡上。

房基石砌，平面长方形，东西 7.2、南北 3.9、存高 1.5 米。

房基 13 号

位于房基 12 号之东墙体内侧。面积狭小，平面长方形，东西 6、南北 3.9、存高 0.6 米。

墙体从青山口台 85 号之北分为南下主体墙和东行附边墙。主体墙直奔董家口。这里先叙述青山口台 85 号至董家口的主体墙，然后再叙述东行的附边墙情况。

（八五）青山口台 85 号

正南北方向。

位于迁西上营公社董家口大队正北的高山梁上，楼北侧 450 米为宽城碾子峪公社艾家口大队。

楼体方柱形，部分毁坏，但基本完好，可以复原。基高 1～5、通高 11.2 米。

楼基　基底用五至七层条石砌成，以上砖铺到顶。平面长方形，东西 8.8、南北 10.8、基高 1～5 米（图［14］039）。

楼体四墙　北墙一门一箭窗（图［14］040），南墙两箭窗，西墙下两箭窗、上一小窗，东墙四箭窗（图［14］041；图版［14］015、016）。

北墙　有一门一箭窗。门在西侧，距东箭窗 3.09 米。门为拱券形，外大内小，门外券已毁，宽 1.25、进深 0.27 米，内券宽 10.6、高 2.47、进深 1.07 米。箭窗已毁。

南墙　有两箭窗。间距 3.05 米，东端箭窗距东墙 0.69、西端箭窗距西墙 0.37 米，两箭窗形制相同。窗外券存宽 0.71、进深 0.39 米，窗内龛高 2.15、宽 1.12、进深 0.92 米。窗台距地面 0.53 米。

东墙　有四箭窗。形制相同，间距为 1.1 米，南、北两窗距外墙皮为 0.2～0.24 米。箭窗皆拱形，高约 1、宽 0.72、进深 0.34 米，内券龛高 2.25、宽 1.09、进深 0.92 米。

西墙　有两箭窗。窗外券已毁，存宽 0.68、进深 0.36 米，窗内龛高 2.11、宽 1.1、进深 1.4 米。西墙南端设一壁龛，龛宽 0.92、高 1.42、进深 0.96 米。

楼体内部结构　由南北向两道筒拱和中间一道隔墙组成。筒拱长 8.1、宽 2.4～2.45、高 3.75 米。中间隔墙开三券门，形成三个过道，间距 1.64 米，门宽 1.68、高 1.98、进深 1.46 米（图［14］042、043）。

梯道　位于楼体西墙北端。斜筒拱形，斜长 4.97、宽 0.72 米，下有砖阶可上，已毁。

楼顶　存楼橹和四周垛口墙。楼橹平面长方形，面三进一，门向东，门宽 1.2 米。楼橹东西 4.34、南北 7.13、墙高 0.2～1.3 米。现楼橹墙壁上尚存一柱洞，说明上顶有木结构，柱洞直径 0.17 米。垛口墙大多毁坏，存高 1.5～1.8、垛口墙宽 0.5 米，全为砖砌，用白灰勾抹（图［14］044）。

从青山口台 85 号到青山口台 86 号为 354 米。主体墙从青山口台 85 号南行 26 米即为山险墙所替代，又南越山险行 300 米，从陡壁而下到达长河北岸（实为西岸），又出现 28 米石心砖包墙，到达董家口口门，附近地势宽广，可通车马，今存宽城艾峪口到董家口村（关城）的要道。口门东西横架于长河之上，北为青山口台 86 号。这段墙体宽 2.7～3.71、高 3 米。

董家口口门（水门）

位于迁西县上营公社董家口大队东北 350 米的主体长城上，口门中间是长河，河东为马圈城，口东北 1000 米为宽城县碾子峪公社艾峪口大队。当地称此口门为七孔桥，也有称为天桥。口门东西两山壁立，一水中流，河岸宽阔，西有董家口关城横拦，攻守皆宜。

七孔桥即为口门处，今存基址，原桥东西横架于长河之上，桥下为七孔，上为马道。桥体东西 74、南北 20、桥孔宽 4、桥原高 6、今存高 4 米。据了解，七孔桥两端各设一座敌台，分别编为青山口台 86、87 号，以控桥面和下面的孔道，由于孔道较宽，可通行人与车骑，既是水道，又是人行道。原桥顶南北两面为垛口墙，中为马道，可以看出其为长城体的延伸。桥墩底部平铺条石，桥墩也用条石向上铺筑，近顶部用砖平铺，墩心内填碎石、沙土到顶，马道平铺海墁，砖筑垛墙，现已毁掉。这座桥原来结构宏伟，是长城上除了九门口以外比较重要的一座桥梁，基址仍保存至今。

（八六）青山口台 86 号

位于董家口关门（水门）北侧七孔桥上。

楼体已毁，存基址。平面长方形，东西 20、南北 12、存高 1.5 米（图版［14］017）。

从青山口台 86 号到青山口台 87 号为 87 米（即七孔桥长度）。

（八七）青山口台 87 号

位于董家口口门南侧，即七孔桥的南端山坡上。此敌台主要控制桥下水道。

楼体早年破坏，今存基址（图版［14］018）。

楼基　基底下铺三至四层条石，以上用砖到顶。平面方形，东西 11、南北 11.5、存高 3.5 米。现楼基南部已被拆毁。

从青山口台 87 号到青山口台 88 号为 818 米。从青山口台 87 号向南爬上高山，经 200 米山险墙到达马圈城，主体墙再沿马圈城北垣转而向东行，墙体为石砌，连越四座高峰行 529 米到达青山口台

88 号。

董家口东北附边

位于董家口北和东侧的山岭上。分为南、北两段：北段从青山口台 85 号北侧石墙体沿山体向东行290 米，然后南行60 米，又向东150 米，再向南、向西120 米，这段附边总长620 米。南段附边在此段之南山体上，呈“∧”形，全长 150 米。在南、北两段附边之间约有 280 米山险墙，全长 1020 米。附边墙宽 2.5～3、存高 0.5～0.8 米，全部用毛石干砌。中途经过房基 14、15 号。

房基 14 号

位于南段附边东侧。存痕迹，石砌。

平面长方形，东西 7.5、南北 3.5、墙存高 0.2 米。

房基 15 号

位于北段附边东侧。

平面长方形，南北 20、东西 7.5、存高 1.5 米。

董家口外拦马墙

位于董家口“七孔桥”东北约 50 米的山坡上，为东、西并排两段，每段长均为 55、宽 0.5～1.5、存高 0.5～2.5 米。全部为毛石垒砌，墙体向东因山体受阻而终止。

从董家口口门南青山口台 87 号向南 200 米为马圈城（马圈城另有记述），此间为山险墙。城体筑于山顶，城北为悬崖峭壁。从所处位置看完全是为保卫关口而设，居高临下，俯控董家口。由于多年破坏，墙体保存不佳。墙体从马圈城北垣东行（马圈城北垣利用主体墙）618 米到达青山口台 88 号。

（八八）青山口台 88 号

俗称“第一楼”或“松树楼”。

位于宽城县碾子峪公社艾峪口大队南约 500 米的山梁上，西端的马圈城位于山梁舌形地上。

楼体早年破坏，今存基址和部分墙体结构。基高 3.6、存通高 7.8 米。

楼基　基底平铺三至四层条石，以上用砖，白灰勾抹。平面方形，东西 9.7、南北 10.2、基高 3.6 米。

楼体四墙　东、西两墙一门两箭窗，南、北两墙三箭窗。

西墙　有一门两箭窗。门在中间，箭窗分列左右两侧，门、窗间距 1.63 米，两窗距南、北两侧墙外皮为 0.22 米。门为拱券形，石制，由下而上为门槛、门柱石、一字石和券脸石。门宽 0.76、高 1.76、进深 0.31 米，门内券宽 1.3、高 2.16、进深 0.9 米。箭窗残宽 0.6、高 0.78、进深 0.37 米。窗台平铺一拱背式石窗台，长 0.91、宽 0.47、厚 0.18 米，窗内龛宽 1.16、高 2.17、进深 0.82 米，窗台距地面 0.9 米（图版［14］019）。

东墙　有一门两箭窗。形制同西墙（图版［14］020）。

北墙　有三箭窗。三窗形制、尺寸相同，间距 1.5 米。拱形，皆宽 0.6、高 0.81、进深 0.38 米，窗内龛宽 1.13、高 2.18、进深 1 米。

南墙　有三箭窗。形制相同，间距 1.5 米。拱形，皆宽 0.6、高 0.77、进深 0.76 米，窗内龛宽 1.12、高 2.16、进深 1 米。

楼体内部结构　由东西三道筒拱和中间两道隔墙组成。筒拱长 8.96、高 2.24 米，中央筒拱宽

1.94、南北筒拱宽1.68米。隔墙上开三门，券形，间距1.63米，门宽1.2、高2.05、进深（过道）1.12米。

梯井　楼内原设梯井，已毁。顶部结构不清（图版［14］021）。

主体墙从青山口台88号沿山脊东偏南行169米到达青山口台89号。墙体由毛石加白灰砌成，墙宽3.5~4、存高1.5~2米。

（八九）青山口台89号

俗称“2号楼”。

位于宽城县碾子峪公社艾峪口大队南侧550米的山梁上。

楼体梯柱状，部分已毁。今存结构和楼基，可以复原。基高3.5、存通高7.7米。

楼基　基底平铺二至三层长方形条石，以上砖筑，白灰勾抹。平面长方形，东西9.4、南北10、基高3.5米（图［14］045）。

楼体四墙　东、西两墙一门两箭窗，南、北两墙三箭窗。

西墙　有一门两箭窗。门居中，两箭窗分列左右两侧，门和箭窗相距1.6米，两箭窗距两侧墙外皮0.25米。门呈拱券形，外券小、内券大，门为石制，自下而上为门枕石、两侧门柱石、一字形石和弧形券脸石。门宽0.77、高1.88、进深0.33米，门枕石左、右尚存有门扇轴孔，孔径0.07、深0.09米，两门轴孔间距为0.82米。门内券宽1.26、高2.38、深0.93米。两箭窗外券形制相同，窗宽0.68、高0.88、进深0.4米，窗内龛宽1.2、高2.2、进深0.8米（图［14］046）。

东墙　有一门两箭窗。形制同西墙。

北墙　有三箭窗。形制相同，间距1.45米，两箭窗距墙外皮为0.27米。箭窗拱形，宽0.64、高0.88、进深0.38米，窗内龛宽1.1、高2.15、进深0.97米。窗台石制，下距楼基顶部平面0.85米。

南墙　有三箭窗。形制同北墙。

楼体内部结构　由东西向三道筒拱和中间两道隔墙组成（图［14］047）。筒拱即通券，呈船篷式，通长8.74、高3.4米，中央筒拱宽2、南、北筒拱宽1.6米。两道隔墙各设三券门，间距1.62米，门宽1.1、高2.2、进深1.05米（图［14］048）。

梯井　位于中央筒拱东侧。砖砌，平面长方形，东西2、南北1.75米。

楼顶　楼橹早年已毁。今存四周垛口墙，墙外皮下有一周菱角檐。垛口墙存高0.75、宽约1.5米。墙下有一尖龛形瞭望孔。

从青山口台89号到青山口台90号为225米。墙体从青山口台89号东行，沿着艾峪口南面山梁向东延伸。墙体石砌，白灰勾抹。墙宽3.5~4、存高1.5~3米。在青山口台90号西侧东高西低的山坡上，外砖内石，筑有砖阶，东西5、南北约3.5、存高2.5米，砖阶用白灰勾缝，已毁坏（图［14］049）。

（九〇）青山口台90号

位于宽城县碾子峪公社艾峪口大队南600米的山梁上。

楼体保存基本完整。基高3.7、楼体通高7.7米。

楼基　基底平铺二至六层条石，以上条砖和白灰砌成。平面长方形，东西12、南北8.2、基高3.7米。

楼体四墙　东、西两墙一门一箭窗，南、北两墙四箭窗。

西墙　有一门一箭窗。门在南侧，箭窗在北侧。门拱券形，宽 1、高约 1.8、进深 0.36 米，门内券宽 1.3、高 2.23、进深 0.9 米。箭窗拱券形，宽 0.6、高 0.9、进深 0.37 米，箭窗内龛宽 1、高 2、进深 0.93 米，窗台距楼基地面 0.67 米。

东墙　有一门一箭窗。形制同西墙。

北墙　有四箭窗。形制相同，间距 2.1～2.9 米，两侧箭窗距东、西墙外皮 0.53 米。窗宽 0.6、高 0.91、进深 0.37 米，窗内龛宽 1、高 2、进深 0.93 米。

南墙　有四箭窗。形制同北墙（图版［14］022）。

楼体内部结构　由东西两道筒拱和中间一道隔墙组成。筒拱即券室，东西长 11.26、宽 1.7～1.9、高 3.5 米。隔墙上设四券门，形制相同，间距 2.03～2.28 米，门宽 0.99、高 2.25、进深（过道）1.23 米。

梯井　位于北侧筒拱的东侧。平面长方形，东西 2、南北 0.75 米。

楼顶　存垛口墙和楼橹痕迹，因无法攀登，故未测量。

从青山口台 90 号到青山口台 91 号为 171 米。主体墙从青山口台 90 号沿艾峪口南 600 米的山梁东行，地势东高西低。墙体外砖砌，宽 4.5～5、存高 0.9～2 米。基底用二至三层条石平铺，以上用砖、白灰勾抹，以碎石、沙土填心。墙顶马道方砖铺成，边长 0.38 米。现砖大部分被拆走，墙体内侧用毛石砌成，白灰勾缝。

（九一）青山口台 91 号

俗称“4 号楼”。

位于宽城县碾子峪公社艾峪口大队南面山梁上。

早年自然破坏，存楼基址和结构。基高 3.5、楼体高 3.5、通高 7 米。

楼基　就北高南低半山坡筑起，高度不一，基底平铺一至七层条石，以上用砖铺砌，白灰勾抹。平面长方形，东西 14、南北 11、基高 3.5 米。

楼体四墙　东墙一门一箭窗，西墙两箭窗，南、北两墙四箭窗。

东墙　有一门一箭窗。门在北端，箭窗在南端，楼门距北墙外皮 1.93 米，距箭窗 3.1 米。门拱券形，宽 0.73、高 1.96、进深 0.28 米，门内券宽 1.5、高 2.6、进深（即门道长）0.79 米。门枕石长 1.48、宽 0.87、厚 0.13 米。箭窗形制同西墙（图版［14］023）。

西墙　有两箭窗。形制相同，间距 3.2 米，分别距墙壁外皮 1.29 米。箭窗拱券形，宽 0.74、高约 0.92、进深 0.37 米，窗内龛宽 1.45、高 2.15、进深 0.83 米。

北墙　有四箭窗。形制相同，间距 1.62～1.68 米，两侧箭窗距墙外皮 0.8 米。窗宽 0.58、高 0.82、进深 0.35 米，窗内券龛宽 1.19、高 1.95、进深 0.82 米。

南墙　有四箭窗。形制同北墙。

楼体内部结构　由东西两道筒拱和中间一道隔墙组成。筒拱通长 13.65、高 3.7 米，北侧券室宽 2.77、南侧 3.1 米。两隔墙各三券门，结构相同，间距 2.63 米，门宽 2、高 2、进深 2.69 米。

梯道　位于隔墙东券门和中券门之间。拱洞式，梯口宽 0.8、高 2.05、进深 1.6 米。梯道门由北向南，进门后西拐通向楼顶。梯洞长 4.1、宽 0.72 米。下砌砖阶，阶高 0.2、宽 0.15 米，现阶梯已毁。

楼顶　早年已毁。

从青山口台91号到青山口台92号为143米。主体墙从青山口台91号沿着高低起伏的山梁东行，北为艾峪口，相距约1000米。墙体外为砖砌，保存较好，墙宽3.5～4、存高2～3.7米。外侧墙底平铺一至二层条石，以上砖铺，用白灰勾抹；内侧用毛石块、白灰砌筑，内填碎石、沙土。从结构分析为二次筑墙，第一次为石砌，第二次为外包砖。墙顶平铺，方砖墁地。在墙顶尚存部分砖砌垛口墙，墙宽0.5、高0.5～2米。墙中设垛口，垛口宽0.57、高0.6、墙宽0.32、进深0.38米。垛口墙上半部留一望孔，孔宽0.16、高0.24、进深0.38米，间距3.1米。

（九二）青山口台92号

俗称“五号楼”。

位于宽城县碾子峪公社艾峪口大队东侧1000米的山梁上。

楼体为长方柱状，早年破坏，存基址、墙体和部分结构。基高3.5、楼体高4.2、通高9.7米。

楼基　基底用三层条石平铺，以上用砖，白灰勾抹。平面长方形，东西13、南北8、基高3.5米。

楼体四墙　东、西两墙一门一箭窗，南、北两墙四箭窗（图版［14］024）。

西墙　有一门一箭窗。门在南侧，箭窗在北侧，门南距墙外皮为0.8米，箭窗距北墙外皮为0.6米，门和箭窗间距1.38米。门为拱券形，已毁，进深0.39米。下仍存门枕石，石长1.05、宽0.53、厚0.18米，门内券宽1.24、高2.04、进深1.08米。

东墙　有一门一箭窗。因残破，尺寸不全。

南墙　有四箭窗。形制相同，间距1.85～1.87米，窗宽0.5、高0.9、进深0.38米，窗内龛宽1、高1.88、进深0.95米。

北墙　有四箭窗。形制同南墙。

楼体内部结构　由南北向四道筒拱和中间三道隔墙组成。筒拱长7.24、宽1.53～1.6、高3.2米。三道隔墙上各设两券门，间距1.34米，门高2.25、宽1.1、进深（过道）1.27米。

梯井　位于东券室南侧。平面长方形，东西0.7、南北1.5米。

楼顶　仍存部分垛口墙。因攀登困难未行测量，结构不清。

主体墙从青山口台92号沿起伏山梁顶部东行又南拐199米到达青山口台93号。墙体由外面砖包改为全部石砌，白灰勾缝，碎石、沙土填心。墙宽3.5～4、墙内存高0.5～1.5、墙外存高1.5～2.5米。在青山口台93号西侧，就东高西低的山体，墙体顶部筑有砖阶，阶宽0.3、高0.2米，仅存三层完好砖阶。中途经过墩台30号。

墩台30号

位于青山口台92号东80米处。

已毁坏，仅存基址。毛石、白灰砌成，平面长方形，东西7.9、南北10米。

（九三）青山口台93号

位于宽城县碾子峪公社艾峪村南1000米的高山顶上。

楼体早年已毁，仅存楼基。

楼基　基底用三至四层条石平铺，以上用砖，白灰勾抹。平面方形，边长8、存高3.72米。从基址以上现存的单面墙分析，东、西两墙为一门一箭窗。

墙体从青山口台93号东偏南行3520米到达青山口台94号。墙体从青山口台93号沿黑马沟北侧山梁东南行，有一部分山险墙，石墙宽1~3、存高1~2.5米，外高于内。墙体顶部尚残存部分垛口墙，墙宽0.4、高0.2~0.5米，垛口墙也用毛石块砌成。中途经过房基16号，墩台31、32、33、34、35、36号。

房基16号

位于青山口台93号东墙体内侧山坡上。石砌，平面长方形，东西5、南北3.5、墙宽0.6米。已毁。

墩台31号

位于青山口台93号东268米的墙体上，仅存台基。石砌，不用白灰，平面长方形，东西7、南北6、存高2.53米。台心以碎石、沙土填充（图版［14］025）。

从墩台31号向东615米到达墩台32号，其中有40米山险墙。

墩台32号

位于高山梁上，南为黑马沟大队。用毛石加白灰筑成，平面长方形，东西8、南北5、存高3.5米（图版［14］026）。

从墩台32号东行112米，越三山包，又偏南行590米到达墩台33号，其中有139米山险墙。

墩台33号

位于宽城县庙岭村北，北为艾峪口。台址已毁。毛石、白灰筑成，台内以碎石、沙土填心。平面长方形，东西6、南北7.25、存高4.2米（图版［14］027）。

从墩台33号东北行452米到达墩台34号。

墩台34号

位于艾峪口大队南约1500米的高山顶上，此地名为拔云峰，海拔812米左右①。台南是迁西上营新立村。

台体平面方形，边长8、存高0.2~0.5米。台顶周存部分垛口墙，墙宽0.4、存高0.2~0.5米。垛口墙用砖砌成，尚存一吐水嘴，石制，长1.16、宽0.24~0.34、厚0.17米。

在墩台34号北侧有一周长41米的围墙，将北面险处围起，东为山峰。

从墩台34号东北行455米到达墩台35号，其中有75米为山险墙。

墩台35号

位于小白城子北面约1000米高山的墙体上。北为艾峪口，南为新立村。

台体已毁，存基址，石砌。东西8、南北5、存高2.5米。

从墩台35号东北行438米到达墩台36号，其中有20米为山险墙。

拦马墙

在主体墙墩台35号至墩台36号之间，墙的北侧相距13~17米较缓的山坡上，筑有一道拦马墙，全部用毛石、白灰砌成，墙宽0.6~1.5、残高0.5~2.5米。拦马墙几乎和主体墙平行，由西向东行，全长100米，到墩台36号西30米处，因山坡陡峭而终止，其中有20米山险墙。

---

①　五万分之一图标，峪耳崖K-50-130-B。

墩台36号

位于迁西上营公社青山口大队第三生产队西北约200米的山梁墙体上。

早年毁坏。台基毛石干砌，平面长方形，东西9、南北8、存高3.1米（图版［14］028）。

从墩台8号东北行320米到达青山口台94号，其中有40米为山险墙。

（九四）青山口台94号

位于迁西县上营公社青山口大队第四生产队西北白城子正北1500米的山梁上，楼北是悬崖峭壁。

楼体已毁，今存墙体和楼内部分结构。基高5、存通高8.7米。

楼基　基底用三层条石平铺，以上砖砌。平面长方形，东西12.5、南北7.5、存高5米。所用砖长0.37、宽0.17、厚0.1米。

楼体四墙　东、西两墙一门两箭窗，南、北两墙三箭窗。

西墙　有一门两箭窗。门居中，两箭窗分列左右两侧，门距左、右箭窗0.58米。门拱券形，石制，由下而上为门枕石、左右门柱石和拱形门脸，券脚嵌一字石。门宽0.78、高1.57、进深0.26米，门内券宽1.04、高2.05、进深1.03米。箭窗宽0.56、高0.8、进深0.37米，窗内龛宽0.84、高2.05、进深0.86米。窗台石距地面0.71米。

东墙　有一门两箭窗。形制同西墙。石楼门宽0.78、高1.57、进深0.26米，门内券宽1.04、高2.05、进深1.03米，下门枕石长1.48、宽0.87、厚0.13米。箭窗外券宽0.56、高0.8、进深0.37米，窗内龛宽0.84、高2.05、进深0.86米（图版［14］029）。

南、北墙　皆有三箭窗，形制同西墙。

楼体内部结构　由南北向三道筒拱和中间两道隔墙组成。筒拱长6.76、高3.5米，中央筒拱宽2.34、东西两道筒拱宽皆2.36米。两道隔墙各设三券门，门间距0.79米，券门宽0.8、高1.82、进深1.27米。

梯道　位于南墙东端箭窗内的西壁。梯道门呈斜拱洞形，皆毁，残宽1.2米。

楼顶　早年已毁，结构不清。

墙体从青山口台94号沿着西高东低的山岭向东延伸，越过三叉沟行150米到达青山口台95号。墙体为毛石干砌，宽1.5~2、存高0.5~1.5米。

（九五）青山口台95号

位于迁西县上营公社青山口大队第四生产队，小白城子北1500米的山梁上。

楼体方柱形，部分已毁，但整体结构保存，可复原。

楼基　基底平铺三至四层条石，以上用砖。平面方形，东西10、南北9.5、基高3.5米（图［14］050）。

楼体四墙　东、西两墙一门两箭窗，南、北两墙三箭窗。

东墙　有一门两箭窗。门居中，箭窗分列两侧，门距箭窗1.5~1.54米。门拱券形，石制，下为门枕石，左、右为门柱石，上为券脸石。门宽0.76、高1.6、进深0.25米，门内券宽10.3、高1.95、进深10.4米。门内左、右为门轴孔。东墙和西墙二门相对，直达马道（图版［14］030）。

西墙　有一门两箭窗。形制同东墙。

南、北墙　有三箭窗。间距2米，形制同东墙。

楼体内部结构　由南北向三道筒拱和中间两道隔墙组成。筒拱长 9.24、高 3.5 米，中央筒拱宽 1.52、两侧筒拱宽 1.54 米。隔墙上设三券门，并列，间距 1.15 米，门高 1.85、进深 0.97 米（图［14］051、052）。

梯道　位于楼体南墙西端箭窗内壁东侧墙壁上。拱洞形，拱门高度已毁，残宽 0.8、进深 1.5 米。梯门由西向东而北拐上楼，梯洞宽 0.55、南北长 2.5 米，砖阶宽、高均 0.15 米，现大部毁坏。梯道上口在楼顶南面。

楼顶　原顶中筑一楼橹，面三进一，东西 6.5、南北 3.5、墙厚 0.45、墙存高 0.2～0.6 米。门南向，门宽 1.1 米。整体砖筑，白灰勾缝。存部分垛口墙，垛口宽 0.45、残高 0.2 米（图［14］053）。

从青山口台 95 号东行到青山口台 96 号为 1206 米，其中有 460 米山险墙。主体墙从青山口台 95 号东北行，山势起伏不平，墙体向东。全部毛石干砌，险处利用山险墙，墙宽 1.5～3、存高 0.5～1、墙北侧高 0.9～1.5 米。中途经过房基 17、18 号，墩台 37、38 号。

房基 17 号

位于青山口台 95 号东 10 米墙体内侧。已毁，毛石干砌，平面近方形，东西 4.8、南北 6、存高 0.5 米。

房基 18 号

位于墩台 37 号南 10 米处。

早年已毁。基址平面长方形，东西 5、南北 18、存高 0.2～0.5 米。为南北并列三间，中间可能存有西门。

墩台 37 号

位于青山口台 95 号东北。

台体已毁，存基址（图版［14］031）。

毛石干砌，平面方形，东西 8.5、南北 6.7、存高 2 米。

墩台 38 号

位于青山口台 95 号东 353 米的高山顶。

台体已毁。

全部毛石干砌，平面方形，东西 6、南北 6.5、存高 1.5 米。

墙体从墩台 38 号东北行 322 米，其中有 90 米不筑墙，东北连续越过三座山，又出现 40 米的墙体，再东北 270 米越过五座山，在最后一座峰顶上出现宽墙，墙宽 5、长 30 米，西侧有石阶可登到墙顶，在这段墙北侧筑了 41 米的围墙。墙体又东行 100 米，利用山险墙，再东 50 米为青山口台 96 号。

（九六）青山口台 96 号

正南北方向。俗称“月亮楼”。

位于宽城县碾子峪公社榆林峪南 1500 米的山梁上，东南为迁西县小白城子。

楼体为长方柱形，虽遭破坏，但结构基本保存完好。

楼基　基底平铺一至三层条石，以上砖铺石灰勾缝。平面长方形，东西 12.6、南北 6.67、基高 3.61 米（图［14］054）。

楼体四墙　东、西两墙一门一箭窗，南、北两墙四箭窗。

东墙　有一门一箭窗。门在南端，箭窗在北端。楼门距南墙外皮 0.46、北距箭窗 1 米，箭窗距北墙外皮0.38米。门为拱券形，石制，由上而下为门枕石、左右门柱石、一字石和券脸石。门宽0.74、高1.7、进深0.24米，门内券宽1.26、高2.42、进深0.84米。箭窗拱券形，窗宽0.61、高0.93、进深0.38米。窗台石制，长1.05、宽0.44、厚0.22米。窗台中间一盲孔，直径0.5、深0.8米。左、右列方孔可能为安装窗门之用，窗内龛宽1.23、高2.15、进深0.75米（图版［14］032）。

西墙　有一门一箭窗。形制同东墙。

南墙　有四箭窗。并列，间距1.6米，两端距墙外皮为0.45米。窗宽0.61、高0.92、进深0.38米，窗内龛宽1.23、高2.14、进深0.75米。窗台石制，长1.05、宽0.44、厚0.22米，台中一盲孔（图版［14］033）。

北墙　有四箭窗。形制同南墙。

楼体内部结构　由东西两道筒拱和中间一道隔墙组成（图［14］055）。筒拱即通券室，两筒拱相同，东西长9.84、宽1.63～1.72、高3.3米。隔墙上有四券门，形制相同，间距1.6米，门宽1.6、高2.2、进深（过道）1.03米（图［14］056）。

梯井　位于南券室的东端，东西1.6、南北0.7米。

楼顶　原可能有楼橹。今存部分垛口墙，四周垛口墙高1～1.6米。墙下存有两个吐水嘴，存长0.7米。

主体墙从青山口台96号南行110米到达青山口台97号。墙体全部毛石干砌，墙宽3.5～4、存高0.5～3米，皆倒塌。敌台北700米为黑沟梁尖，海拔831.3米，为附近制高点。

（九七）青山口台97号

位于小白（堡）城子北、青山口西北1000米的山梁上。

楼体毁坏严重，仅存基址，墙体从中劈裂。基高3.5、通高7.7米（图版［14］034）。

楼基　基底以三至四层条石平铺，以上用砖，白灰勾缝。平面长方形，东西14.5、南北7.5、基高3.5米。

楼体毁坏严重，四墙仅存东墙，墙上有三个箭窗痕迹。墙顶存垛口墙。墙外尚露有一吐水嘴。其他结构不佳。

从青山口台97号南行137米到达青山口台98号。墙体从青山口台97号南行，在塔沟北沿着北高南低的山梁向南延伸，东南为正沟，南为小白（堡）城子。墙体从青山口台97号向东开始砖砌，因接近青山口，质量要求也高，基底用一至三层条石平铺，以上砖包，白灰勾缝。墙顶马道用一层条砖，上再铺一层方砖。墙宽4～4.5、高2～3米。墙顶尚留有部分垛口墙，墙存高0.5～1.8、宽0.42米。墙上设上、下两排望孔，上部方形，长0.24、宽0.19、进深0.42米。底部圆形，直径0.19、进深0.42米，望孔上、下间距0.55、左右间距1.9米。在青山口台97号南侧35米处筑起一段障墙，已毁，原高1.5～2、宽1米，今存宽0.3、高0.23米。在该楼南100米处垛口墙下筑有七层台阶，宽0.3、高0.23米，中夹马道宽1.4米，石筑。在青山口台98号北墙体上也有部分台阶，在垛口墙下筑高0.23、宽0.3米，中夹马道宽1.4米。

（九八）青山口台98号

正南北方向。

位于小白（堡）城子北，青山口正沟西北，塔沟东的山梁上。

楼体方柱形，保存基本完整。顶部已塌。基高4.78、通高9.48米。

楼基　基底平铺三层条石，以上铺砖。平面方形，东西10.3、南北10.4、基高4.78米。

楼体四墙　南、北两墙一门两箭窗，东、西两墙三箭窗。以北墙保存较好。

北墙　有一门两箭窗。楼门在中间，箭窗分列两侧，门距左、右两箭窗1.3米。门为石制，自下而上为门基石、左右门柱石、一字石和券脸石。门宽0.82、高1.72、进深0.27米，门内券宽1.24、高2.3、进深1.27米。箭窗宽0.63、高0.96、进深0.28米，窗内龛宽1.3、高2.18、进深1.2米，窗下距地面0.77米。

南墙　有一门两箭窗。形制同北墙（图版［14］035）。

东墙　有三箭窗。形制相同，间距1.57米。窗拱券形，宽0.63、高0.96、进深0.28米，窗内龛宽1.3、高2.18、进深1.2米，窗台距地面为0.77米。

西墙　有三箭窗。形制同东墙。

楼体内部结构　由东西三道筒拱和中间两道隔墙组成。筒拱长9.74、高3.95米，中央筒拱宽1.52、南北1.49～1.51米。隔墙上存有三券门，形制相同，门宽1.26、高2.1、进深1.27米（图版［14］036）。

梯道　位于西墙中箭窗内侧北壁上。梯洞由南向北进，上到楼顶。梯道宽0.87、梯洞南北长3.5米，砖阶宽0.23、高0.3米。

楼顶　早年已毁。但存楼橹基址，楼橹东西6、南北5米。顶有垛口墙，存高0.2～0.5、宽0.45米。全部砖、白灰砌成。顶周做出菱角檐。

从青山口台98号到青山口台99号为181米。从青山口台98号主体墙在东侧塔沟梁上逐渐从高向低，从梁顶向东南延伸，墙体全部砖砌，基底平铺二至三层条石，以上砖包。墙宽4～4.5、高3米。中途经过便门14号。

便门14号

位于青山口台99号西北3米处。门呈拱券形，宽1.2、高1.7、进深1米。进门后向西拐设有台阶，阶宽0.3、高0.25米，皆条石砌，条石长1.1、宽0.3、厚0.25米。石阶有九级，总长6、宽0.61米。在主体墙北侧原设有宽1.05、存高2.02米的砖筑障墙，现多毁坏。

（九九）青山口台99号

位于青山口村西北1000米的山梁上。

楼体早年破坏，今存楼基和西墙。基高5.1、通高8.3米。

楼基　基底平铺四层条石，以上砖砌到顶。平面长方形，东西13、南北7、基高5.1米。

楼体四墙　西墙上残存三箭窗，南、北、东墙已无。箭窗上横铺一块木板，以支撑上顶（图版［14］037）。

楼体内部结构　楼内原为木结构的箱式框架，四壁内皆存有木柱洞，洞深0.17米（图版［14］038）。

余结构不清。

从青山口台99号东南行88米到达青山口台100号。墙体皆下铺两层条石，以上砖包。墙宽3.5、存高2～2.5米。

便门 15 号

位于青山口台 100 号北 5 米处。门拱券形，宽 1、高 1.55、进深 0.3 米。便门内券为门洞，宽 1.46、高 2.55、进深 1.68 米。进门北拐有台阶可达马道，砖阶宽 0.15、高 0.2 米。南拐有台阶，直达青山口台 100 号（图版［14］039）。

（一〇〇）青山口台 100 号

位于青山口村西北 700 米的山梁上。

楼体已毁，大半部劈裂倒塌，仅存基址。

楼基　基底用一至二层条石平铺，以上用砖和白灰。平面方形，边长 10、存高 5 米。因毁甚，结构不清（图版［14］040）。

从青山口台 100 号到青山口台 101 号为 108 米。墙体沿山势而行，全部砖砌。墙体外端下部用两层条石平铺，以上砖包到顶，白灰勾抹，墙宽 4～4.5、存高 2.5～5 米。顶部马道两侧存有垛口墙，其中一段存长约 15 米，垛口宽 0.45、残高 0.2～1.2 米。垛口底存有一部分望孔，方形，高 0.52、宽 0.41、进深 0.45 米。在接近青山口台 101 号西侧有一段斜坡式砖筑上墙道，呈阶梯形，南北 7、东西 1.2 米。

（一〇一）青山口台 101 号

位于青山口城西北 650 米的山梁墙体上。

楼体早年毁坏，今存东、南墙和部分结构，内原为木结构。基高 3.5、残通高 6.5 米。

楼基　平面长方形，东西 7、南北 13、基高 3.5 米（图版［14］041）。

楼体四墙　南、北两墙为一门两箭窗，东、西两墙五箭窗。

南墙　有一门两箭窗。门在中间，箭窗分列两侧，门距箭窗皆 0.48 米，箭窗距两端墙外皮 0.53 米。门呈拱券形，宽 0.74、高 1.65、进深 0.39 米，门内券宽 1.04、高 2.1、进深 0.85 米。箭窗长方形，外小内大，宽 0.42、高 0.9、进深 0.3 米，窗内宽 0.73、高 1.9、进深 0.86 米，窗台距地面 0.8 米。窗周原有木抱框，窗上有窗额横木结构。

东墙　有五箭窗。箭窗间距 1.23 米，两端距墙外皮 0.41 米。箭窗皆长方形，宽 0.42、高 0.95、进深 0.3 米，窗内口宽 0.73、高 1.9、进深 0.86 米，窗下距地面 0.9 米。此窗结构为木抱框，设木下限和上额。

楼体内部结构　根据南墙和东墙残存的八个柱洞分析，原为箱式木框架，顶部门、窗皆有木作。现存木洞直径 0.29 米，凹入墙壁，深 0.12 米。

楼顶　尚存有部分垛口墙，墙宽 0.45、存高 1.5～2 米。垛口墙底部存有两个望孔，方形，高、宽均 0.38、进深 0.45 米。

从青山口台 101 号到青山口台 102 号为 124 米。主体墙从青山口台 101 号南偏东行，砖筑，墙内底部平铺三层毛石，墙外底部平铺两层条石，以上皆青砖包砌，白灰勾抹到顶。墙宽 5.5、高 2.5～4 米。墙顶马道平铺方砖，砖长 0.38、宽 0.38、厚 0.1 米。

（一〇二）青山口台 102 号

位于迁西县上营公社青山口城址北约 600 米的山梁墙体上，此处山势平缓。

楼体方柱形，早年破坏，今存楼基和大部分结构。基高3.28、通高7.2米（图版［14］042）。

楼基 基底用四层条石平铺，以上用砖。平面方形，边长10、基高3.28米。

楼体四墙 南、北两墙一门两箭窗，东、西两墙四箭窗。

南墙 有一门两箭窗。门在中间，箭窗分列两侧，门左、右距箭窗1.75米，两端箭窗距两壁外皮0.63米。门拱券形，门宽0.9、高1.8、进深约0.38米，门内券宽1.19、高2.5、进深0.95米。箭窗拱券形，宽0.65、高0.92、进深0.38米，窗内龛宽1.07、高1.85、进深0.91米，窗台距地面0.8米。

北墙 有一门两箭窗。形制同南墙。

东墙 有四箭窗。并列，间距1.34米，形制相同，皆拱券形。箭窗宽0.65、高0.9、进深0.38米，箭窗内龛宽1.07、高1.86、进深0.91米。

西墙 有四箭窗。形制同东墙。

楼体内部结构 由东西向三道筒拱和中间两道隔墙组成。筒拱即券室东西长9.24、高3.3米，中央筒拱宽1.79、南北筒拱宽1.98米。两道隔墙各设三券门，作为南北通道，形制相同，门间距2.65米，门宽0.96、高1.8、进深（过道）1.26米。

楼顶 已毁，结构不清。

主体墙从青山口台102号南行，地处沙岭沟西侧，从山脊向南延伸，行70米到达青山口台103号。墙底铺条石，外一、内二层，以上砖包到顶，白灰勾抹。墙宽4.5～5、存高1.5～3米。在青山口台102号南侧设有一段上墙道，为斜坡形，长3、宽1.5米。上砌砖阶，宽0.15、高0.1米。

烽墩15号

位于青山口台102号东约600米的山顶上。

今存基址，石砌。平面呈圆形，直径5.5、存高2.75米。

（一〇三）青山口台103号

位于青山口村北、沙岭沟西侧的山梁上。

楼体接近扁长方柱形，虽已破坏，但可看出其为木结构。

楼基 基底用三层条石平铺，以上用砖到顶。平面长方形，东西6.8、南北13.3、基高6.5米（图［14］057）。

楼体四墙 南、北两墙一门两箭窗，东、西两墙三箭窗（图版［14］043）。

南墙 有一门两箭窗。门拱券形，单券单伏。下为门枕石，门宽0.7、高1.6、进深约0.4米，门内券宽0.9、高1.9、进深0.8米。门内上顶部有一条横木，支撑上顶，以减轻压力。箭窗为长方形，宽0.7、高1.1、进深0.7米。砖砌窗框，顶部有一条横方木，起着窗额的作用，宽0.6、高1.2、进深0.7米（图［14］058）。

北墙 有一门两箭窗。形制同南墙。

东墙 有三箭窗。皆靠内，箭窗间距1.6米，两窗距墙外皮3.75米，箭窗形制同南墙。

楼体内部结构 原为箱式框架的木结构，东、西两壁有六根壁柱，直径约0.3米，柱顶端设檩，以木板棚起，构成楼顶，门、窗皆设有木抱框，上额、箭窗两侧立木上装扇（图［14］059、060；图版［14］044）。

楼顶 已毁，结构不清。

便门16号

位于青山口台103号北侧墙体内侧。有一段斜坡式登墙道，上筑砖阶，已毁，道长2.5、宽1.5米。

从青山口台103号南行75米到达青山口台104号。砖墙体从青山口台103号向南逐渐下行，楼南有一段长约75米的墙体，为大块毛石、白灰砌筑。西南又是砖砌，显然砖筑墙较晚，墙宽4.5～5、存高0.9～1.8米。

（一〇四）青山口台104号

位于青山口城北约450米的山梁缓坡上，楼东俗称沙岭沟，西侧是塔沟。

楼体早年自然毁坏，但结构和楼基皆保存。基高3.15、通高6.7米。

楼基　基底用六至七层条石铺砌，以上用砖、白灰勾抹。平面长方形，东西9、南北11.9、基高3.15米。

楼体四墙　南、北两墙一门两箭窗，东、西两墙三箭窗。

北墙　有一门两箭窗。门在中间，箭窗分列两侧，间距1.47米，两箭窗距东、西墙外皮为0.38米。门呈拱券形，外小内大，门宽0.88、高1.8、进深约0.43米，门内券宽1.1、高2.38、进深0.5米。箭窗拱券形，宽0.61、高1.09、进深0.44米，窗内龛宽1.16、高2.09、进深0.38米，窗台距地面0.8米（图版［14］045）。

南墙　有一门两箭窗。形制同北墙。

东墙　有三箭窗。并列，间距3.75米，两端箭窗距墙外皮为0.33米，形制相同，皆为拱券形，箭窗宽0.61、高1.1、进深0.44米，窗内龛宽1.16、高2.09、进深0.38米，窗台距地面0.8米。

西墙　有三箭窗。形制同东墙。

楼体内部结构　由南北向三道筒拱和中间两道隔墙组成。筒拱即通券室，长11.02、高3.2米，中央筒拱宽1.36、南北两筒拱宽1.38～1.57米。隔墙各设三券门，并列，形制相同，间距3.75米，门宽1.1～1.16、高2、进深（即过道）0.9米。

梯井　位于西券室顶部南端。平面长方形，长2.3、宽1.38米。可用软梯登到楼顶。

楼顶　早年破坏，结构不详。

主体墙从青山口台104号南行158米到达青山口台105号。此段西端有30米为毛石砌，白灰灌浆，以东为砖砌，白灰勾缝，墙宽3.5～4、存高0.9～2.5米。

（一〇五）青山口台105号

位于青山口城北侧山梁上，南距青山口口门约400米。

楼体已经完全破坏，仅存基址（图版［14］046）。

楼基　砖砌，基底条石已被拆。平面方形，边长9.5、存高2.5米。

从青山口台105号到青山口台106号为95米。主体墙从沙岭沟西侧山梁，沿北高南低的山梁向南偏东方向延伸。墙体皆砖筑，顶部已塌。墙外底部用四层条石平铺，以上内、外皆砖包到顶，白灰勾抹，墙心内填三合土，墙宽4.5～5、内侧高1.5～2.5、外侧高2.5～3米。

（一〇六）青山口台106号

位于上营公社青山口大队塔沟生产队东约30米较缓的山坡上，地势平漫，已接近青山口。

楼体虽已破坏，但基底和墙结构多保存。楼体用长方砖砌筑，长 0.37、宽 0.18、存厚 0.12 米。基高 3.25、通高 7.35 米。

楼基　基底平铺六至七层条石，以上砖筑，白灰勾抹。平面方形，边长 10、基高 3.25 米。

楼体四墙　南、北两墙一门二箭窗，东、西两墙三箭窗（图版［14］047）。

北墙　有一门二箭窗。门居中，箭窗分列左、右两侧，门、窗间距 1.76～1.96 米，两侧箭窗距墙外皮 0.5 米。门拱券形，已毁，门宽约 0.8、高 1.8、进深约 0.4 米，门内券宽 1.4、高 2、进深 0.7 米。箭窗拱券形，外券已毁，估计窗宽 0.6、高 0.95、进深 0.38 米，内龛宽 1.03、高 2.09、进深 0.57 米。

南墙　有一门二箭窗。形制同东墙。

东墙　有三箭窗。并列，形制相同，间距 2.13 米，两端箭窗距墙外皮 0.57 米。箭窗外券已毁，估计窗宽 0.6、高 0.95、进深 0.38 米，内龛宽 1.03、高 2.09、进深 0.57 米。

楼体内部结构　由南北向三道筒拱和中间两道隔墙组成。筒拱（即通券室）长 9.24、高 3.39 米，中央筒拱宽 2.18、两侧宽 1.95～1.97 米。两道隔墙各三券门，形制相同，间距 2.13 米，门宽 0.92、高 2.24、进深 0.95 米。

梯井　位于中央筒券室的顶部，已毁。井口东西 2.18、南北 2.65 米。

楼顶　早年坍塌，结构不清。

从青山口台 106 号南行过水门洞，行 103 米到达青山口台 107 号，即青山口关城东北角楼。墙体从塔沟两侧山梁向南延伸，全部砖包到顶，白灰勾抹，以三合土填心。基底外面平铺两层条石。墙宽 4.5～5、高 2～3.5 米。

水门洞

位于青山口大队塔沟生产队沟口的山洼处，左、右两山壁立，中间一水贯通。水门修在两山壁立的峡谷中，此段墙体呈弓形，外凹内凸，水门位于内凸的一面。水门为拱券形，三券三伏，修筑比较坚固。长城主体墙从水门拱顶南北通过。拱门下部拱脚即门垛口用大型条石砌筑，至少有九层，条石长 1.03、宽 0.43、厚 0.33 米，以上用卧砖平铺纵砌到顶，白灰勾抹。现水门底部条石被拆毁，门洞高大，本身通高 5.15、宽 2.66、进深 5.5 米，可以看出这处水门可通车骑。门洞内壁上有边长 0.14 米的壁龛，门洞的东、西两侧有人工修筑的车骑道，可以贯通东西，现仍存一部分，拱门洞上部为砖砌主体城墙，墙存高 4.5 米。水门洞是青山口北的另一处较重要通道，基本保存完好。

（一〇七）青山口台 107 号

位于青山口城东北角，即北门东侧的主体墙上。主体墙自北而南通过，形成青山口城的东垣。墙体呈弓背形，沿正沟南行，上筑青山口台 108 号、青山口台 109 号后，主体墙再南过青山口台 110 号、青山口台 111 号到达青山口口门。

原楼体高大，现中上部皆不存。

楼基　基底用三层条石平铺，以上用青砖，白灰勾缝。平面方形，边长 10、基高 6 米。

主体墙从青山口台 107 号南偏东行 62.5 米到达青山口台 108 号。该段墙体因位于青山口西北侧山梁上，又是青山口关城的东垣，所以修筑得很坚固。墙体内外两侧、基底皆用条石铺砌，以上用砖灰，墙宽 4.5～5、存高 3.8 米。

便门 17 号

位于青山口台 108 号西侧 10 米处。门呈拱券形，宽 1.58、高 1.95、进深约 0.9 米。

进门后东拐，门洞宽2.13、东西长10米，砖筑阶梯，可达楼门。

（一〇八）青山口台108号

位于青山口城北垣上。

楼体早年破坏，今存楼基址和一部分结构。基高3.5、通高7.6米。

楼基 基底用一层条石平铺，以上用砖，白灰勾抹。平面方形，边长10、存基高3.5米。

楼体四墙 今存东、西、北墙，东、西两墙一门两箭窗，南、北两墙三箭窗。

西墙 有一门两箭窗。门居中，箭窗分列两侧，门距箭窗均1.32米。门宽约0.85、高约1.8米。券顶已毁，尺寸不详。箭窗形制相同，皆为拱券形，宽0.54、高0.9、进深0.19米，窗内龛宽0.93、高2.13、进深0.75米，窗台距地面0.72米。

东墙 有一门两箭窗。形制同西墙。

北墙 有三箭窗。箭窗形制同西墙。

南墙已毁。

楼体内部结构 由东西向三道筒拱和中间两道隔墙组成。筒拱通长9.62、宽2、高2.92米。隔墙上有三券门，形制相同，分别设在中间和两端，间距1.11~1.5米，门宽0.84、高1.7、进深（过道）0.84米。

梯井 在中央筒拱中间设一梯井。方形，边长3米，可用软梯上下。

楼顶 早年坍塌，结构不清。

主体墙从青山口台108号东北行54米到达青山口台109号。此段为青山口城北垣，墙基底铺四层条石，以上砖包到顶，内填三合土，外用白灰勾抹。墙体宽5.5、存高3.5~4米。

（一〇九）青山口台109号

位于青山口城北垣东段上。

楼体已毁，基址尚存，西、北两墙保存部分结构。基高4.22、楼体高4.2、通高8.42米。

楼基 基底平铺一层条石，以上砖铺，白灰勾抹。平面方形，边长10、基高4.22米。

楼体四墙 南、北两墙一门二箭窗，东、西两墙三箭窗。

北墙 有一门二箭窗。门在中间，箭窗分列左、右两端，门和箭窗间距2.1米。门拱券形，门宽0.82、高1.7、进深约0.5米，门内券已毁。箭窗外拱，内为长方形，窗内龛宽0.71、高1.9米，进深已毁。

南墙 有一门二箭窗。形制同北墙。

楼体内部结构 由南北向三道筒拱和中间两道隔墙组成。据四壁残存木柱推测，此青山口台原有木结构，中间隔墙也是有木柱的砖墙，顶为券室顶。现墙壁上的木柱洞直径0.27米。两道筒拱券室相同，南北长9、宽2.2、高2.5米。中间两道隔墙上各有三个小券门，三门形制相同，并列，间距1.16米，门高1.65、宽1.03、进深1.1米。

楼顶 早年已毁，结构不清。

主体墙从青山口台109号向南偏东方向延伸，西侧为青山口关城的东墙。再东南行88米到达青山口台110号。墙体全部砖砌，墙基用二至三层条石平铺，往上内外砖包到顶，三合土夯心。墙宽5~5.5、存高1.5~3.5米，现垛口墙多已毁坏。

（一一〇）青山口台 110 号

位于青山口口门北侧的山梁上。

台体毁坏，已经变成一堆废砖石。

楼基　平面方形，边长 9、存高 2.1 米。

楼体结构不清。

从青山口台 110 号南偏东行 34 米到达青山口台 111 号。墙体从青山口台 110 号南侧山坡上南偏东行，全部砖砌，墙两侧底部平铺二至三层条石，以上砖包到顶，三合土夯心，白灰勾缝。墙宽 5～5.5、存高 1～3.5 米。顶部垛口墙已毁。中途经过便门 18 号、墩台 39 号。

便门 18 号

位于青山口台 110 号到青山口台 111 号之间墙体内侧，青山口水门洞之北。门呈拱券形，因墙体坍塌无从测量，门宽约 0.9 米，进门后有砖阶可达马道。

墩台 39 号

位于青山口台 110 号之北，青山口台 109 号之东的山坡上。

台基用较大毛石砌成，白灰灌浆。平面近方形，东西 9.5、南北 9.1、存高 2.1 米。

（一一一）青山口台 111 号

为青山口口门北偏西的一个敌台，实际是为守卫口门而筑。早年破坏严重，结构和青山口台 110 号相同，现仅存基址，平面方形，边长约 10、存高 1 米。

从青山口台 111 号经青山口口门向东 268 米到达青山口台 112 号。

青山口口门

位于迁西上营公社青山口大队以东，青山口台 111 号东 30 米。此地西南距迁西县城 60 千米，东北距宽城县大地公社 6 千米。现口门内外皆住人家。口门东侧为正沟，西侧为下坡子沟，现口门处为上营公社通往大地公社的一条小路。

口门早年被洪水冲毁，现残存基址，宽 4.5 米。原口门北侧存有一个台基，上建敌台以控口门，现楼体不存，据老乡说水门原为拱形，顶部修有简易的建筑。

迁西县政府于现口门东侧立有标志碑：河北省人民委员会 1956 年 9 月 7 日公布的省重点文物保护单位万里长城保护标志碑。

从口门的正沟和下坡沟之间的谷地，墙体向东爬上西低东高的山坡，一直沿山梁向东延伸，此时墙体全部改为毛石砌筑，白灰勾抹。墙宽 3～3.5、存高 1.5～3.5 米，外高于内，内高 1～3 米。墙顶马道铺一层条砖。

在青山口外北、东两侧筑有一道石边墙，群众称为“拦马墙”，属于口外附边。

青山口外拦马墙（附边）

为青山口台 109 号南侧主体墙东北分支。沿山体东行，越过正沟，呈一半圆形，蜿蜒东行到正沟东北，行 385 米与青山口台 122 号相接。其中有 30 米山险墙，余皆为窄体石墙，墙宽 1～1.5、存高 0.2～1米，毛石干砌。

（一一二）青山口台 112 号

位于正沟南侧 300 米的山梁上。

楼体早年坍塌，仅存南、西两墙部分结构。

楼基　用两层条石平铺，以上砖砌，白灰勾抹。平面方形，边长10、存基高4.2米。

楼体存东、西、南墙。南墙一门两箭窗，东、西墙三箭窗。顶部坍塌（图版［14］048）。

其他结构不详。

墙体从青山口台112号向南延伸120米到青山口台113号。墙体沿当地俗称“头道沟”的西梁上南行，全部毛石加白灰砌成，墙宽3.5～4、内高1～2.5、外高1.5～3米。墙顶用三层条砖砌外檐（腰砖），马道中铺一层条砖。中途经过炮台1号。

炮台1号

位于青山口台113号西56米处。石砌，平面方形，边长2、高约0.5米。

（一一三）青山口台113号

位于青山口南侧的高山梁上。楼东为头道沟。

楼体梯柱形，顶部早年坍塌，只存楼框和楼基。基高3.88、楼体高4.5、通高8.35米。

楼基　基底平铺二至四层条石，以上用砖和白灰。平面方形，边长10、存基高3.88米。

楼体四墙　南、北两墙一门两箭窗，东、西两墙三箭窗（图版［14］049）。

北墙　有一门两箭窗。门距两箭窗为1.74米，两箭窗距墙外皮为0.38米。门存内外券，外券存宽1.3、进深0.31米，门内券存宽1.5、进深0.74米。箭窗拱券形，宽0.59、高0.96、进深0.38米，窗内龛宽0.75、高2.14、进深0.59米。

南墙　有一门两箭窗。形制同北墙。

东墙　有三箭窗。间距1.79米，左、右箭窗距墙外皮为1.14米。箭窗拱券形，宽0.59、高0.92、进深0.38米，窗内龛宽0.75、高2.17、进深0.59米，窗台距地面为0.8米。

西墙　有三箭窗。形制同东墙。

楼体内部结构　由南北两道筒拱和中间一道隔墙组成。券顶全部塌陷，但仍可看出筒拱即券室，通长9.24、宽1.83、高3.1米。隔墙上各有三券门，并列，形制相同，间距1.79米，门宽0.93、高1.95、进深（过道）1.04米。

梯井　在中央筒拱一端设一梯井，已毁。

楼顶　早年已毁，结构不清。

从青山口台113号到青山口台114号为144米。墙体在头道沟西梁上向南延伸，存部分垛口墙和望孔。墙体皆毛石加白灰砌筑，垛口墙则用砖砌，墙宽3～3.6、内高0.5～1.5、外高1.5～2.55米，垛口墙残高0.2～1.5、宽0.45米。垛口底部望孔呈方形，宽0.3、高0.36、进深0.48米，望孔间距1.16米。

在青山口台113号南侧约15米处墙顶修有一段南高北低的台阶，因坡度大，难于攀登，阶宽0.15、高0.2米，只存几级。

中途经过炮台2、3、4号。

炮台2号

位于小口门东南的墙体北侧。毛石干砌，边长2.5、存高0.7米。

炮台3号

位于炮台2号南面的墙体北侧。皆毛石干砌，边长2.5、存高0.7米。

炮台 4 号

位于炮台 3 号南面墙体顶部北侧。毛石干砌，边长 2.5、存高 0.7 米。

（一一四）青山口台 114 号

位于小石沟东侧山梁的墙体上。楼东是石门岔沟，此地俗称石门岔西山，海拔 738.8 米①。楼西有一段弧形护坡。

楼体方柱形，现已毁，存基址和楼内部分结构。存基高 2.52、楼高 4、通高 7.52 米。

楼基　基底四周平铺三至四层条石，为青砖铺砌，白灰勾抹。平面方形，边长 9、基高 2.52 米。

楼体四墙　西墙一门两箭窗（图版［14］050），南墙两箭窗，北、东墙已毁坏（图版［14］051）。

西墙　有一门两箭窗。门居中，窗位列两端，门、窗间距 1.29 米，窗两端距墙外皮 0.47 米。门为拱券形，门宽 1、高 1.92、进深约 0.36 米，门内券高已毁，宽 1.45、进深 0.57 米。箭窗拱券形，宽 0.6、高 1.05、进深 0.33 米，窗内龛宽 0.78、高 2、进深 0.6 米。窗台下距地面约 0.8 米，今存高 0.3 米。

南墙　有两箭窗。并列，形制相同，间距 3.2 米。箭窗拱券形，窗宽 0.6、高 1.05、进深 0.33 米，窗内龛宽 0.78、高 2、进深 0.6 米。

楼体内部结构　由东西向三道筒拱和中间两道隔墙组成。现存南侧筒券室，筒拱通长 8.34、高 2.7、宽 1.4 米。隔墙上设三券门，并列，形制相同，间距 1.15 米，券门宽 0.82、高 1.78、进深（过道）1.03 米。

楼顶　塌陷，残存部分垛口墙，墙宽 0.45、存高 0.2～0.6 米，垛口宽 0.45 米。

从青山口台 114 号到青山口台 115 号为 121 米。墙体从青山口台 114 号沿山体南行，基本位于山梁顶部，用毛石加白灰砌筑。墙宽 2.5～4、存高 2.5～3.5 米。墙外毛石砌，白灰勾抹；内侧则有一段以山坡为墙，以沙土、碎石填心。

南部距青山口台 115 号 10 米处有两段台阶，台阶为砖砌，残高 0.2、宽 0.2 米，两大段长约 30 米。

中途经过炮台 5、6、7、8 号。炮台相距 25～30 米。

炮台 5 号

位于青山口台 114 号南面墙体外（东）侧。全部用毛石干砌，不用白灰。台宽 1.5、长 3、存高 0.7 米。

炮台 6 号

位于炮台 5 号南面墙体外侧。毛石干砌，长 3、宽 1.5、高 0.7 米。

炮台 7 号

位于炮台 6 号南面墙体外侧。毛石干砌，长 3、宽 1.5、高 0.7 米。

炮台 8 号

位于炮台 7 号东南墙体外侧。毛石干砌，长 3、宽 1.5、高 0.7 米。

以上四炮台尺寸相同，皆面向外。

---

① 五万分之一图标，峪耳崖 K－50－130－B。

（一一五）青山口台 115 号

位于石白沟（石门岔沟）西侧的山梁墙体上。

楼体早年已毁，今存楼基和部分结构，顶部已塌。基高 2.5～3.58、楼体存高 4、通高 7.58 米（图版［14］052）。

楼基　由于楼体筑在高山顶部，地势西高东低，基底用一至五层条石平铺，以上用砖，白灰勾抹。平面近方形，东西 9、南北 10、基高 2.5～3.58 米。

楼体四墙　北墙一门两箭窗；南墙已毁，存一箭窗；东、西两墙四箭窗，西墙已毁。

北墙　有一门两箭窗。门在北墙西端，两箭窗分别在中间和东端，门距箭窗 1.57 米，两箭窗间距 1.37 米。门为拱券形，宽 0.74、高 1.8、进深约 0.4 米，门内券宽 1.2、高 2.19、进深 0.86 米。箭窗宽 0.58、高 1.08、进深 0.38 米，窗内龛宽 1.03、高 2.04、进深 0.84 米，窗台下距地面高 0.6 米。

南墙　存东侧一箭窗，窗宽 0.59、高 0.97、进深 0.38 米（图版［14］053）。

东墙　有四箭窗。形制相同，间距 1.26 米。窗宽 0.59、高 0.98、进深 0.38 米，窗内龛宽 1.03、高 2.03、进深 0.85 米，窗顶部上距楼顶 0.6 米。

西墙　有四箭窗。形制同东墙。

楼体内部结构　由南北向三道筒拱和中间两道隔墙组成。现中间和西侧通券已毁，筒拱通长 4.24、宽 1.58、高 3.9 米。隔墙上各有二券门，券门结构相同，门间距 1.34 米，门宽 0.98、高 1.98、进深 1.09 米。

楼顶　早年塌陷，今存三面垛口墙，垛口墙存高 0.5～1.5、宽 0.45 米。垛口墙上设有望孔，长方形，因无法攀登，未测。

从青山口台 115 号到青山口台 116 号为 296 米。墙体从青山口台 115 号即石佛沟西侧山梁上南行，到南台子沟东，墙体全部毛石加白灰砌筑，墙宽 3.5～4、存高 1～2.5 米，外高内低，外高 2.1～3.75 米。马道顶上铺一层条砖，砖层下夯三合土、碎石。顶部垛口墙残断，皆砖砌。存高 0.2～1.5、墙宽 0.45 米。上存望孔，方形，宽 0.27、高 0.28、进深 0.45 米，间距 3.15 米。中间陡峭处筑台阶，高、宽皆 0.28 米，用白灰勾抹。中途经过便门 19 号，墩台 40 号，炮台 9、10 号。

便门 19 号

位于青山口台 116 号北侧 1.78 米墙体内侧。砖砌，门呈拱券形，门宽 0.72、高 1.87、进深 0.87 米，便门从西北向东进，又南拐而达楼门口。从内门口北拐可达墙体马道，原有台阶，已毁，阶宽 1.78、长 6.5 米。门内有垛口墙，已毁。

墩台 40 号

位于青山口台 116 号北 25 米墙体内侧。毛石干砌，平面长方形，东西 8、南北 9、存高 0.25 米。

炮台 9 号

位于青山口台 115 号和墩台 40 号之间。毛石干砌，台长 3、宽 2.1、高约 1.5 米。现已残，成一堆乱石。

炮台 10 号

位于墩台 40 号到青山口台 116 号之间的墙体外侧。毛石干砌，平面近长方形，长 3、宽 2.1、高约 1.5 米。

（一一六）青山口台 116 号

位于南台子沟东侧山梁上。楼东为石佛沟。

台体已毁，有四分之一开裂，存基址和部分楼内结构，基高 3.7、通高 7.87 米（图版［14］054）。

楼基　基底平铺一到六层条石，以上砖砌到顶，白灰勾抹。平面方形，边长 10、基高 3.7 米。

楼体四墙　南、北两墙一门两箭窗，东、西两墙三箭窗。

北墙　有一门两箭窗。门在西端，距箭窗 1.84 米，两箭窗间距 1.98 米。门拱券形，门宽 0.76、高 1.7、进深约 0.26 米，门内券宽 1.12、高 2.32、进深 0.85 米，门下门枕石长 0.64、宽 0.47 米。箭窗拱券形，宽 0.62、高 0.92、进深 0.35 米，窗内龛宽 1.13、高 1.97、进深 0.67 米，窗下距地面 0.95 米。窗台石制，长 0.93、宽 0.42、厚 0.19 米。台石中间有一盲孔，直径 0.05、深 0.18 米。窗台石左、右有直径 0.08 米的扇门轴孔。

南墙　有一门两箭窗。形制同北墙。

东墙　有三箭窗。形制相同，间距 1.72 米。窗宽 0.61、高 0.89、进深 0.33 米，窗内龛宽 1.31、高 1.96、进深 0.67 米。

西墙　有三箭窗。形制同东墙。

楼体内部结构　由南北向三道筒拱和中间两道隔墙组成。筒拱长 9.3、高 3.33 米，中央筒拱宽 2.03、南北两侧筒拱宽 1.74～1.83 米。隔墙上各设三券门，并列，南北贯通，形制相同，门高 2.32、宽 1.17、进深（过道）1.17 米。

梯井　设于中央筒拱的东端，存长 1.7、宽 1.8 米。

楼顶　塌陷，仅能看出原有楼橹基址，存一部分垛口墙，墙存高 0.5～1.5 米，墙上存有望孔。全部砖砌。

从青山口台 116 号到青山口台 117 号为 185 米。墙体从青山口台 116 号沿北高南低的山坡南行，墙体保存较完整，从青山口台 116 号北开始向南皆为下石上砖包砌，墙底两侧底部平铺一至三层条石，以上砖包到顶，白灰勾抹。墙宽 4.5～5、外高 1～2.5、内高 0.5～1.5 米。墙顶存部分垛口墙，墙存高 0.2～1.5、宽 0.45 米，垛口残宽 0.7、高 0.5、墙厚 0.45 米，垛口间距 2.93 米。垛口底部设有望孔，长方形，高 0.33、宽 0.22、进深 0.45 米，间距为 3.38 米。垛口墙顶部垛口之间的望孔为圆形，直径 0.18 米。垛口墙全部砖砌。中途经过炮台 11 号（图版［14］055、056）。

在青山口台 117 号北紧靠楼体西北角跨出墙体 1.5 米处筑有一阶梯式上墙道，砖阶存宽 2、存高 1.7 米。

炮台 11 号

位于青山口台 116 号和青山口台 117 号之间的墙体上。台体毛石干砌，平面方形，边长 2、存高 0.5 米。现已塌毁成一堆废石。

（一一七）青山口台 117 号

位于铁链峪沟东侧山梁上。

楼体已毁，存楼基和四墙以及部分结构，顶部塌陷。基高 4、楼体高 3.8、通高 7.8 米。

楼基　基底平铺三层毛石，以上砖砌到顶，白灰勾抹。平面方形，边长 7、楼基高 4 米。

楼体四墙　东、西两墙中间设一门，南、北两墙各设一箭窗（图版［14］057）。四面楼体较高，无法攀登。类似这种每面只设一门或一窗，而且较小，实例很不多见，惜未测图。

以西墙为例：门呈拱券形，门宽0.6、高1.4米。箭窗长方形，宽0.3、高0.8米。

因无法攀登，故楼体内部结构不详。

楼顶　已毁。存部分垛口墙，墙高0.6、宽0.45米，墙上设有望孔。

从青山口台117号到青山口台118号为76米。墙体从铁链峪东侧山梁上向南偏东延伸，墙体全部下石上砖。墙底两侧用一至三层条石平铺，以上砖包到顶。墙宽4.5~5、外高1.5~2.5、内高0.5~1.5米。墙体顶部存部分垛口墙，墙高0.2~1.5、宽0.45米，垛口残宽0.7、存高0.5米，垛口间距均为2.83米。垛口墙顶部设望孔，圆形，直径0.18、进深0.45米，望孔间距3.38米。垛口墙全部砖砌、白灰勾抹。中途经过两处上墙道。

在青山口台117号西南角有一斜坡式上墙道，上设台阶，跨出墙体2米，台阶道宽2、长6米。台阶砖筑，宽0.2、存高0.18米，台阶从南向北上到楼门，往东可达马道。

在青山口台118号西北约15米内侧也有一斜坡上墙道，道宽2、长约5米。上筑砖阶，宽0.2、高0.18米。

（一一八）青山口台118号

位于井峪东叉沟东侧的山梁凹处，楼东为黑沟。此楼为这一带有楼橹的实心敌台。

由于早年破坏，今存楼基和部分楼体结构，基本可以复原，楼体为梯柱形。

楼基　基底四周平铺一至二层条石，以上砖砌到顶，白灰勾抹。平面长方形，东西7.8、南北6.5、基高5米（图［14］061）。

楼体四墙　不设门、窗，实心到顶。顶设楼橹和垛墙，南、北墙和主体墙相接并延伸（图［14］062）。

这种实心台的实例不多。从基底向上到顶，四面墙体很厚，皆砖砌而坚固，墙内即台心用碎石、黄沙土夯填，四面墙厚度下为1、上为0.8米，有一定的收分（图［14］063）。

楼顶　东西6.4、南北6.2米。顶部中心设一楼橹，虽已倒塌，但仍存三面墙，门设于东墙。楼橹整体方形，东西3.26、南北3.3、墙存高2.2、墙厚0.4米。门早年已毁，门道宽2米。原楼橹顶可能是人字坡式，全部砖砌、白灰勾抹（图［14］064）。顶周每面设四垛口墙，墙宽0.4、存高0.2米，垛口墙宽0.42、高0.5、进深0.4米。南、北墙中间和主体墙的马道相连。在垛口墙上各设有一望孔，望孔长方形，宽0.18、高0.33、进深0.4米。垛口下各设一尖拱形望孔，宽0.18、高0.33、进深0.4米。在楼顶西南角存一石碑座，长0.7、宽0.4米，碑座上的石碑早已被人拆走（图版［14］058）。

类似青山口台118号的实心式台实例不多。此台保存较好，是实心台的一个典型实物（图版［14］059）。

墙体从青山口台118号沿井峪东叉沟的山梁南行58米到达青山口台119号。墙体砖砌，保存完好。墙内、外基底平铺一至三层条石，以上砖包到顶，白灰勾抹。墙宽4.5~5、外高1.5~3、内高0.5~1.5米。墙体上存垛墙和宇墙，垛墙存高0.5~1.5、墙厚0.45米。墙顶设一圆形望孔，直径0.18、进深0.45米。垛口残宽0.7、高0.5、进深0.45米，垛口间距2.83米。垛口底部设有望孔，望孔长方形，宽0.22、高0.33、进深0.45米。在青山口台119号北侧墙体马道上增设砖阶，砖阶宽

0.2、高0.15米。马道两边设有小型障墙（即隐墙），东面障墙宽0.6、高0.5～1.62米，西面障墙宽0.2、存高0.2～0.8米。两边障墙中间马道宽1.62米。全部砖砌。

（一一九）青山口台119号

位于井峪东叉沟东侧山梁顶部的墙体上。

楼体毁坏，但楼基、四墙和内部结构大体保存。基高3.65、楼体高4、通高7.65米。

楼基　基底平铺两层条石，以上砖砌到顶。平面方形，东西10.5、南北11、基高3.65米。

楼体四墙　南墙一门两箭窗，北墙三箭窗，东墙四箭窗，西墙一门三箭窗。

南墙　有一门两箭窗。门居中，箭窗分列两侧，门、箭窗间距1.05～1.75米，两箭窗距墙外皮0.45米。门宽0.72、高1.64、进深0.4米，门下门枕石上有二门轴孔，间距0.7米。门内券宽1.18、高2.35、进深0.87米。三箭窗形制相同，皆为拱券形，宽0.6、高0.99、进深0.39米，窗内龛宽0.95、高2.3、进深0.86米（图版［14］060）。

西墙　有一门三箭窗。门在南端，箭窗在北端，门和箭窗间距1.25米。门拱券形，宽0.77、高1.64、进深0.4米，门枕石长1.5、宽0.56、厚0.2米，门内券宽1.18、高2.4、进深0.87米。三箭窗形制基本相同，皆为拱券形，宽0.6、高1.01、进深0.39米，窗内龛宽0.95、高2.4、进深0.86米。

北墙　有三箭窗。形制同南墙。

东墙　有四箭窗。形制同南墙。

楼体内部结构　由南北三道筒拱式券室和两道隔墙组成。筒拱长10.22、宽1.8～1.83、高3.73米。中间两道隔墙上各设四个小券门，并列，形制相同，门间距1.3米，券门宽0.87、高1.8、进深1.08米。

梯井　位于楼内西侧券室的北端，南北1.52、东西1.2米。

楼顶　无法攀登未测，可观察到四周垛口墙和楼橹残垣，垛口墙存高0.2～0.8、宽约0.45米，砖砌、白灰勾抹，其他结构不详。

便门20号

位于楼体南侧墙体内侧。拱券形，宽0.7、高1.95、进深0.45米，由此可通往楼内及主体墙马道上。

墙体从青山口台119号到青山口台120号为221米。墙体保存较好，下石上砖砌。基底平铺一至三层条石，以上砖包到顶，顶部用砖砌，白灰勾抹。墙宽4.5～5、存高1.5～2.5米。墙顶残存两段垛口墙，宽0.45、存高0.2～0.8米。垛口墙上有望孔，长方形，宽0.22、高0.33、进深0.45米，垛口底部有圆形望孔，直径0.18、进深0.45米，望孔间距3.38米。

（一二〇）青山口台120号

位于黑沟西侧山梁的主体墙上。

早年已经严重破坏，仅存基址。

楼基　砖结构。平面方形，东西10、南北10.5、存高3.2米。以上结构不清（图版［14］061）。

从青山口台120号到青山口台121号为191米。墙体基本完整，在井峪东叉沟东侧山梁上，沿北低南高的正梁南行。墙体下石上砖，基底平铺三层条石，以上砖包到顶，墙顶砌出拔檐砖。边墙宽

4.5~5、存高2~2.5米。马道两侧残存垛口墙和宇墙，垛口墙宽0.45、存高0.5~1.5米。墙顶和底部各设一望孔，结构相同，皆为长方形，宽0.18、高0.33、进深0.45米。

便门21、22号

位于楼体墙内南北两侧。两座便门形制相同，皆为拱券形，宽0.7、高1.85、进深2.8、进门门道宽2.5米。有台阶通往楼体和马道，马道两边有障墙，已残。

（一二一）青山口台121号

位于井峪东叉沟东侧的山梁上，楼东约1500米是青龙县大地公社雄关生产队。

残存楼基及部分墙体结构。基高4、楼体高3.75、通高7.75米（图版［14］062）。

楼基　基底平铺三层条石，以上用砖平铺，白灰勾抹。平面近方形，东西11、南北10、基高4米。

楼体四墙　南、北两墙一门二箭窗，东、西两墙四箭窗。

北墙　有一门二箭窗。楼门居中，二箭窗分列两侧，门、箭窗间距1.58米，箭窗距东、西两墙外皮0.45米。门拱券形，宽0.71、高1.62、进深0.31米，门内券宽1.27、高2.23、进深（门道长）0.98米。箭窗拱券形，宽0.62、高1.1、进深0.38米，箭窗内龛宽1.05、高1.96、进深0.98米，窗台距地面0.6米。

南墙　有一门二箭窗。形制同北墙。

东墙　有四箭窗。形制相同，间距1.35米。窗宽0.62、高1.1、进深0.38米，窗内龛宽1.05、高1.96、进深0.98米，窗台距地面高0.61米。

楼体内部结构　由南北向三道筒拱和中间两道隔墙组成。筒拱长10.24、宽1.73~1.76、高3.67米。两道隔墙上各有四个券门，形制相同，皆拱券形，门间距1.4米，门宽0.96、高2.13、进深（过道）1米。

梯井　楼内西侧券室内端设一梯井。南北1.87、东西0.9米，梯井口用条石铺砌。

楼顶　存部分垛口墙，墙宽0.45、高0.2~0.5米。墙底尚存有四个方形望孔。楼橹已毁。

从青山口台121号到青山口台122号为198米。墙体从青山口台121号沿井峪东叉沟东侧山梁南行。墙体下石上砖，基底铺一至二层条石，以上砖包到顶。马道条砖平铺，两侧出檐，上砖筑垛口墙。马道墙宽3.1~4.5、高0.6~2.5米，垛口墙宽0.45、存高0.6~1.15米。墙顶存有望孔，长方形，宽0.8、高0.34米。中途经过便门23、24号，墩台41号，在墩台41号以南主体墙由砖筑改为石筑。

便门23、24号

位于青山口台121号的南北内侧。形制相同，皆为拱券形，已毁。门高1.85、宽0.8米。门内有砖阶可达楼内。南侧便门外有台子外出，以保护便门。

墩台41号

位于青山口台122号北50米处，碾棚沟南侧山梁的墙体内侧。台基毛石、白灰砌筑，平面方形，南北5.5、东西5、存高2.5米。

（一二二）青山口台122号

位于碾棚沟南侧山梁的墙体之上。

楼体保存基本完整。基高3.75、楼体高4.15、通高7.9米。

楼基　基底用二至三层条石平铺，以上用砖，白灰勾抹。平面方形，东西 10、南北 10.5、基高 3.75 米。

楼体四墙　西墙一门二箭窗，东墙四箭窗，南、北墙三箭窗。

西墙　有一门二箭窗。门居中，二箭窗分列两侧，门距箭窗 1.48 米，两箭窗距墙外皮 0.33 米。门拱券形，门宽 1、高 1.6、进深 0.25 米。门下设门枕石，门枕两端有门轴孔，直径 0.05 米，两门轴孔相距 0.7 米，门内券宽 1.25、高 2.3、进深 0.81 米。箭窗外券宽 0.57、高 1.04、进深 0.29 米，窗内龛宽 0.95、高 2.3、进深 0.81 米，窗台距地面高 0.71 米（图版［14］063）。

东墙　有四箭窗。并列，形制相同，间距 1.25 米。窗拱券形，宽 0.57、高 1.04、进深 0.29 米，窗内龛宽 0.95、高 2.3、进深 0.81 米。

南墙　有三箭窗。间距 1.64 米，形制同东墙。

北墙　有三箭窗。形制同东墙。

楼体内部结构　由南北三道筒拱和中间两道隔墙组成。筒拱长 9.92、宽 1.9、高 3.15 米。隔墙上各有三券门，间距 2.66 米，门宽 1、高 2.11、进深 0.95 米。

梯井　长方形，东西残宽 1.1、南北 1.24 米。四周砖筑方框。

楼顶　存垛口墙、山形望孔和楼橹基址。因无法攀登，未测量。

墙体从碾棚沟南山青山口台 122 号向南延伸 217 米到达青山口台 123 号。墙体全部改为毛石、白灰砌筑。墙宽 3～3.5、外侧存高 2.5～3、内侧高 0.9～2 米。墙顶马道平铺一层片石，现大部分被拆掉。

（一二三）青山口台 123 号

位于青山口台 122 号西南碾棚沟南侧山梁上。

楼体已经破坏，形成一堆残砖墙（图版［14］064）。

楼基　下石上砖。平面方形，边长 10、存高 3.2 米。从残墙看，楼体为东、西两墙三箭窗，南、北可能为一门一箭窗（图版［14］065）。

墙体从青山口台 123 号到青山口台 124 号为 80 米。主体墙从碾棚沟南侧山梁向西南方向延伸，全部毛石砌筑，白灰灌浆，以碎石、沙土填心。墙宽 0.35～3、内侧存高 0.8～2、外侧存高 1～2.5 米。

（一二四）青山口台 124 号

位于碾棚沟南侧山梁上。

楼体早年已毁，现残存一堆乱砖。

楼基　分析是以条石为基，以上砖砌。平面方形，东西 10、南北 10.3、存高 3.15 米。

从青山口台 124 号到青山口台 125 号为 115 米。墙体从碾棚沟南侧山梁向西南方向延伸，毛石、白灰砌成。墙宽 3～3.5、内侧存高 1.5～2、外侧高 1.5～2.5 米。墙顶马道平铺一层条石，大部分已被拆走。

（一二五）青山口台 125 号

位于碾棚沟东侧山梁的墙体上。

楼体方柱形，保存基本完整。基高 3.57、楼体高 4、通高 7.57 米。

楼基　基底平铺三层条石，以上用砖平铺，白灰勾抹。平面方形，边长10、基高3.57米。

楼体四墙结构　东、西两墙一门二箭窗，南、北两墙三箭窗（图版［14］066）。

东墙　有一门二箭窗。门居中，二箭窗分列两侧，门距箭窗1.75米，两侧箭窗距墙外皮0.36米。门石制，拱券形，自下而上为门枕石（过门石）、门柱石、一字石和券脸石。门宽0.75、高1.75、进深0.25米，门内券宽1.35、高2.2、进深0.9米。门枕石长1.25、宽0.39、厚0.18米，两端设有直径0.05米的门轴孔，两门轴间距0.78米，在门内券两墙上各有一个门闩孔，方形，石制，长0.39、宽0.34米，门闩孔直径0.075米。

西墙　有一门二箭窗。形制同东墙。

北墙　有三箭窗。间距1.89米，两侧箭窗距墙外皮0.34米。三箭窗形制相同，皆为拱券形，宽0.63、高0.88、进深0.3米，窗内龛宽1.05、高0.22、进深0.88米。窗台石制，下距地面为0.92米，台石拱背，长0.96、宽0.43、厚0.18米，窗台中一盲孔。台内侧有二窗扇门轴孔，二孔相距0.67米，扇门轴孔径0.02米。

南墙　有三箭窗。形制同北墙。

楼体内部结构　由南北向三道筒拱式通券室和中间两道隔墙组成。筒拱通长9.4、宽1.69～1.7、高3.05米。隔墙上各有三拱券门，门间距1.62米，门宽1.35、高1.95、进深（过道）1.15米，门即南北通券的东西过道。

梯井　西侧券室北端设梯井。

楼顶　因楼高，无法攀登，梯井口尺寸未测。只保存一周菱角檐、楼橹基址和部分垛口墙，垛口墙下存有尖拱形瞭望孔。

从青山口台125号到青山口台126号为85米。墙体从青山口台125号沿碾棚沟东侧山梁西南行，全部毛石砌筑、白灰灌浆。墙宽3～3.5、高1～2.5米。墙顶平铺三层拔檐砖，马道铺一层砖。中途经过便门25号。

便门25号

位于青山口台126号北侧10米处，现为一处斜坡形上墙道，拱券已毁，残存门址，斜坡道宽约2.6米。

（一二六）青山口台126号

位于碾棚沟南侧山梁的墙体上。

楼体严重毁坏，只存四个角的墙框。基高约4、楼体存高3.5米（图版［14］067）。

楼基　基底用一至二层条石平铺，以上用砖砌，砖缝用白灰勾抹，碎石、沙土夯筑台心。平面方形，边长10、基高约4米。

楼体四墙　已毁，南、北两墙现存三箭窗。

楼顶　已塌陷，楼内结构不清。四墙顶上仍存部分垛口墙和望孔，垛口墙存高0.5～1米。

从青山口台126号到青山口台127号为123米。墙体从青山口台126号沿碾棚沟南侧山梁西南行，全部石砌，墙宽3.5～4、高1.5～3.5米。墙顶砌一层腰砖，再上为砖砌垛口墙，现垛口墙存宽0.5、高0.5米。

便门26号

位于青山口台126号南1米墙体内侧。石阶大部分已毁，现存长4、宽1.5米。

（一二七）青山口台 127 号

位于碾棚沟南约 1000 米的墙体上。

楼体因年久破坏，仅存劈裂的单面墙体和楼基。基高 3 ~ 4、楼体存高 3.5 米（图版［14］068）。

楼基 基底平铺一层条石，以上用砖，白灰勾抹。平面方形，东西 9.5、南北 10、基高 3 ~ 4.1 米。

楼体南墙存高 3.5 米，余三面皆倒塌，结构不详。

从青山口台 127 号到青山口台 128 号为 174 米。墙体从青山口台 127 号西侧沿西高东低的山梁向西南爬行。毛石干砌，墙宽 3.5 ~ 4、存高 1 ~ 2.5 米。

（一二八）青山口台 128 号

位于迁西县磁峪沟南侧高山梁上。楼东 2500 米为宽城县大地公社榆树林村。

楼体已残破，存楼基、墙体和部分结构。基高 3.15、楼体高 3.6、通高 6.75 米。

楼基 基底平铺二至五层条石，以上砖砌到顶，白灰勾抹。平面方形，边长 10、基高 3.15 米。

楼体四墙 东、西两墙一门二箭窗，南墙三箭窗，北墙二箭窗。

东墙 有一门二箭窗。门在东墙北侧，箭窗在中间和南侧，门距北墙外皮 0.75 米，南侧箭窗距南墙外皮 0.28 米。门为拱券形，外券石制，今存券脸，已倒斜在地，门内券宽 1.18、高 2.1、进深 0.95 米（图版［14］069）。箭窗外券已毁，窗内宽 0.86、高 2.2、进深 0.9 米，窗台下距地面 0.8 米，窗台底部设有通风口，拱券形，宽 0.34、高 0.2、进深 0.42 米（图版［14］070）。

西墙 有一门二箭窗。形制同东墙。

南墙 有三箭窗。并列，形制相同，间距 1.05 米，两侧箭窗距墙外皮 0.3 米。箭窗外部已毁，内龛宽 0.86、高 2.2、进深 0.9 米。

北墙 有二箭窗。箭窗外券已毁，内券结构同南墙。

楼体内部结构 为回廊式券室，中间设有四个砖柱，砖柱中间为方形中心室，中心室长 2.32、宽 2.32 米。四个砖柱之间各设一券门，楼内共有八券门，门宽 1.28、高 2、进深 1.05 米。砖柱中间各设一壁龛，龛拱形，宽 0.59、高 0.43、进深 0.44 米，为贮存器物之用。四砖柱各宽 1.48、厚 10.5 米。四周为回廊式券室，宽 1.25、高 2.95 米。

梯道 在北墙西侧箭窗内龛券的东墙上设有梯道。拱洞式，高度已毁，宽 0.65、长 4.2 米，下筑石阶，阶长 0.65、宽 0.2、高 0.25 米。

楼顶 早年已毁，结构不详。

从青山口台 128 号到青山口台 129 号为 240 米。墙体沿磁峪沟南侧高山山梁西南行，墙外利用削坡筑石墙，墙内和山坡相就。墙宽 4、存高 1.5 米。中间出现了一部分窄体石墙。中途经过房基 19 号。

房基 19 号

位于青山口台 128 号的西侧。石砌，平面长方形，南北 10、东西 4、存高约 1 米，为南北两间并列。

（一二九）青山口台 129 号

位于前窑岭沟西约 1000 米的山梁上，再东为榆树林村。

楼体梯柱形，保存基本完整。基高 2.85、楼体高 4、通高 6.85 米。

楼基　基底用三层条石平铺，以上用砖平铺，白灰勾抹。平面方形，边长 10、基高 2.85 米。

楼体四墙　东、西两墙一门二箭窗，南、北两墙三箭窗。

东墙　有一门二箭窗。门在墙北端，两箭窗分列中间和南端。门为石制，自下而上为门枕石、两侧门柱石和券脸石，上为方形，下为拱券形，这和一般石门券不同，没有一字石。门宽 0.64、高 1.35、进深 0.2 米，门下门枕石长 1.25、宽 0.39 米，门枕石两侧有门轴孔，孔径 0.05 米，两门轴间距为 0.78 米。门内券宽 1.07、高 2.05、进深 1.03 米。箭窗拱券形，宽 0.68、高 0.94、进深 0.33 米，窗内龛宽 1.2、高 2.05、进深 0.86 米，窗台下距地面 0.9 米（图版［14］071）。

西墙　有一门二箭窗。形制同东墙。

南墙　有三箭窗。并列，形制相同，间距 2～2.3 米。窗宽 0.68、高 0.94、进深 0.33 米，窗内龛宽 1.2、高 2.05、进深 0.86 米；西侧箭窗内龛宽 1.22、进深 1.66 米。

北墙　有三箭窗。形制同南墙。

楼体内部结构　由南北向三道筒拱和中间两道隔墙组成。筒拱长 9.34、宽 1.68～1.75、高 3.2 米。两道隔墙上各设三券门，尺寸相同，间距 1.93 米，门宽 1.3、高 2.1、进深 1 米。

梯道　在北墙西箭窗内券龛东壁上设有梯道。门呈拱洞式，长 3.15、宽 0.77、高约 2 米。下为砖阶，已毁。

楼顶　中部有一楼橹，平面长方形，一间，东西 4.75、南北 3.94、墙厚 0.53、存高 1.7 米。门在北墙中间，门宽 0.94、存高 1.7、进深 0.53 米，顶部不存。楼橹南墙距垛口墙 2.5 米，东西距垛口墙 2.26 米，北距垛口墙 3.1 米。楼顶四周有一圈菱角檐，每面有五垛口墙，墙宽 0.47、残高 0.2～0.7 米。垛口墙下设有望孔，长方形，宽 0.31、高 0.25、进深 0.47 米，间距 1.76 米。北垛口墙上部设二望孔，其余三面垛口墙上各设五望孔。全部砖砌。

从青山口台 129 号到青山口台 130 号为 250 米。墙体在磁峪沟南侧高山顶上继续西南行，直奔榆木岭口。墙体大部分破坏，其中主要是窄体石墙，而宽体墙仅 43 米。石墙宽 0.5～1.5、存高 0.3～0.5 米。均毛石、白灰砌筑。

（一三〇）青山口台 130 号

位于当地俗称“七十二孔楼”东侧山梁的墙体上。

楼体方柱形，保存基本完整，位于东高西低的山坡上，东侧高 4.9、西侧高 2、楼基东高 4.9、通高 9.4 米。

楼基　基底平铺一至三层条石，以上砖铺，白灰勾抹。平面方形，东西 10、南北 10.5、楼基东高 4.9 米。

楼体四墙　东、西两墙一门两箭窗，南墙四箭窗，北墙三箭窗（图版［14］072）。

东墙　有一门两箭窗。门居中，两箭窗分列左、右两侧，门距箭窗 1.7～2.2 米。门为石制，下设门枕石，左右门柱石，一字石、三块弧形石构成门券脸。门宽 0.66、高 1.64、进深 0.36 米，门内券宽 1、高 2.18、进深 0.89 米。门下枕石长 1.32、宽 0.7、厚 0.17 米。两箭窗形制相同，箭窗宽

0.63、高0.89、进深0.36米，窗内龛宽1、高2.19、进深0.83米。

西墙　有一门两箭窗。形制同东墙。

南墙　有四箭窗。并列，东墙外皮距第一箭窗0.4、第一箭窗距第二箭窗1.14、第二箭窗至第三箭窗为1.17、第三箭窗至第四箭窗为1.11、第四箭窗距西墙外皮0.35米。四窗形制相同，皆为拱券形，宽0.62、高0.92、进深0.36米，窗内龛宽0.95、高2.18、进深0.8米，窗台石距地面0.8米。

北墙　有三箭窗。形制基本相同，间距2.2米，两窗距墙外皮0.32～0.4米。箭窗拱券形，宽0.6、高0.89、进深0.36米，窗内龛宽0.9、高2.15、进深1.49米。

梯道　位于楼体北墙西侧箭窗内龛东壁上。呈拱洞形，拱门宽0.74、高2.8米，梯道已毁，残存十二级砖阶，阶存长4、宽0.18、高0.18米，梯道上口长2.9、宽0.74米。

楼体内部结构　由三道筒拱和两隔墙组成，形制同青山口台129号。

楼顶　早年已毁，结构不详。

墙体从磁峪沟南侧高山顶上西南行183米到达“七十二孔（券）楼”，“七十二孔（券）楼”是第十五测区的擦崖子台90号，两测区在此处相衔接。

从青山口台130号西南到七十二孔（券）楼为183米。此段墙体以窄体石墙为主，多利用削坡加毛石砌成，墙宽1.5～4、高0.5～3米，窄体墙宽1.5、存高1.5米，其中窄体墙105米，余为宽体石墙。在不足80米长的墙体上，筑有三段台阶，逐渐攀升到“七十二孔（券）楼”（即十五测区的擦崖子台90号）。

以下介绍远离主体墙的几座房基、烽墩遗迹。

房基20号

位于龙凤沟北女儿山南的一座山梁上。石砌，平面长方形，东西6.3、南北3.7、存高0.5米。

烽墩16号

位于青山口西南约700米的小堡城北山梁上。

墩体为砖砌，用白灰勾抹，平面圆形，直径6、存高2.5米。现成废墟。

烽墩17号

位于小堡城烽墩4号东北500米较低的山梁上。

墩体石砌，平面呈圆形，直径5、存高2米。

烽墩18号

位于小堡（白）城子东北约500米的山包上。墩体毛石砌成，基底以大块毛石为基。平面圆形，直径5、存高2.51米。

第二节　第十四测区城址

（一）董家口关城

位于迁西县上营公社董家口大队（村）董家口关西南约350米的长河东岸，东北直对董家口关的七孔桥。长河东、西两岸山峦对峙，一水中流，城址正好位于东岸较为开阔处，西北为长河河滩，东为山坡，城址就山坡建成。城址北垣外 50 米即长城南岸的河滩，南距上营 3000 米。现城内为董家口大队的村民居舍（图［14］065；图版［14］073）。

城址平面长方形，南北 223、东西 194 米。由于城内居民取土破坏，今仅存城垣四墙部分基址。

城垣总体非正方向，而是北稍偏西。其结构为二次筑成，即先在地基上用毛石砌成石墙，墙内用三合土、碎石夯实，石墙下大上小直砌到顶，石墙宽（厚）5.5、高约 5 米；之后，据当地传闻，约在明天启三年（1623 年），城垣大修，又用砖包外皮到顶，白灰勾抹，门、马道、角楼等皆重修（图版［14］074）。在城垣四角和南垣中部设角楼，北、南垣设门。

北垣　全长 194 米，墙体砖包到顶。墙宽 6.46、存高 3～4.5 米，高处存部分垛口墙。

北垣上有二门址，在北垣的东、西两端各有一城门，现城门已毁，存门道等基址。一门居中，另一门偏西，二门形制相同，相距 89 米，门道长 6.5、宽约 3 米，左、右门垛石砌，顶部起券，现顶已无，存门下石阶等，内高外低。据传北垣上的两城门主要是往城内运输军火和粮草之用，因为其余三面墙体均筑在较陡的山坡上，车辆行走不便。北门门口有一条用条石铺砌的进城路，今存长 25、宽 3 米，外低内高（图版［14］075）。

角楼　在北垣的东、西两角各设一座角楼。形制相同，平面皆长方形，砖砌，东西 9、南北 6、存高 4.2 米。楼底平铺二至三层条石，以上砖铺到顶，白灰抹平（图版［14］076）。

南垣　长 181 米。墙体砖包到顶，墙宽 6.46、高 3～4.5 米。南垣中部就地势筑成，弓背形外凸，凸出地界高而偏东，上筑一长方形敌台。墙东、西两端拐角处各设一角楼。

南垣有二门址，俗称“便门”。一在东北角，一在偏中部。东北角便门（俗称 1 号门）距东北角楼 4 米。门顶为二券二伏，券顶上为方形、下为拱券形，门宽 1.35、高 2.08、门道长约 6.5 米，门下和左右皆用大型条石砌成。此东北角的便门可以直通董家口关的水门关（即七孔桥），沟通城内外（图版［14］077）。另一便门位于南垣偏中部，距东北角便门 16 米。门口早年已毁，门宽 1.35、存高 2.5 米。以上不存（图版［14］078）。

水门洞　在南墙中部便门西侧 20 米，中间青山口台东侧有一水门洞。门为长方形，宽 1.5、高 0.8、进深（门道长）5.75 米。门底用条石支撑，顶部用条石平铺。

南垣中部有一敌台，平面长方形，东西 10、南北 13、存高 4 米。此处地势可控东、西两垣。楼基平铺两层条石，以上砖包到顶，白灰勾抹。

角楼　在南垣的南、北两端各一角楼，形制相同，平面长方形，东西 9、南北 6、存高 4.2 米。原上部结构不清。

东垣　长 223、墙宽 6.46、高 3～4.5 米（图版［14］079）。在东垣的北头角楼下有一水门，门宽 1.5、进深 5.75、高 0.8 米，底为条石支撑，平铺一层为墁水，顶用条石棚起。

西墙　长 201、宽 6.46、存高 3～4.5 米。

在四垣顶部有马道和垛口墙，现东垣上尚留有部分垛口墙。垛口墙宽 0.5、存高 0.5～1.2 米，垛口宽 0.45、存高 0.7、进深 0.5 米。垛口底部设有望孔，长方形，宽 0.26、高 0.24 米，望孔间距 3 米。全部用条砖砌，白灰勾抹。

据《永平府志》记载：“董家口关城为石筑，高一丈六尺，设有西南二门。”[1] 显然尺寸和实际调查差距很大，同时城为石筑也不确，或者府志记载为早期数据（即天启扩建前）。

---

① （清）游智开：《永平府志·城池》，清光绪二年刻本，台湾学生书局影印。

传说中的明天启扩建有碑文可查。

董家口城内散存的碑文有：

1. 万历十九年董家口重修关王庙记　　　　（拓片66）
2. 万历二十九年董家口关修建石城碑记　（拓片67）
3. 天启三年修城碑记（残）　　　　　　　（拓片69）
4. 崇祯□□年精忠祠记　　　　　　　　　（拓片70）

城北护城与拦水坝

在董家口城北有一道护城坝，距城墙10～15米，这道护城坝是从城东北董家口口门七孔桥的南侧开始，沿长河的东岸向西南延伸，一直到董家口关城西北侧，全长约350米。护城坝全部用大石块垒砌，今存坝基，存宽1.12、高0.2～0.6米。

在护城坝和城址之西北有五道很短的拦水坝，一般长约12～14、宽1～1.2、存高0.2～1米，均用大块自然石、鹅卵石和白灰砌成。

《四镇三关志》喜峰口路记载："董家口关，洪武年建，通大川，正关河口躲水谷，冲，余缓"，又"董家口下（有）胜岭寨、董家口关，游乡口关，横山寨、青山口关。"① 现除董家口关、青山口关外，余关城均非原名称，传闻也不确切。从记载顺序看，董家口以西有胜岭寨，推其位置当在今董家口西之上城子古城。游乡口关约在今董家口西之龙凤沟城子。董家口东之横山寨，有可能为董家口东之大堡城。以上提到的几处城址多作了调查。

据《读史方舆纪要》记载："郡志，大青山关在太平寨西六十里迤西有横山，其北即遵化县接境之董家口也，又西转北出三里许为游乡山，又西五里为胜岭寨，又西为女山，山峻拔，其西为铁门关。"②

依上述顺序推之，董家口之东有横山，即横山寨所在地，应今之大堡城子，董家口之西三里游乡山寨即龙凤沟城，游乡山在女儿山东。又西五里是胜岭寨关城，即上城子。胜岭寨口应在榆树口村北面的边墙上，具体地点也难查寻，顺序、位置似不大有误，特录以记之。

（二）大堡城子城址

位于迁西县上营公社大堡城子大队庙岭生产队南侧约100米的山沟一侧。城北10米是上营通往青山口的公路，西南为庙岭村（图［14］066）。

城址平面为方形，面积不大，因地势而建，东西70、南北72、墙宽4、存高0.5～1米。全部用毛石砌成，现多坍塌。

墙正北中部一门，门宽4、门道长4米。门朝向北，主要面向北部的边墙。

大堡城子位于董家口东约3000米处，北为横山，应即横山寨所在地。大堡城子东1500米即小堡（白）城子，两城扼守青山口西南的长沟，即南下坡子沟，北控横山上边墙，十分有利。

（三）小堡城子城址

位于迁西县上营公社青山口大队第三生产队（即小堡城子）。城址距上营约5000米，东北距青

---

①（明）刘效祖：《四镇三关志·蓟镇形胜》，中国科学院图书馆藏书。

②（明）顾祖禹：《读史方舆纪要》卷十七《北直八》，中华中局，2010年。

山口约1000米，西为上营—青山口的大路。

城址坐落在平缓的沟东侧，平面为不规则方形，南墙79米，西墙、北墙、东墙均80米。北墙中部设一门，门宽4、门道长4米（图［14］067）。

城墙毛石干砌，不用白灰。今宽4、存高0.5～2米，北距青山口较近，城东北地势偏高，设3座烽墩，北联青山口，西联上堡城，扼守横山南部，地理位置和上堡遥相呼应，十分重要。

（四）龙凤沟城

位于贾庄公社穆柯寨城址东、董家口西，在五万分之一地图上有龙凤沟村，而且标明有城址，北近边墙，但未作进一步调查，分析龙凤沟城有可能是游乡口堡城所在地。在龙凤城北之边墙上应有游乡口。现口门未查清，估计早年已毁。龙凤沟城面积不大，长宽约百米。

（五）青山口关城

位于迁西县东北约60千米处，属上营公社青山口大队。此城距上营城址约6000米，现为青山口第五生产队，即城子里队所在地（图［14］068）。

青山口城属于边墙上的稍城，城垣在边墙西面，由于多年住人，四垣多遭破坏，中以东垣（即边墙）和南、北垣尚存一部分残破墙体（图版［14］080）。

城址坐落于群山之中，平面为不规则的东西狭长的长方形，北垣因山势而建，海拔较高，东垣接近关门谷地。

边墙从水门洞向南与北垣相接的青山口台107号形成该城的东北角楼，继续向东南呈弓背形，经过青山口台108号、青山口台109号构成了青山口城东垣，东垣较长。北垣弯曲，东北角有一门；西垣平直；南垣短而规范，中部一门。城内偏东为民居。

东垣　全长151.5米，中途经过三座敌台，即青山口台107、108、109号。此段墙体位于青山口西北侧山梁上，是青山口关城东垣，修筑得非常坚固。墙底平铺三层条石，以上砖包。墙宽5.5、内侧高2.5～4、外侧高3.5～4.5米，现墙底部分条石和砖已被拆走。在青山口台108号西侧有一便门。

北垣　全长110米，在北垣和东北角楼相接处有一门，称为“便门”，门呈拱券形，外券小、内券大。门口宽2.15、高3.3米，内券宽2.65、高4.03、进深4.07、门道长5.73米（图版［14］081）。在北垣的西南角原有一角楼，边长约10米，今存基址。

西垣　长130米，结构同东垣。

南垣　由于城址方向不正，整体呈西北—东南斜向，所以有称南垣上的城门为东门。

南垣矮小，长仅50米，中间一门，此门东南接近青山口关门，所以城门上悬“青山关”匾额，即此城为关城（图［14］069）。城门为拱券形，保存基本完整，唯门券上部的门楼早年已毁。门为砖砌，外券小、内券大，门脸凸出墙体，下以四层条石平铺，以上砖包到顶。整个门脸加门垛墙，宽10、外进深1.3、高7.5米（图［14］070）。

门洞为拱券形，外券拱脚高2.3、拱高0.85、通高3.15、门宽2.5米。在门道进深3.3米后为城门扇，门道石铺，门扇已不存，唯下面的方形门轴石仍存。再内门道加宽到3.1、进深4.2、高5.2、总长7.5米。城门底部平铺三层条石，条石长1.14、宽0.3、厚0.33米（图［14］071）。

城门内券两侧有石制门闩孔，方形，边长0.51、中部孔径0.19、进深0.18米，门闩孔下距地面1.16米。

在城门券的顶部，呈方形，上中嵌有一块石匾额，书“青山关”三字。左侧上、下有小字，因高无法看清楚，石匾周用青砖镶框。此“青山关”门楼，楼顶原建阁，早年已毁（图版［14］082）。

在南门外相距5米处，建有一照影壁，现存基址，长6、宽2米，底部平铺三至四层条石，以上用砖加白灰勾抹。

据《四镇三关志》记载：“青山口关，洪武年建，通大川，平漫，正关迤西，石口儿至沙岭西稍城五墩空通单骑冲。”①

（六）马圈城

位于迁西县上营公社董家口大队关门南侧约50米的高山顶部，城址北侧是悬崖峭壁，西为口门（图［14］072）。

城址平面为不规则的长方形，北墙长89、东墙长39、南墙长68、西墙长49米。西墙南侧一门。城墙的北垣为主体墙向东延伸。四垣全部石砌，墙宽（厚）3～4.5、内存高0.5～2、外侧高2～4米，全部毛石灌白灰浆砌筑，以沙土、碎石填心（图版［14］083）。

城门设于西垣南端，存宽2、门道长4.5米，原为砖筑，已毁。

此城名“马圈城”，似为养马处，这种名称的小城在长城关口附近多见，但从其地势西北居高临下，控扼董家口来看，此非养马用，应是一屯兵戍守之所。现四垣上仍保存一些残垛口墙，墙用砖筑，垛口墙存高0.8～1.5米，底部望孔宽0.28、高0.38、进深0.45米，间距3.15米。

（七）上营城

位于上营公社上营大队（村）东北角的山坡上，北距董家口3000米，去下营2000米。

城址就长河东岸山坡筑起，此地海拔340米②。城内现为民居（图［14］073）。

城址平面呈长刀柄形，东南一角凹入，墙体全部毛石砌筑，白灰勾抹，以沙土、碎石填心。墙宽3.5～4、存高2.5～3米。

西墙　长312米。中一门，拱券形，已毁，门存宽6、门道长5米。

北墙　长170、墙宽3.5～4、存高2.5～3米。

东墙　长395米。中一门，形成一大豁口，宽6、门道长5米，显然宽度已非原貌。

南墙　长113米。中一门。

上营城　位于边墙南部，东、西两方向可联络青山口和董家口，据《四镇三关志》蓟镇地形图记载，青山口和董家口之间的边墙南侧有“青山驻操营”，是两口官兵的重要屯驻地，上营城即历史上的“青山驻操营”无疑，为明成化三年（1467年）建③。

青山口上营城中散存数方碑刻，有：

1. 长城鼎建碑　（拓片75）
2. 万历二年修城记事碑　（拓片76）
3. 上营城明长城阅视碑　（拓片77）

---

①（明）刘效祖：《四镇三关志·蓟镇形胜》，三十乙，中国科学院图书馆藏书。
② 五万分之一图标，喜峰口K－50－129－TF。
③（明）刘效祖：《四镇三关志·蓟镇形胜》，三十八乙，中国科学院图书馆藏书。

第十一章　洪山口　大喜峰口　铁门关长城

（第十三测区长城［西属松棚路、东属喜峰口路］）

第一节　洪山口—铁门关段边墙建筑遗迹

本测区为第十三测区（西属松棚路、东属喜峰口路），为洪山口到铁门关一段。开始于洪山口东800米白草洼北侧梁顶，西距洪山口台1号250米，沿海拔400～600米的燕山南麓，东北经水东沟、龙井关、北水峪，越黑河到西城峪、东城峪，长城分为东行主体墙和北行分支墙：主体墙从潘家口南越滦河顺南山东行到小喜峰口、大喜峰口城西，又北行到大喜峰口关城，然后又沿南山东行，过北山、李家峪北，又东行到铁门关。这一段行经30余千米，长城多筑在山脊上，路途险要，其中有一大部分山险墙和附墙体。分支墙北行经过水泉洞西、小河口南，直拐南下，到潘家口与西来的主体长城汇合。

此段考察，从1983年12月开始，到1984年春天结束，共调查：

主体墙长城	全长35592米（其中砖墙2346米、石墙19614米、山险墙13632米）
D23分支墙体	915米（皆石墙）
潘家口西北外围分支（附边）	全长9891米（其中砖墙1399米、石墙628米、山险墙7864米）
敌台	100座
战台	13座
墩台	24座
烽墩（火台）	12座
房基	7座
便门	11座
关隘	12座
附墙台	13座
石灰窑	1座

城堡	21 座
碑碣	22 块

本测区以铁门关为敌台字头代号，顺序是铁门关台 1 号、铁门关台 2 号……烽墩和墩台分别编号，墩台多在主体墙上，烽墩则是在远离墙体的高山上。下面从洪山口东白草洼向东叙述（主体墙图［13］001～047；潘家口外围边墙图［13］065～077）。

从第十二测区洪山口台 1 号墙体向东南由高而低急剧直下，先向东再向南呈 45°与第十三测区铁门关台 1 号相衔接，此段墙体为两县交界，外为兴隆龙庙子，内为洪山口东山（图版［13］002）。

从洪山口台 1 号到铁门关台 1 号为 250 米。墙体基本为砖墙，部分石筑（东端 60 米），因山势陡峭，墙顶多修阶梯式礓礤，墙体内外修垛口墙，险峻呈锯齿状。墙体通高 5、基底宽 5、马道宽 4.3 米，垛口墙通高 1.85、垛口高 0.85、垛口外宽 0.85、内口宽 0.45 米。墙顶两侧垛口均有望孔，望孔宽 0.2、高 0.25、墙厚 0.4 米，在每个垛口上有一块垛口石，呈弧背形，背中一支架铜铳用的支架孔。垛口除石制外，尚有用砖烧制，形制相同。

（一）铁门关台 1 号

位于兴隆洒河南公社西梁峪洪山口东侧白草洼东梁顶上。

楼体仅存楼基和残墙体（图版［13］001）。

楼基　基底用三层条石铺砌，以上用砖平铺，白灰勾抹。平面方形，边长 8、高 1.8 米。楼体内部为拱券式。

便门 1 号

楼北底部设一便门，券式，门高 2.1、宽 1.8 米，门内通往楼体通道长 5、宽 1.3 米，设有阶梯。

墙体从铁门关台 1 号沿缓坡向东南经 114 米到铁门关台 2 号（图版［13］002）。墙体砖砌，白灰勾抹，内填三合土。垛墙部分已毁坏，墙存高 2.5～4、宽 5 米。马道随山势起伏，筑台阶，阶梯长 5、宽 1、高 0.25 米，共有十八层。楼东侧有一处附墙台。

附墙台 1 号

位于楼体东侧。砖砌，长 8、宽 2 米，高与墙平。

（二）铁门关台 2 号

位于洪山口东侧白草洼的东梁上。

楼体已毁，仅存楼基。

楼基基底以三层条石为基，上用砖平铺，白灰勾抹。平面方形，边长 6.8、高 1.2 米。楼体南侧跨出墙体。

墙体从铁门关台 2 号东偏北行 356 米到达铁门关台 3 号。墙体分为五段，自西而东为 135、80、57、56、28 米。因位于关口东侧，墙体全部砖砌，碎石、沙土填心，上用 0.5 米黄土垫平，再上用砖铺墁墙顶，使马道平整。墙宽 5.3、存高 4.3 米。

（三）铁门关台 3 号

位于洪山口东东庄北，与铁门关台 2 号在同一山梁上，敌台南、北为林区，南侧山脚下为野鸡峪大队东坡子，墙东北 1000 米为小东沟。

楼体已毁，存基址。

楼基　基底用两层条石平铺，以上砖铺。平面方形，东西 10、南北 9.7、高 4 米。

墙体从铁门关台 3 号东北行 215 米到达铁门关台 4 号。墙体分 50、107、58 米三段，改为毛石砌，不用砖、灰，仅在墙体上部垛口用砖，但多被拆掉。墙宽 2.5、高 3 米，墙顶砖上印有“中”、“右”字样。

（四）铁门关台 4 号

位于野鸡峪大队苇子岭北 500 米，与铁门关台 3 号在同一条山梁上。

楼体已毁，仅存基址。

楼基　下用一层条石平铺，以上用砖平铺，白灰勾抹。平面方形，边长 9、存高 4.5 米。

墙体从铁门关台 4 号东北行 120 米到达铁门关台 5 号。毛石砌筑，白灰勾缝，内填碎石、沙土，顶用 0.52 米厚的黄沙土铺垫，垛口砖砌，已残。墙宽 3 ~ 3.2、存高 2 ~ 3.5 米。

（五）铁门关台 5 号

位于野鸡峪苇子岭北 500 米缓洼梁东的山尖上。

楼体已毁，存基址。

楼基　底用三层条石平铺，以上用砖平铺，碎石、沙土填心。平面方形，边长 9.5、存高 5 米。

墙体从铁门关台 5 号行 222 米到达铁门关台 6 号。此段墙体先用毛石砌筑 34 米，然后再用砖包砌 188 米。石墙顶部腰砖以上也用砖垛口，墙宽 4.3、存高 3.5 米。砖墙为二次墙，即先用毛石加白灰砌，然后外用砖包砌到顶。

（六）铁门关台 6 号

俗称“两眼楼”。

位于兴隆洒河南公社小南沟村的南梁上。

楼体保存较好，为方柱体（图版［13］003）。

楼基　基底用三层条石平铺，以上砖砌到顶。平面方形，边长 9.4、通高 9 米。

楼体四墙　东、西两墙一门两箭窗，南、北两墙两箭窗。门为砖拱券式，门宽 0.72、高 1.75、门墙厚 0.4 米。各箭窗尺寸相同，皆为砖拱式，窗宽 0.58、高 0.85、窗边墙厚 0.43 米，窗内龛宽 1.28、高 1.85 米。

楼体内部结构　由三道筒拱和中央两道隔墙组成。筒拱长 7.53、宽 1.8、高 3.2 米。隔墙上各有三券门，门宽 1.2 ~ 1.8、高 2.35 米。

梯道　位于南券室东端北侧。券形，存宽 0.63、高 1.95 米，砖阶梯已毁。

楼顶　坍塌，结构不详。

墙体从铁门关台 6 号经 103 米到达铁门关台 7 号。墙体毛石干砌，未经后期加固，宽 2 ~ 2.5、高 3.5 米。

（七）铁门关台 7 号

位于小东沟村南较缓的山梁上。

楼体已毁，仅存楼基。

楼基 平面方形，基底以三层条石为基，以上条石平铺。平面方形，东西 10.2、南北 10.5、基高 3.8 米。

墙体从铁门关台 7 号东行 128 米到达铁门关台 8 号。墙体由铁门关台 8 号转而向北稍偏东的小东沟方向延伸，北为小东沟，南为野鸡峪的苇子峪，全部毛石加白灰砌筑，宽 2、高 1.5～2 米。中途经过附墙台 2 号。

附墙台 2 号

位于铁门关台 7 号东 10 米处。石砌，长 5、宽 2、高 2 米。

（八）铁门关台 8 号

俗称“三峰楼”。

位于小东沟村南苇子峪拐角处小梁上。

楼体已塌毁，仅存楼基残墙（图版［13］004）。

楼基 以一层条石平铺，以上用砖。平面长方形，东西 11.2、南北 8.6、存高 7 米。

墙体从铁门关台 8 号北行 178 米到达铁门关台 9 号。墙东 500 米为二道城子大队，西为小东沟。墙体毛石砌筑，白灰勾缝，中以碎石、沙土填心。墙宽 4.1、存高 3.9 米，垛口墙砖砌，已毁。

（九）铁门关台 9 号

位于小东沟东南 300 米的墙体上，地处低洼缓梁处。

楼体已毁，仅存楼基（图版［13］005）。

楼基 平面方形，边长 8、存高 2 米。

墙体从铁门关台 9 号北行 203 米到达铁门关台 10 号。墙体毛石砌筑，腰砖以上垛墙为砖，墙宽 3.2～4.5、高 3～3.5 米。

（一〇）铁门关台 10 号

俗称“三眼楼”。

位于小东沟的东梁上。

楼体已毁，但可看出大致结构。

楼基 砖石结构，用三层条石平铺，以上用砖。平面方形，东西 11、南北 10.8、存高 7.5 米。

楼体四墙 南、北两墙一门二箭窗，东、西两墙三箭窗（图版［13］006）。楼门券形，已毁，尺寸不详。箭窗尺寸相同，宽 0.65、高 0.93、窗边墙厚 0.38 米。

楼体内部结构 由南北向三道筒拱和中间两道隔墙组成。中间筒拱与台门相对，南北贯通。筒拱长 10.04、宽 2.15、高 3.3 米。每道隔墙上有三券门，门宽 1.2、高 1.9、门墙厚 1.25 米。

梯道 位于西券室的南端。券形，有阶梯可达楼顶。

楼顶 楼橹已毁。

墙体从铁门关台 10 号北行 143 米到达铁门关台 11 号。西北距兴隆小东沟 500 米。墙体毛石干砌，存高 2、宽 2～2.8 米。

（一一）铁门关台 11 号

位于小东沟山梁上。

楼体全毁，存一堆乱砖石。平面方形，边长 8.5、高 1 米（图版［13］007）。

墙体从铁门关台 11 号北行 194 米到达铁门关台 12 号。墙体毛石加白灰砌筑，高 1～3、宽 2.5 米。中途经过一处附墙台。

附墙台 3 号

位于铁门关台 11 号东北 50 米墙体内侧。石砌，长 3.5、宽 3.2 米，高与墙平。

（一二）铁门关台 12 号

位于小东沟村正东 150 米的山坡上，“边关口”的西侧，东 500 米为二道城子。

楼体已毁，仅存西墙体（图版［13］008）。

楼基　基底用三层条石平铺，以上筑砖，白灰勾抹。平面方形，边长 12、高 3.5 米。

楼体西墙上还存有三箭窗。

墙体从铁门关台 12 号北行向下进入边关口，边关口为东、西两沟分界处。

边关口

位于北行墙体向西后又向北、向东的拐角处。口西至小东沟 150 米，口东至二道城子 500 米，今为两村的要道。

现口门已无任何痕迹，只主体墙上有一长 10、宽 13 米的豁口。

口门两侧墙体为砖砌，墙心填碎石，边关口主墙体仍为毛石加白灰砌筑，垛墙用砖，宽 4.1、存高 0.5～3 米。

洪山口东第一道边口即为《四镇三关志》中记载的廖家峪寨和廖家峪北的边口①。从地理位置分析，今日的边关口东为椽八峪寨，南为三屯营，应是当时的关隘、边关口。此边关口应为廖家峪寨的边口，而口内的二道城子应为廖家峪寨。

从铁门关台 12 号，东越边关口再东行，墙体分为 13 段，自西而东为 15、90、13、20、20、30、40、50、95、130、98、41、27 米，总计 669 米，到达铁门关台 13 号。中途经过附墙台 4、5 号。

附墙台 4 号

位于边关口北 324 米墙体内侧。石砌，长 5、宽 2.6、存高 3.1 米。

附墙台 5 号

位于铁门关台 12 号东 581 米墙体内侧。石砌，长 4.3、宽 2、存高 3.9 米。

（一三）铁门关台 13 号

位于小东沟东山脊上。

楼体破坏严重，仅存楼基。

楼基　平面方形，边长 10、存高 1.5 米。

从铁门关台 13 号北行 398 米到达铁门关台 14 号。墙体毛石加白灰砌筑，内以碎石、沙土填心。

---

① （明）刘效祖：《四镇三关志·蓟镇地形图》，中国科学院图书馆藏本。

墙宽2、存高1～3米。中途经过附墙台6号。

附墙台6号

位于铁门关台13号北181米墙体内侧。石砌，长5、宽3、高3.9米。

（一四）铁门关台14号

位于小东沟东偏北山脊的一个梁顶上，东南为二道城子。

楼体方柱形，保存基本完整。基高4.8、通高9.1米（图版［13］009）。

楼基　基底用三层条石平铺，以上用条砖加白灰铺砌到顶。平面方形，边长9.6、基高4.8米。

楼体四墙　南、北两墙一门两箭窗，东、西两墙三箭窗。门外券已毁，推测宽0.8、高1.8米，内券宽1.2、高2.5、进深0.9米。各墙箭窗尺寸相同，以东墙为例：箭窗拱券形，窗宽0.65、高0.95、进深0.3米，窗内龛宽1.08、高2.05、进深0.9米。

楼体内部结构　由南北三道筒拱和中间两道隔墙组成。隔墙上有三门，隔墙宽1.45、门宽1.5、高2.1米。因毁甚，通券和券门详细尺寸已不清楚。

楼顶　坍塌，一侧尚存一流水槽。

墙体从铁门关台14号北行685米到达铁门关台15号。其中有450米山险墙。长城北行260米经过附近制高点——尖山，海拔807米①。墙体基底铺一层石板，以上白灰加毛石砌筑。墙宽2、存高1～3米。中途经过附墙台7、8号。

附墙台7号

位于铁门关台15号南110米墙体内侧。已毁，毛石砌筑，长4、宽3.1、存高1.2米。

附墙台8号

位于铁门关台15号南31米墙体内侧。石砌，长4.2、宽2.8、高1.3米。

（一五）铁门关台15号

位于兴隆大东沟沟脑，三道城北沟沟脑②，南为尖山梁。

楼体早年已毁，仅北门存一门枕石。

楼基　平面长方形，长10、宽8、存高5米。

门枕石长1.48、宽0.5、高0.2米。在门西侧有一石臼，长0.19、宽0.13、深0.05米。

墙体从铁门关台15号北行124米到达铁门关台16号。墙体毛石加白灰砌筑，垛墙用砖，已毁。墙宽4、高3.5米。中途经过附墙台9号。

附墙台9号

位于铁门关台15号北54米墙体内侧，保存较好。石砌，长3.35、宽2、存高2.6米。

（一六）铁门关台16号

位于尖山北的一个山头上，东为尖山村，西为大东沟沟脑。

楼体早年已毁，存基址、残墙。基高6.4、楼体通高10.2米（图版［13］010）。

---

①　五万分之一图标，蓝旗营K－50－121－B。

②　三道城有可能为墙东面的尖山村，即《四镇三关志》中的椽八峪砦。

楼基 基底用四或七层条石平铺，以上用砖。平面方形，边长11、存基高6.4米。条石长1、宽0.3米。

楼体四墙 北墙一门二箭窗，估计南墙亦如此，东、西两墙皆三箭窗。门已毁，形制不详。箭窗以东墙为例：窗宽0.45、高约0.8米，窗内券龛宽1.25、高2.32米，进深不详。

楼体内部结构 由东西三道筒拱和两道隔墙组成。筒拱长8.05、宽1.8、高3.2米。隔墙上有三门，门宽1.8、高2.1、进深（隔墙厚）1.1米，间距1.4米。

楼顶 已坍塌，结构不清。

便门2号

位于楼北侧。已毁，存内部门道长5.6、宽2.5米，可达楼内。

从铁门关台16号到铁门关台17号为275米。墙体行于北偏东山脊上，毛石加白灰砌筑，陡峭处墙体筑阶梯，今不存，石墙宽4~5、存高2~3.5米。

房基1号

位于铁门关台17号南70米处。石砌，长3.4、宽2.3、进深0.23米。

（一七）铁门关台17号

位于尖山村西北500米，大东沟东南500米。

楼体早年已毁，仅存东墙一门和残墙。

楼基 石砌，平面方形，边长10、高约3米。

东墙 存一门，门宽0.91、高1.8、进深（墙厚）0.38米。

从铁门关台17号北行373米到达铁门关台18号。墙体用毛石加白灰砌筑，垛墙用砖，垛口宽2.6、高0.9米，垛口下至墙顶0.75米，墙厚0.45米，无宇墙，墙宽5、高3~4米。中途经过便门3号，房基2、3号。

便门3号

位于铁门关台17号东北。长1.5、高2、门道长2.5米。

房基2号

位于铁门关台17号东北的一个小山包墙顶上。存房基，石砌，东西2.45、南北3、高0.5、墙厚0.4米。

房基3号

位于铁门关台18号南的一个小山包墙顶上。东西2.4、南北3.2、高0.5、墙厚0.4米。

（一八）铁门关台18号

位于尖山村西北800米的山梁上。

楼体方柱形，已塌，但能看出基本结构。基高3.2、楼体高4、通存高7.2米（图版[13]011）。

楼基 基底用二至三层条石平铺，以上用砖加白灰砌筑。平面长方形，东西9.6、南北12.5、基高3.2米。

楼体四墙 东、西两墙各四箭窗，南、北两墙各一门两箭窗。

东墙 有四箭窗。形制相同，拱券形，窗宽0.69、高0.9、进深（窗边墙厚）0.36米，窗内龛宽 1.25、高 1.9、进深 0.87 米。

西墙　有四箭窗。形制同东墙。

南墙　有一门两箭窗。门在楼的一侧直对墙体，由五块石料组成，由下而上为门枕石、左右门柱石、一字石和拱券顶。门宽 0.8、高 1.9 米，门内券宽 1.24、高 1.84、进深 1.06 米，门枕石（下坎）长 1.6、宽 0.6 米，一字石长 0.9 米（插入墙体）。箭窗形制同东墙。

楼体内部结构　由东西三道筒拱和两道隔墙组成。南、北两侧筒拱长 6.9、宽 1.9、高 3.1 米，中央筒拱长 6.9、宽 1.9、高 3.5 米。隔墙上各有三券门，形制相同，门宽 1.7、高 2.65、进深（隔墙厚）1.15 米。

梯井　位于筒拱北侧，因塌陷尺寸不清。

楼顶　四周有一箍菱角檐，楼橹不存，四面存部分垛口墙，墙存高 0.9 米，楼顶西侧存一流水槽（图版［13］012）。

便门 4 号

位于铁门关台 18 号南侧。门拱顶已毁，门宽 1.4、门道长 1.7 米。

椽八峪口

墙体从铁门关台 18 号北行 139 米出现一空，据传此地有一口门，口门东南为尖山村，依据《四镇三关志》记载："廖家峪寨北有椽八谷寨。依地理推之尖山西北之一口有可能为椽八谷寨的边口。"①

从铁门关台 18 号到铁门关台 19 号为 1059 米。墙体从口门北行不筑墙，行 100 米，直接爬上磨石坨山。从山顶折而东行 410 米登上大黑蚁沟南山，又东行 150 米到大黑蚁沟后顶。山东侧为老何家村，此地海拔 678.4 米②。东侧又出现石墙体，东偏北行 260 米到达铁门关台 19 号。墙体石砌，白灰勾抹，墙顶铺砖，有的垛口墙用条石加白灰砌筑，无宇墙。墙宽 4、高 3.5 米。

便门 5 号

位于铁门关台 18 号向北 62 米处。门宽 1.4 米，已毁。

（一九）铁门关台 19 号

位于龙井关村西南三道岭大阴坡。

该楼于 1976 年地震时倒塌，现存有三分之二。

楼基　基底用三层条石平铺，以上砖砌。平面方形，边长 9.7、高 4.6 米（图版［13］013）。

楼体四墙　南、北两墙皆一门两箭窗，东、西两墙各四箭窗。

南墙　有一门两箭窗。门在中间，两箭窗分列两侧。门由八块石料组成，自下而上为门枕石、门柱石、一字石和拱券。门宽 0.76、高 1.87 米，一字石宽 0.34、厚 0.19 米，距地面高 1.3 米。箭窗形制、尺寸皆同，为砖拱券石窗台，窗宽 0.66、高 0.98、墙厚 0.3 米，石窗台长 1.17、宽 0.44、厚 0.2 米，中有一盲孔，窗内龛宽 1.03、高 2.26、进深 0.76 米。

北墙　有一门两箭窗。形制同南墙。

东墙　有四箭窗。右起第一至二箭窗间距 0.86 米，二至三箭窗间距 0.99 米，三至四箭窗间距

---

① （明）刘效祖：《四镇三关志·蓟镇地形图》，中国科学院图书馆藏本。

② 五万分之一图标，蓝旗营 K－50－129－B。

0.66 米。东墙南侧第二至三箭窗之间有壁龛，第一、二箭窗之间有烟囱道。烟道口宽 0.2、高 0.3 米。

西墙　有四箭窗。形制同东墙。

楼体内部结构　由东西三道筒拱和两道隔墙组成，因毁坏不详。

楼顶　尚存一箍三层出檐砖，中间做出菱角檐。

从铁门关台 19 号到铁门关台 20 号为 100 米。皆毛石加白灰砌，垛口墙无。墙宽 4.7、高 3.5 米。

（二〇）铁门关台 20 号

位于龙井关大队西南 1000 米的低缓山梁上，楼西侧当地人称龙潭沟。

楼体保存较好，惜未测图。南、北两墙塌毁，存东、西两墙。基高 6、楼体高 4.8、通高 10.8 米（图版［13］014）。

楼基　用石块加白灰铺砌，以上用砖。平面方形，东西 11.7、南北 11.45、基高 6 米。

楼体四墙　南、北墙有台门，箭窗已毁。东、西墙各三箭窗，尺寸、形制相同，间距 1.67 米。箭窗宽 0.65、高 0.92、进深（墙厚）0.52 米，平铺条石为窗台，长 0.57、宽 0.37、厚 0.18 米，箭窗内窗龛宽 1.77、高 2.48 米。

楼体内部结构　由南北三道筒拱和两道隔墙组成。南北筒拱通券长 9.2、宽 2.15、高 3.7 米，中央筒拱长 9.2、宽 1.8、高 3.7 米。隔墙有三门，间距 1.9 米，门宽 1.8、高 2.4 米。

在铁门关台 20 号内有一块残石碑，存半圆形碑头，碑头文字漫漶不清（图版［13］015）。

从铁门关台 20 号经 128 米到达铁门关台 21 号。墙体毛石加白灰砌筑，墙宽 4.7、高 3.5 米。垛墙毁坏（图版［13］016）。

（二一）铁门关台 21 号

位于娘娘山西南龙潭沟的北梁上。

楼体近梯柱形，保存完好。基高 5、楼体高 4.5、通高 9.5 米。

楼基　基底用七层条石平铺，以上用砖加白灰砌筑。平面方形，东西 9.5、南北 9.7、基高 5 米（图［13］048）。

楼体四墙　南、北两墙一门两箭窗，东、西两墙四箭窗（图［13］049、050）。

北墙　有一门两箭窗。门在中间，拱券形，石制，自下而上为门枕石，左右门柱石、一字石和拱券石。门宽 0.77、高 1.9 米，门内券宽 1.1、高 2.6、墙厚 0.8 米。箭窗宽 0.63、高 1.02、墙厚 0.3 米，窗内龛宽 0.95、高 2、进深 0.85 米。

南、东、西墙　台门、箭窗形制同北墙（图版［13］017）。

楼体内部结构　平面为回字形，四周有围廊，四角为“∟”形砖柱，中心室为方形，边长 1.9 米。四面有门，拱券形，门宽 1.2 、高 1.8 米，顶为船篷式（剖管状），高 3.3 米。四周围廊形成拱顶，皆有拱门相通，围廊门宽 1.3、高 2.2 米，顶为拱顶式，高 3.3 米（图［13］051、052）。

北墙中部箭窗龛内两侧墙砌出四小龛，南墙中部窗龛两侧墙砌出两小龛，东墙中部窗龛墙两侧砌两小龛，合为八个小龛。

梯道　位于中部回字形室西北角。拱券形，宽 0.75、高 4、存高 2 米，梯道已毁，长约 5 米，筑砖阶可达楼顶。

楼顶　东西 9.3、南北 9.9 米，原有四层出檐砖，中为菱角檐，顶为长方砖铺地。四周垛口墙和中部楼橹皆毁（图［13］053）。

便门 6 号

楼北侧有一便门，宽 2 米，进门有台阶可达楼内。

从铁门关台 21 号到铁门关台 22 号为 1066 米，其中石墙体 296 米，余均为山险墙。从铁门关台 21 号墙体西北行 148 米，毛石、白灰砌筑，墙宽 3～4.7、高 3.5 米。再北 50 米筑石墙直达石梯山，然后东行 500 米山险墙，越娘娘山主峰再东 270 米出现石墙，自高峰下降，出现 98 米石墙到达铁门关台 22 号。

（二二）铁门关台 22 号

位于龙井关西南约 500 米的娘娘山脚下。

楼体坍塌，已成废墟。

楼基　平面方形，东西 7、南北 8、存高 1.5 米。

从铁门关台 22 号到铁门关台 23 号为 209 米，其中有 30 米山险墙。墙宽 4、高 4 米，垛口墙多被破坏。墙体从铁门关台 22 号东行向下 19 米，出现 30 米山险墙，又东行，出现石墙 179 米到达铁门关台 23 号。

（二三）铁门关台 23 号

位于龙井关村西 300 米的旗山坡上。

楼体已毁，存一堆废石。平面方形，东西 7、南北 6.2、存高 1.5 米（图版［13］018）。

墙体从铁门关台 23 号向洒河河道延伸，东行 102 米到达铁门关台 24 号。墙体因近村，已破坏成一条石檩。墙宽 4、存高 1.5 米。

（二四）铁门关台 24 号

位于龙井关村西不足 200 米的洒河西岸的一个小山丘上。

台体早年部分毁坏。平面近方形，东西 7、南北 6、高 2 米。

从铁门关台 24 号东行 50 米到铁门关台 25 号。墙体在洒河西岸沿缓坡台地东行到洒河西岸的崖头上，下为洒河河床，墙体距村约 50 米，石墙多遭拆毁，现仅存一道石檩。

（二五）铁门关台 25 号

位于龙井关村西 20 米处的玉山上，现仅存楼基。铁门关台 25 号为龙井关关城的西北角，系高台建筑，上筑敌台，一说为真武庙，南、东两面为关城的西垣和北垣，关于龙井关城另有记述。

楼基　底用三层条石平铺，以上用砖、白灰砌筑。平面方形，东西 11、南北 13、基高 3 米。在敌台周围有一圈不规则的石围墙，东西 40、南北 20、墙宽 2、高 2.5 米。据说该台上原有“真武庙”，后移到他处。

从铁门关台 25 号到铁门关台 26 号为 474 米。实有石墙体长 160、墙宽 2.5、残高 2 米。从铁门关台 25 号向东北 100 米到洒河河床，这里原为龙井关关门，现关门已毁，再东过洒河，洒河宽 40 米，河北是国防公路，路宽 12 米，路北为玉山，行 160 米出现墙体，东北行 174 米到北峪子村的西山。

中途经过烽墩 1、2 号。

烽墩 1 号

位于铁门关台 25 号南 400 米山包上。仅存东侧，毛石砌筑，平面方形，边长 6、存高 1.5 米。

烽墩 2 号

位于铁门关台 25 号西 300 米西施沟门。毛石加白灰砌筑，平面方形，边长 6、存高 1.5 ~2 米。

龙井关

位于铁门关台 25 号东，今洒河西岸河滩上（图版［13］019）。

关门约在铁门关台 25 号东 50 米处，南近关城的东门，现关门原状已无，只存残迹。据传关门为拱洞式旱门关，东西连接主体墙，门宽约 6 米，在旱门关东的洒河道上，还有水门栅，早年已被大水冲毁。

（二六）铁门关台 26 号

位于圆楼子村东 1000 米五连沟的梁顶上，东距北峪子村 500 米，西南为龙井。

楼体已破坏，仅存基址（图版［13］020）。

楼基　砖石结构，基底用三层条石平铺，以上砖坐白灰。平面方形，边长 11、高 5.5 米。

墙体从铁门关台 26 号行 65 米到达铁门关台 27 号。墙体沿梁顶东北行，毛石加白灰砌筑，有垛墙，已毁，不设宇墙。

在铁门关台 26 号向北 44 米处，墙体分为两支：一支继续向北，一支向东。向北者行 831 米又东行与主体墙合构成三角形，这也是龙井关东山脊为加强防御而增设的一段城圈，墙宽 3、高 3.5 米。向东一段行 153 米遇高山受阻，过高山和铁门关台 33 号相接。

（二七）铁门关台 27 号

位于铁门关台 26 号北山梁上，东南 1000 米为北峪村，西为兴隆园楼大队。

楼体早年破坏，仅存矮墙及基址。因塌陷结构不清（图版［13］021）

楼基　基底以三层条石平铺，以上条砖加白灰勾缝。平面长方形，东西 8.5、南北 12、存高 8 米。

墙体从铁门关台 27 号向北偏西行 138 米到达铁门关台 28 号。墙体用毛石加白灰砌筑，宽 2.5、高 3 米。中途经过战台 1 号和烽墩 3 号。

战台 1 号

位于铁门关台 27 号北 52 米处。石砌，平面方形，边长 6、存高 2.5 米。

烽墩 3 号

位于铁门关台 27 号西 500 米、龙井关村北 500 米园楼大队东山脚下乱石岗上。

台体平面方形，石砌，东西 5.5、南北 5.8、高 2.5 米。

（二八）铁门关台 28 号

位于园楼村东张家洼南梁上。

楼体因破坏严重仅存楼基和北墙。

楼基　基底用三层条石平铺，以上砖铺。平面方形，东西 11、南北 9、存高 5.4 米。

墙体从铁门关台 28 号行 311 米到达铁门关台 29 号。从张家洼南梁顶向北直下 111 米筑有石墙，宽 3、高 2 米，东端 13 米一段为单边墙，毛石砌，宽 1、高 2 米。再东为山险墙。

（二九）铁门关台 29 号

位于园楼村东鞑子沟南梁顶上。

楼体早年已毁，仅存楼基。

楼基　基底用四层条石铺成，以上用砖和白灰砌筑。平面方形，东西 11.6、南北 10、存高 5 米。

墙体从铁门关台 29 号北行 110 米到达铁门关台 30 号。其中有 30 米山险墙，其余墙宽 3、高 2 米。

（三〇）铁门关台 30 号

位于园楼村东鞑子沟南梁上。

楼体已毁，仅存基址（图版［13］022）。

楼基　基底用四层条石筑起，以上砖加白灰砌成。平面方形，东西 11、南北 9、存高 5 米。

从铁门关台 30 号到铁门关台 31 号为 130 米。其中有 20 米山险墙。墙体沿鞑子沟南梁筑石墙，向北梁延伸，皆毛石砌筑，墙宽 4、存高 2 米。

（三一）铁门关台 31 号

位于园楼村西鞑子沟北梁顶上。

楼体严重破坏，仅存楼基（图版［13］023）。

楼基　砖石结构，平面近方形，东西 9、南北 12、存高 4 米。

墙体从铁门关台 31 号向西北行 110 米到达铁门关台 32 号。石墙因山险变窄，宽仅 1、存高 2 米。

（三二）铁门关台 32 号

位于园楼村北 1000 米的小山梁上。

楼体破坏严重，仅存楼基。

楼基　砖石结构，平面近方形，东西 6、南北 5、存高 2 米。

烽墩 4 号

位于鞑子沟门东北，距铁门关台 32 号 1000 米。

烽墩石砌，平面圆形，直径 7、存高 3 米（图版［13］024）。

墙体向北分支到铁门关台 33 号终止。

铁门关台 26 号从东向北一段分支共行 831 米。这条分支在北端又东折与主体墙汇合，经核实，东折一段只有零星墙体。

从铁门关台 26 号到铁门关台 33 号为 568 米。其中石墙体长 248、宽 2、高 1～3 米。主体墙从铁门关台 26 号东行 53 米，出现山险墙，越过高山东行 278 米到达聂门子西梁顶，又东行 30 米山险墙，再东偏北行 60 米筑窄石墙，墙宽 3、高 2 米，又东北行 40 米山险墙，到聂门子口，口东 73 米筑墙体，东北又行 30 米山险墙爬上聂门子东梁，梁东北 25 米筑石墙，又东北爬行 30 米到山顶，再向东北行 20 米到达铁门关台 33 号。

聂门子口

位于聂门子西梁和东梁之间的两山谷地，北峪子村正北。东过聂门子东山为苏郎峪口，西为龙井关，北至鞑子沟约500米。

口门原建筑不存，形成豁口，东和主体墙相接，西接山体。可以看出这是一处小便门，《四镇三关志》等无注明。

（三三）铁门关台33号

位于苏郎峪（索狼峪）村西南山梁上。

楼体破坏严重，存楼中心基址。砖石结构，平面长方形，东西6.4、南北10、高3米（图版［13］025）。

从铁门关台33号到铁门关台34号为321米。石墙体从铁门关台33号东北行197米到达苏郎峪口，又东行124米到达铁门关台34号。

苏郎峪口

位于迁西县梨树湾公社西苏郎峪（索狼峪）大队西北1000米山谷的长城，苏郎峪大队（村）在苏郎峪城址内。苏郎峪城西北是一条窄沟，有路直通沟脑即苏郎峪口，口门三面环山，十分险要，惜原址已无，现仅存城豁口，口门宽约3米，东西连接石墙体。《四镇三关志》记载："苏郎峪关，嘉靖十六年建，通步缓。"①

（三四）铁门关台34号

位于苏郎峪口东侧，南距苏郎峪（索狼峪）城1200米。

楼体已毁，只存废墟（图版［13］026）。

楼基　砖、石结构。平面方形，东西11、南北10、存高3米。

从铁门关台34号到铁门关台35号为476米。其中有230米山险墙，246米石墙体，有垛口墙，无宇墙，墙宽3.7、高3.8米。墙体从铁门关台34号向东北越过山岭，向高楼洼方向延伸，东行135米为战台2号，又东86米，出现70米山险墙，又东25米筑短墙，又东60米为山险墙，爬上高楼洼山，从高楼洼东北行100米为铁门关台35号。

在高楼洼山向西北方向分出一支墙体，皆为石块砌筑的窄墙，长135、宽2、高1米。此墙西北行与从铁门关台26号至铁门关台27号向北分支相接，形成一个平面为三角形的圈儿，地图上虽有此三角形城圈的标记，但实际调查从高楼洼向西北只存有一道很短的墙体。

战台2号

位于铁门关台34号东北135米墙体北侧。石砌，台内侧有一门，门长5、宽1.5米，有阶梯可登。

（三五）铁门关台35号

位于高洼山东低缓的山梁上。

楼体早年已毁，只存基址。砖石结构，平面方形，东西8、南北8.5、存高4.3米。

从铁门关台35号到铁门关台36号为290米，其中石墙体105米，山险墙185米。墙体毛石干

---

①（明）刘效祖：《四镇三关志·蓟镇形胜》，三十一乙，中国科学院图书馆藏本。

砌，宽3.5、高3.5米。墙体从铁门关台35号沿山体向东北行，直奔北水峪方向。

（三六）铁门关台36号

东偏北40°。

位于北水峪口子正西山坡上，北距北水峪第一生产队60米。

楼体早年已毁，仅存基址。砖石结构。平面近方形，东西7、南北6、存高1米。

从铁门关台36号到铁门关台37号为464米。其中114米为石墙体，毛石干砌，墙宽3、存高0.5～1米，外侧高于内侧。墙体从铁门关台36号向东仅25米筑石墙，再东有100米山险墙，到低谷为北水峪口子，北水峪口口门东、西两山各筑10米石墙体，口宽3米。从口门向东200米为山险墙，爬上高山然后南拐下山50米，又出现56米墙体到达铁门关台37号。

北水峪口子

位于梨树湾公社北水峪大队第一、二生产队之间，口子距第一生产队50米。

口门两侧高山壁立，口子位于谷底低洼处，原为毛石干砌，现在塌陷成一豁口，东西3.5、南北门道长3米。余结构不详。

《四镇三关志》中蓟镇地形图有北水峪口，但内不设寨，亦未见设寨的记载，也可能是距苏郎峪寨较近的原因。

北水峪口的建口年代不详。

（三七）铁门关台37号

南偏东20°。

位于北水峪大队第一生产队东侧100米山梁顶部，西为北水峪口子。

楼体早年被拆毁，今存基址。砖石结构。平面方形，东西7.8、南北8、存高0.6米。

从铁门关台37号东越三台山到铁门关台38号为810米。墙体从北水峪东山梁，沿山岭东行，石墙全部用毛石砌筑，白灰抹缝，以碎石、沙土填心，马道上平铺一层石片。垛墙多毁，不筑宇墙。墙宽2.5～3、存高0.5～1米，外高于内。此段中途经过水门洞口子、战台3号。主体墙北侧出现了大段削坡——拦马墙。

水门洞

位于铁门关台37号东30米处。在东、西两山峡谷缓坡的底部有一水沟，口子建在水沟上面的墙体上，为一拱券式水门，门宽3、门洞长3米，高应超过墙体，即3米左右。

战台3号

位于铁门关台37号东219米的墙体内侧。台体毛石干砌。平面近方形，东西7、南北6、存高3.5米。

拦马墙

从铁门关台37号起，在主体墙北构筑拦马墙，一种是利用山险，削坡取直，外筑石墙，存高3、宽2.5米；另一种削坡后不另筑石墙而是以山代墙；第三种是用毛石砌墙，墙宽2.5、高3米。拦马墙（削坡）从铁门关台37号（即三台山以西）北面向东距主体墙13～24米，共筑拦马墙638米。

（三八）铁门关台38号

位于西三台山东半部的山坡上。三台山海拔532米。敌台南距三台山村400米。楼西50米有一座庙，已毁。楼东150米是三台山口，也是黑河入关的河道①。

敌台位于口西的前沿地带，故毁坏更甚。砖石结构，平面方形，边长7、存高0.6米。

从铁门关台38号到铁门关台39号共行2463米。其中525米无墙体，有墙体者墙宽3~3.5、高2.5~4米，有垛墙，无宇墙，外高于内，或垛、宇墙皆存。基底均铺一至二层条石。现大部分拆毁。墙体从铁门关台38号向东急下150米，无墙体，进入东、西两山的谷地三台山口和黑河河道，越黑河东行，出现25米石墙体，又爬上险山东行50米，出现山险墙，越过东三台山后，墙体从险山坡而下，又行200米到西楼洼山西侧。此段山体缓和，越西楼洼山25米，又出现石墙体，顺西楼洼东的缓山东行，从半山坡爬行于高山低谷间，行十八折820米到东楼洼山顶，海拔408米。现东楼洼的墙体上设有航标（测点），此地南距岔沟600米，墙体沿东楼洼山脊向北折，山体缓和。从东楼洼山北行，墙体弯曲二十五折为1112米，到达铁门关台39号，已进入黑河西岸谷地。此段墙体中途经过三台山口，烽墩5、6、7号。

三台山口

俗称"黑河口"。位于东、西三台山之间的东段，西距铁门关台38号150米，南距三台山村300米，口子在黑河的西岸，原有三台山关口，现已成为河滩，只存墙体残石痕迹，口宽约3米。今东面为一道黑河，原是否有小栅已不清楚。

《钦定日下旧闻考》引《三镇边务总要》从西常峪关西行"又十里至三台山关、正关水口并东稍城通骑冲要，其筑山险通步。"可见三台山关为一小口，由于河道东、西摇摆，故而遗迹在河滩上②。另三台山有稍城在三台山关南300米的黑河西岸（另文叙述）。

烽墩5号

位于东三台山东北的一个山梁上。已毁，石砌，平面方形，边长6、存高2.5米（图版［13］027）。

烽墩6号

位于铁门关台39号西200米的山梁上。

台体毛石干砌，平面圆形，直径6米，仅高出地面（图版［13］028）。

烽墩7号

位于铁门关台39号西150米的山包上。

台体石砌，平面圆形，直径6米，仅高出地面。

（三九）铁门关台39号

正南北方向。

位于西城峪大队南侧的丘形山包上，距西城峪城址40米。附近地势略平缓。

楼体早年已毁。砖石结构，平面方形，边长7、存高约2米。

从铁门关台39号到铁门关台40号为206米，基本处于南、北两山间稍平缓的峡谷地带。石墙体向北延伸71米到达西城峪城址的北侧，与西城峪城墙相连，向北30米过西门，又向北50米到达西城峪城址东北角。墙体向北偏西行51米到达铁门关台40号。总之，这段北行城墙是利用西城峪城

① 三台山口溯黑河而上8000米至梓木林子村辽后裔金萧仲恭墓地，黑河于三台山村南入洒河。

② （清）于敏中等：《钦定日下旧闻考》卷一百五十二《边障》，2439页，北京古籍出版社，1983年。

（即西常峪）的西墙（西城峪城址另文叙述）。墙体206米，其中有84米砖墙，余皆毛石干砌，墙宽3～4、高2～3米，外高于内。

西城峪口

西城峪口即史载中之西常峪口，“城”“常”音近，年久讹传。

口门即西城峪之西门，门宽4、门洞长约4米，现仍为东西行的重要通道，口西为漆（七）棵岭口，东为楂树凹，口东原有公路通向潘家口，现东约150米为潘家口水库区。

（四〇）铁门关台40号

北偏西10°。

位于西城峪城（村）50米处。

楼体已毁，仅存痕迹。砖石结构，平面方形，边长10米，仅高出地面。

从铁门关台40号到铁门关台41号为411米，其中有70米山险墙。墙体从铁门关台40号向城北侧北梁延伸。毛石干砌，墙宽3、高2～2.5米。

（四一）铁门关台41号

北偏西10°。俗称“北楼”。

位于西城峪村北侧的高山顶部（图版［13］029）。

楼体早年已毁，仅存部分基础和墙体。基高3.5、存通高6米。

楼基　用三层条石平铺，以上用砖平砌，白灰勾缝。平面方形，边长7、存高3.5米。

楼体四墙　南墙上尚存两箭窗，因无法攀登未测量。

墙体从铁门关台41号向东北延伸，北行143米，沿山脊向东北，又向东拐，随山势弯曲三十六折行2204米到达铁门关台42号，其中600米山险墙。主体墙行于山脊上，墙宽4、存高1～3米，外高于内，毛石加白灰砌筑。中途经过战台4号、烽墩8号（图版［13］030）。

战台4号

位于东城大队东侧山坡上。台体毛石干砌，平面方形，东西9、南北8、存高2.5米。台体跨出主墙体北侧。

烽墩8号

位于火龙沟东北方向的山顶上，北距墙体10米（图版［13］031）。

台体毛石干砌，平面方形，东西8、南北7、存高2.5米。

从烽墩8号，墙体沿山梁往东拐，多悬崖峭壁，不易攀登，不筑墙体，沿潘家口水库北侧山梁向东行，墙宽2～3.5、高1～2.5米，外高于内，多毛石干砌，不用白灰。

（四二）铁门关台42号

南偏东10°。俗称“楼沟梁”。

位于东城峪西北侧山梁上。

楼体已毁。

楼基　基底用一层条石平铺，以上用砖加白灰砌筑。平面方形，边长10、存高4.5米。

墙体从铁门关台42号沿水库北侧东城峪北山梁向东延伸190米，经烽墩9号，又向东回环曲折十三段，行953米到达铁门关台43号，墙体距水库边仅50米。墙体毛石干砌，宽2～3、存高0.5～1米。部分墙体上还存有垛口墙，垛墙宽0.5、高0.5～1米。中途经过烽墩9、10号。

烽墩9号

位于铁门关台42号东100米，水库北侧山顶上。该台位于墙体上。

墩台毛石干砌，平面方形，东西8、南北7、存高3米。

烽墩10号

位于铁门关台42号北约100米。

墩台毛石干砌，平面方形，东西8、南北7、存高2米（图版［13］032）。

（四三）铁门关台43号

位于迁西汉儿庄公社东城峪大队西侧山坡上。

楼体方柱形，保存大部分。基高4、通高8.2米（图版［13］033）。

楼基　基底平铺三层条石，以上用条砖加白灰砌成。平面方形，边长10、基高4米。

楼体四墙　西墙一门一箭窗，东、南、北各三箭窗。

西墙　有一门一箭窗。门在西侧，呈拱形，宽0.75、高1.7、进深0.45米，门内券宽1、高2.25、进深0.5米。箭窗宽0.7、高0.85、进深0.5米，窗内龛宽1.2、高2.25、进深0.9米。

东、南、北三墙箭窗形制同西墙。

楼体内部结构　由东西两道筒拱和中间一道隔墙组成。筒拱通长9、宽1.35米。隔墙上有三券门，门宽1.4、高1.93、进深（墙厚）1.62米，间距1.6米。

楼顶　因无法向上攀登，未行测量。从下观察，存垛口墙，墙高约0.9米。

从铁门关台43号东到铁门关台44号为208米。墙体从铁门关台43号东行，穿过东城峪村，北过东城峪口，一直沿潘家口水库西岸东偏南行。该段墙体和东城峪城址部分被水库淹没，墙宽3.5～4、高约3米。

墙体从铁门关台43号西北角呈90°向北偏西方向延伸，这在五万分之一图上标记得很清楚，我们称其为“外围墙”。墙体向北因山势陡峭筑墙，或间作山险墙。向北到二坝、水泉洞、老李家，到海拔556米高山处，即小河口西南山顶，墙体东拐，再东南行，又南到水泉洞东山，沿山体东南行到潘家口东，越滦河与主体墙汇合。现东面墙体大部分被淹没。

东城峪口

东城峪即《四镇三关志》中记载的东常峪。口门在东城峪北垣的中间，门宽3、门道长4米。其他建筑皆无。

东城峪口南为东城峪城址，其形制、大小和西城峪相同（另文叙述）。

（四四）铁门关台44号

位于东城峪东北侧山坡墙体上。已为水库淹没，只能看到一部分敌台。估计长、宽在10米左右。

从铁门关台44号到铁门关台45号为1755米。墙体基本是在水库南面的山梁上向东延伸。因水库淹没，墙体时断时续，墙体位于西低东高的山冈上，毛石干砌。墙宽3～3.5、存高1.2～2米。中途经过战台5、6、7、8号，烽墩11号。

战台5号

北偏东 40°。

位于铁门关台 44 号东 248 米山梁墙体南侧。

战台毛石干砌，平面方形，东西 7、南北 8、存高 2 米。

战台 6 号

位于战台 5 号东偏南山梁、水库西南墙体上。

战台毛石干砌，平面方形，东西 7、南北 8、存高 2.5 米。

烽墩 11 号

位于战台 5 号东北，东城峪东的小山包上。

墩台毛石干砌，平面方形，东西 8、南北 7、高 2 米（图版［13］034）。

战台 7 号

位于潘家口城西南，潘家口水库西南岸边的山坡上，距水库 15 米。

战台毛石干砌，平面方形，东西 8.5、南北 8、存高 3 米。

战台 8 号

位于战台 7 号东 150 米，潘家口城西南墙体上。

战台底周用毛石，上部用条砖砌筑。平面方形，东西 6、南北 7、存高 3 米。

墙体从战台 8 号沿山冈向东，经 30 米而终止，墙体用毛石干砌。从战台 8 号向东偏南行，只有 100 米有石墙体。再东有一段 500 米长的墙体，基本为滦河河道，部分墙体早年被破坏。墙体在滦河西岸，北侧为潘家口城，城全部被水库所淹没。墙体东行越滦河，河西南为水库拦洪大坝，东岸为铁门关台 45 号。这一带墙体、敌台被破坏严重。

（四五）铁门关台 45 号

东偏南 15°。

位于滦河东岸，潘家口关城南山梁上，敌台西南侧为上走马哨沟，上走马哨沟西是猴山。楼北侧山势陡峭，下为水库，再北为潘家口城。

楼体早年已经毁坏，存基址。砖石结构，平面长方形，东西 13、南北 9、存高 2.5 米（图版［13］035）。

墙体从铁门关台 45 号沿水库南梁东行 380 米到达铁门关台 46 号。墙体毛石干砌，墙宽 3、存高 1.3 米。

（四六）铁门关台 46 号

位于铁门关台 45 号东侧山梁上，此道山梁一直向东延伸，形成一道高山屏障，俗称南山，海拔 493 ~ 585 米①。

楼体砖石结构，已毁，存楼基（图版［13］036）。

楼基　基底以四层条石平铺，以上用砖加白灰砌筑。平面方形，边长 10、高 2.5 米。

从铁门关台 46 号到铁门关台 47 号为 2422 米。从铁门关台 46 号，主体墙于走马哨东北的南山山梁，沿西低东高的山脊东行。墙体石砌，墙宽 3.5 ~ 4、存高 1 ~ 1.5 米。有石墙段仅 195 米，再东则

---

①　五万分之一图标，喜峰口 K – 50 – 128 – T。

利用山险，特别是南山北麓有大段山险墙（图版［13］037）。中途经过墩台1、2、3号。

主体墙从铁门关台46号向北分支，即潘家口外围长城分支。从铁门关台46号所在南山梁，墙体在楼北向西北分支，越滦河行430米到达潘家口关城东门，这一段当时基本被水库淹没，分支墙体从东门向关城西北行，与潘家口城西北外围分支长城相汇合（另有记叙）。

墩台1号

位于水库南山走马哨东北山梁上，铁门关台46号东786米，仅存台基。平面方形，东西8、南北7.5、存高2米。

墩台2号

位于墩台1号东626米山梁上。其间无墙体。毛石干砌，平面方形，边长7、存高1.5米。

墩台3号

位于墩台2号东479米处。其间无墙体。毛石干砌，平面方形，边长7、存高1.5米。

从墩台3号向东531米到达铁门关台47号，其间无墙体。

（四七）铁门关台47号

位于潘家口水库南山小喜峰口西南半山坡上，水库南岸100米。

楼体早年已毁，只存楼基。基高3.5、楼体存高2.5米（图版［13］038）。

楼基　基底以三层条石铺砌，以上用砖加白灰砌筑。平面呈长方形，东西7、南北12、基高3.5米。

楼体四墙　北墙四箭窗，西墙一门两箭窗。皆毁坏。

由铁门关台47号向东北和正东分岔。

从铁门关台47号到铁门关台48号为750米。由铁门关台47号向东北行400米无墙体，再东出现200米石墙，宽3、高0.5～0.9米，墙体毛石干砌，然后向东拐150米无墙体，到达铁门关台48号。

（四八）铁门关台48号

北偏东15°。

位于小喜峰口村南的高山脚下。铁门关台48号南为高峰，主体墙沿南山脊向东去，此楼位于分支墙体内侧，南距主体墙约200米，是一座孤立的敌台。

楼体已毁，仅存楼基。

楼基　基底用三层条石平铺，以上用砖加白灰砌筑。平面方形，边长8、存基高3.7米。

在楼基四周相距10米的范围内砌有一周石围墙，东西30、南北20、墙宽1、存高1.1米。因楼体孤立故而设围墙以固。

从铁门关台48号到铁门关台49号为1150米。其中270米筑墙体，墙宽2、存高0.5～0.8米，毛石干砌。其余皆利用山险墙。由铁门关台47号向东300米为山险墙，出现墩台4号；又30米无墙体，后出现50米窄体墙，再东300米利用山险墙，又东150米筑石墙，出现墩台5号；又东70米筑墙，100米利用山险墙，出现墩台6号；又东150米无墙体到达铁门关台49号。

墩台4号

位于小杂口西侧山梁上（小杂口可能即小喜峰口，因核查，此处无他口）。

石砌，白灰勾抹。平面长方形，东西 11、南北 7、存高 1.5 米。

墙体向东经过小杂口，推测该口在铁门关台 47 号东 30 米处，现痕迹皆无。小杂口东为墩台 5 号。

小杂口

又名“小喜峰口”。位于小喜峰口村东南小梁处，现为南北通道，山南为西沟村，现痕迹皆无，只存两山间的山凹通道和部分墙体。

墩台 5 号

位于小杂口东小喜峰口村南 200 米山脊上。

墩台东西只有窄墙。宽 1.5 ~2、存高 0.5 米。

石砌，白灰勾抹。平面近方形，东西 9、南北 8、存高 1.5 米（图版［13］039）。

墩台 6 号

位于小喜峰口村南 200 米东西向的山脊上，山势壁立，台两侧不筑墙（图版［13］040）。

墩台平面方形，东西 7、南北 6.5、存高不足 3 米。

（四九）铁门关台 49 号

东偏南 25°。

位于大喜峰口村西的南山梁脊上。

早年破坏，仅存废墟。砖石结构，平面方形，边长 8、存高 2 米。

从铁门关台 49 号到铁门关台 50 号为 686 米，皆石墙。从铁门关台 49 号，沿南山脊出现窄体墙，东行，墙宽 2、存高 0.5 ~0.8 米，毛石干砌，行 130 米到墩台 7 号；又行 150 米到墩台 8 号；从墩台 8 号向东，窄体墙变为宽 2.5、高 3 米；再东 270 米到墩台 9 号；又东行 136 米到达铁门关台 50 号。

墩台 7 号

位于小喜峰口南山北坡，接近水库。毛石干砌，平面方形，东西 7、南北 6、存高 1.5 米（图版［13］041）。

墩台 8 号

位于小喜峰口南山北坡。台体毛石干砌，台周砌砖，平面方形，东西 6、南北 8、存高 1 米（图版［13］042）。

墩台 9 号

位于小喜峰口南的半山坡处，接近水库。台体用毛石加白灰砌成，平面长方形，东西 8、南北 10、存高 4 米。石墙由墩台 9 号转向北折，到喜峰口关。

（五〇）铁门关台 50 号

位于喜峰口南 800 米起伏的南山坡上，是主体墙向东转而北折的拐角点。此地东距喜峰口村约 500 米，喜峰口村即原喜峰口城（路城）。

楼体已毁，仅存东半部。基高 1.8、楼体通高 6.1 米（图版［13］043）。

楼基　基底平铺四层条石，以上砌条砖，白灰勾抹。平面方形，边长 11、基高 1.8 米。

楼体四墙　楼体已塌陷。从残迹可知：东墙一门四箭窗，北墙存两箭窗，西、南两墙皆已破坏。

东墙　有一门四箭窗。楼门设在中下部，而箭窗设在上部。门为石制，有门柱和拱券，门宽

0.78、高1.56、进深0.24米，门内券宽1.3米，上部已毁。箭窗设在门上左、右两侧，四窗并列，形制相同。窗宽0.65、高0.95、进深0.36米，窗内龛券宽1.24、高1.95、进深0.66米。

北墙　残留两箭窗。

西、南两墙皆已破坏。

楼体内部结构　平面为回字形，四周为回廊式。回廊拱高2.1、宽1.3米，中心室已毁。

楼门内设有台阶。楼内地面高于门口1.2米。

从铁门关台50号到铁门关台51号为195米。墙体从铁门关台50号沿高低起伏的山体北行，直奔喜峰口口门方向，中有4座敌台。由于接近大喜峰口这座正关，墙体皆用砖砌，修筑规整，保存较好，敌台的间距也拉近到100~200米。墙底平铺两至三层条石，以上用条砖平铺，白灰抹砌，内填碎石、三合土。墙宽3.4~4、残高2.5~3米。中间有一便门（内口门）。

便门7号

位于铁门关台50号北侧5米处。拱券形，门宽1、门洞进深2米。门东向，进门后有南北砖阶到达马道或楼内。

（五一）铁门关台51号

位于大喜峰口南侧山坡上。

楼体长方柱形，基本完整，顶部毁坏。基高3、通高6.5米（图版［13］044）。

楼基　基底平铺一层条石，以上用砖、白灰。平面长方形，东西9.8、南北13、基高3米。

楼体四墙　南、北两墙一门两箭窗，东、西两墙四箭窗。

北墙　有一门两箭窗。门石制，拱券形，门外表是门槛，由门柱石、一字石和拱券石组成。门宽0.72、高1.7、进深0.24米，门内宽1.2、高2.16、进深0.88米。门两侧有门轴孔，圆形，直径0.02米。箭窗形制皆同，窗宽0.65、高0.99、进深（窗边墙厚）0.38米，窗内龛宽1.24、高1.95、进深0.66米。

西墙　有四箭窗。间距1.76米，箭窗形制同北墙。

楼体内部结构　由南北三道筒拱和两道隔墙组成。筒拱长12.24、高3.31米，东西筒拱宽1.7、中央筒拱宽1.17米。隔墙上各有三门，中间门宽1.2、高3.31、墙厚1.17米，两侧券门宽0.83米。

梯道　在西侧券室南端设一楼梯道。口拱券形，高2.93、宽1.4、进深1.38米。梯道口由北向南，再向东拐。梯道券洞宽0.78、东西长2.9米，梯道上口宽0.78、长1.13米，梯道台阶高0.2、宽1.5米。

楼顶　楼橹已毁。

墙体从铁门关台51号行112米到达铁门关台52号。墙体从铁门关台51号沿山体向下偏北行，墙底平铺二至三层条石，以上用砖加白灰抹砌。保存较好，唯垛口墙皆毁。

便门8号

位于铁门关台51号北5米的墙体内侧。上部已塌陷，门宽1.3、门道长2、门内南北砖阶长5.5米。

（五二）铁门关台52号

位于大喜峰口南山坡上，地势从高而低接近口门。

楼体已毁，只存楼基（图版［13］045）。

楼基　基底平铺一层条石，以上砖铺、抹灰。平面方形，边长11、高3.2米。

便门9号

位于楼体北部内侧。门宽1、门道长2米。门内有上墙砖阶。

从铁门关台52号到铁门关台53号为100米。墙体砖砌，基底平铺条石，以上砖包。墙宽3.5～4、存高3～4米，存部分垛口墙。

（五三）铁门关台53号

位于大喜峰口口门南侧的坡形台地上。

楼体已塌陷，存部分墙体结构。基高4、通高6.2米（图版［13］046）。

楼基　基底平铺三层自然石，以上用砖和白灰勾抹。平面长方形，东西10、南北12、基高4米。

楼体四墙　南、北两墙一门两箭窗，门在中间，东、西两墙四箭窗。台门、箭窗大部分毁坏。东墙上尚存完整箭窗，窗宽0.55、高0.93、墙厚0.24米，窗内龛皆毁。

楼体内部结构　从残迹分析，由南北三道筒拱和中间两道隔墙组成。南、北筒拱长约11、高2.7、宽2.1米。隔墙门高1.85、宽1.2、进深（墙厚）1.15米。

在四壁箭窗中间都设有通风口，呈拱形，宽0.46、高0.35、进深0.46米。

楼顶早年已毁。

从铁门关台53号到铁门关台54号为110米。墙体从铁门关台53号顺山坡北下，直趋大喜峰口，砖墙宽3.4～4、存高2.5～3.5米。墙底两侧均平铺二至三层条石，以上用砖包砌，碎石、沙土夯心。铁门关台54号为喜峰口关城西南角楼。在接近铁门关台54号处有一座便门。

便门10号

位于墙体内侧，近铁门关台54号。门宽1、门道长2米，门内有踏道通往楼内。

（五四）铁门关台54号

东偏南15°。

位于大喜峰口口门南侧的山坡上，是喜峰口关城西南垣的角楼。东南距喜峰口路城1000米（图版［13］047）。

楼体已毁，现仅存基址。基底以上全部砖砌，白灰勾抹。平面近方形，东西10、南北12、存高2.7米。

楼体东接关城的东垣，西接北垣。关城东垣利用主体墙，从铁门关台54号向北延伸，进入南、北两山谷间的开阔地带。墙体砖砌，墙基以二至三层条石平铺，上用砖灰，墙宽、高略大于主体墙，一般宽6、高4～5米（图版［13］048）。

从铁门关台54号到铁门关台55号约230米。从铁门关台54号北行75米到达大喜峰关城的东门，再北行125米到达关城的东北角楼（现已不存，未编号），此段为关城的东垣。从东北角楼再东，地势变低，墙体变窄，墙宽3.5～4、存高1.5～2米。关城及两翼墙上的垛口墙皆已不存，再东，地势低洼，东墙北和东山之间的谷底有倒流河自东南而西北绕城北去，据传这里原有水门栅，河东部即达陡峭的崖壁下。不筑墙崖顶的西北端即为铁门关台55号。

大喜峰口关

位于铁门关台54号与铁门关台55号之间的关城东垣、中垣和西垣，当地群众俗称南垣、中垣和北垣。称东城为南城，是依长城总体而定，实际城址方向不正。关城为方形，东南角有一方形子城。方城东、西两垣直对，城中砌一拱墙，形成内、外两重，即东城和西城。中垣中间上也开一门，东、西相对，形成东、中、西三门直对，当地称为三关门，淹没前以东一段保存较好，但也只是一大豁口。三门皆有门楼，楼体宽敞高大，门宽8米，现门垛与墙齐高，门楼早已不存。三关门形成关内外的重要通道，也是当时兀良哈三卫与内地的重要贡道①。

（五五）铁门关台55号

北偏东10°。

位于喜峰口口门北面的山梁上，西南侧为峭壁悬崖，下临倒流河，西俯瞰关城。

楼体早年已毁，仅存残墙和楼基。基高3.5、通高6.5米（图版［13］049）。

楼基　基底用三层条石平铺，以上砖加白灰砌成。平面方形，边长10、基高3.5米。

楼体四墙　东、西墙一门两箭窗，南、北墙三箭窗。墙体皆早年坍陷。

从铁门关台55号东行50米到铁门关台56号。墙体从铁门关台55号呈直角折向东行。沿峭壁的顶端爬行，墙宽4米、高2。全部毛石加白灰砌成，以碎石、沙土填心。这段墙体正好位于关城北面呈东西走向的山头上，西北视野开阔，北为横城子，西为蛤蟆坎，南为南山大岭，自西而东行，成为潘家口东到喜峰口间的一道屏障。西北面为水库淹没区。

（五六）铁门关台56号

北偏东15°。

位于喜峰口口门东侧的山梁上。

楼体已毁，存基址。

楼基　基底为三层条石平铺，以上用砖加白灰砌筑。平面方形，边长10、存基高2.8米。

从铁门关台56号到铁门关台57号为871米。其中保存墙体的只有89米，其余皆毁坏不存。墙体从铁门关台56号，沿喜峰口北的山体东行，此段山体仍称南山，从缓山一直向东的高山爬行。墙体石砌，多毁坏，仅存痕迹或一道石橒状。中途经过墩台10、11、12、13号（图版［13］050）。

墩台10号

位于铁门关台56号东侧山脊上。

台体毛石干砌。平面方形，边长6、高2米。

墙体从墩台10号东行，墙宽2.9、高0.9～1.5米。

墩台11号

位于墩台10号东侧。

墩台已毁，毛石干砌。平面方形，边长6、存高1.3米。

从墩台11号到墩台12号为山险墙。

---

① 大喜峰口城是1983年12月进行调查的，当时喜峰口筑城及关门早已为水库淹没，且顶上结了一层很厚的冰，调查数据是作者据早年的调查材料和1983年冬大喜峰关城残迹进行整理的。

墩台 12 号

石砌，平面方形，边长 6、存高 1.3 米。

从墩台 12 东行，只有 20 米筑墙，余为山险墙。

墩台 13 号

石砌，已毁，平面方形，边长 6、存高 1.5 米。

从墩台 13 号向东过高山，利用山险，山北出现 50 米石墙，墙存宽 3、高 1.5 米，再东到达铁门关台 57 号。

（五七）铁门关台 57 号

北偏东 8°。

位于喜峰口路城北面的山南山脊上，此地海拔 430 米①。

楼体已倒塌，只存楼基和部分墙体。基高 3.5、楼体高 3.7、通存高 7.2 米。

楼基　基底以三层条石平铺，其上用砖加白灰砌筑。平面方形，边长 9、基高 3.5 米（图版［13］051）。

楼体四墙　东、西两墙一门两箭窗，南、北两墙三箭窗。

台门　拱形，宽 0.8、高 1.8、进深 0.28 米，台门内券宽 1.4、高 2.07、进深 0.55 米。

箭窗　宽 0.6、高 0.88、进深 0.55 米，内窗龛宽 0.6、高 2.03、进深 0.65 米。各墙箭窗尺寸、形制相同。

楼体内部结构　由东西三道筒拱（券室）和中间两道隔墙组成。筒拱长 7.9、宽 2.1、高 3.65。隔墙上各设三券门，门皆拱形，宽 1.4、高 1.85、墙厚 1.3 米，间距 2.1 米。

楼顶已毁。

从铁门关台 57 号到铁门关台 58 号为 280 米。从铁门关台 57 号东行为山险墙，长 200 米，到墩台 14 号，南折 80 米皆悬崖峭壁，到达铁门关台 58 号，其中有 30 米干砌石墙，墙宽 2.5～3、存高 1～2.5 米。

墩台 14 号

毛石干砌，平面方形，边长 6、高 2 米。从此南折到铁门关台 58 号。

（五八）铁门关台 58 号

位于长（常）家楼东侧山梁墙体上，为一大型五眼楼。

楼体已毁，仅存基址。基高 3、通存高 7 米。

楼基　基底铺一层自然石，以上铺四层条石，再上为砖加白灰砌成。平面长方形，东西 7.5、南北 13.5、基高 3 米。

楼体四墙　南、北两墙一门一箭窗，东、西两墙五箭窗（图版［13］052）。

楼门　拱券形，门宽 0.6、高 1.92、进深 0.24 米，门内券宽 1.2、高 2.19、进深 1.1 米。

箭窗　以东墙为例：窗宽 0.59、高 0.97、进深 0.37 米，窗内龛宽 0.94、高 2.1、进深 1.05 米，箭窗间距 1.35 米。

---

① 五万分之一图标，喜峰口 K－50－120－T。

楼体内部结构　中为一道南北大筒拱，左、右对台门。筒拱通券长 12.3、宽 4、高 3.5 米。

梯道　位于楼体南墙东面一侧。梯道为券洞式，由东向西，宽 0.71、长 3 米。梯道上口宽 0.71、长 1.6 米，砖阶宽 0.15、高 0.2 米。

从铁门关台 58 号到铁门关台 59 号为 302 米 。墙体从铁门关台 58 号向东南行，由上而下延伸，出现了一段砖包墙（二次墙），长 100 米；然后又为石墙，毛石干砌，墙宽 2.5 ~3、存高 1.5 ~2 米。

（五九）铁门关台 59 号

位于石梯子沟北山上。

楼体已毁，仅存楼基（图版［13］053）。

楼基　基底用条石铺砌，以上用砖。平面长方形，东西 9、南北 12、存高 2.5 米。

墙体从铁门关台 59 号南行 158 米到达铁门关台 60 号。墙体毛石、白灰砌筑，墙宽 3.5、高 2.5 ~3 米。

烽墩 12 号

位于铁门关台 59 号东 500 米。

仅存台基（图版［13］054）。

台体毛石干砌，平面圆形，直径 5、存高 1.5 米。

（六〇）铁门关台 60 号

位于石梯子沟北侧山梁的墙体上。

楼体长方柱状，外观保存基本完整，顶部塌陷。基高 3.1、通高 6.9 米。

楼基　基底用四层条石平铺，以上用砖加白灰砌起。平面长方形，东西 8、南北 11、基高 3.1 米。

楼体四墙　南、北两墙一门一箭窗，东、西两墙五箭窗（图版［13］055）。

北墙　有一门一箭窗。台门设在北墙西侧，直对墙体马道，砖砌，拱券形，门宽 0.6、高 1.54、进深 0.24 米，门内券宽 1.2、高 2.19、进深 0.37 米。箭窗拱券形，宽 0.59、高 0.96、进深 0.37 米，窗内龛宽 0.94、高 2.1、进深 1.05 米。窗台下距楼地面 0.8 米。

南墙　有一门一箭窗。形制同北墙。

东、西墙　有五箭窗。形制相同，间距 1.35 米。窗宽 0.59、高 0.97、进深 0.24 米，窗内龛宽 0.94、高 2.1、进深 1.05 米。

楼体内部结构　中间一道南北向筒拱（券室）。筒拱顶呈券棚形，长 8.9、宽 4、高 3.5 米。

梯道　位于南墙东侧窗龛西壁上。梯道拱券形，由东向西，拱洞宽 0.71、东西长 3.3 米，梯道上口 0.71、长 1.6 米，台阶宽 0.15、高 0.2 米。

从铁门关台 60 号以南基本为山险墙，行 2272 米到达铁门关台 61 号。其中有 142 米石墙体，余不筑墙。铁门关台 60 号两侧墙体保存普遍较好，全部用毛石干砌，墙顶腰砖（过河砖）以上为条砖卧砌。垛口存一部分，射孔普遍保存，墙宽 3、存高 3.5 米。铁门关台 60 号以南有 132 米的墙体，再南 100 米为墩台 15 号（图版［13］056）。

墩台 15 号

位于铁门关台 60 号南 232 米山顶上。石砌，平面近方形，东西 6、南北 5.5、存高 1.5 米。

（六一）铁门关台 61 号

位于石梯沟北侧的山梁上。

楼体已毁，存楼基和北墙。

楼基　基底用八层条石平铺，以上铺砖，白灰勾缝。平面长方形，东西 8、南北 11、存基高 2.9 米（图版［13］057）。

从残存形制分析，东、西两墙一门一箭窗，南、北两墙各五箭窗，内为一道筒拱式（图版［13］058）。

从铁门关台 61 号到铁门关台 62 号为 1720 米。其中有 140 米筑有石墙，其余皆为山险墙。从铁门关台 61 号向东，筑 40 米墙体到墩台 16 号，再东为山险墙，东行越过“北山”，海拔 670 米①。再东又越过一高山，东北行为墩台 17 号，再东跨过另座高山为墩台 18 号，出现石墙体，行 100 米到达铁门关台 62 号。

墩台 16 号

仅存台基，毛石干砌。平面方形，边长 5、高 3 米（图版［13］059）。

墩台 17 号

位于小宽田玉（峪）北山上。

仅存台基，毛石干砌。平面方形，边长 6、存高 1.5 米。

墩台 18 号

位于小宽田玉（峪）北山的一个小山梁上。

仅存台基，毛石干砌。平面方形，边长 5、存高 2 米。

从墩台 18 号以南有 110 米石墙体，墙宽 3.5～4、存高 2.5 米，用毛石加白灰砌筑。

（六二）铁门关台 62 号

俗称“筑钱楼”或“四眼楼”。

位于小宽田玉（峪）北沟村的一个北山梁下的凹地上，地势较缓，南为高山。

楼体虽遭破坏，但大体结构仍保存（图版［13］060）。

楼基　基底下以三层条石平铺，以上用白灰砖铺。平面长方形，东西 8.5、南北 12、基高 4.3 米（图［13］054）。

楼体四墙　南、北两墙一门一箭窗，东、西两墙四箭窗。

南墙　有一门一箭窗。台门在南墙西侧，东距箭窗 2.34 米。门为石制，下为长方形门枕石，左、右为门柱石，上为一字石，再上为券脸石。门枕石长 1.5、厚 0.3 米，门宽 0.8、高 1.8 米，门内左、右为方形门闩孔，门内券宽 1.33、高 2.35、进深（门道长）0.8 米。箭窗拱券形，窗宽 0.68、高 0.9、进深 0.4 米，窗内龛宽 1.05、高 2.18、进深 0.8 米。其余各墙箭窗与此相同（图［13］055）。

东、西两墙　箭窗间距 1.34 米。

楼体内部结构　平面为围廊式券室，中心室顶为船篷形，中间设两砖柱，中间形成券门。室高 3.5、宽 2.2 米，两砖柱间的券门为拱形，高 1.96、宽 0.93、进深 1.95 米，券门距南、北两券室各

---

① 五万分之一图标，喜峰口 K－50－129－T。

2.5 米（图［13］056）。

梯道　在南券室北侧砖柱上设有梯道口，拱洞形，宽 0.74、南北斜长 3.4 米，楼梯上口长 7.4、南北宽 1.53 米。

楼顶　楼橹等早年已毁，残存垛口墙，宽 0.45、存高 0.2～0.9 米。

墙体从铁门关台 62 号沿山体南行 454 米到达铁门关台 63 号。墙体毛石砌筑，过河（腰）砖以上为砖砌。顶上为垛口墙和少量望孔，望孔边长 0.27、进深 0.4 米。中途经过便门 11 号、墩台 19 号。

便门 11 号

便门位于铁门关台 62 号南 12 米处。门已坍塌，石筑，门宽约 1.16、高 1.6、进深 1.53 米。门内有石阶可通楼内和马道之上，石阶宽、高皆 0.2 米。

墩台 19 号

位于墙体上。毛石干砌，平面方形，边长 6、存高 2 米。

（六三）铁门关台 63 号

俗称“杨树洼楼”。

位于杨树洼沟东侧山梁上，楼体筑在南高北低的山坡上。

存楼基和墙体，可基本复原。

楼基　基底下部平铺四层条石，以上用白灰加条砖砌筑，随山势取平。平面方形，东西 10.7、南北 11.2、基高 1.5～3.5 米（图［13］057）。

楼体四墙　南、北两墙一门两箭窗，东、西两墙三箭窗。

南墙　有一门两箭窗。门在中间，石制，拱券形，下为门枕石、门柱石、一字石和券脸石。门宽 0.92、高 1.84、进深 0.46 米，门内券宽 1.62、高 2.37、进深 0.97 米。箭窗拱券形，下为石窗台，窗宽 0.69、高 0.92、进深 0.27 米，窗内龛宽 1.2、高 2.13、进深 0.98 米，箭窗和门间距 1.55 米。

北墙　有一门两箭窗。形制同南墙。

东墙　有三箭窗。形制相同，间距 1.58 米。窗宽 0.69、高 0.92、进深 0.27 米，窗内券龛宽 1.2、高 2.13、进深 0.98 米。

楼体内部结构　由南北三道筒拱和中间两道隔墙组成。筒拱呈船篷形，东西筒拱长 8.2、宽 1.85、高 3.4 米，中央筒拱长 8.2、宽 1.9、高 3.4 米。隔墙上有三券门，门宽 1.65、高 2.21、进深 1.27 米，间距 1.36 米（图［13］058、059）。

梯道　梯道口位于东墙北端砖墙上。拱洞形，先东进，中一歇步，然后南拐，由下而上。梯道宽 0.6、南北长 2.62 米。阶梯皆用条石，长 0.61、宽 0.15、厚 0.13 米，梯道上口东西 1.15、南北 0.93 米。

楼顶　有一楼橹，门向南，存四墙（图［13］060）。

从铁门关台 63 号到铁门关台 64 号为 285 米，其中有 60 米山险墙。墙体从铁门关台 63 号沿根木岭沟北侧山梁南偏东行，全部毛石砌筑，白灰勾缝，中皆碎石、沙土填心，存垛、宇墙。墙高 2.5～3.5、宽 3～4 米，外高于内，同时利用山险墙。在接近铁门关台 64 号墙顶铺一层片石，而垛墙则利用方砖砌成，垛墙宽 0.35、高 0.2～1.3 米，上有方形望孔，长 0.3、宽 0.2、进深 0.4 米，多为砖筑。中途经过房基 4 号、战台 9 号、墩台 20 号（图［13］061）。

房基 4 号

位于铁门关台 63 号南 20 米墙体上。

只存房基，石筑，平面方形，边长 4、存高 0.3、墙厚 0.4 米。

战台 9 号

位于房基 1 号南部。

台基底铺一层条石，以上砖砌，平面方形，边长 8、存高 6.5 米。

墩台 20 号

位于战台 9 号南部。

墩台毛石干砌，平面方形，边长 6、存高 2.5 米。

（六四）铁门关台 64 号

位于椴木岭沟北侧山梁上。

楼体早年已毁，存基址和部分墙体。基高 2～3.5、通高 7.28 米。

楼基　基底下用五层条石平铺，以上砖铺。平面长方形，东西 7、南北 12.5、基高 2～3.5 米。

楼体四墙　东、西两墙一门一箭窗，南、北两墙三箭窗（图版［13］061）。

东墙　有一门一箭窗。门在南侧，北侧 1.6 米为箭窗。门上部已毁，下宽 1.02、高 1.8 米。箭窗内券存高 1.8、宽 0.95、进深 0.97 米。

南墙　有三箭窗。窗宽 0.95、高 1.03、进深 0.4 米，窗内龛宽 0.95、高 2.32、进深 0.97 米，箭窗间距 1.04 米。

北墙　有三箭窗。形制同南墙。

梯道　位于东墙北侧窗内券墙壁上。梯道口呈拱洞形，门口已毁。道宽 0.77、南北长 5.2 米。梯道上口南北 0.9、东西 0.77 米。阶梯砖砌。

楼顶　已毁，结构不详。

从铁门关台 64 号到铁门关台 65 号（李家峪口）为 679 米。其中有 80 米山险墙。墙体从椴木沟山梁向东南行约 100 米，折而向南拐，再偏东行。墙体用毛石加白灰砌成，墙宽 3～4、存高 1.5～3.8 米。部分墙顶存有垛口墙，墙宽 0.4、存高 0.5～1.3 米。垛口下设望孔，孔宽 0.39、高 0.4、深 0.4 米，无宇墙。墙体基本从高而低向下行到李家峪口。此段墙体中途经过附墙台 10 号，墩台 21、22 号，房基 5 号（图［13］062；图版［13］062）。

附墙台 10 号

位于铁门关台 64 号南侧 40 米墙体上。

台体毛石加白灰砌筑。平面方形，边长 2、高 3.5 米，与墙持平。

墩台 21 号

位于铁门关台 64 号东南 100 米，墙体南侧 1 米。

只存基址，毛石砌基，以上用砖。平面长方形，长 7、宽 5、存高 1.5 米。

墩台 22 号

位于墩台 21 号东南山坡上。

台体早年已毁，尚存基址。石砌，平面近方形，东西 7、南北 6.5、存高 2 米。

房基 5 号

位于铁门关台 65 号西侧。

存残墙，石砌。平面方形，边长5、存高0.6、现有围墙厚0.9米。

（六五）铁门关台65号

位于喜峰口公社李家峪大队东北650米的山梁上。李家峪口就设在此敌台的旁侧。

此楼早年自然毁坏，只存基址和部分楼体。楼体修筑在高低不平的山梁上。楼东南侧为口门过道，地势稍洼。存基高1.3、通高5.6米。

楼基　基底平铺一层条石，以上用砖砌起。平面长方形，南北12、东西7、存基高1.3米（图版［13］063）。

楼体四墙　南、北两墙一门一箭窗，东、西两墙五箭窗。

南墙　有一门一箭窗。门在西侧，箭窗在东侧。门石砌，自下而上为门枕石、门柱石、一字石和券脸石。门宽0.68、高1.46、进深0.26米，门内券宽1.02、高2.32、进深1.12米。箭窗砖砌，拱券形，宽0.75、高1.03、进深0.97米。窗台石制，距楼地面1米。

北墙　有一门一箭窗。形制同南墙。

东、西两墙　有五箭窗。箭窗形制同南墙，间距1.1米。

楼体内部结构　为南北一道通券式。筒拱形如船篷，筒拱通长10.28、宽4、高3.75米。

梯道　位于南墙箭窗内侧壁上。梯道口呈拱洞形，宽0.77、高2.57米，由东向西通过阶梯进入楼顶。梯道拱洞宽0.77、长3.2米。阶梯砖筑。

楼顶　楼橹等早年已毁，但存垛口墙，砖砌，墙宽0.4、存高0.6～1.42米，垛口宽0.43、高0.4米。砖砌。

铁门关台65号东南10米即李家峪口，墙体南偏东行316米为铁门关台66号。从铁门关台65号东南过李家峪口后，墙体沿山梁东南行，皆毛石加白灰砌成，墙宽2.5～4、存高3.5米。顶上存部分垛口墙，墙宽0.4、存高0.5～1.25米，垛口皆砖砌，已残。垛口下设望孔，孔长0.4、宽0.39、深0.4米。中途经过李家峪口、房基6号、附墙台11号、战台10号（图［13］063）。

李家峪口

位于铁门关台65号东约10米处。唯因墙体倒塌已难看出究竟，群众多指此处原为一门洞式关口，下为涵洞，门宽约2.5、长约6米，现存痕迹。此处为山峦起伏的凹处。

关内李家峪堡是喜峰口下的重要屯驻地，《四镇三关志》记载，大喜峰口下“李家峪关，洪武年建，通大川，正关西尖山墩，空里炮三空、通单骑，余通步缓”，可见其建关较早。李家峪口西南650米为李家峪堡，另文记述。

房基6号

位于铁门关台65号东北墙体西侧。

房基毛石干砌。平面长方形，东西10.5、南北6、存高0.3米。

附墙台11号

位于房基3号东侧墙体上。

毛石砌成。平面方形，东西3、南北2、存高2.5米。

战台10号

位于铁门关台66号西北百余米处，靠近主体墙。

台体用大块毛石干砌。平面方形，东西7、南北9、高3米。

（六六）铁门关台 66 号

位于李家峪口南李家峪村东北山梁上，距李家峪大队北沟自然村 250 米。

楼体早年已毁，存部分楼基和东面墙体。基底用一层条石平铺，以上用砖。平面方形，边长 12.5、高 5.6 米。东墙残存五箭窗孔。东、西墙为五箭窗，南、北墙可能为一门一箭窗，或一门两箭窗。楼的西南角有台阶，长 1.13、宽 0.35 米（图版［13］064）。

从铁门关台 66 号到铁门关台 67 号为 220 米。墙体从铁门关台 66 号东南行 150 米，折而成锐角分岔北行到战台 11 号，又北 70 米到达铁门关台 67 号，皆砖帽石墙（图版［13］065）。墙体毛石错缝干砌，宽 3.35～4、高 2.5～3.7 米。墙体存垛、宇墙，皆阶梯式向山上攀登（图［13］064；图版［13］066）。

战台 11 号

位于铁门关台 66 号到铁门关台 67 号之间。下面平铺三层条石，上用砖砌。平面长方形，东西 5、南北 12、高 4 米。

（六七）铁门关台 67 号

位于宽城县大屯公社翁家沟大队西沟村西 300 米的山梁上，南距主体墙 70 米 。

楼体早年自然塌毁，存基址和墙体。

楼基　基底用两层条石平铺，以上用砖。平面长方形，东西 12、南北 6.5、基高 2.5 米。

楼体四墙　南墙一门四箭窗，北墙五箭窗，东、西两墙两箭窗。

南墙　有一门四箭窗。门在中间，为拱券形，宽 0.88、高 2.12、进深 0.86 米，门内券尺寸不详。门和箭窗间距 1.4 米，箭窗拱券形，宽 0.6、高 0.79、进深 0.5 米，窗内券龛宽 1、高 2.11、进深 1.02 米，石窗台距楼顶高 1.1 米（图版［13］067）。

北墙　有五箭窗。箭窗形制同南墙。

东墙　有两箭窗。箭窗拱券形，窗宽 0.6、高 0.79、进深 0.5 米，窗内龛券宽 1、高 2.11、进深 1.02 米。

西墙　有两箭窗。形制同东墙。

楼体内部结构　为东西一道筒拱。船篷式顶，筒拱长 8.96、宽 3.75、高 3.68 米。

梯道　在东墙北侧箭窗内券的南壁上设有梯道。梯道口呈拱洞形，宽 0.92、高 1.9、进深 1.15 米。梯道由西往东再南拐，可达楼顶。梯道宽 0.76、南北长 3 米，上口长 2、宽 0.76 米，砖阶高 0.15、宽 0.15 米。

楼顶　楼橹等早年已塌毁。

墙体到铁门关台 67 号终止，主体墙从战台 11 号南行 227 米到达铁门关台 68 号。墙体险要，呈梯式，下用毛石加白灰砌筑。顶部用砖墙，宽 3～4、高 2～3.5 米，外高于内。存部分垛口墙，墙宽 0.4、高 0.2～1.3 米。垛口已毁，尚存部分瞭望孔，内口宽 0.52、高 0.46、进深 0.4、外口边长为 0.3 米。

（六八）铁门关台 68 号

位于扁楼沟北侧山梁顶部，楼东为宽城翁家沟大队西沟村。

楼体长梯柱形，早年已毁，存部分墙体。基高2.78、通高6.33米（图版［13］068）。

楼基　基底平铺一至二层条石，以上用砖。平面长方形，东西6、南北12、基高2.78米。

楼体四墙　南、北两墙一门一箭窗，东、西两墙五箭窗。

南墙　有一门一箭窗。门在西侧，距箭窗1.34米。门拱券形，宽0.65、高1.47、进深0.25米，门内券宽1.02、高2.33、进深1.12米。箭窗宽0.75、高1.03、进深0.4米，窗内龛宽0.95、高2.32、进深0.97米。

北墙　有一门一箭窗。形制同南墙。

东墙　有五箭窗。形制相同，间距1.4米。箭窗拱券形，宽0.75、高1.03、进深0.4米，窗内券即窗龛宽0.95、高2.32、进深0.97米。

西墙　有五箭窗。形制同东墙。

楼体内部结构　为南北向一道筒拱。筒拱长11.26、宽4、高3.75米。

梯道　位于楼内南墙东箭窗内券西壁上。拱洞形，宽0.77、东西3.3、上口宽0.77、长1.9米，砖阶已毁。

楼顶　楼橹早年已毁。

从铁门关台68号到铁门关台69号为331米。从铁门关台68号墙体全部毛石干砌，沿扁楼沟东北侧向南偏东行，墙宽3～4、存高1.5～4米，外高于内。

（六九）铁门关台69号

位于李家峪村东山，正关沟北侧山梁上。

楼体早年破坏，仅存楼基（图版［13］069）。

楼基　基底以上砖砌，以下结构不清。平面长方形，东西9、南北11、存高3.5米。

从铁门关台69号到铁门关台70号为164米。从铁门关台69号南偏东行，墙体开始全部用砖砌成。墙体沿正关北侧山梁东行，已近至较低山坡上，墙宽3.5～4、存高2～3.5米，外高于内。墙底平铺一至三层条石，以上砖包，白灰勾缝，存垛、宇墙。中途经过战台12号。

战台12号

位于铁门关台69号东108米墙体北侧。砖砌，平面长方形，长14、宽6、高3.5米。

（七〇）铁门关台70号

位于铁门关正关西侧的丘形坡地上。

仅存楼基（图版［13］070）。

楼基　基底砖筑。平面方形，东西10、南北11.5、基高3米。

从铁门关台70号到铁门关台71号为856米。墙体从铁门关台70号沿山体东行逐渐下降直奔铁门关正关。毛石干砌，墙宽3.5～4、存高1～2.5米。马道两侧存垛口墙，墙宽0.4、存高0.5～1.5米。在马道顶部设砖阶，宽0.23、高0.1米。此段墙体中途经过附墙台12号和墩台23号。

附墙台12号

位于铁门关台70号东墙体南侧。石砌，平面长方形，长6、宽3、存高3.5米。

墩台23号

位于铁门关台70号东320米墙体上。台东为铁门关口子，南300米为铁门关村。

仅存台基，石砌。平面方形，边长9、高2.5米（图版［13］071）。

从墩台23号到铁门关台71号为536米。墙体从墩台23号分为两岔，一为主体墙，沿破城子（原地名及时代不详）西侧山坡东行，墙体皆石砌，墙宽2～4、高2.5米。在破城子城址东北角向东，穿过迁西—宽城公路到达铁门关台71号。

另一段为墩台23号向东南分支墙。墙体从墩台23号向东南有430米山险墙，再东南出现宽仅3、高1.5米的窄石墙100米，越过山包，又行50米，又越一山包，窄墙沿山体分为二岔，北行60米为墩台24号，东段行59米后又南折50米，西行90米与北段汇合，此段为砖筑，形成一三角形小城（见破城子记录）。窄石墙东行180米有一小口门（未见记载），再东50米为墩台24号，至此分支墙体终止。分支墙体是铁门关西侧第二道防线。

（七一）铁门关台71号

位于铁门关村北500米，铁门关正关西侧210米西高东低的山梁上，接近口门两侧的谷地。

楼体已毁。

楼基　基底平铺一层条石，以上用砖加白灰筑起。平面长方形，东西12、南北7、基高2米。

从铁门关台71号到青山口台72号为256米，再东接第十四测区。墙体从铁门关台71号沿山体向东下行，进入低谷行210米到达铁门关正关。过口又东行58米到达青山口台72号。其间关口西侧有120米山险墙。墙皆石砌，宽2、存高0.5～1.5米。

墩台24号

位于窄石墙的南侧。石砌，长6、宽4米。

另有一楼基（未编号）位于分支墙体的东南端。平面方形，边长8米。

铁门关正关

位于铁门关台71号和青山口台72号之间的谷地。南距铁门关村500米。关门东、西两山壁立，有如铁门紧锁，故名，中间一关贯通南北，关下为倒流河。关门及东、西两墙体早年皆破坏，正关东为宽城—迁安公路。关门两侧墙体皆石筑，宽4、高3米，口门拱洞形，存宽5、进深4米。

铁门关建关较早。据《四镇三关志》记载："铁门关洪武年建，通大川，正关极冲，余山险缓。"

铁门关北又西通滦河，东达长河，交通十分畅达，明时曾为兀良哈三卫贡道之一。又据《钦定日下旧闻考》记载："铁门山铁门关三里，在李家谷左。"可见正关取铁门山之名①。

铁门关正关南500米有铁门关城（另文叙述）。

正关东55米为青山口台72号，位于关门东山坡上，从此接第十四测区，即铁门关—青山口段。

---

① （清）于敏中等：《钦定日下旧闻考》卷一百五十二《边障》，2435页，北京古籍出版社，1983年。

第二节　潘家口城西北外围分支（附边）建筑遗迹

潘家口城西北外围分支是主体墙铁门关台46号向西北的分支，越滦河行430米到达潘家口关城东门，这一段为水库淹没区。分支墙从东门向关城北然后再向西折，绕北面的水泉洞东山而西到小河口南，南行到水泉洞、小二坝，再与东城峪西北主体墙上铁门关台43号相接。下面按分支墙走向和敌台顺序依次叙述，敌楼编号以潘家口为字头，如潘家口台1号、潘家口台2号……

（一）潘家口台1号

位于潘家口城东墙上，东门北30米为水库淹没区。

楼体已毁，存楼基。

楼基　基底以三层条石平铺，以上用砖到顶。平面方形，边长11、高3.5米（图版［13］072、073）。

从潘家口台1号到潘家口2号为150米。墙体从潘家口台1号向北行50米为潘家口城东北角，此段是潘家口城东垣，全部砖砌。墙宽4、存高2.5～3米，下铺两层条石，以上用砖。

附墙台1号

位于潘家口台1号西北侧。砖砌，平面长方形，东西2、南北5、存高3米。

（二）潘家口台2号

南偏东20°。

位于潘家口城北山丘上。

楼体已毁。

楼基　基底用三层条石平铺，以上用砖。平面方形，边长11、存高3.5米（图版［13］074）。

从潘家口台2号北行142米到潘家口台3号。墙体为砖砌，墙宽4、高2.5～3米，下铺两层条石。

（三）潘家口台3号

东偏北45°。

位于潘家口城北山坡上。

楼体已毁，存基址。

楼基　基底用三层条石平铺，以上铺砖。平面方形，边长11、存高4米（图版［13］075）。

从潘家口台3号到潘家口台4号为235米。墙体沿山坡西北行，山势平漫。砖筑，下以条石为基，以上砖包，墙宽4、存高3米，垛、宇墙不存。

（四）潘家口台4号

东偏北20°。

位于潘家口城西北山梁上。

楼体已毁。

楼基　下以三层条石为基，以上铺砖。平面方形，边长10、存高4米（图版［13］076）。

从潘家口台4号到潘家口台5号为372米。墙体砖砌，沿西高东低山梁向西北行，逐渐升高。墙基铺两层条石，以上砖包到顶。墙宽3.4～4、存高3米。墙顶残留垛口墙，用条石筑起，墙宽0.55、存高0.5～1.3米，垛口宽0.42、高0.4、墙厚0.5米。垛墙上设有望孔，拱形，宽0.3、高0.41、墙厚0.5米，外口为方形，宽0.25、高0.22米，望孔间距3米。

（五）潘家口台5号

南偏东10°。

位于水库北侧山坡上，山势较缓。楼体为长方柱体。

楼基　基底保存较好，下以两层条石平铺，以上铺砖。平面长方形，南北7.2、东西11.5、存高4米（图［13］078）。

楼体四墙　东、西两墙一门一箭窗，南、北墙四箭窗（图版［13］077、078）。

东墙　有一门一箭窗。门为拱形，内大外小，门为石制，由下而上为门枕石、门柱石、一字石和拱顶，拱券脸由三块弧形石组成。门高1.88、宽0.7、墙厚0.32米，门内券高2.45、宽1.3、门道长0.82米，门前直对马道。箭窗在门南侧，拱形，宽0.86、高1.8、进深（窗边墙厚）0.82米，窗内龛宽1.6、高2.09、进深1.3米。

西墙　有一门一箭窗。形制同东墙（图［13］079）。

北墙　有四箭窗。形制相同，皆为拱券形，单券。箭窗宽0.7、高0.9、进深（窗边墙厚）0.22米，窗内口宽0.86、高2.11、进深0.82米。

南墙　有四箭窗。形制同北墙（图［13］080）。

楼体内部结构　由东西两道筒拱和中间两道隔墙组成。通券长9.2、宽1.4～1.5、高3.65米。中心两隔墙长2.41、宽2.2米，上撑通券券顶。在两个砖柱上各设一券门，东面砖柱的南侧为一券门，宽0.85、高1.72、进深0.78米，距东券道0.76米（图［13］081、082）。

梯道　在东边砖柱的北侧为券洞式梯道，宽0.82、高2.12、进深1.3米。进梯道南行再东拐有阶梯可达楼顶，梯道上分为四段，梯道宽0.8、东西长4.47米，砖阶宽0.35、高0.3米，梯道上口东西1.8、南北0.75米。

在北箭窗东墙壁上有一壁龛，拱形，宽0.3、高1.7、进深0.39米。在北墙中间的两个箭窗内口上都设有壁龛。

楼顶　存楼橹基址和部分垛口墙。楼橹位于顶中，东西6.67、南北3.54、墙厚0.43米。楼橹东、西距垛口墙1.5、南部距垛口墙1.2米，垛口墙存宽0.44、高0.3～0.5米。在楼顶周有一箍出檐砖，呈菱形，南、北两侧各有两个石制吐水嘴。

从潘家口台5号西北行265米到潘家口台6号。此间墙体变为毛石加白灰砌筑，内填碎石、沙土。顶部残存垛墙宽0.55、存高0.5～1.2米。垛口墙用条砖加白灰砌成，现存礓石溜道（图版［13］079）。

（六）潘家口台6号

位于潘家口城西北。

楼体已毁，仅存基址。

楼基　基底用三层条石平铺，以上用砖加白灰砌筑。平面长方形，东西8.3、南北11、存高4.5米。

楼体四墙　南、北两墙皆为一门一箭窗，东、西两墙为三箭窗，今仅存东墙。整体结构同潘家口台5号。

楼体内部结构已毁，顶墙上存部分垛口墙。

从潘家口台6号到潘家口台7号为150米。其中楼西60米为砖包砌，基底铺以条石，墙宽3.5、高1~3.5米，顶部存部分垛口墙，其余皆为山险墙。

石灰窑址

位于潘家口台6号之北，过石灰窑沟，发现多处石灰窑址，为筑边墙烧制白灰用的窑址（图版［13］080）。

（七）潘家口台7号

西偏北38°。

位于潘家口城西北平漫山坡上。

楼体早年塌陷，存基址、残墙。

楼基基底平铺三层条石，以上用砖。平面长方形，东西13、南北9、高3.5米。楼体南、北两墙为一门一窗，东、西两墙四窗。

从潘家口台7号到潘家口台8号为130米。其中65米为山险墙。墙体从潘家口水库北侧西北行，墙体仍采取下铺石基，以上包砖的做法，墙宽3.5~4、高2.5米。

（八）潘家口台8号

位于潘家口水库西北高山上，楼下四周绝壁叠嶂，难于攀登。

楼顶早年已塌毁，残存四墙和楼基。

楼基　基底以三层条石平铺，以上用砖和白灰砌筑。平面呈长方形，东西12、南北9、基高3.5米。

楼体四墙　东、西两墙一门二窗，南、北两墙四箭窗（图版［13］081、082）。

楼顶　存部分垛口墙、瞭望孔等，因无法攀登，未测。

从潘家口台8号到潘家口台9号为310米。只有80米砖墙，其余为山险墙（图版［13］083）。

（九）潘家口台9号

位于潘家口北侧高山之巅，山势险峻，楼北200米为小河口。

楼体方柱形，保存基本完整，顶部毁坏。基高3.75、通高8.7米。

楼基　基底以四层条石平铺，以上条砖铺砌，白灰勾抹。平面方形，边长10.7、基高3.75米（图［13］083）。

楼体四墙　南墙一门两箭窗，东、西、北三墙三箭窗（图版［13］084）。

南墙　有一门两箭窗。门居中，箭窗分列两侧。门拱券形，石制，由下而上为门枕石、门柱石、一字石和券顶。门枕石长1.25、宽0.46、厚0.25米，门宽0.8、高1.8、进深（门边墙厚）0.25米，门内券宽1.4、高2.05、进深1米。箭窗单券单伏，窗宽0.6、高0.95、进深（窗边墙厚）0.55米，窗内口即窗龛宽1.3、高2.03、进深0.65米（图［13］084）。

北墙　有三箭窗。箭窗形制同南墙。

东墙　有三箭窗。窗拱券形，单券单伏，窗宽0.6、高0.95、进深（边墙厚）0.55米，窗内口龛宽1.29、高2.01、进深0.66米，间距1.9米。

西墙　有三箭窗，形制相同。

楼体内部结构　由南北三道筒拱和两道隔墙组成。筒拱长9.9、宽2.2、高3.8米。隔墙上各设三门，隔墙券门宽1.4、高1.9、进深（隔墙厚）1.3米，门间距2.2米（图［13］085）。

梯道　梯道口位于东边隔墙中间西侧。门呈拱券形，梯道口宽0.6、高2.25、进深1米。从西口向东进入后又北拐直达楼顶。梯道拱洞东西0.5、南北7.8米，梯道上口高2.4、宽0.58米，砖阶宽0.2、高0.3米，楼梯口距墙南侧隔墙门0.6米。

楼顶　原有楼橹，现已毁，仅东部存一出水嘴，西北角存部分垛口墙（图［13］086）。

从潘家口台9号到潘家口台10号为200米。皆为山险墙（图版［13］085）。

（一〇）潘家口台10号

俗称“洼楼”。

位于搬倒井子沟东侧山梁上，楼东、西为水库淹没区。

楼体为长方柱体，由于所处地区为山险高处，破坏较少。基高4、通高8.8米。

楼基　南侧用五层毛石砌筑，以上再用三层条石加白灰砌成，上用条砖平铺勾缝。平面长方形，东西5.3、南北14.2、基高4米（图［13］087）。

楼体四墙　北墙一门无箭窗，南墙两箭窗，东、西两墙五箭窗。

北墙　有一门。已毁，拱券形，残宽1.4米。由于楼体高，需用悬梯上下（图版［13］086）。

南墙　有两箭窗。箭窗位于南墙西侧，拱券形，间距0.8米。窗宽0.65、高1.1、进深（窗边墙厚）0.25米，窗内龛宽0.8、高2.15、进深0.9米（图［13］088）。

东墙　有五箭窗。间距1.15米。窗宽0.65、高1.1、进深0.25米，窗内龛宽1.25、高2.11、进深0.9米（图［13］089；图版［13］087）。

楼体内部结构　呈一道筒拱式，中间无隔墙。筒拱长11.3、宽2.5、高3米（图［13］090）。

东、西两墙分别设五个壁龛，南墙设两个壁龛，计十二个。壁龛形制、尺寸相同，皆拱券形，高1.7、宽0.35、进深0.4米，为储存器械粮秣之用。

梯道　在北壁东侧，即楼门旁有梯道口，由南进入，而北再西由砖阶上到顶部，楼梯上口已毁。

楼顶　有一箍菱角檐和残垛墙，楼橹塌陷，现无法攀登。

从潘家口台10号到潘家口台11号为98米，此间皆为山险墙。

（一一）潘家口台11号

位于石灰窑沟东侧山脊上，旁为山崖。东、西两侧为水库淹没区。

楼体早年已毁，只存楼基和部分墙体。楼体方柱形，基高3、通高7.2米。

楼基　基底用自然石加工砌成，以上砖砌。平面方形，东西10、南北9.5、基高3米（图版［13］017）。

楼体四墙　南墙一门两箭窗，北墙一门两箭窗，东、西两墙三箭窗（图版［13］088、089）。

门和箭窗皆毁坏，不能测其准确尺寸。

楼体内部结构　由东西三道筒拱和中间两道隔墙组成。筒拱长8.5、宽2.2米，隔墙三门，形制相同，门宽1.4、高1.85、进深1.3米。

梯井　在中央筒拱中间为梯井，长方形，长1.3、宽0.65米，梯井距东墙4.8米。其他结构不详。

从潘家口台11号到潘家口台12号为100米，皆为山险墙。

（一二）潘家口台12号

位于石灰窑场东侧山梁上。楼东、西为峭壁悬崖，下为水库淹没区。

楼体长方柱形，已毁坏，但整个结构和墙体仍存。基高5、通高10.3米。

楼基　基底用自然石块砌筑，白灰勾抹，上用条砖平铺。平面长方形，东西7.7、南北11.8、基高5米（图［13］091）。

楼体四墙　南墙一门两箭窗（图版［13］090），北墙三箭窗，东、西两墙各四箭窗（图版［13］091）。

南墙　一门两箭窗。门居中，箭窗分列左、右两侧，门左、右距箭窗0.65米。门宽0.75、高1.7、进深0.46米，门内口宽0.17、高2.25、进深0.85米。箭窗拱券形，宽0.7、高0.85、进深0.5米，窗内龛宽1.2、高1.85、进深0.9米。

北墙　有三箭窗。箭窗形制同南墙。

东墙　有四箭窗。形制相同，间距1.2～1.6米。窗宽0.7、高0.89、进深0.5米，窗内龛宽1.2、高1.85、进深0.9米。

西墙　有四箭窗。形制同东墙。

楼体内部结构　为木结构，东、西两长壁上各有五根木柱凹入墙体内，称为壁柱。壁柱剖面圆形，直径0.25米。顶部搪有木板，上用土加灰平铺，再上为三层砖到顶，中层砖为方形，上、下为长方形（图［13］092）。

楼顶　存楼橹基址，其他结构不清。唯四周垛口墙宽0.55、高1.8米，垛口宽0.9、高0.7米，垛口上设有方形望孔，长0.3、宽0.4米。

从潘家口台12号北行100米到潘家口台13号，皆山险墙。

（一三）潘家口台13号

位于石灰窑沟东北。

楼体长方柱形，早年塌陷，存部分墙体。基高5.5、通高9米。

楼基　基底用毛石干砌，以上用砖砌筑。平面长方形，东西7、南北9、基高5.5米。

楼体四墙　南、北两墙皆一门两箭窗，东、西两墙各三箭窗。门和箭窗已毁（图版［13］092、093）。

楼内、顶部已坍塌。

从潘家口台13号北行150米到达潘家口台14号，皆为山险墙。

（一四）潘家口台14号

位于石灰窑沟东北。

楼体已塌毁，只存基址和部分墙体（图版［13］094）。

楼基　基底用自然石块参差筑起，以上用砖。平面长方形，东西7.3、南北9.1、存基高3.7米。

从潘家口台14号到潘家口台15号为400米，多为山险墙，中亦有另筑墙。

（一五）潘家口台15号

东偏南5°。

位于石灰窑沟东侧山梁顶上，东、北两侧为水库。

楼体方柱形，大体保存较好，部分毁坏。基高3、通高6.7米。

楼基　基底用二至三层条石平铺，以上用砖。平面方形，东西9、南北9.5、基高3米。

楼体四墙　南、北两墙一门两箭窗，东、西两墙三箭窗（图版［13］095）。

南墙　有一门两箭窗。一门居中，二箭窗分列两侧，门距两侧箭窗为1.7米。门拱形，宽0.8、高1.7、进深0.4米，门内宽1.2、高2.1、进深0.62米。箭窗拱形，宽0.6、高0.9、进深0.6米，窗内龛宽1.1、高1.94、进深0.6米，窗台距地面0.8米。

北墙　有一门两箭窗。形制同南墙。

东墙　有三箭窗。形制相同，间距1.9米，两侧箭窗距楼体外皮0.35米。箭窗宽0.6、高0.9、进深0.36米，窗内龛宽1.1、高2.1、进深0.61米。

西墙　有三箭窗。形制同东墙。

楼体内部结构　由三道筒拱和中间两道隔墙组成。筒拱长8.3、宽1.6～1.72、高3.42米。隔墙上有三券门，作为过道，门宽1.2、高2.16、进深1.05米。

梯井　楼西北角设一梯井。长方形，东西1.3、南北0.7米。

楼顶　楼橹早年已毁，仅存西侧垛口墙，墙宽0.58、高0.5～1.42米。西侧有一吐水嘴，长0.65、宽0.25米。

从潘家口台15号到潘家口台16号为250米，皆为山险墙（图版［13］096）。

（一六）潘家口台16号

北偏西5°。

位于石灰窑沟东侧高低不平的山梁上。东、西两侧为陡峭崖壁，西为水库淹没区。

楼体方柱形，四墙结构基本完整，唯顶已塌陷。基高4.2、楼体高3.4、通高7.6米。

楼基　底用十五层毛石垒起，抹白灰灌浆，以上用条砖砌筑到顶，白灰勾缝。平面方形，边长9.5、基高4.2米。

楼体四墙　南墙一门两箭窗，其余东、西、北三墙各有三箭窗。

南墙　有一门两箭窗。一门居中，二箭窗分列两侧，门距两侧箭窗1.7米，两箭窗距墙外皮0.25米。门拱券形，门宽0.8、高2.1、进深0.45米，门内券宽1.2、高2.4、进深0.65米。门西侧设有挂软梯的两个石横柱，弧形，下距地面3.7米，宽0.19、厚0.14米，登此软梯可达楼顶。箭窗为单券单伏，宽0.6、高0.9、进深0.36米，窗下为窗台石，窗内龛宽1.1、高2.21、进深0.6米。

北墙　有三箭窗。并列，形制相同，间距1.71米，两侧箭窗距墙外皮0.25米。箭窗拱券形，宽0.6、高0.91、进深0.35米，窗内龛宽1.1、高1.99、进深0.6米，窗台距楼地面0.8米。

东墙　有三箭窗。并列，形制相同，间距1.89米，两侧箭窗距墙外皮0.33米。箭窗拱券形，宽0.61、高0.89、进深0.35米，窗内龛宽1.1、高1.99、进深0.6米（图版［13］097）。

西墙　有三箭窗。形制同东墙。

楼体内部结构　由南北三道筒拱和中间两道隔墙组成。筒拱通长8.8、宽1.68、高3.72米。隔墙上各设三券门，隔墙券门即过道，设于墙中部和两侧，三门尺寸相同，皆宽1.2、高2.16、进深10.5米。

梯井　楼内东南角设一梯井。东西1.3、南北0.71米。

楼顶　早年塌陷，结构不清。唯存四周垛口墙，周为菱角檐，垛墙中间设方形望孔，无法攀登到顶，未测量。

从潘家口台16号西北行800米到达潘家口台17号，皆为山险墙。

（一七）潘家口台17号

位于水泉沟东北侧洼子沟东侧的山梁上。

楼体已毁，仅存基址。

楼基　基底用三层条石平铺，以上用砖加白灰砌筑。平面方形，边长7、基高3.2米。

基底以上皆毁（图版［13］098）。

从潘家口台17号到潘家口台18号为170米。从潘家口台17号向西北行100米出现40米的窄墙，再西北又出现30米的宽墙，到潘家口台18号。墙体皆毛石干砌，窄墙宽1、高仅0.6米；宽墙宽3、存高2米。

（一八）潘家口台18号

俗称“洼子楼”。

位于洼子楼沟的山梁凹处，因位于两山之间而得名。

楼体已毁，仅存楼基（图版［13］099）。

楼基　基底已毁，可能为条石砌筑，以上砖铺。平面长方形，东西7、南北9、存高2.7米。

从潘家口台18号到潘家口台19号为58米。墙体从“洼子楼”沿沟北侧山梁北偏西行。墙体全部毛石干砌，墙内填碎石、沙土，墙宽2.5~3、存高0.5~1.67米。中途经过房基1号、战台1号。

房基1号

位于潘家口台18号西北23米墙体内侧。毛石干砌，平面长方形，东西6、南北5、存高1.3、墙厚0.3米。

战台1号

位于潘家口台18号东北5米处，向东跨出墙体。平面方形，边长6、高1.9米。全部用大块毛石砌成、白灰灌浆，战台西北为山险墙（图版［13］100）。

（一九）潘家口台19号

北偏西30°。

位于洼楼沟后沟脑。

楼体已毁，只存基址（图版［13］101）。

楼基　基底平铺四层毛石，白灰灌浆，以上用砖和白灰勾缝。平面方形，边长10、存高3.5米。

从潘家口台19号到潘家口台20号为195米。墙体沿洼子沟北山梁向西北行，全部毛石干砌，墙宽2.5～3、高0.3～1.6米。

（二〇）潘家口台20号

西偏北33°。

位于水泉沟东北山梁上。

存楼基和楼体三面立墙（图版［13］102）。

楼基　基底用三层毛石平铺，以上为条砖加白灰砌筑到顶。平面长方形，东西10.5、南北7、基高3.7米。

楼体四墙　存西、南、北三面残墙。北墙一门两箭窗，西墙三箭窗，南、东墙多已破坏。

北墙　有一门两箭窗。门居中，二箭窗分列两侧。门已毁，唯在下门槛左、右尚存二石横柱，突出部分上翘成钩形，下距地面3.5米，二横柱间距0.85米，石横柱为挂悬梯之用。现仍存三垛口墙。

楼内和顶部已毁。

从潘家口台20号到潘家口台21号为510米。墙体从水泉沟东北侧偏西行，沿山梁行110米，墙体中断，再北则利用山险墙，西行400米到达潘家口台21号。墙体皆毛石干砌的小窄墙，宽1、存高0.2～1.2米。

（二一）潘家口台21号

西偏南15°。

位于水泉村北侧700米的山梁上。

楼体方柱形，保存基本完整。基高3.2、楼体高5.5、通高10.5米。

楼基　基底由二至三层条石平铺，以上用砖，白灰勾抹。平面方形，东西9.6、南北9.7、基高3.2米。

楼体四墙　南墙一门两箭窗，北墙三箭窗，东、西墙皆二箭窗（图版［13］103）。

南墙　有一门两箭窗。门居中，两箭窗分列两侧，门窗间距1.1、窗距墙外皮0.7米。门拱券形，门宽0.8、高1.7、进深0.4米，门内券宽1.2、高2.1、进深0.36米（图版［13］104）。箭窗券形，宽0.65、高0.98、进深0.36米，窗台石制，箭窗内龛宽1.1、高1.9、进深0.6米。

北墙　有三箭窗。形制同南墙。

东墙　有二箭窗。窗宽0.65、高1.02、进深0.37米，窗内龛宽1.1、高1.93、进深0.82米。

西墙　有二箭窗。形制同东墙。

楼体内部结构　由东西两道筒拱和中间一道隔墙组成。筒拱长6.26、宽1.35、高3.14米。中间隔墙上有三券门，门宽1.34、高1.93、进深（即过道）1.62米，三门间距1.6米。

梯道　位于隔墙西侧，已毁，残宽0.9、南北存长2.3米。梯道口由西向东进，阶梯宽0.22、高0.41米，顶部梯道口东西1.3、南北0.9米。

楼顶　尚存有楼橹痕迹，为木结构。平面方形，东西4.7、南北4.5、墙厚0.5、存高0.32～0.9米。东、西墙壁上存有壁柱痕，柱径0.2米。楼橹南、北侧仍存有垛口残墙，垛口宽0.6、垛口墙存高0.2～0.6米。在楼顶东侧存一吐水嘴，槽长0.5、宽0.2、厚0.25米。

墙体从潘家口台21号向西北行1046米到达潘家口台22号。

（二二）潘家口台22号

正南北方向。

位于水泉沟正北约1500米的山顶上。

楼体为方柱形，大体保存完整。基高3.2、通高7.4米。

楼基　基底用三层毛石砌起，白灰勾抹，再上用三层条石平铺，以上砖砌到顶，白灰勾缝。平面方形，东西10、南北9、基高3.2米。

楼体四墙　东、西二墙一门两箭窗，南、北两墙三箭窗（图版［13］105）。

东墙楼门存宽0.76、内券宽1.23米。箭窗存宽0.5、高约0.95米，窗内龛宽1.24米。

楼体内部结构　由南北三道筒拱和中间两道隔墙组成。筒拱长约8、高3.45米，西宽1.66、中宽2、东宽1.74米。东隔墙设二券门，西隔墙设三券门，券门尺寸相同，门呈拱券形，门宽1.33、高1.73、进深（过道长）1.3米，间距1.82米。

梯道　在东隔墙北侧设梯道口，宽0.76米，已毁。

楼顶　楼橹与垛口墙等皆不存。

从潘家口台22号西北行250米到潘家口台23号。其间皆为山险墙。

（二三）潘家口台23号

北偏东30°。

位于水泉沟村西北500米的山梁上。基高3.75、通高6.95米。

存楼基和部分结构，顶已毁坏（图版［13］106）。

楼基　基底下用三层条石平铺，以上砌砖，白灰勾抹。平面呈长方形，东西8、南北12、基高3.75米。

楼体四墙　南、北两墙一门一箭窗，东、西两墙四箭窗。

南墙　有一门一箭窗。门和窗间距2.4米，箭窗距墙外皮0.23米。门早年已毁，拱券形，存宽1.3米。箭窗拱券形，宽0.8、存高0.57米。

北墙　有一门一箭窗。形制同南墙。

东墙　有四箭窗。箭窗间距1.2米，两边箭窗距台体墙外皮0.62米，皆拱券形，残宽0.85米，高度已毁，窗内龛宽1.1、高2.15、进深0.8米。窗台皆用石料制成，顶拱背形，长1.08、宽0.44、厚0.2米，台中一盲孔。

西墙　有四箭窗。形制同东墙。

楼体内部结构　由南北两道筒拱和中间一道隔墙组成。筒拱长10.4、宽1.6～1.8、高3.32米。隔墙上设三券门，南北两侧宽1.45、高2.45、进深（过道）1.7米，中间券门略小，宽1.45、高

2.1、进深（过道）1.07 米。

在隔墙东面墙壁上设一壁龛，拱形，宽 1.2、高 1.49、进深 0.8 米。

梯道　隔墙北侧券门内设一梯道，券洞宽 0.82 米，阶梯已毁。梯道上口为方形，南北 1.31、东西 0.82 米。

楼顶　已毁，结构不清。

从潘家口台 23 号沿山体南行 140 米到达潘家口台 24 号。潘家口台 23 号是北面山的制高点，墙西为老李家村，墙东为水泉洞村。

（二四）潘家口台 24 号

北偏东 30°。

位于水泉洞村西北 300 米的山梁上。

楼为长方柱体，内部结构基本保存。基高 3.4、楼体高 3.1、通高 6.5 米（图版［13］107）。

楼基　基底用三层条石平铺，以上砖砌，白灰勾抹。平面长方形，东西 7、南北 12、基高 3.4 米。

楼体四墙　南、北两墙一门一箭窗，东、西两墙四箭窗。

北墙　有一门一箭窗。门在墙东侧，门口存宽 1.35、高约 1.8 米，门内券宽 1.3、高 2.45、进深 0.8 米。箭窗宽 0.8、高 0.6 米，窗内龛宽 1、高 1.95、进深 0.75 米，窗台石制，距地面 0.75 米。

南墙　有一门一箭窗。形制同北墙。

东墙　有四箭窗。窗口存宽 1.2、高约 1、进深 0.8 米，窗内券龛宽 1.1、高 2.15、进深 0.8 米。

西墙　有四箭窗。形制同东墙。

楼体内部结构　由南北向两道筒拱和一道隔墙组成。筒拱南北通长 10.4、宽 1.6～1.8、高 3.24 米。隔墙上有三券门，皆拱券形，门宽 1.45、高 2.54、进深（过道）1.7 米。

在隔墙东面墙壁上设一壁龛，拱形，宽 1.2、高 1.88、进深 0.8 米。

梯道　在楼内西侧券室北侧隔墙壁上设一梯道口。门为拱洞，门宽 1.7、高 2.25、进深 1.23 米。进拱洞由西向东再向南拐，登阶梯可达上口。梯洞宽 0.72、长 3.7 米，东西 7.2、南北 1.7 米。

楼顶　已毁，楼橹不存，现存垛口墙，墙宽 0.36、存高 0.55～1.4 米。垛口墙上有望孔，方形，宽 0.35、高 0.62、进深 0.24 米。垛口上也有望孔，高、宽均 0.25、进深 0.15 米，望孔下距楼顶 0.1 米。

从潘家口台 24 号南偏西行 150 米到达潘家口台 25 号，皆为山险墙。

（二五）潘家口台 25 号

西偏北 30°。

位于水泉洞村西北的山脊上。

楼体大部毁坏，只存基址，基址基底用毛石叠砌，以上用砖。平面长方形，东西 8、南北 12、基高 2.8 米（图版［13］108）。

从潘家口台 25 号沿山脊南行 100 米到达潘家口台 26 号，皆为山险墙。

（二六）潘家口台 26 号

西偏南 35°。

位于水泉洞村西北较平的山脊高处。

楼体大部毁坏，只存残墙（图版［13］109）。

楼基　基底下铺一层毛石，再上用三层条石平铺，以上砖铺，白灰勾抹。平面方形，边长 9.5、基高 2.6 米。

残墙上存有门、箭窗被拆毁的残迹。

从潘家口台 26 号到潘家口台 27 号为 200 米。从潘家口台 26 号西南行 75 米为山险墙，再西又出现 125 米的石墙体，石墙宽 3～4、存高 0.5～0.8 米，均为毛石砌筑，白灰灌浆。

（二七）潘家口台 27 号

西偏南 15°。俗称“扁楼子”。

位于水泉洞村西的低洼处，南北上坡为公路。

基础以上全毁（图版［13］110）。

楼基　基底用三层条石平铺，白灰勾抹，以上铺砖。平面长方形，东西 15、南北 7、基高 2.75 米。

从潘家口台 27 号到潘家口台 28 号为 290 米。墙体从潘家口台 27 号西行 20 米，又北行 70 米，出现山险墙，又西南行 200 米到达潘家口台 28 号。

（二八）潘家口台 28 号

正南北方向。

仅存楼基和楼体，其余毁坏（图版［13］111）。

楼基　基底用四层条石平铺，白灰勾抹，以上用砖。平面方形，边长 10、基高 3.5 米。

从残墙分析，东、西两墙皆三箭窗，南、北两墙有可能为一门两箭窗。

东墙　有三箭窗。箭窗间距 1.9 米。箭窗拱券形，窗宽 0.6、高 0.9、进深 0.3 米。

从潘家口台 28 号向南偏东行，中间越过一座高山，行 2490 米到达东城峪的铁门关台 43 号，与主体墙相接。

（二九）潘家口台 29 号

正南北方向。

位于潘家口台 23 号东南 250 米山冈上。楼西 200 米为水泉洞村。这是一座孤楼，和主线不相接。

楼体已毁。平面方形，长 11、宽 10 米。顶部残存一堆乱砖石。

第三节　第十三测区城址

（一）龙井关城

位于迁西县西北 43 千米处，北与兴隆县交界，兴隆、唐山、平泉、宽城等地公路从关口北侧鼓山脚下通过（图［13］093）。

长城主体墙上的铁门关台 25 号为关城西北角楼，从角楼向东北过龙井关，越洒河，城体直上东山，往东15千米是喜峰口，洒河水经关口而入，在关城东侧南流。洒河南有旗山、鸡冠山，北有鼓山，西有娘娘山、玉山。龙井关为旱门关，关口东为水门栅，在洒河河面上，今不存。传说清光绪二十一年（1895年）闹洪水时，旱门关及水关全被冲毁，河漕向北移200多米。

现龙井关及水门栅早已面目全非，河滩上留有巨大石长城墙基的遗迹，还可看出并确定长城体、关口和水门栅的走向。其南端尚有自古以来被水冲击形成的凹形山脚和裸露的岩石崖子，岩石崖顶即为边墙。这里有所谓的“龙井关”三山之说，即每隔30~50米有一座自然岩石小山，它拦阻洒河向北流，通过水门栅，河水再往东流去。

龙井关城在洒河南岸，东距河床150米，被三山（南旗山、鸡冠山和北鼓山）包围，呈长方形，城内为龙井关村，居住着120余户居民。

城址平面为斜长方形，总体方向不正。城墙全部用毛石砌筑成外皮，墙心填以碎石和沙土等，城垣上有东、北、西三门和四个角楼。

北墙　石砌，长255、墙宽3.5、高3~5米。中部有一门，门宽3.5、门洞进深3.5米。

南墙　石砌，长188、墙厚3、高3~5米。

东墙　石砌，已毁。长116、墙宽3、高3~5米。中一门，门宽3.5、门洞长3.5米。

西墙　石砌，长128、墙宽3.5、高3~5米。北端一门，门宽3.5、门洞长3.5米。

四垣顶部原砌马道、垛口墙，皆条砖砌成，现垛墙不存。

城四角原设角楼，西北角楼编为铁门关台25号，其他三角楼皆为方形，边长6、高约3米。

《四镇三关志》记载：“龙井儿关城洪武年建”。①

在关城内原有很多建筑，现多毁坏，仅在东门内侧有一重修的影壁墙，墙长6、高4、厚0.8米。在城垣的西北角残存一不规则的高台，有铁门关台25号。高台基址原有一周围墙，传为“真武庙（阁）”旧址，东西长105、南北宽20、台高2.5米。后来重修该阁时，将阁搬到台下。现真武阁已无。仅于台西侧立有一块石碑，碑题名为“真武阁”。

另据城内居民反映，城内驻守衙门（守备府）设在东门50米处。此城为东、西两门，北墙上一便门。城内原有六座庙宇，城外两座庙宇，计有火神庙、三官庙、观音庙、老爷庙、龙王庙和真武庙（阁）。

在城的南侧鸡冠山山梁上有娘娘庙、药王庙，现多已毁坏。

城址的西北500米处设有一座圆形敌台，现为圆楼村。在水栅门（水关）内亦有一座圆楼，现存基址。

在龙井关城内发现散存于群众家中的碑刻：

1. 崇祯三年（1630年）龙井关真武庙记碑　（拓片56）
2. 崇祯三年（1630年）松棚路边墙楼台记碑　（拓片57）
3. 崇祯七年（1634年）龙井关城桥记　（拓片58）
4. 龙井关门匾　（拓片59）

（二）二道城子城址

位于迁西县栗树湾公社二道城子大队。西北距主体长城铁门关台14号约500米，距墙外小东沟

① （明）刘效祖：《四镇三关志·蓟镇形胜》，三十一乙，中国科学院图书馆藏本。

约700米。城内为二道城子大队居民。

城址建在一条呈南北向的窄沟里，东部建在半山坡上，西部建在沟底平滩上，现存基址。石砌，平面长方形，东西120、南北150、墙宽3、存高2米，在南墙上有15米保存较好（图［13］094；图版［13］112）。

城址有南、北二门，皆位于南、北垣的中部，门宽3、门道长3米，已毁。

据《四镇三关志》《蓟镇地形图》记载，洪山口东有“廖家峪寨，椽八峪砦、龙井关”。依位置推定，二道城子应为廖家峪寨，北面的边关口为廖家峪口。

（三）头道城子城址

位于迁西县栗树湾公社尖山村。南距二道城子仅1500米，西为尖山沟脑边墙铁门关台18号，过边墙为大东沟脑。铁门关台18号北，磨石坨山中间应有口门，今已不存，此口门应即《四镇三关志》《蓟镇地形图》中记载的“三椽八峪口”，头道城子应为椽八峪寨。现城址处被尖山大队占据，城垣已毁，故而未作实测，估计形制与二道城子相同。

（四）苏郎峪城

位于迁西县梨树湾公社苏郎峪村（地图误为索狼峪）居民区，西北距苏郎峪口1000米。苏郎峪北为一条窄沟，沟脑为苏郎峪口（图［13］095；图版［13］113）。

城址位于沟东侧高地上，平面为长方形，呈东北—西南向，全部用毛石加白灰砌成，没有发现用砖的痕迹。

东垣　长67、墙宽4、高约3米。中有一门，门宽3、门道长4米。

西垣　长67、墙高、宽同东垣。中有一门，门宽3、高4米。

南、北垣　长95、墙宽4、高3米。

《钦定日下旧闻考》引《三边镇务总要》记载，又西“十里至三台山关……又五里至苏郎峪关，通步不通骑。”[①] 苏郎峪关内1000米处的峪城，即今砦城，城址偏小，只为守关而建。

（五）三台山城

位于迁西县梨树湾公社三台山村居民区的东半部，黑河西岸的平坦之地。城北300米为后山，城东侧200米为黑河，河水从北面的高山峡谷中流出，沿城东南去1500米汇入洒河。

城址平面为不规则的方形（近似梯形），毛石干砌，不用白灰，北垣、东垣保存较好，略弯曲，西、南垣平直（图［13］096）。

北垣　长132、墙宽3.5~4、存高0.5~1.5米。

东垣　弯曲，长130米，宽、高同北垣。

南垣　长100米，宽、高同北垣。

西垣　长150米，宽、高同北垣。

城门位于东、南两垣交汇处，门宽4、门道长4米。门两侧为砖筑，白灰勾缝，现已毁坏。

据称城内原有一老君庙，位于城内东南，距南门32米。现已无，只存两棵古槐。据传庙东西约

① （清）于敏中等:《钦定日下旧闻考》卷一百五十二《边障》，2439页，北京古籍出版社，1983年。

10、南北约 5 米。

（六）西城（常）峪城

位于西城峪口门东侧，属迁西县汉儿庄公社西城大队。此城东约 150 米为潘家口水库淹没区的复坝。原城内为居民区，由于修水库，城内居民都搬到城外高地（图［13］097；图版［13］114）。

城址平面为长方形，由于早年民居的破坏，四垣大部分毁坏。城垣全部用毛石加白灰砌筑，墙宽 3、存高 2.5～3 米。尚存东、西两门址。

东垣　长 80 米，中一门，门宽 4、门道深 3 米。

西垣　利用长城主体墙。长 84 米，中一门，门宽 4、门道深 3 米，该门即常峪口门。

北垣　长 150 米。

南垣　长 150 米。

东、西两门原有门楼，形制相同，现已毁。门道铺方形条石，两门垛、门拱券和门楼皆为砖砌。

西城峪即《四镇三关志》中记载的西常峪“松棚路龙井儿关下”“洪武年建正关，口东稍城，横岭墩各空，通单骑冲，余通步缓。”①《钦定日下旧闻考》引《三边镇务总要》记载，“潘家口……又二里至东常峪……又二里至西常峪”，由此认为西常峪关建于明初洪武时期。②

（七）东城（常）峪城

东城峪城即“东常峪”城，方向东偏北，城内原为东城峪村民居，因修建潘家口水库，居民搬至他处，现城址已被淹没。据说东城峪和西城峪为连壁城峪，形制相同（图［13］098）。

城址平面为长方形，城墙石砌，有南、北二门直对，北门即东城峪口口门，口门两侧为主体墙，主体墙两端连接城址东、西和南垣三垣，形成一长方形的稍城。南、北门宽 3、门道长 4 米，北垣长 84 米，东、西两垣长 150 米，原墙存高约 3.5 米。

《四镇三关志》松硼路龙井儿（关）下记载，“东常峪关，洪武年建，通大川，正关东稍城，通单骑冲，余通步缓。”③ 东稍城即指此，建关早到洪武年。又《钦定日下旧闻考》引《三边镇务总要》记载，潘家口（西）“又二里至东常峪，外通大川正口，并东稍城冲要，其南山各墩空陡险稍缓”。④

（八）潘家口城

位于铁门关台 46 号西北 500 米滦河西岸，铁门关台 46 号位于南山西端，南山海拔 493 米，山下最低处海拔 144 米，为滦河河道，河西岸阻河为塞修筑潘家口城。潘家口是两山壁立一水中行的崖口，两侧为海拔 572～993 米的高山，南为走马哨村，拦洪大坝于村西拦腰斩截，潘家口一带海拔 100 米左右的低洼地带形成潘家口水库。潘家口城就在此处被淹没了。

潘家口城位于滦河西岸，滦河河床海拔 90 米，而城址海拔 220 米。背靠西山山麓，城东北为西庄，东为西卜子院，南越长城为小走马哨，西 1000 米为西城峪村，现这些村址皆没入水中。

---

①（明）刘效祖：《四镇三关志·蓟镇形胜》　三十一乙，中国科学院图书馆藏本。
②（清）于敏中等：《钦定日下旧闻考》卷一百五十二《边障》，2439 页，北京古籍出版社，1983 年。
③（明）刘效祖：《四镇三关志·蓟镇形胜》，三十一乙，中国科学院图书馆藏本。
④（清）于敏中等：《钦定日下旧闻考》卷一百五十二《边障》，2439 页，北京古籍出版社，1983 年。

据调查①，城址平面为方形，城墙石砌，有四门，门楼砖砌，东门为关门，长城墙体从东门向南北延伸。城四垣，边长166、周长664、城墙高6.6米，有垛口墙和马道。

据《永平府志》记载："城为土筑，高二丈二尺，城周二百十九丈六尺，西南有一门，关门设在关城北，阻河为塞"，这些记载与实际了解的情况大体相仿。唯据群众反映城有四门，每面是否为后世重开新门未可知，总之东门是关城门似无疑问。长城从东门北去向西北爬上水泉洞、东山，形成一圈潘家口的外围城后，又与主体墙相汇。

据《四镇三关志》记载："潘家口新关，嘉靖四十一年建，通极，冲，旧关不守"。② 据此潘家口有新关和旧关之分，现存已被水库淹没的应为潘家口新关的关城，建于嘉靖四十一年（1562年）。

（九）大喜峰口关城

位于潘家口水库南山的北麓，滦河东岸支流倒流河西岸。西为蛤蟆坎，北为横城子，沿倒流河南去1000米可达喜峰口大城（即路城），协防上十分重要（图版［13］115）。

附近地势南高北低，背背南山，北临东山，下近倒流河（图［13］099）。

调查时该城已被淹没，此据作者早年调查材料补记，城图也是据当时调查的草图绘制，只供研讨参考。

城址平面为"』"形，大城东部又附一子城，而方大城又分为东、西两重，群众现今一般称为南城和北城，因为此城不是正方向，实际是东城和西城。主体长城从南山北行，向下延伸，形成关城南垣，北端西侧又加一小城圈，四角筑方形角楼。东、西两垣中部开门，南垣高，北垣低而近河（图版［13］116）。

关城四垣全部砖砌，基底用二至三层条石平铺，以上砖包，黄土、沙石填充，上砌马道、垛口墙。

大城平面方形，边长150、墙宽8、存高4～6米。在方城南半部中有一道虎皮石隔墙，东、中、西三垣中间皆有门，东西贯通，群众称为三关门，中、西门皆毁坏，东门也只存一大豁口，原门宽8、进深约8米。三关门原皆有碑额题记，今早已不存。

子城附在大城的东北角，边长约50米，据传曾设角楼，今已不存（图版［13］117）。

据《四镇三关志》记载："大喜峰口关，洪武年建，通大川，正关口极冲南稍□，过岭通单骑，冲，余为属夷三卫贡路。"③

据《读史方舆纪要》记载："喜峰口关，县东北七十三里三卫属夷入贡通衢也。关城周三里，关口有来远楼，可容万人。"④ 这里的喜峰口关，即现在的关城，"属夷" 入贡之地即此，唯"关城周三里" 似不确。也只有关城的"三关门"，才有可能建成容万人的"来远楼"。又《永平府志》记载："关城石筑，城高二丈，城周四百十八丈六尺，西南各有一门……" 门的方位和"三关门" 的情况不符。一明尺合今32厘米，则城周为1339.52、域垣高6.4米。应该是当时比较准确的数据⑤。

又《钦定日下旧闻考》引明《萧镃大喜峰口关城兴造记略》"……公又以谓关独喜峰口钜镇，明

① 可查宽城县文保所潘家口水库淹没前喜峰口、潘家口模型图。
② （明）刘效祖：《四镇三关志·蓟镇形胜》，三十一乙，中国科学院图书馆藏本。
③ （明）刘效祖：《四镇三关志·蓟镇形胜》，三十一乙，中国科学院图书馆藏本。
④ （明）顾祖禹：《读史方舆纪要》卷十一《北直二》，中华书局，2010年。
⑤ （清）游智开：《永平府志》卷四十二《关隘》，清光绪二年刻本，台湾学生书局影印。

贡道所由出，乃为城楼以示壮观。楼高四丈，深广称之，名曰镇远楼，经始于景泰壬申之七月，落成于癸酉之四月，力取于守御之卒，而兵不知劳，材取于山峪之产，而民不知弗。"① 是喜峰口正关是镇远楼，建于明景泰三年（1452 年），于翌年完成。

（一〇）喜峰口路城

喜峰口城即喜峰口路城，和关城东南—西北斜角相对，相距约 1000 米。城体从喜峰口关城东山向东延伸，山体南侧山丘脚下，坐落着喜峰口路城，此城已经淹没于水库中。此据早年调查材料所得，或可存不确之处（图［13］100）。

城址北高南低，西、南两面被倒流河环绕，沿山势筑城于倒流河北平缓的黄土坡上。城垣平面基本为方形，方向北偏西 45°左右。四墙全部用不规则的石块砌成虎皮墙状，平面方形，边长约 320、墙厚约 6、墙高 6 米。大抵东南垣比东北垣高 8 ~ 15 米。西、南、东墙现有三门，皆开在墙体正中，北垣因位于山坡之上，无门，今残存石墙土檩。城门只存一豁口，原有门洞宽 4、高约 6 米，现门洞皆毁。城四角原有角楼，亦毁。门、角楼皆砖筑（图版［13］118）。

城内东、西二门直对，为正街，南北也有一街道，成为"十"字街。

喜峰口关城和路城呈东南、西北掎角之势，关城东和路城北山连成一片，路城地势隐蔽。两城皆为十分重要的防处，形成协防上的重要环链。

原喜峰口城是公社所在地，现城内、外居民因水库淹没已搬到东面的铁门关附近。

（一一）李家峪城址

位于喜峰口公社李家峪大队。北为北沟村，再北为李家峪口，南为胡家窝铺，西为小宽细庄，东为铁门关。

城址平面呈南北向的长方形，设有南门和四座角楼（图［13］101；图版［13］119）。

城垣四墙　南、北两垣长 222、东、西两垣长 116 米。墙体为二次砌筑，初为毛石加白灰砌筑的石墙，错缝勾抹，墙中填碎石和沙土。第二次筑为在石墙的两侧和底部加工墙底铺以三至四层条石，以上全部砖包到顶，白灰勾缝，构筑比较坚固，但现今大部分已毁坏。

原砌石墙宽 6、内外包砖以后总宽 8、存高 2.5 ~6.5 米。马道、垛口墙多毁坏。

城门位于南垣正中，门楼早年不存，现有门垛墙址，门宽 4、门洞长约 8 米，高度不详。在门前（南侧）有一影壁，长 9、宽 1 米，砖包，石灰勾抹。

门之四角设有角楼，平面皆方形，砖砌。

东北角楼　西偏南 30°。边长 10、存高 3 米。顶部毁坏。

西北角楼　存高 5 米，余同同北角楼。

西南角楼　存高 3.5 米，余同东北角楼。

东南角楼　存高 2.5 米，余同东北角楼。

楼顶部结构皆不存。

李家峪城内存有两方石碑：

1. 万历三十八年（1610 年）堡城记事碑　　（拓片 61 号）

---

① （清）于敏中等：《钦定日下旧闻考》卷一百五十二《边障》，2435 页，北京古籍出版社，1983 年。

2. 万历丁丑（五年）（1577 年）南门匾额 （拓片 62 号）

现城内为民居，城垣除四角和部分城体保存外，大部分破坏。

李家峪堡位于李家峪关内，明洪武年建，向北出关通大川，城址修筑规范、坚固，是边墙上的一个重要屯驻地。

烽墩 1 号

位于李家峪城西北山梁上。

台体已毁，平面圆形，直径 5、存高 1.5 米。全部为毛石干砌。

（一二）铁门关城址

俗称“破城子”。

位于铁门关正关南 500 米河沟的西侧。西为下窝铺，南为头道庄，北面出关为翁家庄，东过女儿山为董家口。城址坐落在沟西的平坦之地。

城址平面为南北向长方形，为历史上的二次筑城。城南北长 143、东西宽 86 米。城垣大部毁坏，仅存南垣。南垣中间设一门，四角未见角楼（图［13］102；图版［13］120）。

城墙先用毛石错缝，白灰勾抹，用碎石、沙土填心。石墙筑好后，又经若干年，在石墙内、外又用砖包，方法是：石墙内、外基底用三层条石平铺，以上砖包到顶。从残破墙体可以看出石墙心原厚 3 米，墙外包一层砖墙，厚 1 米，共计厚 4 米，存高 0.5～3 米。

南门　位于南垣中部，距东墙 34 米。门址现存二门垛，正方形，石筑，边长 6 米，二垛间门道（即门洞）宽 4 米，门楼早已不存。

城内北侧有一小庙，称井泉寺，距北墙仅 2 米。该庙址长 6、宽 3 米。

在北墙南侧 32 米处原有径（讲）武台，长 6、宽 4 米，今存基址。

《四镇三关志》大喜峰口下“铁门关洪武年建，通大川，正关极冲，余山险缓。”[①]

（一三）破城子城址

位于墩台 23 号东南，铁门关口子西南侧险山包东下侧的山坡分支墙上。

城址平面近长方形，西半部为山险，东半部也多毁坏，西、北角上有墩台 24 号。

西垣长 60、南垣长 90、东垣长 50、北垣长 35 米，西垣和北垣利用分支墙体的延伸部分。墙体石砌，宽 2～3、高约 1 米，皆毛石和碎石堆起。

（一四）贾庄下城子城址

俗称“下城子”。

位于迁西县上营公社贾庄大队第七生产队。西对上城子，北对榆树口（图［13］103）。

城址平面长方形，砖砌，墙底平铺条石，以上砖砌到顶。只西北城角设有一门。四垣大部倒塌，少数保存较好。

城垣　南北长 140、东西垣长 70、宽 4、高 1.5 米，墙内心为三合土。西角有一门，宽 3、门洞深 4 米。这座小型砖城，面积不大而砌筑坚固，估计是当时的屯驻地或民堡，如今城内仍住居民。

---

① （明）刘效祖：《四镇三关志·蓟镇形胜》三十一乙，中国科学院图书馆藏本。

（一五）贾庄上城子城址

俗称“上城子”。

位于迁西县上营公社贾庄下营子西150米处。城址内、外是贾庄六队居民。

城址全部石块错缝，白灰勾抹砌起。平面方形，边长90米，南墙和东墙保存较好，一般墙宽3、存高2米。

在城的东北角设一门，门宽3、进深2米。上部早已不存（图［13］104）。

城西北角外有一烽墩，平面方形，边长20米。此城未见记载，从形制看和下城子相同，估计也是明代董家口到铁门关间边墙内的屯驻地或民堡，有可能是董家口西的胜岭寨城，若是，则北面墙体上应有胜岭寨口。该口应在今榆树口村北的边墙上，具体地点尚未查到，估计早年已毁。

（一六）贾庄“穆柯寨”城址（编为一号）

位于贾庄第四队北面的一个山坡上，群众称其为“穆柯寨”。城北300米为边墙，是女儿山主峰，海拔754.2米①（图［13］105）。

城址早年破坏，今存东、西、南墙的一部分。平面基本为方形，唯北墙略曲，中间设有一墩台。门的位置可能在南侧。

东、西墙长皆56、南、北墙长皆50、墙宽3、存高0.5～2.5米，全部石块砌筑。

墩台在北墙中间，边长10米，已毁。此地距边墙较近，此堡应是墙内屯驻地。

迁西贾庄穆柯寨城址很可能即今地图上的龙凤沟城，其位置相当于董家口下游乡口关城所在，龙凤沟城北女儿山边墙应有游乡口，今未查到，估计早年已毁。

（一七）贾庄上营城址

位于上营公社贾庄大队10队东侧。

城址早年已毁，但存轮廓。

墙体毛石砌成，平面长方形，东西112、南北77、墙宽6.5～7、存高0.9～2米。南垣中有一门，门宽6、门道长6.5米（图［13］106）。

此小城也是屯兵城，与贾庄其他数城性质相同，均未见记载。

在城的东北角有一圆形烽墩，直径8米。

（一八）贾庄马圈城址

位于贾庄东550米的山梁上。

目前只残留一长方形的砖残墙，群众呼为“马圈”。

砖砌，白灰勾抹，平面长方形，东西宽17、南北长69米，显然是一窄城，墙宽3.5、存高1.5～2.5米。

有两门，东、西垣各一门，尺寸相同，门宽1.56米，顶为拱形，存高1.5、门道存长1.8米（图版［13］121、122）。

---

①　五万分之一图标，喜峰口K－50－120－T。

此“小城”应为边墙近前屯驻址，似是大型院落。

（一九）迁西县三屯营城

位于迁西县景忠山北部。东距县城15千米，西距遵化20千米，北近边墙。城北周围川原平旷、地势开阔，自西而东形成一条宽阔谷地，铁路、公路呈西南—东北从营城西侧通过，附近山峦多丘陵状，海拔200~300米。东为青龙山，西为白虎诸山。城址坐落在平坦较低的盆地之中，自古以来交通十分发达。军事上古人称其为左山海，右居庸，北可俯控沙漠，南衔幽冀，地理位置十分重要。城址西可与喜峰口、马兰、松棚、墙子、曹家、古北和石塘等，东与太平、石门、台头、燕河和山海诸路下百余座关隘烽燧相凑，互为联络，成为屏藩京师重要之地（图［13］107；图版［13］123）。

三屯营城之水道，主要是引北面高家店小河水而来，环城一周，为护城壕，而东入莲花池，又东去入滦河，河水流量不大，但营城壕沟宽、深足以自卫。

城址面积虽大，但因居民较多，几乎占据了城内全部和城南的一部分。据了解，城内共有八个大队，有戏楼、东街、井泉、官院、保护、南关、西关和城外部分，反映了城址内原格局分布情况。城四垣逐渐被拆毁，特别是有的砖墙被剥落，露出墙心及夯土。

城址平面近长方形，唯东南角因地形变化而形成三段折尺内曲，总平面呈南北长、东南一角缺失的沙帽形。

城垣东西564、南北1059米，加上东南角三道内曲，实际周长3246米。三屯营城，历史上可能是经过多次修补，而现存城垣主要经过两次修补，即先用石筑成城垣，又过一段时间后进行扩展砖包。这两次主要修筑与历史记载，即《四镇三关志》记载的“三屯营城天顺四年（1460年）建，万历二年（1574年）戚督都殿创焉。”① 相一致。从调查得知，城为二次筑成。第一次用大块毛石做基础，上筑石块，白灰灌浆砌成，有的地方用卵石砌成中心，用碎石、黄土夯筑墙心，这可能是明英宗朱祁镇天顺四年所筑，第一次筑城以前就应该有城址。第二次修筑是明万历戚继光展修，究竟是哪一个外展了，展多大，不通过发掘是难以知晓的。砖包砌筑的程序是墙基内、外用一至二层条石铺砌，以上用青砖包砌到顶，由下而上逐渐收分。从保存较完好的地方可测知，砖只包在石墙外侧，内侧原有包砖已拆毁，裸露出石块，可能有一部分就用石块包砌而未用砖。现存东、西、南三垣宽（厚）15、北垣宽（厚）20、墙高12米，现砖包虽已大部剥落，但仍存石墙心。

在北墙的外侧，发现了一批“万历三年（1575年）左营造”、“万历四年（1576年）通津营造”印文字砖。

三屯营城有五门、四小关口之说。五门包括南门（正门）、小东门、大东门、小西门、大西门；四小关：西垣中部大西门南一处、东垣小东门北一处、东垣南拐角（状元坡西）一处、南垣之东南角一处。现依次叙述：

南门　在南垣中部，城垣外筑方形瓮城，瓮城东西60、南北40米，城砖包，原高12、宽10米。门在瓮城东垣的中部，门宽3米，原有门洞，门洞长10米，现门拱洞已不存。在瓮城的北中部有一座财神庙，今存基址。

大东门　位于东垣南部第一拐角处。外筑一方形瓮城，瓮城南北26、东西20、墙宽10、高12米。门在瓮城南，门宽3、门洞长10米。

---

① （明）刘效祖：《四镇三关志·蓟镇形胜》，三十一乙，中国科学院图书馆藏本。

大西门　位于西垣的南半部，与大东门直对，中途经过总兵府南门。门外筑瓮城，瓮城南北 26、东西 20、墙宽 10、高 12 米，门宽 3、洞长 10 米。

小东门　位于东垣北部。前筑瓮城，瓮城长 30、宽 10 米，门宽 4、门洞进深 10 米。

小西门　位于西墙的北半部。门前无拐角形瓮城，门宽 4、门洞进深 10 米。

西垣中部大西门南面水关　位于关帝庙西墙体上，大西门南 25 米处。关口窄小，只容水道，宽 1.5、水道长 10 米，西外直通护城壕（图版［13］124）。

东垣小东门北面水关　位于东墙体上。宽 4、水道长 10 米，城内水东流至莲花池，现塘存旧址，池塘南北 100、东西 55 米（图版［13］125）。

东垣南拐角处水关　位于墙体上，宽 1.5、水道长 10 米。

南垣东南角水关　设在拐角处，水向东流，水道宽 1.5、长 10 米。

三屯城四垣上，仍存有很多的建筑基址。

西垣　因墙外交通要道设施多，防备也严。西垣上除门外，还设二角楼、四马道。墙西北角设一较大的方台，正是角楼的位置，因此我们怀疑其上可能有巨型角楼，楼外平台可御敌、作战，此平台现边长 70、存高 6 米，当为当时的重要军事设施。西垣上共设有四马面，跨出墙体面积较大。由西北角楼南行 100 米有一座马面，长 20、宽 10、高 6 米；再南 100 米又一座马面，长 30、宽 10、存高 8 米；再南即小西门南有一座马面，长 30、宽 10、高 8 米；在大西门水关南有一马面，长 30、宽 10、高 10 米。在西垣最南端为西南角楼，边长 20、存高 3 米（图版［13］126）。

东垣　北端设一角楼，平面方形，边长 20、存高 4～5 米。据传，小东门券门上设有门楼和垛口墙，与小西门相对。东墙南段的大东门也存有门楼建筑。东、南二墙交角处有一座角楼，边长 10、存高 3 米。

南垣　瓮城门内有一座财神庙，上是否有门楼建筑不详。

北垣　除东、西两角楼外，中部设一真武阁，现建筑不存。其基址边长 45、高 12 米，南部正中原有台阶可达顶部。在真武阁的左、右各设一座马面，跨出墙体长、宽均 10、高 12 米。

护城壕　围城修一周壕沟，一般距城墙 10～20、壕沟宽 15、存深约 2 米，大部分平漫，只存痕迹。壕沟的水是从城西北角引入壕，从东部水关导入莲花池，重归滦河支流，壕沟上各门间的吊桥等构件早年已皆无。

城内总体布局是以总兵府为中心，分为南、北两大部分，即北城和南城。以北城为主，总兵府在北城的中央，南、北城之间以一东西向大道相隔，正对大东门和大西门。

大东门和大西门通衢之南，由于东南角呈曲尺形收缩，显得狭小。正南为南门，瓮城门内有财神庙。通衢之北即城之北半部为方形，中前部为总兵府，现仍称为戚继光府，府北偏左，右中为中轴线，是一条南北大街，自南而北为鼓楼、钟楼、真武阁。鼓楼东为天启（齐）庙，西为三官庙，钟楼东西通衢，东为小东门，西为小西门，正北为真武阁，阁东为火神庙，西传为“路”元帅府、老爷庙、惩王（城隍）庙。在南城外东南有“手指”观音庙和状元坡，在小东门外有一座巡抚衙门。

城内遗址虽多，但建筑大部分被拆毁。

总督府　即戚继光的总兵府，是城中较大的建筑院落，后世一直被利用，原建筑大部分被拆毁，原为砖砌，南北 265、东西 125、墙厚 5 米。南墙正中为府门，现存门址宽 10、门道边长 5 米。门北为前厅，厅前有一尊闭口狮子，四角各有两尊狮子，估计已非原位，前门之北为后殿，左为演武厅，右为总督书房、住室等，现多不存或仅存基址。

钟楼　在总都府东北，居城中轴线的中心位置，这里是北城十字路交叉的中心点。钟楼在上，行人、车马从下面十字路通过。现钟楼已无，只存用条石砌成的十字形基底。据传，基底上为十字交叠的砖拱券，四面有券门，门宽3、高3、进深5米．券门上面筑阁楼，内吊一口铁钟。

鼓楼　在城北的中轴线上，北与钟楼相对，在总都府东南侧。鼓楼南47米为南街，东对大东门，西对大西门。现鼓楼只存基址，东西20、南北15米，为一南北通券式拱门，券门宽7、长15米，内可通车骑。

三屯营城内建筑很多，由于多年破坏，所存无几，只在总都府内尚存一些遗迹。其中一些地名恐不明确，如“路元帅府”，蓟十二路的“路级”根本不设元帅；“惩王庙”很可能是“城隍庙”等。

城内瓮城并不合规格，一般城池瓮城内皆有较大空间，而此城除南门外，大东门、大西门和小东门瓮城只是一“L”形狭窄通道，通过两端设门，形成内、外二门，可能是为了防御而有意设计的。

现城内居民较多，同时开辟大面积耕地。城内有一碑亭，存多方碑刻，另估计散存于民居中的碑碣文字资料可能也不在少数，但未搜集。

三屯营城碑亭中主要碑刻有：

1. 万历三十一年（1603年）三屯营城残碑　（拓片49）
2. 万历二十一年（1593年）三屯营城戚少保功德碑（残）　（拓片50）
3. 三屯营城戚少保功德碑·阴　（拓片51）
4. 万历五年（1577年）重建三屯营镇府记碑　（拓片52）
5. 隆庆□□年三屯营创建旗纛庙碑　（拓片53）
6. 成化二十三年（1487年）总兵李公边政记碑　（拓片54）
7. 万历三年（1575年）三屯营“巩京”门匾（残）　（拓片55）

三屯营城在明天顺四年（1460年）以前可能有城，但规模很小①。据《四镇三关志》记载：“三屯营城，天顺四年建。万历二年，戚都督展创焉”，又《钦定日下旧闻考》引《边廷硕画》“万历元年，侍郎汪道昆阅视蓟镇，条奏善后事宜，以三屯营总兵所治，惟近设守备一员，原无军卫，总兵标下各营支领文移，率出境借用遵化各卫印信，恐增减稽程。且本营驻箚各兵并非土著，两防各发汛地，新旧二城俱空，不可无备。查忠义中卫设在遵化，该卫三百户所屯地则在三屯营，营由此得名。遵化城附卫一所不为不足，请以忠义中卫移置三屯营，就于三屯营内空地盖造衙门廨舍居之。”② 是三屯营系遵化忠义忠卫下属三百户所屯驻地，明天顺四年建的营城可能就是三百户所在的屯驻地。《钦定日下旧闻考》引《遵化县志》记载“三屯城，宣德初建于狮子谷，天顺间城于忠义中卫三百户屯，故曰三屯”。天顺四年为第一次建城，又见三屯营城天顺间初为三百户所建，此前可能有城，但文献记载不明，而蓟镇总兵何时在三屯治府还当另文考述。万历元年（1573年）侍郎汪道昆阅视蓟镇，以三屯营为总兵所治，春秋两防，兵员出境，新旧地皆空，故将遵化忠义中卫移置三屯营，这样三屯营既是总兵驻地镇城，又是忠义中卫的卫所城。万历二年（1574年）戚继光展创三屯营后才具如今的规模。《戚继光重修三屯营城记略》记载：“……适汪少司马阅师，条便宜制，令移忠义中卫于三屯城内，遂置卫增营，及营建公署。明年（万历二年）秋，规外地而拓其址，彻南垣而围之，凡五百五十七丈、高二丈五尺、加五尺为堞、址广四丈有余。门三，南曰景忠、东曰宾日、西曰巩

---

① 调查当地群众说此城原为唐王征高丽时所筑，但无充分证据。

② （清）于敏中等：《钦定日下旧闻考》卷一百五十二《边障》，2441页，北京古籍出版社，1983年。

京。次年（万历三年）春乃缮旧城，六百一十六丈，表里高厚悉如楼台，下旁各分便门，周城水洞有二，敌台有九，环以羊马墙，列孔二备睥睨，关场以积刍萎，纵横五十丈。”①

是三屯营城分为新、旧二城两个部分，侍郎汪道昆万历元年阅视时就提出“两防……新、旧二城俱空”。新城在今城南半部，万历二年“规外而拓其址，彻南垣而围之”所谓门三是指今南门、大东门和大西门。万历三年缮旧城，提到“各分便门”“同城水洞”“敌台有八”。只今北城有东北便门、敌台和附墙台，是旧城在北。今仅据少量记载难以考证新、旧城的变化。

（二〇）关门岭城

位于黑河北岸，西城峪口西，三台山口北边墙外2000米处。黑河随山势弯曲成环形，村子在环形中间高地上，为加强三台山口北部的防御，在关门岭村东、西筑两道石墙，南北不相连，但还可以看出是一长方形，环河内、外筑六座敌台、两座战台（图［13］108）。

现关门岭村东存石墙，黑河对岸东墙北段的一部分墙体用砖包，白灰抹缝，墙宽6、残高4.5米，余皆石砌，高、宽同上。

东墙有三座敌台，墙体长75.7米；南墙有两座敌台；西墙有一座敌台、两座战台。现叙述敌台和战台情况。

六座敌台皆砖筑。

敌台1号　南偏东45°，南北17、东西10、存高4米，南距敌台2号37米（图版［13］127）。

敌台2号　西偏南15°，南北11、东西10、存高3米，南距敌台3号38.7米（图版［13］128）。

敌台3号　东偏南35°，南北11、东西10.5、存高0.55米，敌楼3号以西为南垣位置，沿河南岸行，无墙体，西距敌台4号220米。

敌台4号　西偏北5°，南北11.05、东西10、存高5.5米。

敌台5号　西偏南35°，南北11、东西13、存高1米。从敌台5号西越黑河为西垣，北行432米为敌台6号，东为关门岭村。

敌台6号　西偏北45°，南北13、东西10、存高2米。从敌台6号东行225米到敌台1号北之边墙北端，是为城址北垣。敌台6号之南有战台1号、北有战台2号（图版［13］129）。

战台1号　西偏北40°，南北5、东西7、存高3米。

战台2号　东偏南30°，南北7、东西6、存高1米。

关门岭的东、西两墙明显，而南、北不明显，难于确定其有墙。但据村民反映东墙上有东关门，口子在敌台1号北面45米处，口南为公路；西关门在西墙上，北距战台1号80米。

可见关门岭是因为有城，有东、西关门而得名。南面利用黑河水，北面利用自然地势而不筑墙。

长城在边墙外筑敌台、堡城的不多，关门岭可算一例。在关门岭城（村）于力文家发现一方字迹模糊的碑，未拓。

（二一）汉儿庄城

汉儿庄城又名“车前营城”。位于汉儿庄村（又名汉家庄），西北距龙井关5千米，北距三台山关也是5千米。

---

① （清）于敏中等：《钦定日下旧闻考》卷一百五十二《边障》，2441页，北京古籍出版社，1983年。

城址附近地势开阔，屯驻车骑极为方便，今仍称为“车前营”，现城内为民居。

城址平面近似长方形，东北抹角，南垣长369、西垣长516、东垣长482、北垣长370米（图[13] 109）。

城垣基本为青砖包砌，唯有南门一带保存较好，余多裸露墙心。基底用一至三层条石平铺，以上砖砌到顶，自下而上逐渐收分，南门一带墙宽5~8、存高5米（图版[13] 130）。

城址四墙　存有南门、东门和西门，北面无门。该城可能和储存战车有关。

南门　外方内拱券形，城门高大，下为巨大正关台，中间为南门，即带川门（图版[13] 131）。门脸上、下方形，上为七券七伏，内为拱券形，门宽4.5、高4.3米，上嵌“带川门”门额。下为方形门洞，长19.8、宽5.8米，门洞口宽2.2、向内收缩0.6米。门左、右为门楼平座，下以三层巨石铺基，以上铺砖到顶，墙通长下29.5、上28.5米，存高8、原高约10米，门平座宽19.8米。在门平座东、西两侧为南墙延伸，墙宽6米。门平座顶部原有门楼，早年毁坏（图[13] 110、111、112）。

东门和西门在城的中南部，有东、西大街直对，门的形制相同，门宽5、进深6米，原上也有小门楼，早年已毁。角楼在城之四角，长方形，形制相同，长10、宽8、存高6~8米，顶部不存。

北极阁　在北垣中门，存平座，和南门相对，成为南北通衢。阁的基座东西长24、南北宽10米，高与墙平。上发现一角残石（图版[13] 132）。

《四镇三关志》记载：“汉儿庄营城堡一座，洪武年建。”① 初建可能为石城，至万历时期砖包。

汉儿庄城传为“车前营”驻地。《迁安县志》记载：“汉儿庄城，在县西北一百四十里，土城。高二丈周五百二十六尺。”② 这里记载汉儿庄为土城，实际城门及左、右墙体一部分为砖城，其他墙砖早年被剥离露出土筑墙心，估计原有一部分为土石筑。

---

① （明）刘效祖：《四镇三关志·蓟镇形制》，三十七乙，中国科学院图书馆藏本。

② 滕绍周修：《迁安县志》，民国二十年铅印本，成文出版社有限公司印行。

第十二章　洪山口　马蹄峪长城

（第十二测区［属松棚路］）

第一节　洪山口—马蹄峪边墙建筑遗迹

本测区为第十二测区（属松棚路），此段考察，从1983年3月开始，调查是从东往西进行的。此测区主体长城主要在燕山南麓海拔500米左右的山体上，沿缓山脊而行。东起遵化县洪山口东800米的山梁上，向西偏西南行，经洪山口苇子峪、黑锅顶，西止马蹄峪东河（即马蹄峪口）东岸，西越河口与马蹄峪口西马蹄峪台1号相接。共计调查：

主体墙长城	全长14735米（其中砖墙1689米、石墙12596米、山险墙450米）
敌台	61座
战台	3座
附墙台	11座
烽墩	5座
便门	8座
关隘	2座
城堡	6座
碑碣	11块

本测区敌台编号前面冠以洪山口，以区分其他测区。起点是洪山口东的偏楼子，编为洪山口台1号，以下类推。叙述顺序自东向西（图［12］001～018）。

（一）洪山口台1号

俗称“偏楼子”。

位于洪山口村（洪山口城）东北800米的白草洼沟底北侧梁尖上。

楼体塌陷，存楼基和部分墙体（图版［12］001）。

楼基　砖石砌筑。基底用条石、白灰勾缝，以上用砖。平面方形，边长13、存高3米。

楼体墙上存残门，楼顶存菱角檐。

墙体从洪山口台1号西行135米到达洪山口台2号。墙体由东向西依势下降，墙宽2.5~4、高1~3.5、外侧高1.5~4米。全部毛石干砌，墙顶平铺一层方砖。西侧尚存宇墙，墙高1.5、宽0.48米，用条砖加白灰砌筑，顶作弧背式。中途经过烽墩1号。

烽墩1号

位于洪山口台1号西北200米的山包上，“迎碑山”位于洪山口门正北40米处。

烽墩平面呈圆形，存墩基，直径5、高1~3米，用毛石干砌。

（二）洪山口台2号

俗称“铺房楼”。

位于白草洼沟底西侧，墙体南侧3米处。

楼体坍塌，砖石结构，楼基用砖石，以上用砖。平面方形，东西4、南北3、存高2~4米（图版［12］002）。

墙体从洪山口台2号西行558米到达洪山口台3号。墙体开始用砖砌，基底用条石平铺，白灰勾缝，以上用砖平砌到顶，顶部垛、宇墙均存。垛口墙宽0.25、高1.8米，间距为3.1米，垛口宽0.54、高0.6米（图版［12］003）。

便门1号

位于洪山口台2号西侧100米处。便门宽0.87、高1.55米，顶拱形，门内有台阶可达到马道顶部（图版［12］004）。

（三）洪山口台3号

北偏西20°。

位于洪山口东300米的山梁上。

楼体已残。

楼基　条石砌筑，以上铺砖。平面方形，东西10、南北10.4、残高3米（图版［12］005）。

从洪山口台3号西行91米到达洪山口台4号（图版［12］006）。

（四）洪山口台4号

北偏东20°。

位于洪山口东面的半山腰上。

楼体早年已毁，存基址。

楼基　底用条石铺砌，以上用砖，白灰勾缝，基底位于东高西低的山面上。平面近方形，东西9、南北10、存高2.5米（图版［12］007）。

主体墙从洪山口台4号到洪山口台5号为223米。墙体从洪山口台4号西行就山势由高到低逐渐接近河谷，进入洪山口东侧的河滩平坦之处。墙体底部用条石铺砌，以上砖包到顶，墙宽4.5、高1.5~4米，现垛口墙、宇墙皆被拆毁。

（五）洪山口台5号

位于洪山口口门东30米处的墙体上。

楼体早年已毁。砖石结构，平面近方形，东西 14、南北 12、残高 2 ~3 米。

从洪山口台 5 号向北为烽墩 2 号，向东 30 米为洪山口口门，越公路，口门再西 40 米为洪山口台 9 号（注：洪山口台 6、7、8 号三楼在洪山口城东，洪山口台 5 号楼东原有一座小便门，今毁不存）。

烽墩 2 号

位于烽墩 1 号西侧，洪山口台 5 号北 150 米的山包上。

墩体石砌，平面圆形，直径 8、存高 1 ~3 米。

洪山口口门

洪山口口门只存有 40 米宽的公路和河道，公路在东，河道在西，整个河道开阔地约宽 500 米，口门处立有一块“河北省重点文物保护单位《万里长城》”水泥标志碑。

据传原口门有门楼和水门洞，现痕迹已皆无，口门两侧为山谷，南北地势开阔，北通兴隆洒河，南 300 米为明松棚路营城旧址——洪山口城。

洪山口南通冀东平原、北通大川，古为兵家必守之处。《四镇三关志・洪山口下》记载：“洪山口关洪武年建，通大川，平漫，俱通骑，极冲。”洪山口关属松棚路洪山口下，而松棚路营城就在口南，为明时蓟镇十二路之一，屯重兵以扼守此口。

（六）洪山口台 6 号

洪山口台 6、7、8 号皆在长城主体墙南距墙体百米左右，而距松棚路营城较近，皆分布在路城的北、东、南面，形成“护城楼”。自北而南依次编为洪山口台 6、7、8 号。

洪山口台 6 号北距墙体 100 米左右，南距松棚路城址 200 米，敌台建在一座孤立的山包之上。

洪山口台 6 号内存有石碑，据调查系明崇祯年间修筑，保存较完整。其结构基底用五层条石平铺，以上铺砖到垛口墙。

楼体呈方柱形，边长 10、通高 9 米。因该楼楼梯口高悬在上，距地面较高，无阶梯或软梯，不能入内，故没有进行测量。

从外部观察，东、西两墙一门两箭窗，门用石拱券，箭窗为两券两伏；南、北两墙三箭窗。楼体内部可能由三筒拱中夹两隔墙组成，单券单伏，顶部存菱角檐和垛口（图版［12］008）。

（七）洪山口台 7 号

位于松棚路城东 50 米低缓的小山梁上。

楼体早年已毁，仅存基址（图版［12］009）。

楼基　基底用三层条石铺砌，以上用砖加白灰砌筑。平面长方形，东西 8、南北 4.3、高 1 ~1.5 米。

（八）洪山口台 8 号

位于松棚路东南 100 米的山包上。

楼体早年坍塌，仅存楼基。

楼基　基底用三层条石平铺，以上用砖。平面方形，边长 8、存高 1.5 米。由于坍塌严重，内部结构不清（图版［12］010）。

（九）洪山口台 9 号

北偏西 35°。

位于洪山口口门西侧山崖的边缘。

该楼距口门较近，解放初期数度被人拆毁，现仅存楼基。平面长方形，东西9、南北13、残存高度5米。

从洪山口台9号到洪山口台10号为100米。墙体西北行，向西直接爬上陡峭的崖面，由崖面半山腰向西北行，并逐渐升高。墙体主要为砖包，下以条石为基，以上用砖加白灰砌筑到顶，墙宽4~5、高1.5~3米。

（一〇）洪山口台10号

位于洪山口西北侧山梁上，楼南、北为悬崖。

楼体破坏严重，仅存楼基（图版［12］011）。

楼基　砖石结构，基底用三层条石平铺，以上用砖。平面呈长方形，东西11、南北9、存高2.5米。

从洪山口台10号到洪山口台11号为83米。墙体偏北行，底部砌石外部包砖，多毁坏。

（一一）洪山口台11号

位于洪山口城西北的山梁上。

楼体已毁，仅存基址（图版［12］012）。

楼基　砖石砌，内以白灰加碎石填心。平面近方形，东西10、南北9、存高5米。

从洪山口台11号到洪山口台12号为127米。墙体底部以一层条石为基，两侧砖包到顶，白灰勾抹。垛、宇墙皆毁，宽4.5、高4.5米。

便门2号

在洪山口台12号西侧15米处有一便门，顶部拱形，已毁，存宽2米，门内有直达墙顶的上墙道。

（一二）洪山口台12号

位于洪山口西山梁上。

楼体已毁。

楼基　砖石结构，基底用两层条石平铺，以上用砖铺、白灰勾缝。平面方形，边长10、存高4.4米（图版［12］013）。

从洪山口台12号到洪山口台13号为160米。墙体沿山体向西北延伸，仍用石为基，外砖包内碎石加沙土填心，墙宽4~4.5、高2~3.5米。

（一三）洪山口台13号

俗称“圆楼”。

位于洪山口台12号北50米的沟洼上，虽称为圆楼，但并非圆形。

楼体早年已毁，只存楼基。

楼基　用不规则大石块砌成，以上用砖。平面长方形，东西10、南北16、高2米。砖、石大部分被拆。这座楼远离墙体，起着墩台的作用（图版［12］014）。

从洪山口台 13 号到洪山口台 14 号为 91 米。

（一四） 洪山口台 14 号

位于洪山口台 13 号西南 200 米处，从洪山口台 12 号墙体成直角南行到洪山口台 14 号。

楼体已残，现存楼基及部分楼体（图版［12］015）。

楼基　砖石结构，基底用五至六层条石为基，以上条砖平铺，白灰勾缝。平面方形，东西 11.5、南北 11.8、存高 3.5 米。

楼体内部结构　由南北三道筒拱和两道隔墙组成。券顶已毁，券室通高 3.2、宽 1.88 米。两隔墙各有三座券门，券门通高 1.3、宽 0.9、墙厚 1.88 米。

楼顶　顶部垛口墙、楼橹已毁。

墙体从洪山口台 14 号西行 119 米到达洪山口台 15 号。墙体下石上砖包，白灰勾抹，存部分垛口墙，墙基底用大型石块平铺，以上内外砖包到顶，墙宽 5、存高 3 米，顶存部分梯式垛口墙（图版［12］016）。

（一五） 洪山口台 15 号

南偏西 10°。

位于西山根南面的山梁上，西北 800 米为南座洼。

楼体已毁，仅存楼基。

楼基　砖石结构，下部以石为主。平面方形，东西 10.7、南北 11.3、高 3.5 米（图版［12］017）。

墙体从洪山口台 25 号西南行 198 米到达洪山口台 16 号。墙体为石基砖包。

便门 3 号

在洪山口台 15 号西侧有一座便门。券顶，门宽 1、高 2、进深（由南向北）1.3 米，拐向楼体下筑台阶，长 4.2 米。

（一六） 洪山口台 16 号

西偏北 55°。

位于洪山口西北 600 米的一个缓山梁上。

楼体已毁，存楼基。

楼基　砖石结构，基底以两层条石平铺，以上用砖。平面近方形，东西 10、南北 9、存高 4 米（图版［12］018）。

从洪山口台 16 号到洪山口台 17 号为 135 米。墙体西行，由石基砖包到墙顶，改为全部用毛石砌到顶，顶缘砌一层“过河砖”，以上砌垛口墙。墙宽 4、存高 3～4 米，垛口墙宽 0.5、存高 0.1～0.2 米。

（一七） 洪山口台 17 号

位于洪山口村西北，俗称“肠儿洞沟”北侧的山梁上。

楼体已毁，仅存楼基（图版［12］019）。

楼基　基底用三层条石平铺，以上砖包、白灰勾缝。平面近方形，东西10、南北9、存高2米。

主体墙从洪山口台17号到洪山口台18号为170米。墙体用不规则石块砌筑，顶部用砖。垛口墙宽0.5、高0.9~1.2米，垛口墙上有等距离的望孔，呈拱形，宽0.4、高0.49米，另有小望孔，长方形，长0.23、宽0.18米。垛口墙厚0.5米，皆用砖砌。

便门4号

在洪山口台17号西5米处有一便门，已毁。券形，门宽1、门内通道宽1.2、存高2.5、门内进深4米，可由台阶进入楼体，皆砖砌。

便门5号

在洪山口台18号东侧3米处有一便门。门宽0.9、存高1.5米。口门由南向北又东拐，呈梯形，进深2.4、甬道宽1、阶梯宽0.2、高0.1米。

（一八）洪山口台18号

位于肠儿洞沟西侧的山顶上。

楼体已毁，仅存楼基。

楼基　石砖结构，基底用三层条石平铺，以上砖筑。平面方形，东西11.5、南北11.2、高4.8米（图版［12］020）。

主体墙从洪山口台18号到洪山口台19号为94米。墙体用毛石加白灰砌筑，沿着一、二沟西北山梁由东向西延伸，墙宽4、存高4米。底部石块为基，以上用砖（主要是马道以上），垛口墙仅存北侧，宽0.5、存高0.5~1米。

（一九）洪山口台19号

位于洪山口西一、二沟的西山梁上。

楼体已毁，仅存楼基。

楼基　砖石结构，基底以两层条石平铺，以上用砖，白灰勾缝。平面方形，边长8.2、存高5米（图版［12］021）。

从洪山口台19号到洪山口台20号为200米。墙宽4、存高1.5~3米，墙底用石块平铺，以上用砖和白灰砌成，存部分垛口墙。

便门6号

在洪山口台19号东有一便门。门宽0.9、存高1米，进门后可达墙顶和楼内（图版［12］022）。

（二〇）洪山口台20号

位于兴隆洒河滩公社上古楼子大队东南100米的山梁顶上。

楼体已毁，只存楼基。

楼基　砖石结构，下以三层条石平铺，以上用砖。平面方形，边长9.7、存高4.2米（图版［12］023）。

便门7号

在楼体西侧5米处有一便门，呈拱券形，宽0.8、高1.01、进深1.5、门道宽0.9米。进深3米处有台阶直达敌台（图版［12］024）。

在楼西侧有一跨墙石台，用毛石加白灰砌筑。平面长方形，南北 4. 8、东西 1. 5 米。

从洪山口台 20 号到洪山口台 21 号为 160 米。墙宽 4、高 2 米，全部用毛石加白灰砌筑。部分砖砌垛墙仍存，垛墙宽 0. 5、存高 1. 3 米，墙上设有望孔。

（二一）洪山口台 21 号

北偏西 20°。

位于古楼子大队东南 500 米处的高山梁上。

楼体保存较完整。楼体高 4、通存高 11 米。

楼基　基底用五层条石平铺，以上用条砖砌到顶。平面方形，边长 9. 4（图［12］019）。

楼体四墙　东、西两墙一门二箭窗，南、北两墙三箭窗。

各墙门、箭窗形制相同。门拱券形，宽 0. 9、高 1 米，门内券宽 1. 2、高 2. 4 米。箭窗宽 0. 6、高 0. 93 米，窗内龛高 2. 4、宽 1. 6、进深 0. 6 米。南、北两墙箭窗间距 1. 43 米。

楼体内部结构　由东西三道筒拱和两道隔墙组成。筒拱长 7、宽 2、高 3. 71 米。隔墙上各有三券门，三门相同，门宽 1. 93、高 1. 25、墙厚 0. 97 米，间距 1. 4 米。三室连通，中间拱券室宽 1. 18 米（图［12］020）。

梯道　在中间券室东端顶部有一梯道口。

楼顶　楼橹等已塌陷。

从洪山口台 21 号到洪山口台 22 号为 231 米。墙体毛石加白灰砌筑，顶部用一层条砖（过河砖）平铺，上为垛墙，墙宽 4、高 2 米，垛墙高 1. 3、厚 0. 5 米。

（二二）洪山口台 22 号

北偏东 65°。

位于大古楼子村南 800 米的山梁上。

楼体方柱形，保存较好。基高 3. 7、楼体高 4、通高 8. 7 米。

楼基　基底用两层条石铺砌，以上砖砌到顶。平面近方形，东西 9. 5、南北 10. 5、基高 3. 7 米。

楼体四墙　东、西两墙一门二箭窗，南、北两墙三箭窗（图［12］021；图版［12］025）。

各墙门、窗形制相同。门为石拱券式，两侧方形石柱，下为门枕石，上为一字石和拱券石。门宽 0. 8、高 1. 8 米，门内券宽 1. 2、高 2、进深 0. 8 米。箭窗为两券两伏式，下为石窗台，窗宽 0. 6、高 0. 9 米，窗内龛宽 0. 92、高 2. 14、进深 1. 19 米（图［12］022）。

楼体内部结构　由南北向三道筒拱和中间两道隔墙组成。筒拱长 7. 4、宽 1. 6、高 3. 85 米。隔墙上三券门，形制、尺寸相同，门宽 1 ~ 1. 5、高 1. 73、墙厚 0. 9 米。

梯道　在西拱券室的北侧设有梯道口，口宽 0. 66、长 2. 9 米，原有台阶可通向楼顶。

楼顶　顶部原有楼橹，今成一堆废砖。顶周有一圈出檐的菱角檐。

从洪山口台 22 号南行 114 米到达洪山口台 23 号。墙体毛石加白灰砌筑。洪山口台 22 号东南 500 米山梁上有一小古堡，方形，边长 12 米，南面一口，存围墙。

（二三）洪山口台 23 号

位于大古楼子村东南 1000 米的山梁上。

楼体已残，存楼基。

楼基　基底用三层条石平铺，以上用砖。平面近方形，东西 11、南北 10.8、高 4.2 米（图版［12］026）。

从洪山口台 23 号到洪山口台 24 号为 165 米。墙体在柳树沟西北侧山脊上，均毛石加白灰砌筑，宽 4、高 2～2.5 米，残存部分宇墙，宽 0.8、高 0.9 米，为碎石垒起。

（二四）洪山口台 24 号

位于黑峪沟南大柳树沟西北山脊上。

楼体早年已毁，仅存楼基和顶部一小堆乱砖石。平面方形，边长 8.8、存高 2 米（图版［12］027）。

从洪山口台 24 号到洪山口台 25 号为 282 米。墙体全部毛石干砌，碎石、沙土填心。墙宽 4、高 0.5～2 米。顶部存部分垛口墙。随着墙体的升降，部分敌台旁随山势筑出上墙的斜台（即上墙道台）。

附墙台 1 号

位于洪山口台 25 号北，台体建在墙体内侧。石砌，长 6、宽 2、高 4 米。顶周砌出垛口墙（图版［12］028）

（二五）洪山口台 25 号

西偏南 15°。

楼体早年破坏，今存基址。

楼基　砖石砌筑。平面方形，东西 9、南北 8.7、存高 3 米（图版［12］029）。

从洪山口台 25 号到洪山口台 26 号为 148 米。墙体上发现一方明万历十年（1582 年）长城记事碑（见拓片六十、录文）。中途经过附墙台 2、3 号。

附墙台 2 号

位于洪山口台 25 号南部，台体建在墙体上，向外跨出。石砌，长 6、宽 2、高 3.5 米。毛石砌到台顶，顶用砖砌出垛口墙（图版［12］030）。

附墙台 3 号

位于洪山口台 25 号南。石砌，长 4.5、宽 2、高 3.5 米。顶原有垛口墙，今不存。

（二六）洪山口台 26 号

北偏西 25°。

位于大柳树沟村西一个小山梁上。

楼基　楼体已毁，只存楼基。基底用两层条石平铺，以上用砖。平面方形，东西 9.5、南北 9.8、存高 5.5 米（图版［12］031）。

从洪山口台 26 号到洪山口台 27 号为 191 米。墙体全部毛石干砌，不用白灰。墙宽 3.5～4、存高 2～4 米，有一上墙台阶。墙上还发现有一个吐水嘴，长 0.65、宽 0.3 米。中途经过附墙台 4、5 号（图版［12］032）。

附墙台 4 号

位于墙体内侧。石砌，长6、宽2米。南侧有台阶可登（图版［12］033）。

附墙台5号

位于墙体内侧。毛石干砌，长4、宽3、高4米，与墙高同。

（二七）洪山口台27号

北偏西35°。俗称“四眼楼”。

位于大柳树沟村小形洼沟西侧山梁上。

楼体方柱形，保存较完整。楼高5米。

楼基 基底用两层条石砌起，以上用砖包，碎石、沙土填心。平面呈方形，东西9.9、南北9.8米。

楼体四墙 东、西两墙一门二箭窗，南、北两墙四箭窗（图版［12］034）。

东墙 门在中部，外口已毁，尺寸不详，内口拱券宽1.25、高2.48、墙厚0.85米。箭窗宽0.6、高0.9米，窗内拱形，窗龛宽1.1、高2.3、进深0.7米。

西、南、北三墙的门、箭窗形制与东墙相同。

楼体内部结构 为一回字形券室，室中间设四个砖柱，周为围廊。中心室拱券形，长、宽3.8、通高3.7米，四周围廊通高3.7、宽0.7米。四个砖柱间为拱形门，柱皆方形，边长1.3米，柱间拱门宽1.2、高2.3米。

梯道 在围廊南侧，楼体的西墙上设有梯道。均用条石铺砌，石阶长0.7、宽0.22、厚0.22米，上部已毁。

楼顶 楼橹等早年已毁。其他结构不清。

墙体从洪山口台27号西南行118米到洪山口台28号。墙体为毛石加白灰砌筑，墙宽4、高3米。中途经过附墙台6、7号（图版［12］035）。

附墙台6号

位于洪山口台27号南侧8.5米处。毛石加白灰砌筑，台长1.6、宽1.5、高5米。台顶面铺一层砖，南侧有台阶上下，为通往墙体的上墙道。

附墙台7号

位于附墙台6号南50米处。毛石加白灰砌筑，长3、宽1.5、高5米。

（二八）洪山口台28号

北偏西40°。

位于兴隆黑峪沟村东南墙体上，东距高家峪300米。

楼体已毁。仅存楼基（图版［12］036）。

楼基 砖石结构，基底以一层条石平铺，其上用砖，白灰勾缝。平面呈方形，边长10、存高4.2米。

墙体从洪山口台28号西南行203米到达洪山口台29号。皆毛石加白灰砌筑，唯顶部垛口部分用砖砌成。中途经过便门8号。

便门8号

位于洪山口台28号南100米处。口门宽约1、进深1.5、门内南北梯道长5米，可达墙顶。

（二九）洪山口台 29 号

位于遵化高家峪西 300 米山梁上，南为翁家沟自然村。

楼体早年破坏，存基址（图版［12］037）。

楼基　基底为条石铺砌，层数不清，以上砖砌，白灰勾抹。平面近方形，东西 11、南北 10、基高 5 米。

墙体从洪山口台 29 号沿山脊西南行 166 米到达洪山口台 30 号。毛石加白灰砌筑，墙宽 4、高 3 米。中途经过附墙台 8、9 号。

附墙台 8 号

位于洪山口台 29 号南 50 米主体墙内侧。毛石加白灰砌筑，长 3、宽 1.8、高 3 米（图版［12］038）。

附墙台 9 号

位于附墙台 8 号南 33 米处。长、宽、高同 8 号台。在该台南主体墙上有一个石制流水槽。

（三〇）洪山口台 30 号

西偏南 20°。

位于翁家沟西北 300 米山脊上，台南有遵化县人民政府设立的长城保护标志水泥碑，上写“洪山口界”及“保护长城”字样。

楼体早年坍塌，仅存基址，砖石结构。平面方形，边长 10、存高 2 米（图版［12］039）。

墙体从洪山口台 30 号沿苇子峪东山脊西南行 198 米到达洪山口台 31 号。全部毛石干砌，不用白灰。墙宽 4、存高 3 米，顶部存部分垛、宇墙，墙宽 0.8、高 0.9 米。中途经过附墙台 10 号。

附墙台 10 号

位于洪山口台 30 号南 100 米处。长 4、宽 1.5、高 3.3 米。

（三十一）洪山口台 31 号

西偏南 20°。

位于翁家沟西南 300 米的山脊上。

楼体早年已毁，仅存楼基（图版［12］040）。

楼基　条石为基。平面近方形，东西 11、南北 12.5、存高 4 米。

墙体从洪山口台 31 号沿山脊南偏西行 255 米到达洪山口台 32 号。毛石干砌，顶存部分宇墙。墙体宽 3～4、通高 1～2.5 米，大部分倒塌。

（三二）洪山口台 32 号

西偏北 25°。

位于高家峪西 500 米山梁的背顶上。楼体已毁。

楼基　砖石结构。平面方形，边长 11、存高 3 米（图版［12］041）。

墙体从洪山口台 32 号西南行 195 米到达洪山口台 33 号。墙体皆毛石干砌，宽 3～4、存高 1～2.5 米。尚存部分宇墙，宽 0.8、存高 0.5～0.9 米。

（三三）洪山口台33号

正南北方向。

位于高家峪西南高山顶上。

楼体已毁，仅存楼基（图版［12］042）。

楼基　砖石结构，已塌陷，基底用两层条石平铺，以上用砖。平面方形，东西10.5、南北10.4、存高4.8米。

墙体从洪山口台33号到洪山口台34号为160米。石砌，宽3、高2.5米。存宇墙。

（三四）洪山口台34号

西偏南18°。

位于高家峪西南500米的山脊上。

楼体已毁，存楼基。

楼基　砖石砌筑。平面方形，东西10、南北10.3、存高3.9米。

墙体从洪山口台34号沿山脊西南行175米到达洪山口台35号。毛石干砌，宽3.5、高2米。中途经过战台1号。

战台1号

位于洪山口台34号与洪山口台35号之间墙体西侧。毛石干砌，平面长方形，东西4.2、南北9.6米，高与墙同。

（三五）洪山口台35号

位于翁家沟西侧山梁上。

楼体早年已毁，今存楼基（图版［12］043）。

楼基　基底用一层条石平铺，以上用砖砌筑，白灰勾缝。平面方形，东西8.5、南北9、基高4.9米。

从洪山口台35号到洪山口台36号为150米。墙体为毛石干砌，墙宽3、高2.5米。顶部存部分宇墙，宽0.5、高0.6米。

（三六）洪山口台36号

位于南城子大队柳树沟西侧的山梁上。相距约500米的南城子有同时期（明）城址，面积不大（另有调查材料）。

楼体已毁，仅存楼基（图版［12］044）。

楼基　基底用两层条石铺砌，以上用砖平铺。平面方形，东西11、南北12、存高4.8米。

从洪山口台36号到洪山口台37号为120米。墙体在南城子大队柳树沟正西的山脊上南偏西行，此地海拔409米①。全部毛石干砌，宽3、高2.5米。

---

①　五万分之一图标，三屯营11－50－141－甲。

（三七）洪山口台 37 号

西偏北 16°。

位于南城子大队西偏南的山脊上。

该楼已毁，存基址。

楼基　砖石结构。平面方形，东西 10.5、南北 11.5、存高 3 米（图版［12］045）。

从洪山口台 37 号到洪山口台 38 号为 143 米。墙宽 4、存高 4.2 米。墙体为二次墙，内用毛石、白灰灌筑，外用砖包皮，并用白灰勾抹，最内心用碎石、沙土夯填，墙顶存部分石筑宇墙。一般“二次石心砖包墙”多出现在边口附近。

（三八）洪山口台 38 号

西偏北 30°。

位于南城子大队西侧（偏南）700 米的山脊上。

楼体早年已毁，今存楼基、残砖墙（图版［12］046）。

楼基　基底用三层毛石条铺砌，以上用砖砌筑，白灰勾抹。平面方形，东西 11、南北 11.1、高 4.9 米。

从洪山口台 38 号西南行 175 米到达洪山口台 39 号。墙体为毛石干砌，部分墙为堆垒。

（三九）洪山口台 39 号

西偏北 30°。

位于南城子大队小柳树沟村西侧山梁上。

楼体已毁，残存楼基（图版［12］047）。

楼基　基底用三层毛石平铺，以上砖砌，白灰勾抹。平面方形，东西 10、南北 10.5、存高 5.7 米。

从洪山口台 39 号到洪山口台 40 号为 130 米。墙体毛石干砌，不复用砖包，宽 4、高 1.5～4 米。存部分宇墙，宽 0.5、高 0.2～0.7 米。

（四〇）洪山口台 40 号

北偏西 30°。

位于南城子大队小西沟北的山梁上。

楼体已毁，存基址。

楼基　基底用三层条石平铺，以上用砖加白灰砌筑。平面方形，东西 10、南北 11、高 3 米（图版［12］048）。

从洪山口台 40 号到洪山口台 41 号为 245 米。墙体沿小西沟北侧山梁向西南延伸。全部为毛石干砌，不用白灰，墙宽 4、高 1～2.5 米。顶部存部分宇墙，宽 0.8、高 0.5～1 米。

（四一）洪山口台 41 号

北偏西 23°。

位于南城子小西沟西北侧的山梁上。

楼体早年已毁，存楼基和四墙，楼顶塌陷。

楼基　底铺四层略加工毛石，以上用砖铺砌，白灰勾抹。平面方形，边长 11、高 5.9 米（图版［12］049）。

从洪山口台 41 号到洪山口台 42 号为 85 米。墙体毛石干砌，不用白灰，宽 4、高 2.5 米。

（四二）洪山口台 42 号

西偏北 8°。

位于南城子小西沟西北梁脊上。

楼体已毁，仅存楼基（图版［12］050）。

楼基　基底用三层条石平铺，以上用砖，白灰勾抹。平面方形，边长 9、存高 3.9 米。

从洪山口台 42 号到洪山口台 43 号为 350 米。墙体从小西沟山梁向西南延伸，用毛石加白灰砌筑，宽 3 ~3.5、高 1 ~2.5 米。

（四三）洪山口台 43 号

西偏北 20°。

位于小西沟西侧山梁上，小黑峪沟东侧。

楼体已毁，仅存楼基。

楼基　砖石结构。平面方形，东西 8、南北 7、存高 2 米（图版［12］051）。

从洪山口台 43 号墙体沿山体向西下延伸 220 米到达洪山口台 44 号。墙体用大石块干砌，内填碎石、沙土，不用白灰，顶部存部分垛、宇墙，垛墙宽 0.7、高 0.6 米。

附墙台 11 号

在洪山口台 44 号北侧约 100 米的墙体外侧筑一附墙台。台东西 3、南北 4 米，高与墙平。主体墙宽 3 ~3.5、高 2.5 米（图版［12］052）。

（四四）洪山口台 44 号

北偏西 10°。

位于南城子大队正西 1500 米的山顶上，此地海拔 474 米①。

楼体已毁，存基址和残墙（图版［12］053）。

楼基　基底平铺三层条石，以上用砖。平面方形，边长 9.3、高 4.7 米。从残墙看，东、西两墙为一门二箭窗，南、北两墙三箭窗。门为石券，存门基石。箭窗为拱形，宽 0.6、高 0.93、墙厚 0.42 米，窗内龛宽 0.96、高 1.98、进深 0.76 米。

从洪山口台 44 号到洪山口台 45 号为 310 米。墙体石砌，沿山体从高处下降，墙宽 3、高 2.5 米，西行接近低谷——豁口。

（四五）洪山口台 45 号

正南北方向。

---

① 五万分之一图标，三屯营 11 –50 –141 –甲。

位于寨主沟大队河口生产队北侧的山坡上，是活口（豁口）东山坡第一楼。

楼体方柱形，整体保存较好。基高4.2、楼体高3.7、通高7.9米（图版［12］054）。

楼基　基底用四层条石平铺，以上条砖加白灰砌筑到顶。平面方形，东西11、南北10、基高4.2米（图版［12］055）。

楼体四墙　东、西两墙一门两箭窗。门拱券形，石砌，下为门枕石，设门槛，左右为石门柱，再上为一字石，顶为石券，券周刻阴线。门宽0.77、高1.82、门边墙厚0.26米。箭窗拱券形，宽0.6、高约1.2米。南、北两墙箭窗间距1.95米。

楼体内部结构　由南北三道通券式筒拱和中间两道隔墙组成。筒拱呈船篷形，长8.8、宽1.63、高3.1米。隔墙上各有三门，两侧门高1.9、宽1.7米，中间门高1.9、宽1.1米，墙厚1.1米，三门间距1.6米（图版［12］056）。

楼顶　早年坍塌，结构不详。

墙体从洪山口台45号沿山沟谷地西行170米到达洪山口台46号。中途经过活口（豁口）（属河口生产队）。

活口（豁口）

活口（豁口）为沟通墙体内外的小口，位于河口村正北约30米处。传原为小门洞，现痕迹皆无，只存一宽约5米的豁口，当地称为活口（豁口）。此口和南城子可能为一配套设施，活口（豁口）为口，东面为南城堡，两者相距较近。活口（豁口）非原口名，其真正口名待考（图版［12］057）。

（四六）洪山口台46号

北偏西20°。

位于河口生产队北约30米的豁口西侧。

楼体已毁，仅存痕迹（图版［12］058）。

楼基　砖石结构。平面方形，边长11、存高3米。

墙体从洪山口台46号顺山势西南行100米到达洪山口台47号。由于墙体靠近河口村，破坏严重，只存一道不高的石檩痕。

（四七）洪山口台47号

北偏西40°。

位于河口生产队西山坡上。

楼体已毁，只存楼基（图版［12］059）。

楼基　基底以两层条石平铺，以上用砖砌筑，白灰勾抹。平面方形，边长11、存高3米。

从洪山口台47号到洪山口台48号为145米。墙体毛石干砌，墙宽3、存高1~2米。尚存部分墙顶，宇墙宽0.55、高0.4~1米。

（四八）洪山口台48号

北偏西45°。

位于河口大队西侧的山坡上。

楼体已毁，存基址（图版［12］060）。

楼基　基底用六层条石铺砌，以上用砖砌筑，白灰勾抹。平面方形，边长11、存高2.5米。

墙体从洪山口台48号顺山坡西南行1017米到达洪山口台49号。墙体在河口西的高山坡上蜿蜒西行而逐渐攀升。墙体毛石干砌，不用白灰，宽1~3.5、高3米。上存部分宇墙，宽0.58、高0.4~1米。墙体中途经过战台2号。

战台2号

位于河口生产队农居房屋的西南侧山坡上。毛石干砌，平面方形，东西6、南北5、存高2.5米（图版［12］061）。

（四九）洪山口台49号

北偏西20°。

位于小黑峪沟西南1300米，寨主沟北1000米山顶上，为黑锅顶东部一高峰。

楼体方柱形，保存比较完整。基高4.2、楼体存高3.9、通高8.1米。

楼基　基底用三层条石平铺，以上用砖平铺，白灰勾缝。平面方形，东西11、南北10、基高4.2米（图［12］023）。

楼体四墙　东、西两墙一门二箭窗，南、北两墙三箭窗。以东墙为例，门在南侧，全部石制，自下而上为门枕石、方形门柱石、一字石和拱券石。门宽0.77、高1.66、门墙厚0.3米，门内券宽1米，高度因塌不详。箭窗宽0.65米，高度不详（图版［12］062、063）。

楼体内部结构　由东西三道筒拱和中间两道隔墙组成。筒拱长8、宽1.6、高3.37米。隔墙上有三门，门宽1、高1.95、墙厚1.1米，三门间距1.5米。

梯井　在券室北角上端有一梯井。

从洪山口台49号到洪山口台50号为185米。墙宽3.5、高1.5~3米，全部毛石干砌，墙顶铺一层石板片以代砖面。

（五〇）洪山口台50号

北偏西5°。

位于黑锅顶东偏南一个较高的山顶上。黑锅顶位于主体长城线西，是附近的制高点，海拔为780.4米①。

此楼早年已塌，存四墙，但可看出其形制与洪山口台49号相同。仍为东、西两墙一门二箭窗，南、北两墙三箭窗，形制、大小皆同（图版［12］064、065）。

墙体从洪山口台50号沿黑锅顶东部山脊西南行140米到达洪山口台51号。墙体毛石干砌，墙宽3.5、高1~3.5米。中途经过烽墩3号。

烽墩3号

位于洪山口台50号西100米墙体外侧。毛石砌筑，平面近方形，东西7、南北8、存高3米（图版［12］066）。

---

① 五万分之一图标，三屯营11－50－141－甲。

（五一）洪山口台 51 号

北偏西 10°。

位于小黑沟东侧的山坡上。

楼体方柱形，保存较完整。基高 3.9、通高 8.05 米。

楼基　基底以三层条石平铺，以上用砖平铺，白灰勾缝。平面方形，东西 10、南北 9.7、基高 3.9 米。

楼体四墙　东、西两墙一门二箭窗，南、北两墙三箭窗（图［12］024；图版［12］067）。

楼门　形制相同，皆为两券两伏，砖砌，门宽 0.78、高 1.8、墙厚 0.32 米，门内券宽 1.15、高 2.2、进深 0.85 米。

箭窗　形制相同，窗宽 0.55、高 1、墙厚 0.4 米，窗内龛宽 0.75、高 2、进深 0.8 米。

楼体内部结构　“回”形券室，周为围廊。中心室平面为方形，边长 3、高 3.1 米。推测室顶为木板棚顶，板中有梯井可达楼顶。中心室之四角砖柱呈“L”形，上部支撑四面围廊券顶，高 3.1 米。四角砖柱间每面一拱门，宽 0.82、高 1.9 米，通四面围廊。

楼顶　中心有一楼槽，一面一进，四角有柱石，东西 2.65、南北 2.7、墙存高 2.7、厚 0.45 米。地面用木板铺起，原有梯口，今不存，楼槽南壁可能有门。顶周垛口墙多不存，垛墙和楼体间有出檐砖，做出菱角檐（图［12］025）。

从洪山口台 51 号到洪山口台 52 号为 215 米。墙体逐步向西南较高的山坡延伸，全部毛石干砌，墙宽 3.5、高 2 米。顶部存部分宇墙，墙高 0.6、宽 0.6 米。

（五二）洪山口台 52 号

北偏西 25°。

位于小黑沟西南侧的山顶上。

楼体早年已毁，只存楼基（图版［12］068）。

楼基　基底以两层条石平铺，以上用砖铺砌，白灰勾抹。平面方形，边长 10、存高 4 米。

墙体从洪山口台 52 号西南行 1030 米到达洪山口台 53 号。墙体皆依山而建，毛石干砌，不用白灰。墙宽 3.5、高 2.5 ~ 3 米。存部分宇墙。

舍身台口（戚继光《舍身台碑》原存处）

在洪山口台 52 号西南 500 米的墙体内侧有一“舍身台”。舍身台为洪山口关下的五关寨之一，如今舍身台寨口可能在洪山口台 52 号与洪山口台 53 号之间，而舍身台寨可能为今天的前山寨村。有遗迹可寻，原存一舍身台碑，为戚继光所书诗词（见拓片 48）。此段墙体在五万分之一地图上有标记。

拦马墙

在该段主体墙外侧（北）设有一道石砌拦马墙，距主体墙 10 ~ 15 米，沿墙外山体削坡而建。

（五三）洪山口台 53 号

正南北方向。

位于墙体内侧 20 米，前山寨西北。

楼体已毁，存基址（图版［12］069）。

楼基　基底以条石铺砌，以上用砖。平面近方形，东西 9、南北 10、存高 2.5 米。

从洪山口台 53 号到洪山口台 54 号为 570 米，墙宽 3、高 2 米。中途经过烽墩 4 号。

烽墩 4 号

位于洪山口台 54 号东侧 70 米墙体上。毛石干砌，平面近方形，东西 8、南北 7、存高 3.5 米（图版［12］070）。

（五四）洪山口台 54 号

北偏西 25°。

位于后家寨公社前寨大队西北 1500 米的高山顶部，北为舍身台口。

楼体方柱形，保存比较完整。基高 5.2、楼体高 4.3、通高 9.5 米（图版［12］071）。

楼基　基底用三层条石平铺，以上用砖铺砌，白灰勾抹。平面方形，东西 9.5、南北 9、基高 5.2 米。

楼体四墙　南、北墙设一门两箭窗，东西墙各有三箭窗。以南墙为例：台门设在墙的中间，门宽 0.8、高约 2、墙厚 0.4 米，门内券宽 1.2、高 2.2、进深 0.95 米。箭窗宽 0.7、高 0.8、进深（墙厚）0.35 米，窗内龛宽 0.95、高 1.8、进深 0.95 米。

楼体内部结构　由南北三道筒拱和中间两道隔墙组成。筒拱长 8.7、宽 1.5、高 3.1 米。隔墙上三门，各券门形制、尺寸皆同，拱券形，宽 0.85、高 1.7、墙厚 1.05 米。

梯道　在东边拱室的南侧设一梯道口，因无法攀登，尺寸未测。

楼顶　楼橹等已毁。

从洪山口台 54 号到洪山口台 55 号墙体长 450 米。毛石干砌，墙宽 3、高 1.5～3 米，另有 50 米山险墙。

（五五）洪山口台 55 号

北偏西 55°。

位于黑锅顶南峪湾村南 150 米，南为双窑村。

楼体早年已毁，存楼基（图版［12］072）。

楼基　基底由三层条石砌起，以上用砖，白灰勾抹。平面方形，东西 11、南北 10、存高 2 米。

从洪山口台 55 号墙体西南行 430 米到洪山口台 56 号。墙体毛石干砌，大部分倒塌。

（五六）洪山口台 56 号

南偏西 25°。

位于沈台大队北山 1500 米的高山顶部。

台体已毁，仅存楼基（图版［12］073）。

楼基　基底为六层条石平铺，以上砖包，白灰勾缝。平面方形，东西 12、南北 11、高 3 米。

从洪山口台 56 号到洪山口台 57 号为 240 米。墙体毛石干砌，墙宽 3、存高 2.5 米。墙顶存部分宇墙，宽 0.5、高 0.5 米。中途经过战台 3 号。

战台 3 号

位于洪山口台56号西90米墙体上，南1000米为沈台村。

台体石砌，平面方形，东西6、南北7、存高3.5米（图版［12］074）。

（五七）洪山口台57号

正南北方向。

位于峪湾村南200米，南为双窑村，东南为前山寨。

楼体早年已毁，存基址（图版［12］075）。

楼基　基底用四层条石平铺，以上用砖。平面方形，边长11、高4米。墙上残存一座券门。

从洪山口台57号墙体西南行470米到达洪山口台58号。墙体毛石干砌，宽3、高3米。

（五八）洪山口台58号

北偏西15°。

位于峪湾西南的梁脊上，东南为双窑村。

楼体已毁，仅存楼基和部分单面墙体（图版［12］076）。

楼基　基底以三层条石平铺，以上用砖铺砌，白灰勾抹。平面方形，东西10、南北9、存高4米。现墙上有一门一箭窗。

从洪山口台58号墙体沿山脊西南行545米到达洪山口台59号。墙体皆毛石干砌，宽3、存高3.5米。部分墙体上存垛墙，宽0.58、存高0.5~1米。中途经过烽墩5号。

在西行的墙体上有一处上墙道，存有台阶，宽1.5、高0.9米。

烽墩5号

位于洪山口台58号西侧墙体上。

毛石干砌，平面方形，边长6、高1米余（图版［12］077）。

（五九）洪山口台59号

北偏东5°。

位于色树沟南700米山脊上，南为老沟梁。

楼体早年已毁，今存基址和残墙。

楼基　基底用两层大型石块铺砌，以上用砖，外用白灰。平面方形，东西10、南北11、存高3.75米。今尚存三面破损的墙壁和门、箭窗残框（图版［12］078）。

从洪山口台59号到洪山口台60号为685米，其中有50米山险墙。墙体皆毛石干砌，沿险要山脊爬行，墙体也显窄小，一般宽1.5~3、残高1~3米。

（六〇）洪山口台60号

北偏西30°。

位于色树沟南、老沟北山脊上。

楼体已毁，存基址和部分墙体。

楼基　基底用十三层条石平铺，以上用砖铺砌，白灰勾抹。平面方形，东西11、南北10、存高3.6米（图版［12］079）。

楼体结构同洪山口台 54 号，南、北两墙一门两箭窗，东、西两墙三箭窗。楼内由南北三道筒拱和两道隔墙组成。隔墙上有三券门。门、窗台皆石制。梯道位于南墙西端，宽 1 米，大部分毁坏。

从洪山口台 60 号到洪山口台 61 号为 420 米。墙体沿山体西南行，毛石干砌，高 2.5、宽 3～4 米，其中有 25 米山险墙。顶部存部分垛、宇墙，存高 0.2～1 米。

在该段墙体西侧有一上墙道，存高 1.35 米，为石砌台阶。

（六一）洪山口台 61 号

南偏东 20°。

位于色树沟西南、老沙沟西北山梁上。

楼体已毁，存基址和部分墙体。

楼基　基底为八层条石平铺，基上用砖铺砌，白灰勾抹。平面方形，边长 10、高 3.5 米。

楼体四墙　东、西两墙一门二箭窗，南、北两墙二箭窗（图版［12］080）。

东墙　一门居中，石门枕，砖发券，门宽 0.78、高 1.91、墙厚 0.32 米，门内口宽 1.25、高 2.25、进深 0.9 米。二箭窗分列两侧，箭窗宽 0.55、高 1、墙厚 0.4 米，窗内龛宽 0.55、高 2、进深 0.8 米。

西墙门窗，南、北两墙箭窗形制、尺寸同东墙。

楼体内部结构　由东西两道筒拱和一道隔墙组成。筒拱长 9.2、宽 1.9 米、高 3。隔墙上有二券门，门宽 1.35、高 1.95、墙厚 1.25 米。

梯道　在南券室西券门墙内有一梯道，阶梯和顶部已毁。

从本测区洪山口台 61 号到第十一测区马蹄峪台 1 号为 680 米。墙体从洪山口台 61 号西行，下行 650 米到达马蹄峪口，又 30 米和第十一测区（马蹄峪—沙坡峪）马蹄峪台 1 号相接。其中有 300 米山险墙，到马蹄峪口东顺山势缓慢西下，又 350 米修石墙顺山势下到马蹄峪沟谷地带。再西为马蹄峪口，口宽 30 米，再西与马蹄峪—沙坡峪测区（即罗文峪测区）的马蹄峪台 1 号相接。

按《钦定日下旧闻考》引《三边镇务总要》记载，洪山口下有西稍城，往西三里有安西寨，又六里有白草谷，又七里有三道岭，又西四里至天胜砦正关，又三里至舍身台正关，又五里至马蹄峪口。

上述洪山口西稍城未见，依里数推之，白草谷口应在洪山口台 22 号至洪山口台 25 号间，即黑峪沟东 500 米的山豁处。白草谷即南城子，而白草谷口即活口（豁口）。三道岭、天胜砦皆未找到。舍身台在五万分之一图上有标志。

第二节　第十二测区城址

（一）洪山口城

洪山口城即松棚路（蓟镇十二路之一）所在地，该地又名松棚峪。

洪山口城位于主体长城洪山口南 300 米的平坦之地，洒河支流的东岸，北侧重峦叠嶂，中有大川可通，东、南皆为要路，西有沟谷越主体墙可达黑峪沟，这里可能是“安西寨”口（即洪山口西沟）。北越长城达洒河，东为东庄，南面地势开阔（图［12］026；图版［12］081）。

城址轮廓比较清楚。城址平面作刀柄形，柄部在南，北大南小，东面凸出。现存石砌城体。城外的北、西各建一护城石坝，有如重城。

北垣　保存较好，石砌，北垣长260、城垣宽5、高5米。城垣中部有一座真武阁，平面方形，东距城角110、西距城角150米，阁东西25、南北28米，高与墙平（图版［12］082、083）。

东垣　呈折尺形，分南、北两段，北段长200、南段长130、总长330、南段向内折82米，形成南垣东段（图版［12］084）。

东门　位于东垣北段的中间，门宽8、门洞长5米。

南垣　152米，如加上东垣南段内折的82米为234米，东南角有一12米的内折。部分石墙外砖包（图版［12］085）。

南门　位于南垣西段，门宽8、门洞长5米。门上有一块匾额，名“永照门”（1629年）（拓片34）。

西垣　总长318米。距西北角100米处有西门，和东门相对。

西门　宽8、门洞长5米。

东、西两门相对，为通衢，南门取直北行，与东西街呈“T”形相接。

据传城四角均设角楼，现已毁坏，城中心现有东西和南北街。城内曾设有文武衙门及庙宇等，现仅存北垣上真武阁一座。

现城内尚存有西门和南门匾额各一块。

护城坝　位于城的东、西、北三面，以防御洪山口来犯之敌。护城坝也为石砌短墙，宽3、高2米，现多毁坏。西护城石坝长484、北护城坝长387、东护城坝长200米。在东、西两坝墙北端和城池东、西门相对处也开一道门。

在城址的东面有洪山口台6、7、8号三座敌台拱卫东垣。《四镇三关志》记载：“洪武年建 。有石城高丈五尺，周百二十一丈二尺。”① 若一明尺合今32厘米计算，则高合4.8米，一百二十一丈二尺合387.84米。依今石城周长为1140米，可以得知松棚峪城由洪武初建经过嘉靖、隆庆、万历时期的多次展扩比原来周长增加一倍还多，至于展扩的时间，具体展扩城垣段，还需要查对有关资料，做进一步的研究。

洪山口城由于是蓟镇十二路之一松棚路旧址所在地，遗留下来的碑刻文字较多，据不完全调查统计，有如下资料：

1. 隆庆四年长城鼎建碑　（拓片35）
2. 崇祯十年派修洪山口敌楼碑记　（拓片36）
3. 万历五年洪山口城南门（熙门）匾额　（拓片34）
4. 万历四十四年天津春防派修松棚路敌台记　（拓片37）
5. 天启四年松棚路春防修洪山口堡城记事碑　（拓片38）
6. 万历四十四年修台记事碑　（拓片39）
7. 明长城记事碑　（拓片40）

① （明）刘效祖：《四镇三关志·蓟镇形胜》，三十七乙，中国科学院图书馆藏本。

8. 明残碑　　（拓片 41）
9. 崇祯三年修台记事碑　　（拓片 42）
10. 洪山口方碑　　（拓片 43）
11. 万历十九年长城记事碑　　（拓片 44）
12. 松棚路题名残碑　　（拓片 45）
13. 松棚路题名记残碑　　（拓片 46）
14. 万历四十二年重修洪山口北极阁记碑　　（拓片 47）

（二）洪山口南头道城子城址

位于遵化县东北 22.5 千米，洪山口正南 7.5 千米的一个小山沟处，属于洪山口公社头道城大队。城址位于小河西面，四面环山，南 500 米为金牛山，西 250 米为西山，再西可通南城子，东 100 米为戏台山和三道沟。（图［12］027）。

城址平面为方形，边长 80、城墙厚 5、存高约 3 米。城墙用毛石加白灰砌筑。

正南一门，门宽 4、进深 1 米。

此城可能是洪山口城南面小型卫星城之一。

（三）洪山口东城子城址

位于洪山口城城子村，西距洪山口城 1500 米，北距边墙 800 米，东南距野鸡峪 800 米，城南为洪山口通往遵化的公路（图［12］028）。

城址历史上曾遭洪水冲刷。平面为方形，城墙边长 98、墙厚 5、存高 3 米。西墙北段距西北角 10 米处有一门，北墙距西北角 30 米处有一门，门宽 3、门洞深 5 米。此城可能是洪山口城东面卫星城之一。

（四）洪山口西城堡城址

位于洪山口大队农机站西 750 米的西沟里（即洪山口西沟）。城址的西、南、北三面环山，东为西沟的沟口，由此往南可达松棚营城。城址北靠高山，西南、东皆为城壁，平面方形，石筑（图［12］029）。

西垣　西偏北 10°。长 97、宽 5、高约 2.5～3 米。

东垣　北偏西 10°。长 124、宽 5、高约 2.5～3 米。

北垣　长 80、宽 5 米。

南垣　长 90、宽 5、高 3 米。

在南垣中部有一门，已毁。

（五）洪山口南城子城址

位于洪山口村西南 300 米，边墙东侧 500 米处的山坳中。

城址大部城垣已不存，现为民居。城址平面方形，是长城内侧的一处边堡，毛石干砌，城东西 98、南北 100、墙宽 5～7、存高 2.5～3 米，在马道以上有少量条砖平铺（图［12］030）。

传南垣中部有一门，门上原有一块石门额，现存大队部，上面文字漫漶不清，但细分析或可能对城址的时代提供证据。根据其所处位置与洪山口距离推断，此处可能为白草峪寨。

（六）松棚营城

位于遵化县东北17.5千米的小厂公社松棚营村，城址内为民居。城东临三屯营——洪山口公路。

松棚营城坐落在一个舌形台地上，南通三屯营（蓟镇总兵驻地），北可直达洪山口城，即松棚路所在地，营城乃松棚路屯驻之所。城南为小厂，东西皆山，中一路可通南北（图［12］031）。

城址平面为长方形，石砌，南北240、东西144米，就台地形势北高南低。城南为两山夹角。城墙宽5、存高1～3米，用毛石加白灰砌成。

原有东、南、西三门，今存基址。三门形制相同，门宽5、门洞深5米。

《四镇三关志》记载：“松棚营城一座，洪武年建。”①

① （明）刘效祖：《四镇三关志·蓟镇形胜》，三十八乙，中国科学院图书馆藏本。

附表一　　蓟十四测区铁门关—青山口段空心敌台统计表　　单位：米

编号	形制	结构	尺寸5.215（长×宽×高）	外部（门、箭窗）				内部		楼顶	时代	边墙				备考
				东	西	南	北	结构	梯道			台距	砖	石	山险	
L72	毁坏	下条石上砖	5×7×1.5								明	773		320	453	接十三测区L71号
L73	毁坏	下条石上砖	8×10×1.5								明	610.5		510.5	100	
L74	长方柱形完好	下条石上砖	12.5×9×7.2	1门1窗	1门	4窗	4窗	2筒拱1隔墙	单梯道	楼橹1	明	379		328	51	
L75	长方柱形完好	下条石上砖	10×8×6.5		1门	2窗	2窗	单筒拱室	梯井		明	422		422		
L76	长方柱形存部分	下条石上砖	13.9×8×4	1门1窗	1门1窗	5窗	5窗	2筒拱1隔墙			明	357		127	230	
L77	毁坏	下条石上砖	14.5×7×2.5								明	2867		719	2148	
胜岭寨口榆树口																
L78	方柱形基本保存	下条石上砖	10×10×7.9	1门2窗		3窗	3窗	3筒拱2隔墙			明	241		241		
L79	方柱形基本保存	下条石上砖	11.5×10×7.65	1门2窗	1门2窗	3窗	3窗	3筒拱2隔墙	梯井		明	749.5		724.5	25	
L80	毁坏	下条石上砖	11×10×3.5								明	694		694		
L81	存部分	下条石上砖	9×10×5.5		1门2窗			3筒拱2隔墙	单梯道		明	89	89			
L82	梯柱形基本保存	下条石上砖	10.5×10.6×9.1	3窗	3窗	1门2窗	1门2窗	3筒拱2隔墙	单梯道		明	74	74			
L83	毁坏	下条石上砖	10.5×11×6.7								明	605	95	10	500	
L84	长方柱形基本保存	下条石上砖	13.3×8.1×7.9	2窗	1门1窗	3窗	5窗	2筒拱1隔墙	单梯道	楼橹1	明	538		538		
L85	梯柱形完好	下条石上砖	8.8×10.8×11.2	4窗	下2窗上1窗	2窗	1门1窗	2筒拱1隔墙	单梯道	楼橹1	明	354	354			
董家口门																
L86	毁坏	下条石上砖	20×12×1.5								明	87	87			
L87	毁坏	下条石上砖	11×11.5×3.5								明	818		618	200	
L88	毁坏	下条石上砖	9.7×10.2×7.8	1门2窗	1门2窗	3窗	3窗	3筒拱2隔墙	梯井		明	169		169		
L89	梯柱形基本保存	下条石上砖	9.4×10×7.7	1门2窗	1门2窗	3窗	3窗	3筒拱2隔墙	梯井	楼橹1	明	225		225		

续附表一

编号	形制	结构	尺寸（长×宽×高）	外部（门、箭窗）				内部		楼顶	时代	边墙				备考
				东	西	南	北	结构	梯道			台距	砖	石	山险	
L90	梯柱形完好	下条石上砖	12×8.2×7.7	1门1窗	1门1窗	4窗	4窗	2筒拱1隔墙	梯井	楼橹1	明	171	171			
L91	梯柱形基本保存	下条石上砖	14×11×7	1门1窗	2窗	4窗	4窗	2筒拱1隔墙	单梯道		明	143	143			
L92	长方柱形基本保存	下条石上砖	13×8×9.7	1门1窗	1门1窗	4窗	4窗	4筒拱3隔墙	梯井		明	199		199	此4筒拱3隔墙的结构少见	
L93	毁坏	下条石上砖	8×8×3.72								明	3520		2940	580	
L94	方柱形基本保存	下条石上砖	12.5×7.5×8.7	1门2窗	1门2窗	3窗	3窗	3筒拱2隔墙	单梯道		明	150		150		
L95	方柱形完好	下条石上砖	10×9.5×8	1门2窗	1门2窗	3窗	3窗	3筒拱2隔墙	单梯道	楼橹1	明	1206		746	460	
L96	长方柱形完好	下条石上砖	12.6×6.67×8.31	1门1窗	1门1窗	4窗	4窗	2筒拱1隔墙	梯井	楼橹1	明	110		110		
L97	毁坏	下条石上砖	14.5×7.5×7.7	3窗							明	137	137			
L98	方柱形完好	下条石上砖	10.3×10.4×9.48	3窗	3窗	1门2窗	1门2窗	3筒拱2隔墙	单梯道	楼橹1	明	181	181			
L99	存部分	下条石上砖木结构	13×7×8.3		3窗			框箱式			明	88	88			
L100	毁坏	下条石上砖	10×10×5								明	108	108			
L101	存部分	下条石上砖木结构	7×130×6.5	5窗	5窗	1门2窗	1门2窗	框箱式			明	124	124			
L102	方柱形存部分	下条石上砖	10×10×7.2	4窗	4窗	1门2窗	1门2窗	3筒拱2隔墙			明	70	70			
L103	长方柱形存部分	下条石上砖木结构	6.8×13.3×6.5	3窗	3窗	1门2窗	1门2窗	框箱式木结构			明	75	75			
L104	梯柱形基本保存	下条石上砖	9×11.9×6.7	3窗	3窗	1门2窗	1门2窗	3筒拱2隔墙	梯井		明	158	158			
L105	毁坏	下条石上砖	9.5×9.5×2.5								明	95	95			
L106	梯柱形基本保存	下条石上砖	10×10×7.35	3窗	3窗	1门2窗	1门2窗	3筒拱2隔墙	梯井		明	103	103			
水门洞																
L107	毁坏	下条石上砖	10×10×6								明	62.5	62.5			
L108	梯柱形基本保存	下条石上砖	10×10×7.6	1门2窗	1门2窗		3窗	3筒拱2隔墙	梯井		明	54	54			
L109	存部分	下条石上砖	10×10×8.42	3窗	3窗	1门2窗	1门2窗	3筒拱2隔墙			明	88	88			

续附表一

编号	形制	结构	尺寸（长×宽×高）	外部（门、箭窗）				内部		楼顶	时代	边墙				备考
				东	西	南	北	结构	梯道			台距	砖	石	山险	
L110	毁坏	下条石上砖	9×9×1								明	34	34			
L111	毁坏	下条石上砖	10×10×1								明	268		268		
青山口口门																
L112	存部分	下条石上砖	10×10×4.2	3窗	3窗	1门 2窗					明	120		120		
L113	梯柱形基本保存	下条石上砖	10×10×8.35	3窗	3窗	1门 2窗	1门 2窗	2筒拱 1隔墙	梯井		明	144		144		
L114	方柱形存部分	下条石上砖	9×9×7.52		1门 2窗	2窗		3筒拱 2隔墙			明	121		121		
L115	存部分	下条石上砖	9×10×7.58	4窗		1窗	1门 2窗	3筒拱 2隔墙			明	296	155	141		
L116	方柱形基本保存	下条石上砖	10×10×7.87	3窗	3窗	1门 2窗	1门 2窗	3筒拱 2隔墙	梯井	楼橹1	明	185	185			
L117	完好	下毛石上砖	7×7×7.8	1门	1门	1窗	1窗				明	76	76			楼内
L118	梯柱形完好	实心台下条石上砖	7.8×6.5×5					实心		楼橹1	明	58	58			
L119	方柱形基本保存	下条石上砖	10.5×11×7.65	4窗	1门 3窗	1门 2窗	3窗	3筒拱 2隔墙	梯井	楼橹1	明	221	221			
L120	毁坏	下条石上砖	10×10.5×5.2								明	191	191			
L121	梯柱形基本保存	下条石上砖	11×10×7.75	4窗	4窗	1门 2窗	1门 2窗	3筒拱 2隔墙	梯井	楼橹1	明	198	144	54		
L122	梯柱形完好	下条石上砖	10×10.5×7.9	4窗	1门 2窗	3窗	3窗	3筒拱 2隔墙	梯井	楼橹1	明	217		217		
L123	毁坏	下条石上砖	10×10×3.2	3窗	3窗	1门 1窗	1门 1窗				明	80		80		
L124	毁坏	下条石上砖	10×10.3×3.15								明	115		115		
L125	方柱形完好	下条石上砖	10×10×7.57	1门 2窗	1门 2窗	3窗	3窗	3筒拱 2隔墙	梯井	楼橹1	明	85		85		
L126	存部分	下条石上砖	10×10×4			3窗	3窗				明	123		123		
L127	毁坏	下条石上砖	9.5×10×4.1								明	174		174		
L128	毁坏	下条石上砖	10×10×6.75	1门 2窗	1门 2窗	3窗	2窗	围廊中心室	单梯道		明	240		240		
L129	梯柱形完好	下条石上砖	10×10×6.85	1门 2窗	1门 2窗	3窗	3窗	3筒拱 2隔墙	单梯道	楼橹1	明	250		250		
L130	方柱形完好	下条石上砖	10×10.5×9.4	1门 2窗	1门 2窗	4窗	3窗	3筒拱 2隔墙	单梯道		明	183		183	接第15测区72号楼	
											总计	20273.5	3420.5	12106	4747	
董家口附边																
											总计	全长1020		770	250	

附表二 蓟十三测区洪山口—铁门关段空心敌台统计表 单位：米

编号	形制	结构	尺寸（长×宽×高）	外部（门、箭窗）				内部		楼顶	时代	边墙				备考
				东	西	南	北	结构	梯道			台距	砖	石	山险	
洪山口1号楼向东											250	250				
L1	毁坏	下条石上砖	8×8×1.8								明	114	114			
L2	毁坏	下条石上砖	6.8×6.8×1.2								明	356	356			
L3	毁坏	下条石上砖	10×9.7×4								明	215		215		
L4	毁坏	下条石上砖	9×9×4.5								明	120		120		
L5	毁坏	下条石上砖	9.5×9.5×5								明	222	34	188		
L6	毁坏	下条石上砖	9.4×9.4×9	1门2窗	1门2窗	2窗	2窗	3筒拱2隔墙	单梯道		明	103		103		
L7	毁坏	下条石上砖	10.2×10.5×3.8								明	128		128		
L8	毁坏	下条石上砖	11.2×8.6×7								明	178		178		
L9	毁坏	下条石上砖	8×8×2								明	203		203		
L10	毁坏	下条石上砖	11×10.8×7.5	3窗	3窗	1门2窗	1门2窗	3筒拱2隔墙	单梯道		明	143		143		
L11	毁坏	下条石上砖	8.5×8.5×1								明	194		194		
L12	毁坏	下条石上砖	12×12×3.5								明	669		669		
L13	毁坏	下条石上砖	10×10×1.5								明	398		398		
L14	方柱形基本保存	下条石上砖	9.6×9.6×9.1	3窗	3窗	1门2窗	1门2窗	3筒拱2隔墙			明	685		235	450	
L15	毁坏	下条石上砖	10×8×5								明	124	124			
L16	毁坏	下条石上砖	11×11×6.4	3窗	3窗		1门2窗	3筒拱2隔墙			明	275		275		
L17	毁坏	下条石上砖	10×10×3	1门							明	373	373			
L18	方柱形基本保存	下条石上砖	9.6×12.5×7.2	4窗	4窗	1门2窗	1门2窗	3筒拱2隔墙	梯井			1059		320	739	
椽八峪口																
L19	存部分	下条石上砖	9.7×9.7×4.6	4窗	4窗	1门2窗	1门2窗	3筒拱2隔墙			明	100		100		
L20	存部分	下条石上砖	11.7×11.45×10.8	3窗	3窗	1门	1门	3筒拱2隔墙			明	128		128		
L21	梯柱形完好	下条石上砖	9.5×9.7×9.5	4窗	4窗	1门2窗	1门2窗	围廊中心室	单梯道		明	1066		296	770	
L22	毁坏	下条石上砖	7×8×1.5								明	209		179	30	

续附表二

编号	形制	结构	尺寸	外部（门、箭窗）				内部		楼顶	时代	边墙				备考
				东	西	南	北	结构	梯道			台距	砖	石	山险	
L23	毁坏	下条石上砖	7×6.2×1.5								明	102		102		
L24	存部分	下条石上砖	7×6×2								明	50		50		
L25	毁坏	下条石上砖	11×13×3								明	474		160	314	
龙井关																
L26	毁坏	下条石上砖	11×11×5.5								明	65		65		
L27	毁坏	下条石上砖	8.5×12×8								明	138		138		
L28	毁坏	下条石上砖	11×9×5.4								明	311		111	200	
L29	毁坏	下条石上砖	11.6×10×5								明	110		80	30	
L30	毁坏	下条石上砖	11×9×5								明	130		110	20	
L31	毁坏	下条石上砖	9×12×4								明	110		110		
L32	毁坏	下条石上砖	6×5×2								明	85		85		终止
L26	毁坏	下条石上砖	11×11×5.5								明	568		248	320	从此分支到L33
聂门子口																
L33	毁坏	下条石上砖	6.4×10×3								明	321		321		
苏郎峪口																
L34	毁坏	下条石上砖	11×10×3								明	476		246	230	
L35	毁坏	下条石上砖	8×8.5×4.3									290		105	185	
L36	毁坏	下条石上砖	7×6×1								明	464		114	350	
北水峪口子																
L37	毁坏	下条石上砖	7.8×8×0.6								明	810		670	140	
水门洞口子																
L38	毁坏	下条石上砖	7×7×0.6								明	2463		1938	525	
三台山口（黑河口）																
L39	毁坏	下条石上砖	7×7×2								明	206	84	122		

续附表二

编号	形制	结构	尺寸 （长×宽×高）	外部（门、箭窗）				内部		楼顶	时代	边墙				备考
				东	西	南	北	结构	梯道			台距	砖	石	山险	
西城峪口																
L40	毁坏	下条石 上砖	10×10×2.5								明	411		341	70	
L41	毁坏	下条石 上砖	7×7×3.5								明	2204		1604	600	
L42	毁坏	下条石 上砖	10×10×4.5								明	953		953		
L43	方柱形基本保存	下条石 上砖	10×10×8.2	3窗	1门 1窗	3窗	3窗				明	208		208		
东城峪口																
L44	水库淹没毁坏	下条石 上砖	10×10								明	1755		1755		有500米水库淹没
L45	毁坏	下条石 上砖	13×9×2.5								明	380		380		
L46	毁坏	下条石 上砖	10×10×2.5								明	2422		195	2227	
L47	毁坏	下条石 上砖	7×12×3.5								明	750		200	550	
L48	毁坏	下条石 上砖	8×8×3.7								明	1150		270	880	到L48终止
小杂口（小喜峰口）																
L49	毁坏	下条石 上砖	8×8×2								明	686		686		
L50	存部分	下条石 上砖	11×11×6.1	1门 4窗			2窗	围廊中心室				195	195			
L51	方柱形完好	下条石 上砖	9.5×13×6.5	4窗	4窗	1门 2窗	1门 2窗	3筒拱 2隔墙	单梯道		明	112	112			
L52	毁坏	下条石 上砖	11×11×3.2								明	100	100			
L53	存部分	下条石 上砖	10×12×6.2	4窗	4窗	1门 2窗	1门 2窗	3筒拱 2隔墙				110	110			
L54	毁坏	下条石 上砖	10×12×2.7								明	230	230			
大喜峰口关																
L55	毁坏	下条石 上砖	10×10×6.5	1门 2窗	1门 2窗	3窗	3窗				明	50		50		
L56	毁坏	下条石 上砖	10×10×2.8								明	871		89	782	
L57	存部分	下条石 上砖	9×9×7.2	1门 2窗	1门 2窗	3窗	3窗	3筒拱 2隔墙			明	280		30	250	
L58	基本保存	下条石 上砖	7.5×13.5×7	5窗	5窗	1门 1窗	1门 1窗	单筒拱室	单梯道		明	302	100	202		
L59	毁坏	下条石 上砖	9×12×2.5								明	158		158		

续附表二

编号	形制	结构	尺寸（长×宽×高）	外部（门、箭窗）				内部		楼顶	时代	边墙				备考
				东	西	南	北	结构	梯道			台距	砖	石	山险	
L60	长方柱形完好	下条石上砖	8×11×6.9	5窗	5窗	1门2窗	1门1窗	单筒拱室	单梯道		明	2272		142	2130	
L61	毁坏	下条石上砖	8×11×2.9	1门1窗	1门1窗	5窗	5窗	单筒拱室			明	1720		140	1580	
L62	完好	下条石上砖	8.5×12×4.3	4窗	4窗	1门1窗	1门1窗	围廊中心室	单梯道		明	454		454		
L63	完好	下条石上砖	10.7×11.2×8	3窗	3窗	1门2窗	1门2窗	3筒拱2隔墙	单梯道	楼橹1	明	285		225	60	
L64	存部分	下条石上砖	7×12.5×7.28	1门1窗	1门1窗	3窗	3窗		单梯道		明	679		559	80	
L65	基本保存	下条石上砖	7×12×5.6	5窗	5窗	1门1窗	1门1窗	单筒拱室	单梯道		明	316		316		
李家峪口																
L66	毁坏	下条石上砖	7×12.5×5.6	5窗	5窗		1门1窗				明	220		220		
L67	基本保存	下条石上砖	12×6.5×6.2	2窗	2窗	1门4窗	5窗	单筒拱室	单梯道		明	227		227		终止
L68	长方梯柱形基本保存	下条石上砖	6×12×6.33	5窗	5窗	1门1窗	1门1窗	单筒拱室	单梯道		明	331		331		
L69	毁坏	上砖	9×11×3.5								明	164	164			
L70	毁坏	下条石上砖	10×11.5×3								明	856		856		
L71	毁坏	下条石上砖	12×7×2								明	256		136	120	
铁门关正关																
L72												终止				接14测区
											总计	35592	2346	19614	13632	
D23分支墙体																
D23												640		640		
D24												275		275		到残楼止
											总计	915		915		

附表三　　蓟十三测区潘家口城西北外围分支（附边）段空心敌台统计表　　单位：米

编号	形制	结构	尺寸（长×宽×高）	外部（门、箭窗）				内部		楼顶	时代	边墙				备考
				东	西	南	北	结构	梯道			台距	砖	石	山险	
主体墙L46											430			430	潘家口水库淹没区	
潘家口东门										明	30	30				
L1	毁坏	下条石上砖	11×11×3.5								明	150	150			
L2	毁坏	下条石上砖	11×11×3.5								明	142	142			
L3	毁坏	下条石上砖	11×11×4								明	235	235			
L4	毁坏	下条石上砖	10×10×4								明	372	372			
L5	方柱形完好	下条石上砖	11.5×7.2×7.65	1门1窗	1门1窗	4窗	4窗	2筒拱2隔墙	单梯道	楼橹1	明	265	265			
L6	存部分	下条石上砖	8.3×11×4.5	3窗		1门1窗	1门1窗				明	150	60		90	
L7	毁坏	下条石上砖	13×9×3.5	4窗	4窗	1门1窗	1门1窗				明	130	65		65	
L8	毁坏	下条石上砖	12×9×3.5	1门2窗	1门2窗	4窗	4窗				明	310	80		230	
L9	方柱形完好	下条石上砖	10.7×10.7×8.7	3窗	3窗	1门2窗	3窗	3筒拱2隔墙	单梯道		明	200			200	
L10	长方柱形完好	下条石上砖	5.3×14.2×8.8	5窗	5窗	2窗	1门	单筒拱室	单梯道	楼橹1	明	98			98	
L11	方柱形存部分	下毛石上砖	10×9.5×7.2	3窗	3窗	1门2窗	1门2窗	3筒拱2隔墙	梯井		明	100			100	
L12	长方柱形存部分	木结构，下毛石上砖	8×11.8×10.3	4窗	4窗	1门2窗	3窗	框箱式		楼橹1	明	100			100	
L13	长方柱形存部分	下毛石上砖	7×9×9	3窗	3窗	1门2窗	1门2窗				明	150			150	
L14	存部分	下毛石上砖	7.3×1×3.7								明	400			400	
L15	方柱形基本保存	下条石上砖	9×9.5×6.7	3窗	3窗	1门2窗	1门2窗	3筒拱2隔墙	梯井	楼橹1	明	250			250	
L16	方柱形基本保存	下毛石上砖	9.5×9.5×7.6	3窗	3窗	1门2窗	3窗	3筒拱2隔墙	梯井		明	800			800	
L17	毁坏	下条石上砖	7×7×3.2								明	170		70	100	
L18	毁坏	下条石上砖	7×9×2.7								明	58		58		
L19	毁坏	下条石上砖	10×10×3.5								明	195		195		

续附表三

编号	形制	结构	尺寸（长×宽×高）	外部（门、箭窗）				内部		楼顶	时代	边墙				备考
				东	西	南	北	结构	梯道			台距	砖	石	山险	
L20	存部分	下毛石上砖	10.5×7×3.7		3 窗		1 门 2 窗				明	510		110	400	
L21	长方柱形完好	下毛石上砖	9.6×9.7×10.5	2 窗	2 窗	1 门 2 窗	3 窗	2 筒拱 1 隔墙	单梯道	楼橹 1	明	1046			1046	
L22	方柱形完好	下条石上砖	10×9×7.4	1 门 2 窗	1 门 2 窗	3 窗	3 窗	3 筒拱 2 隔墙	单梯道	楼橹 1	明	250			250	
L23	方柱形基本保存	下条石上砖	8×12×6.95	4 窗	4 窗	1 门 1 窗	1 门 1 窗	2 筒拱 1 隔墙	单梯道		明	140			140	
L24	长方柱形完好	下条石上砖	7×12×6.5	4 窗	4 窗	1 门 1 窗	1 门 1 窗	2 筒拱 1 隔墙	单梯道		明	150			150	
L25	毁坏	下条石上砖	8×12×2.8								明	100			100	
L26	毁坏	下条石上砖	9.5×9.5×2.6								明	200		125	75	
L27	毁坏	下条石上砖	15×7×2.75								明	270		70	200	
L28	毁坏	下条石上砖	10×10×3.5	3 窗							明	2490			2490	到 L43 号和主体墙接
											总计	9891	1399	628	7864	

附表四 蓟十二测区洪山口—马蹄峪段空心敌台统计表 单位：米

编号	形制	结构	尺寸（长×宽×高）	外部（门、箭窗）				内部		楼顶	时代	边墙				备考
				东	西	南	北	结构	梯道			台距	砖	石	山险	
L1	毁坏	下条石上砖	13×13×3								明	135		135		
L2	毁坏	下条石上砖	4×3×4								明	558	334	224		
L3	毁坏	下条石上砖	10×10.4×3								明	91	91			
L4	毁坏	下条石上砖	9×10×2.5								明	223	223			
L5	毁坏	下条石上砖	14×12×3								明	70	70			
洪山口口门																
L6	方柱形完好	下条石上砖	10×10×9	1门2窗	1门2窗	3窗	3窗	3筒拱2隔墙			明	不在主墙上				无法攀登到楼顶
L7	毁坏	下条石上砖	8×4.3×1.5								明	不在主墙上				
L8	毁坏	下条石上砖	8×8×1.5								明	不在主墙上				
L9	毁坏	下条石上砖	9×13×5								明	100	100			
L10	毁坏	下条石上砖	11×9×2.5								明	83	83			
L11	毁坏	下毛石上砖	10×9×5								明	127	127			
L12	毁坏	下条石上砖	10×10×4.4								明	160	110		50	
L13	毁坏	下条石上砖	10×16×2								明	91	91			
L14	毁坏	下条石上砖	11.5×11.8×3.5					3筒拱2隔墙			明	119	119			
L15	毁坏	下条石上砖	10.7×11.3×3.5								明	198	198			
L16	毁坏	下条石上砖	10×9×4								明	135		135		
L17	毁坏	下条石上砖	10×9×2								明	170		170		
L18	毁坏	下条石上砖	11.5×11.2×4.8								明	94		94		
L19	毁坏	下条石上砖	8.2×8.2×5								明	200		200		
L20	毁坏	下条石上砖	9.7×9.7×4.2								明	160		160		

续附表四

编号	形制	结构	尺寸（长×宽×高）	外部（门、箭窗）				内部		楼顶	时代	边墙				备考
				东	西	南	北	结构	梯道			台距	砖	石	山险	
L21	方柱形完好	下条石上砖	9.4×9.4×11	1门2窗	1门2窗	3窗	3窗	3筒拱2隔墙	单梯道		明	231		231		
L22	方柱形完好	下条石上砖	9.5×10.5×8.7	1门2窗	1门2窗	3窗	3窗	3筒拱2隔墙	单梯道		明	114		114		
L23	毁坏	下条石上砖	11×10.8×4.2								明	165		165		
L24	方柱形完好	下条石上砖	8.8×8.8×2								明	282		282		
L25	毁坏	下条石上砖	9×8.7×3								明	148		148		
L26	毁坏	下条石上砖	9.5×9.8×5.5								明	191		191		
L27	方柱形完好	下条石上砖	9.9×9.8×8.7	1门2窗	1门2窗	4窗	4窗	围廊中心室	单梯道		明	118		118		
L28	毁坏	下条石上砖	10×10×4.2								明	203		203		
L29	毁坏	下毛石上砖	11×10×5								明	166		166		
L30	毁坏	下条石上砖	10×10×2								明	198		198		
L31	毁坏	下条石上砖	11×12.5×4								明	255		255		
L32	毁坏	下条石上砖	11×11×3								明	195		195		
L33	毁坏	下条石上砖	10.5×10.4×4.8								明	160		160		
L34	毁坏	下条石上砖	10×10.3×3.9								明	175		175		
L35	毁坏	下条石上砖	8.5×9×4.9								明	150		150		
L36	毁坏	下条石上砖	11×12×4.8								明	120		120		
L37	毁坏	下条石上砖	10.5×11.5×3								明	143	143			
L38	毁坏	下条石上砖	11×11.1×4.9								明	175		175		
L39	毁坏	下条石上砖	10×10.5×5.7								明	130		130		
L40	毁坏	下条石上砖	10×11×3								明	245		245		
L41	毁坏	下条石上砖	11×11×5.9								明	85		85		
L42	毁坏	下条石上砖	9×9×3.9								明	350		350		

续附表四

编号	形制	结构	尺寸 （长×宽×高）	外部（门、箭窗）				内部		楼顶	时代	边墙				备考
				东	西	南	北	结构	梯道			台距	砖	石	山险	
L43	毁坏	下条石 上砖	8×7×2								明	220		220		
L44	毁坏	下条石 上砖	9.3×9.3×4.7								明	310		310		
L45	方柱形基本保存	下条石 上砖	11×10×7.9	1门 2窗	1门 2窗			3筒拱 2隔墙			明	170		170		
活口（豁口）																
L46	毁坏	下条石 上砖	11×11×3								明	100		100		
L47	毁坏	下毛石 上砖	11×11×3								明	145		145		
L48	毁坏	下条石 上砖	11×11×2.5								明	1017		1017		
L49	方柱形 完好	下条石 上砖	11×10×8.1	1门 2窗	1门 2窗	3窗	3窗	3筒拱 2隔墙	梯井		明	185		185		
L50	存部分	下条石 上砖	11×10×8.1	1门 2窗	1门 2窗	3窗	3窗				明	140		140		
L51	方柱形 完好	下条石 上砖	10×9.7×85	1门 2窗	1门 2窗	3窗	3窗	围廊中 心室	梯井	楼橹1	明	215		215		
L52	毁坏	下条石 上砖	10×10×4								明	1030		1030		
舍身台口（舍身台碑原存处）																
L53	毁坏	下条石 上砖	9×10×2.5								明	570		570		
L54	方柱形 完好	下条石 上砖	9.5×9×9.5	3窗	3窗	1门 2窗	1门 2窗	3筒拱 2隔墙	单梯道	楼橹1	明	450		400	50	
L55	毁坏	下条石 上砖	10×10×2								明	430		430		
L56	毁坏	下条石 上砖	12×11×3								明	240		240		
L57	毁坏	下条石 上砖	11×11×4								明	470		470		
L58	毁坏	下条石 上砖	10×9×4								明	545		545		
L59	毁坏	下毛石 上砖	10×11×3.75								明	685		635	50	
L60	基本保存	下条石 上砖	11×10×3.6	3窗	3窗	1门 2窗	1门 2窗	3筒拱 2隔墙	单梯道		明	420		420		
L61	基本保存	下条石 上砖	10×10×3.5	1门 2窗	1门 2窗	2窗	2窗	2筒拱 1隔墙	单梯道		明	680		380	300	与马蹄峪口西第十一测区L1相接
											总计	14735	1689	12596	450	

实测图

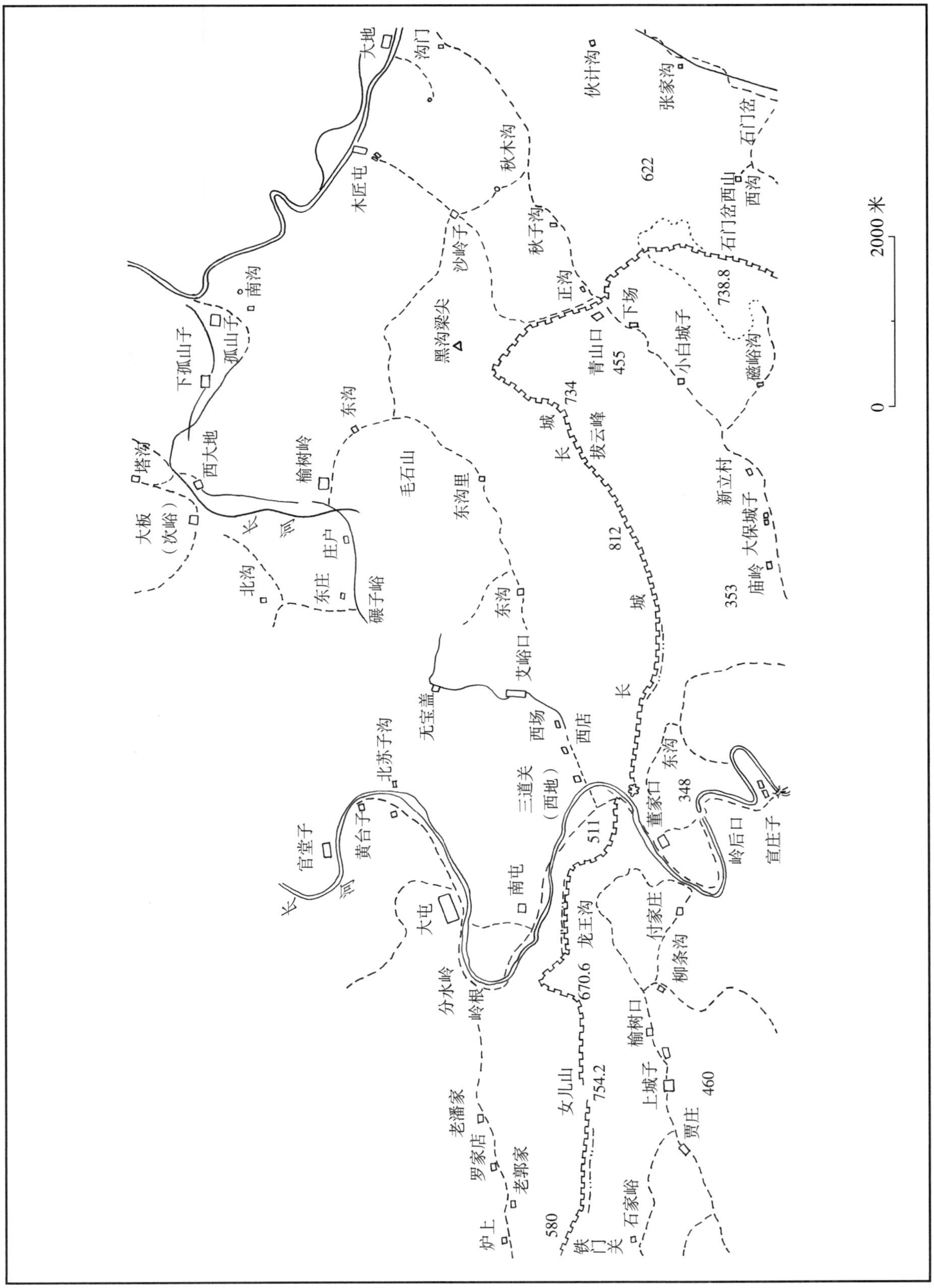

图［14］001　第十四测区长城地段图（用五万分之一图）

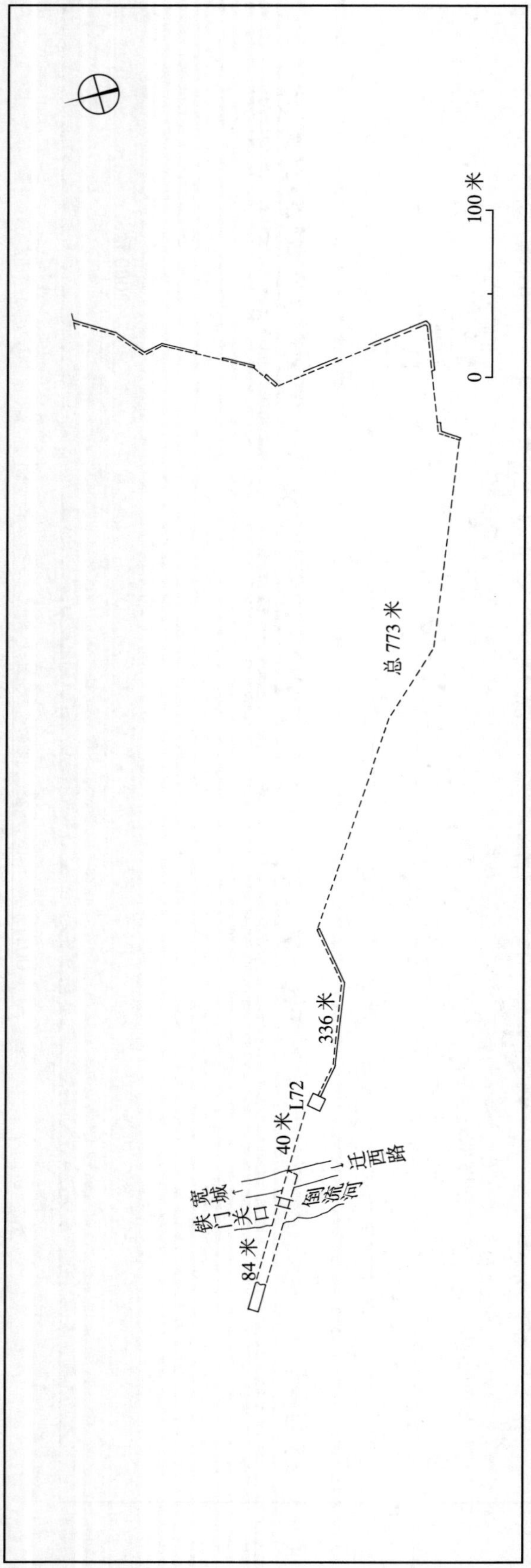

图［14］002　C1 贾庄测区边墙建筑遗迹分布图

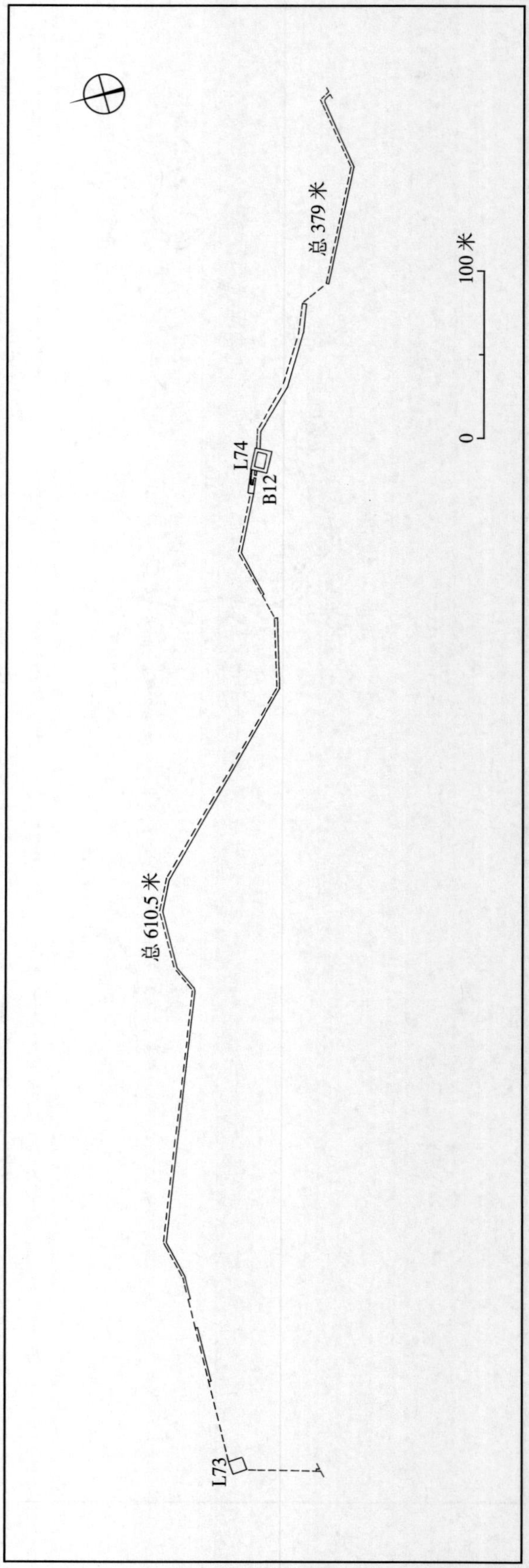

图［14］003　C2 贾庄测区边墙建筑遗迹分布图

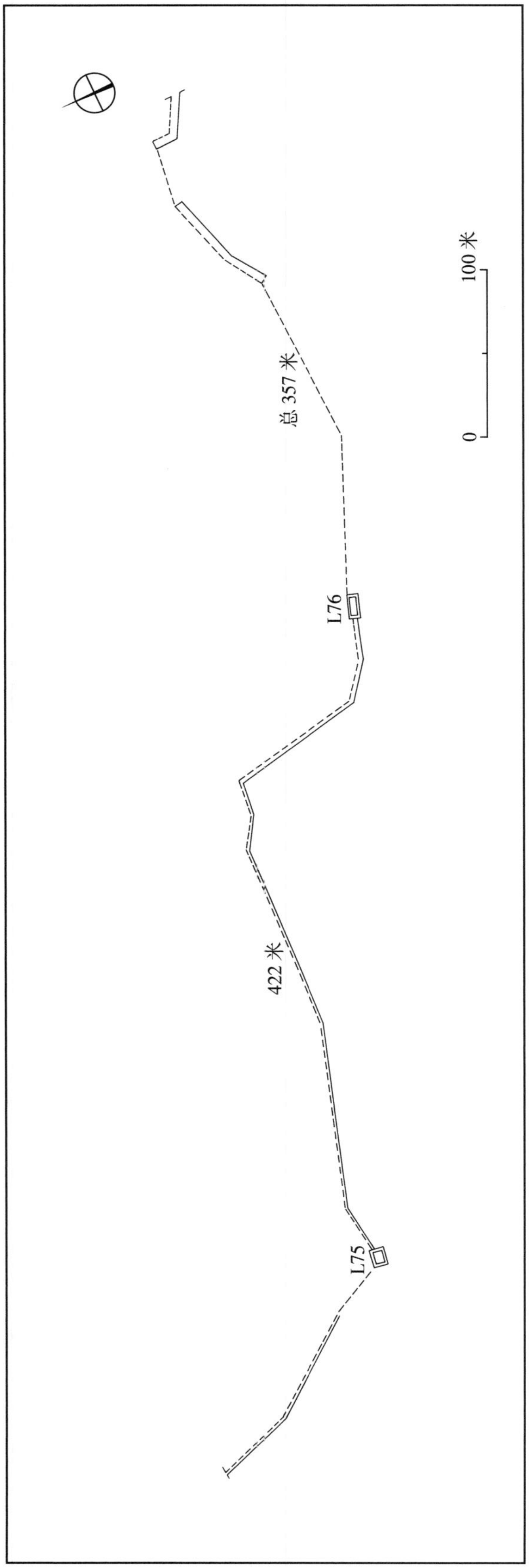

图［14］004　C3贾庄测区边墙建筑遗迹分布图

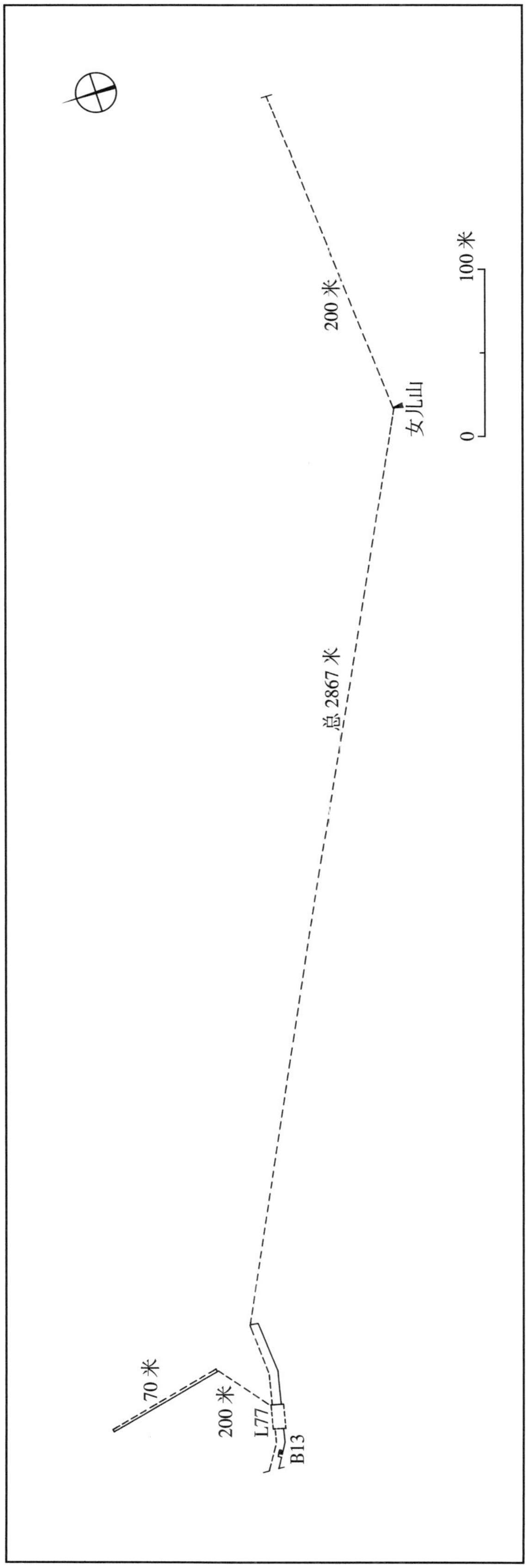

图［14］005　C4贾庄测区边墙建筑遗迹分布图

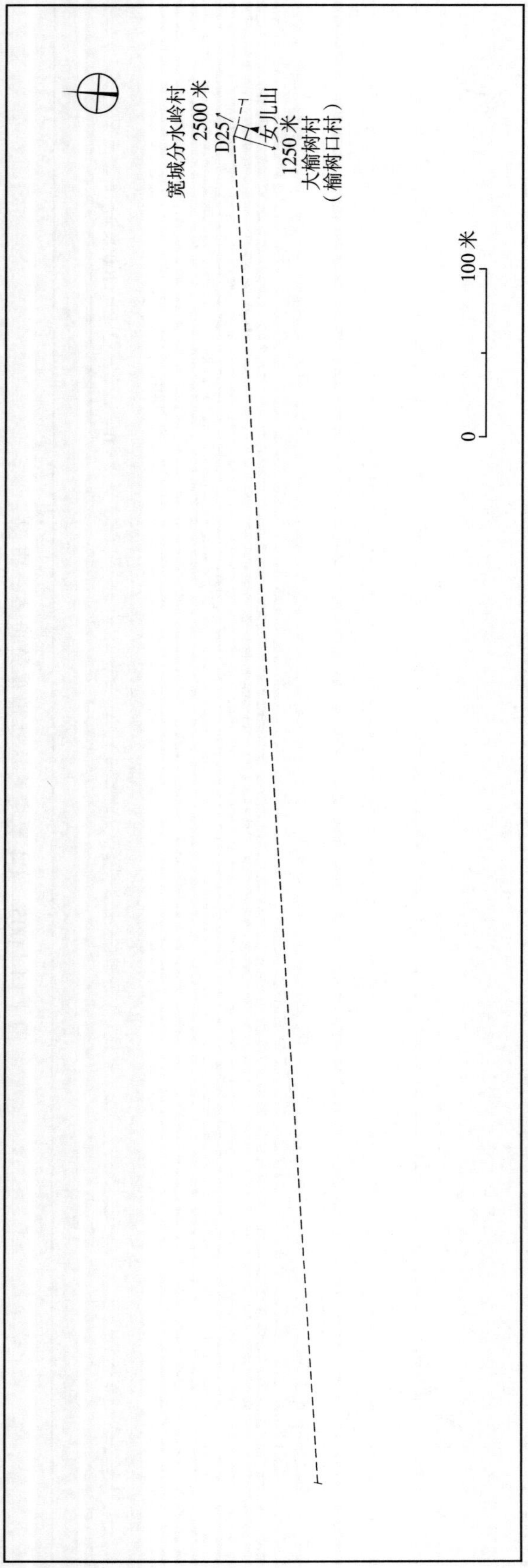

图［14］006　C5 贾庄测区边墙建筑遗迹分布图

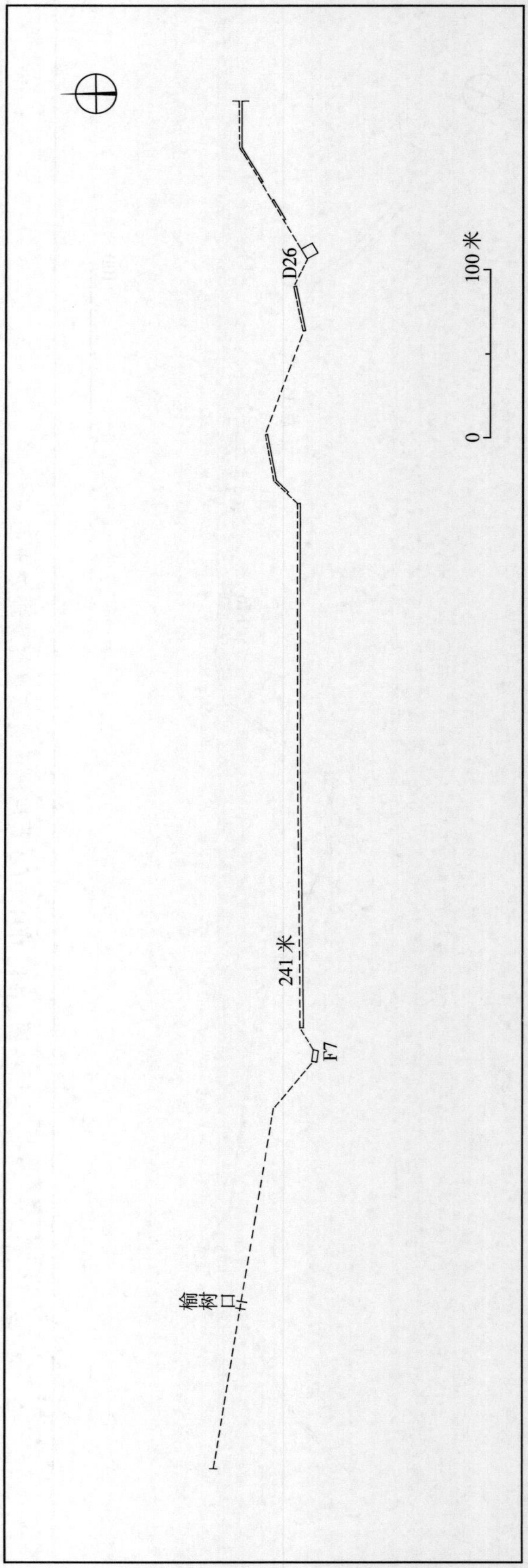

图［14］007　C6 贾庄测区边墙建筑遗迹分布图

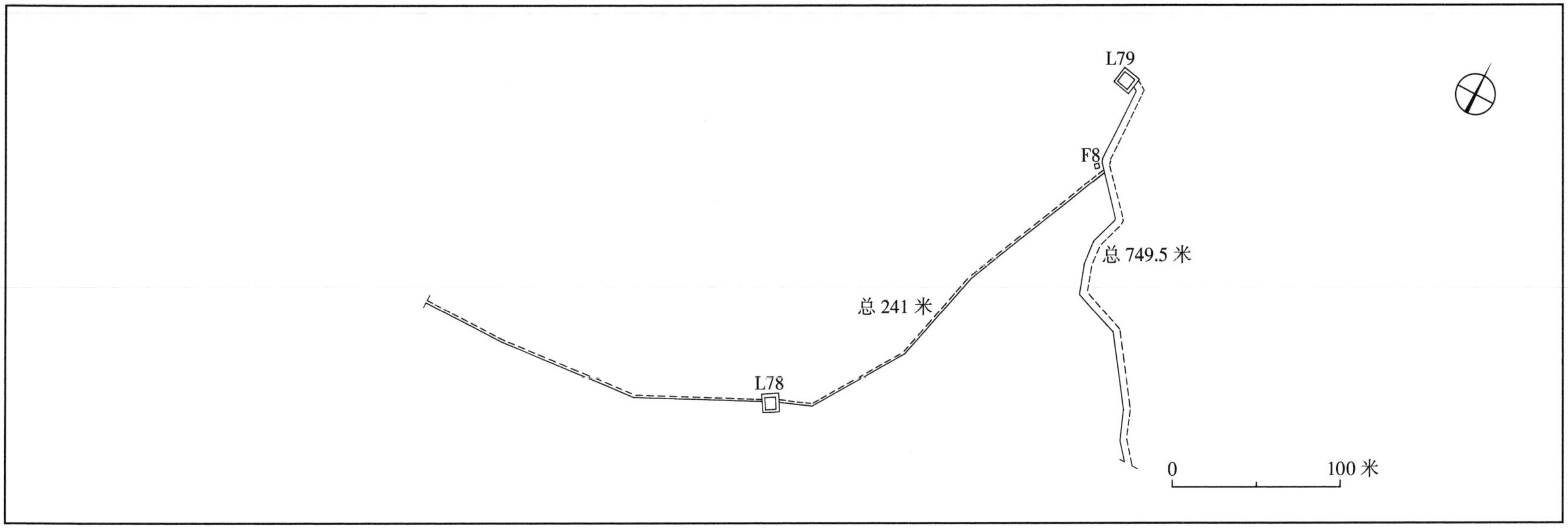

图［14］008 C7 贾庄测区边墙建筑遗迹分布图

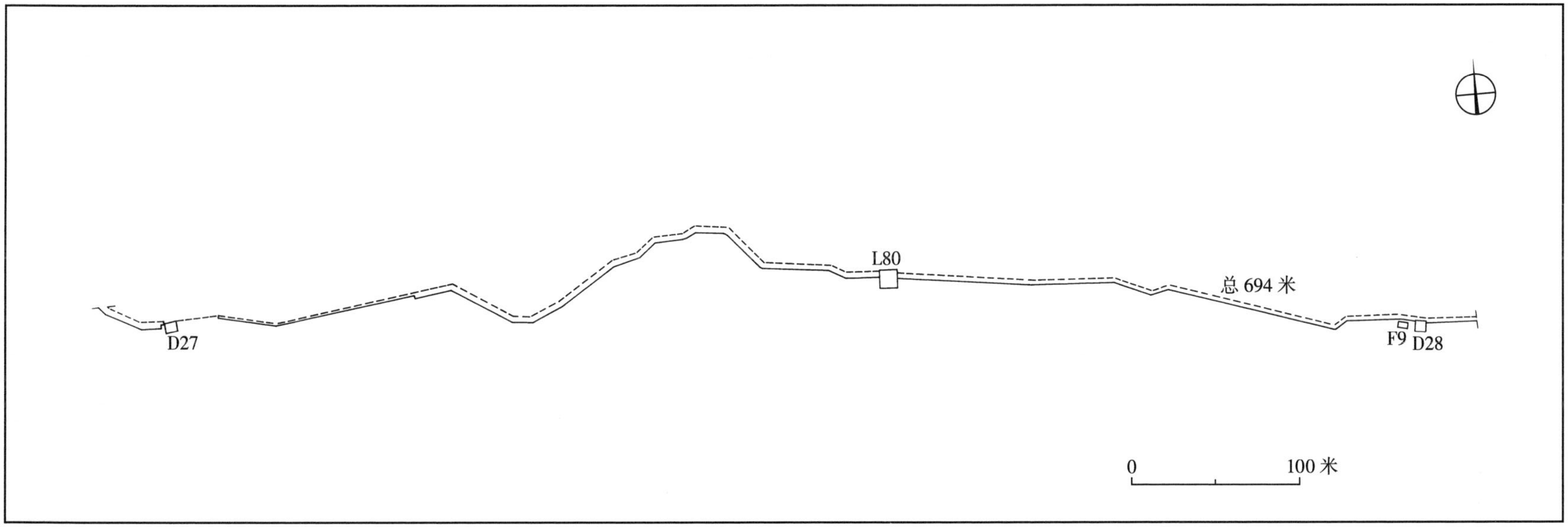

图［14］009 C8 贾庄测区边墙建筑遗迹分布图

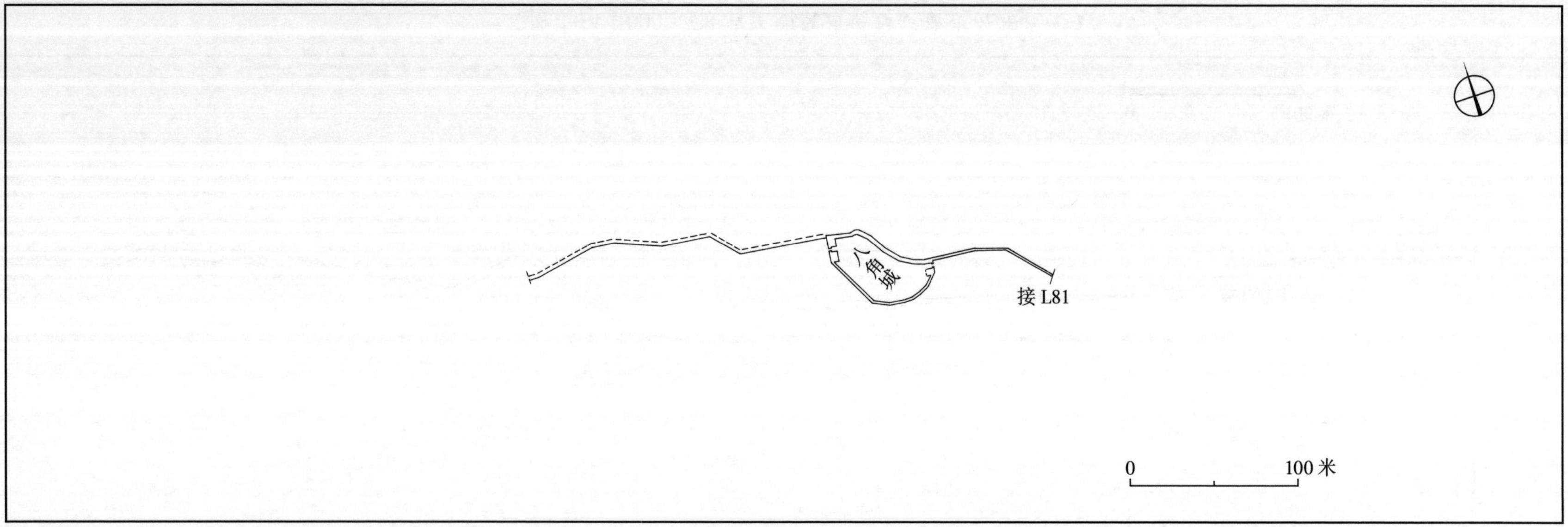

图［14］010　C9 贾庄测区边墙建筑遗迹分布图

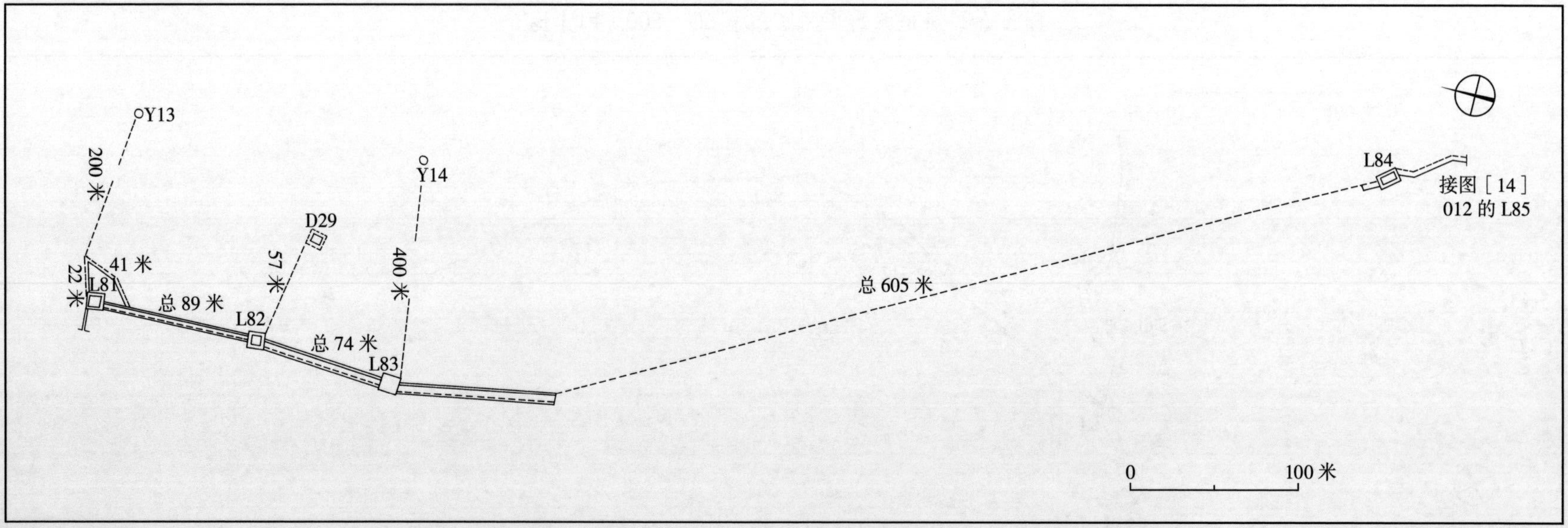

图［14］011　C10 董家口测区边墙建筑遗迹分布图（含董家口附边）

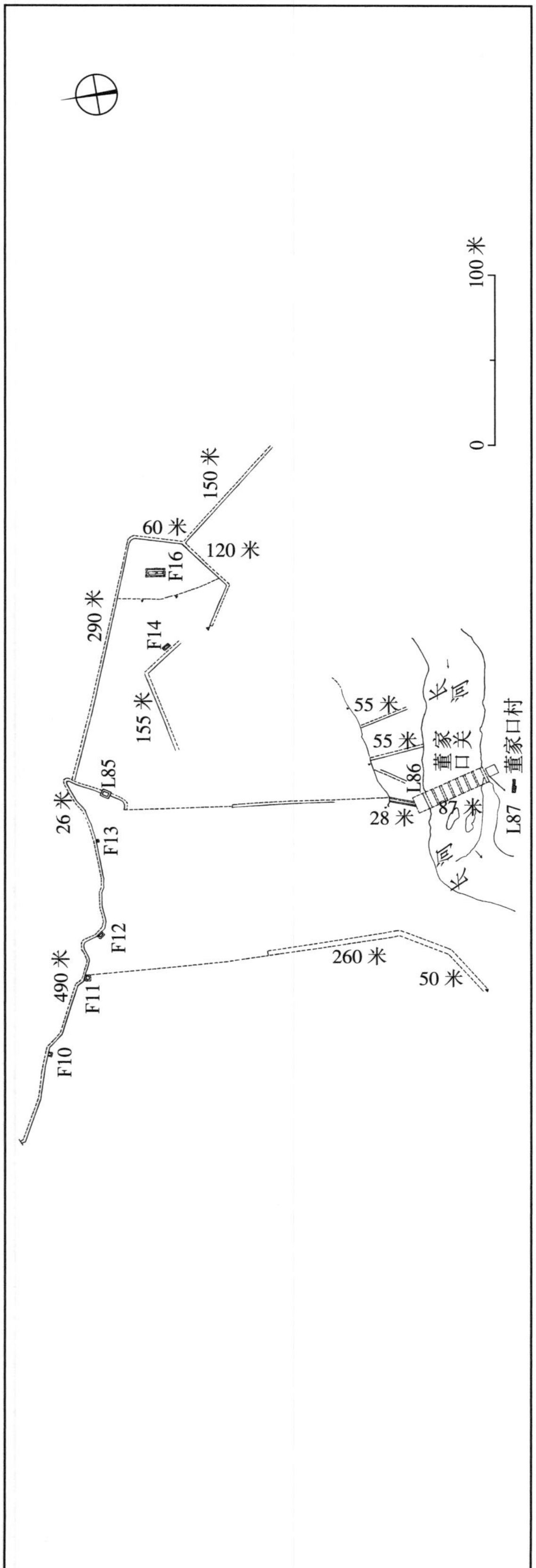

图［14］012　C11 董家口测区边墙建筑遗迹分布图

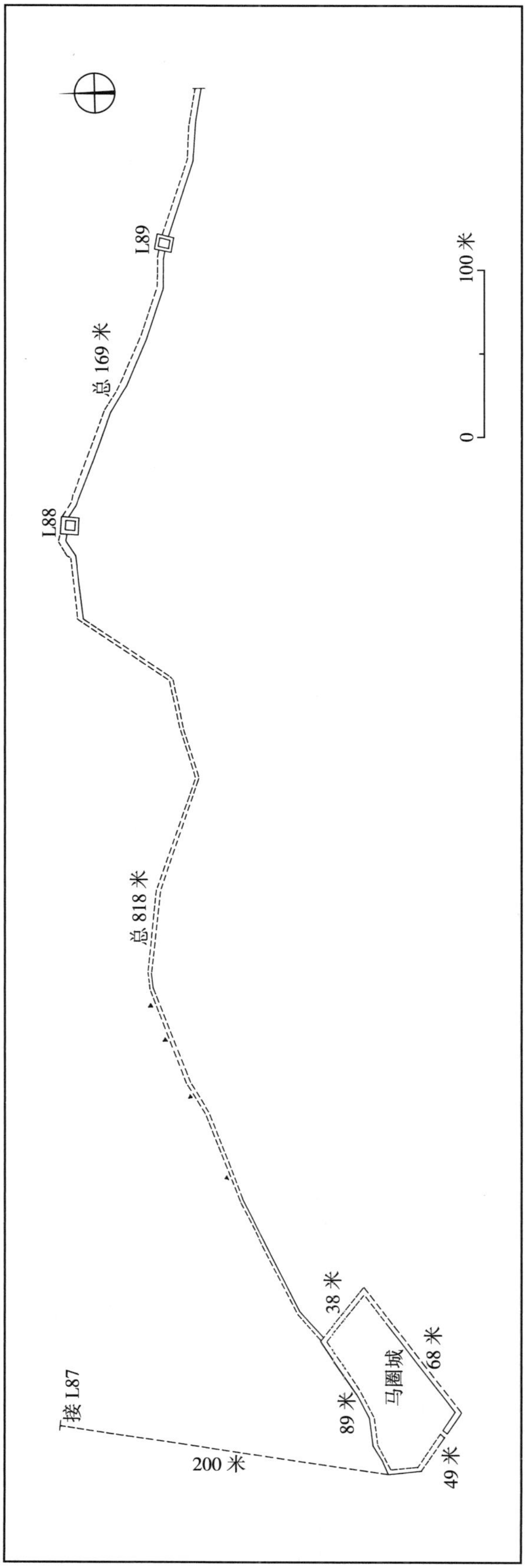

图［14］013　C12 董家口测区边墙建筑遗迹分布图

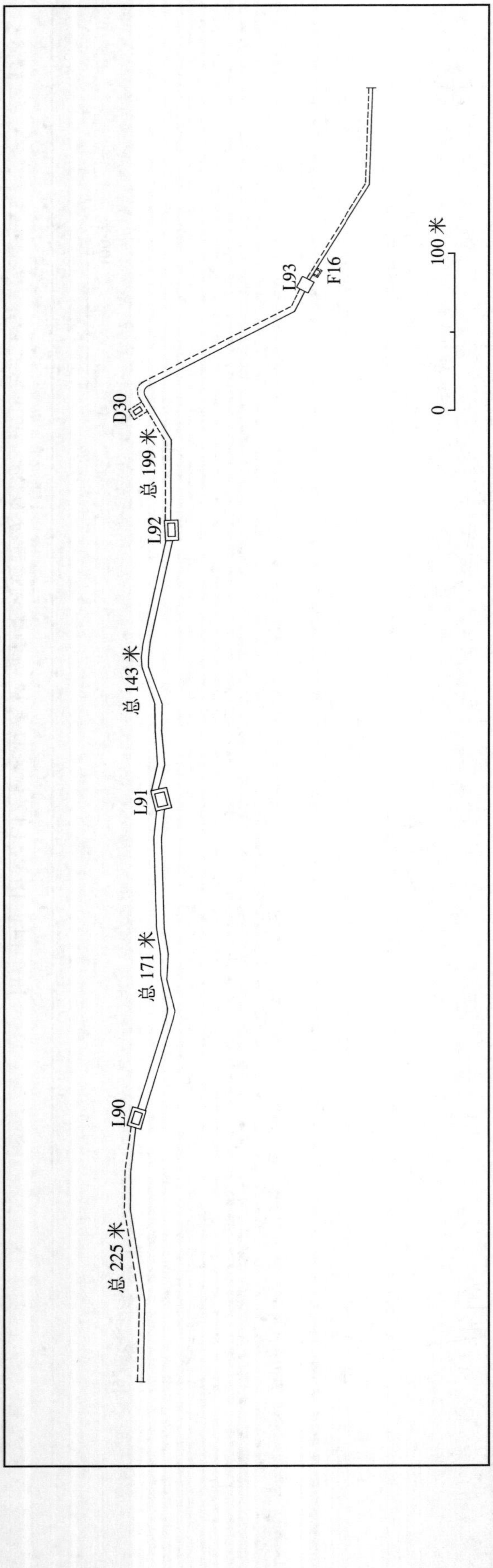

图［14］014　C13 董家口测区边墙建筑遗迹分布图

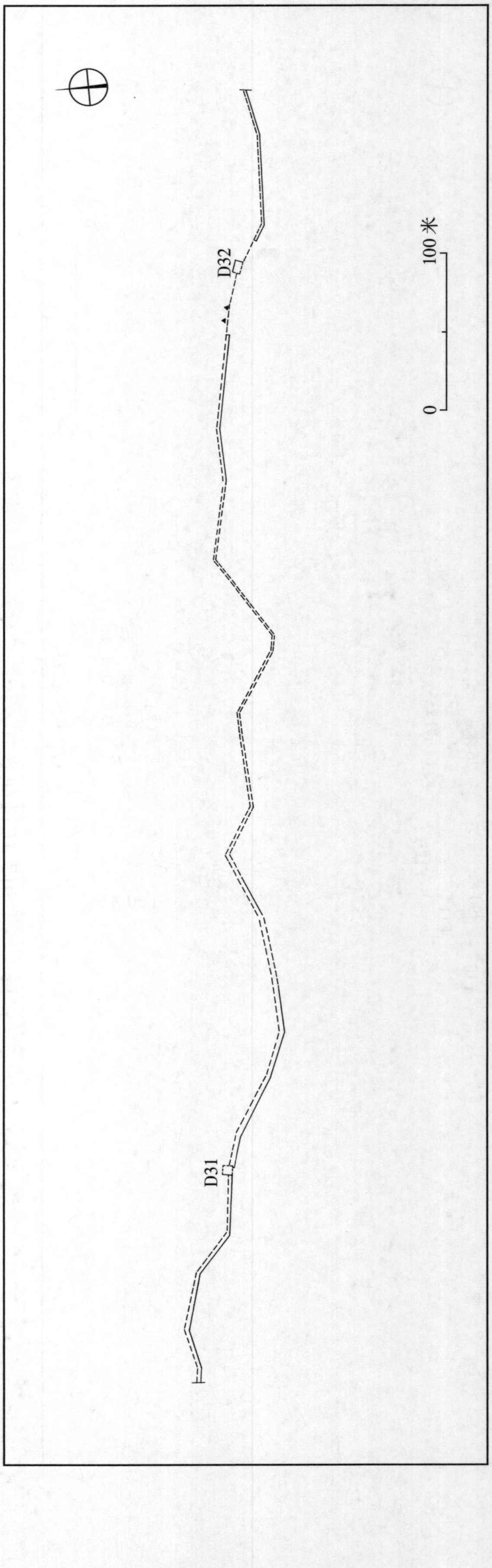

图［14］015　C14 董家口测区边墙建筑遗迹分布图

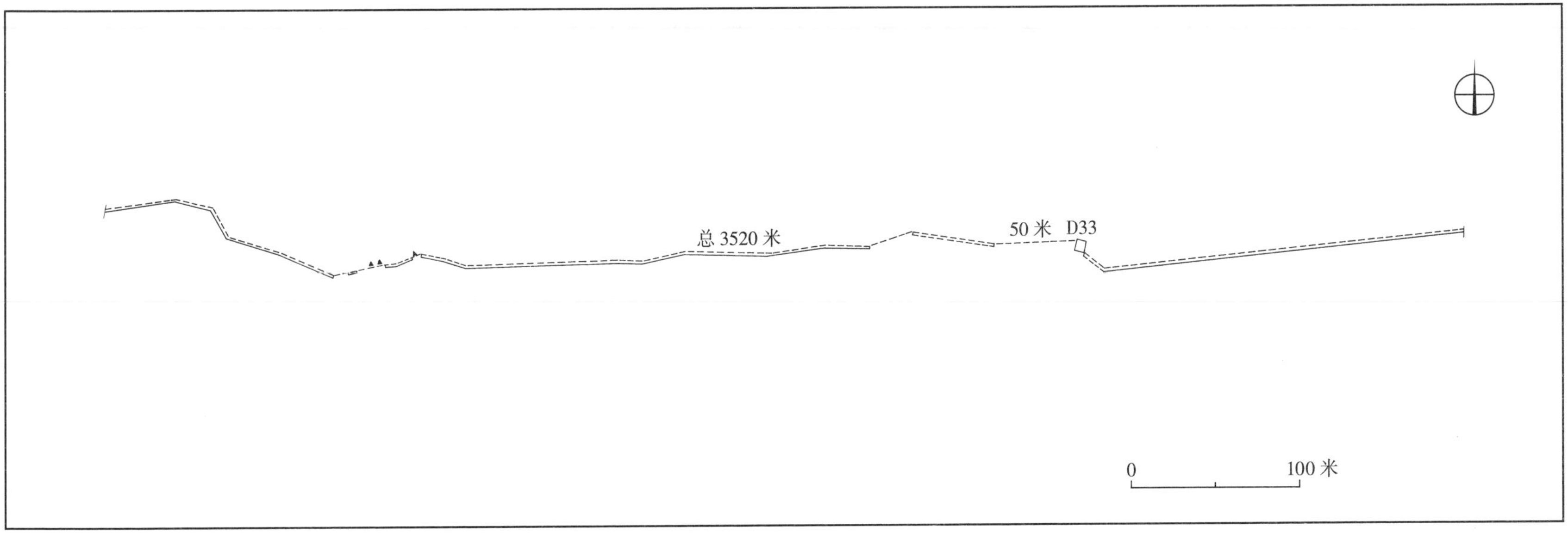

图［14］016　C15 青山口测区边墙建筑遗迹分布图

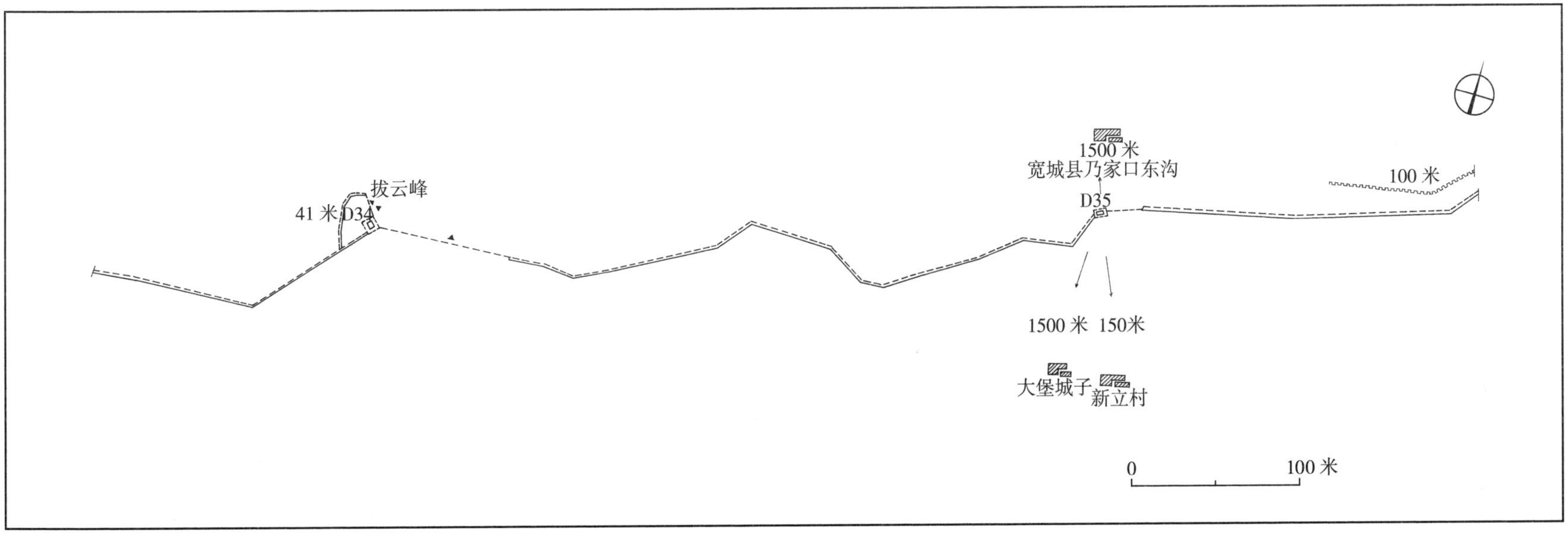

图［14］017　C16 青山口测区边墙建筑遗迹分布图

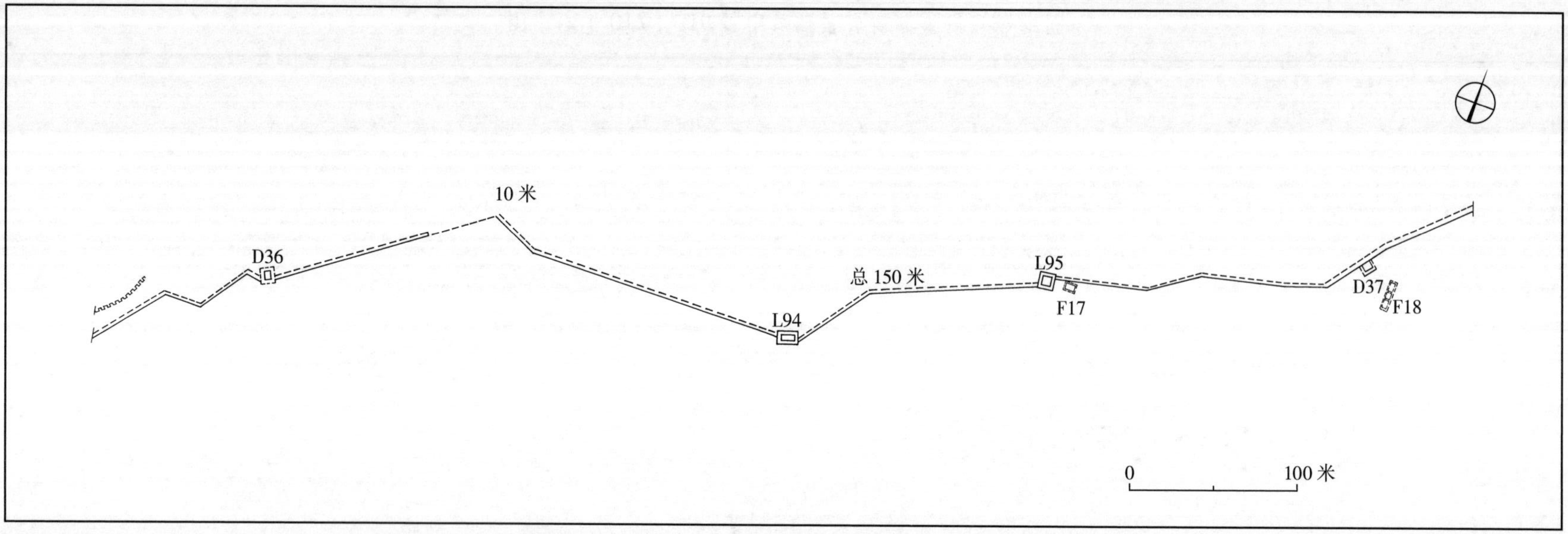

图［14］018　C17 青山口测区边墙建筑遗迹分布图

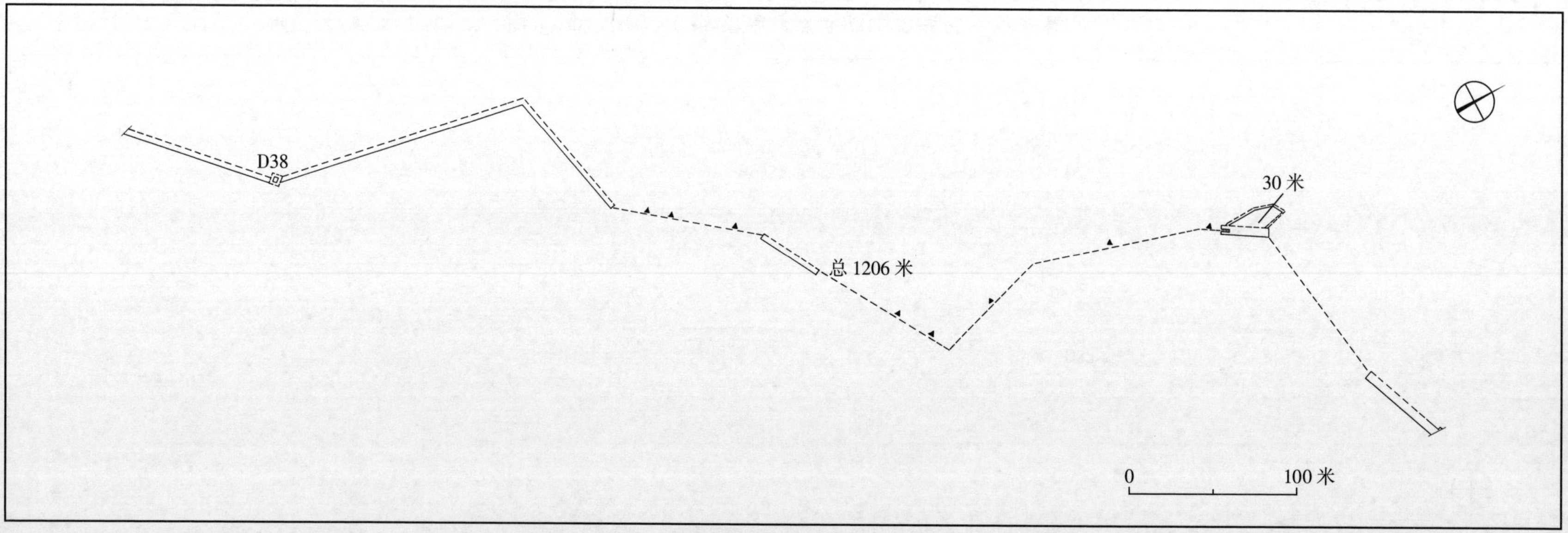

图［14］019　C18 青山口测区边墙建筑遗迹分布图

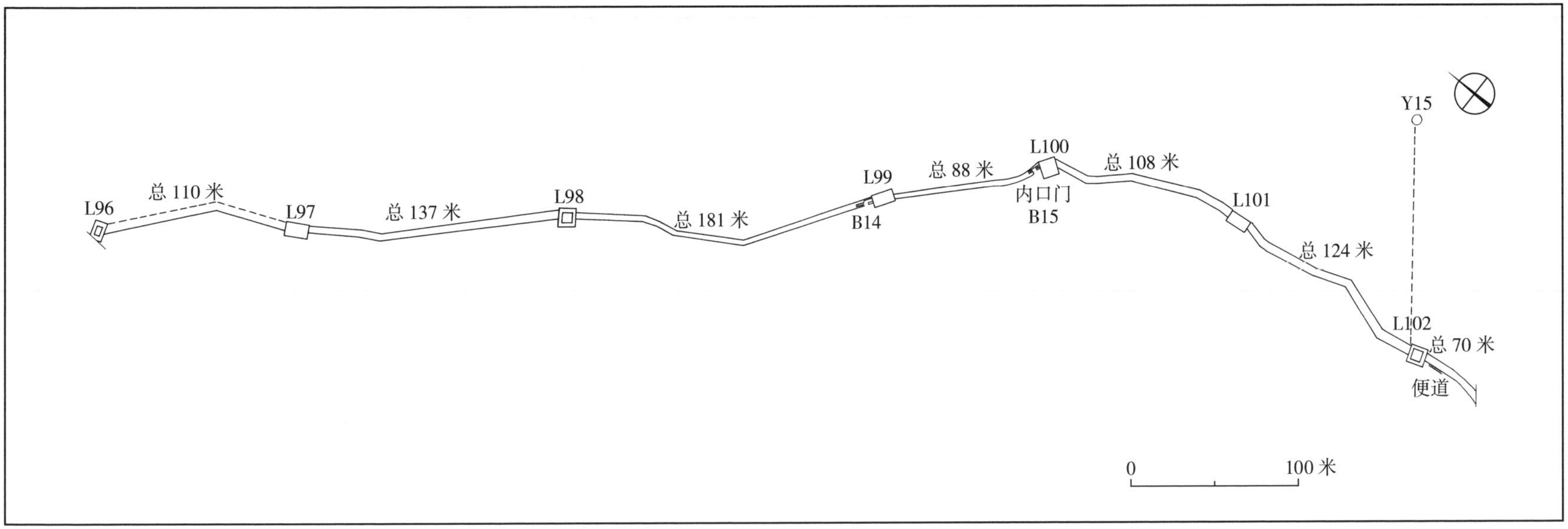

图［14］020 C19 青山口测区边墙建筑遗迹分布图

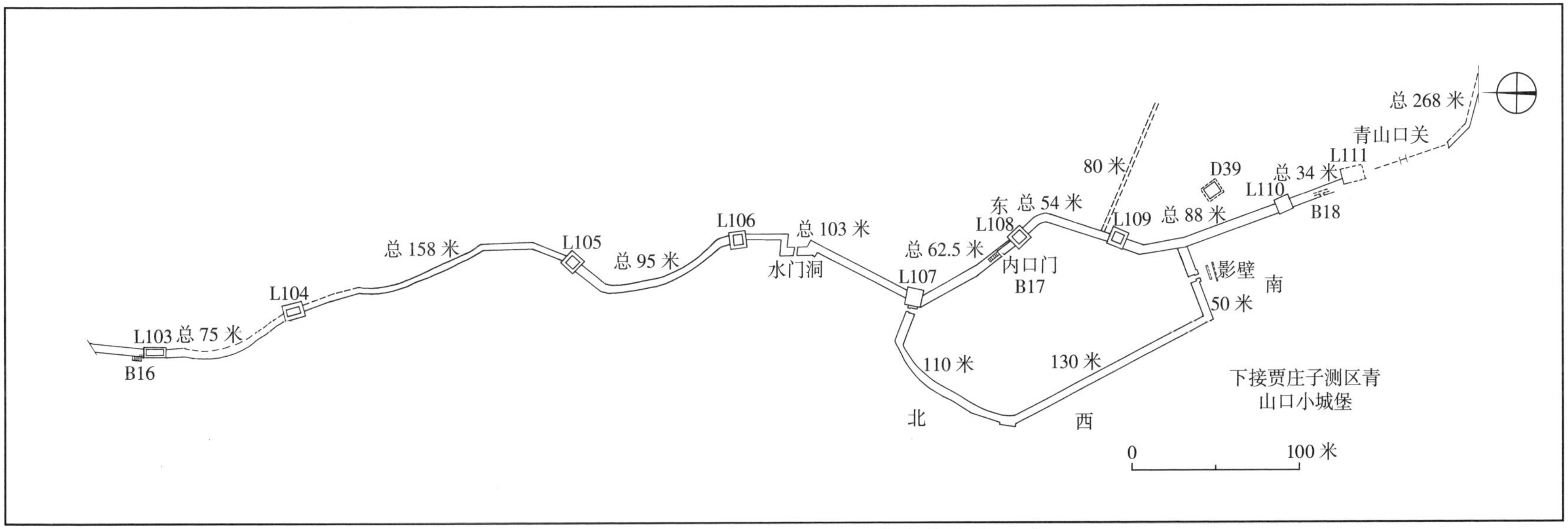

图［14］021 C20 青山口测区边墙建筑遗迹分布图

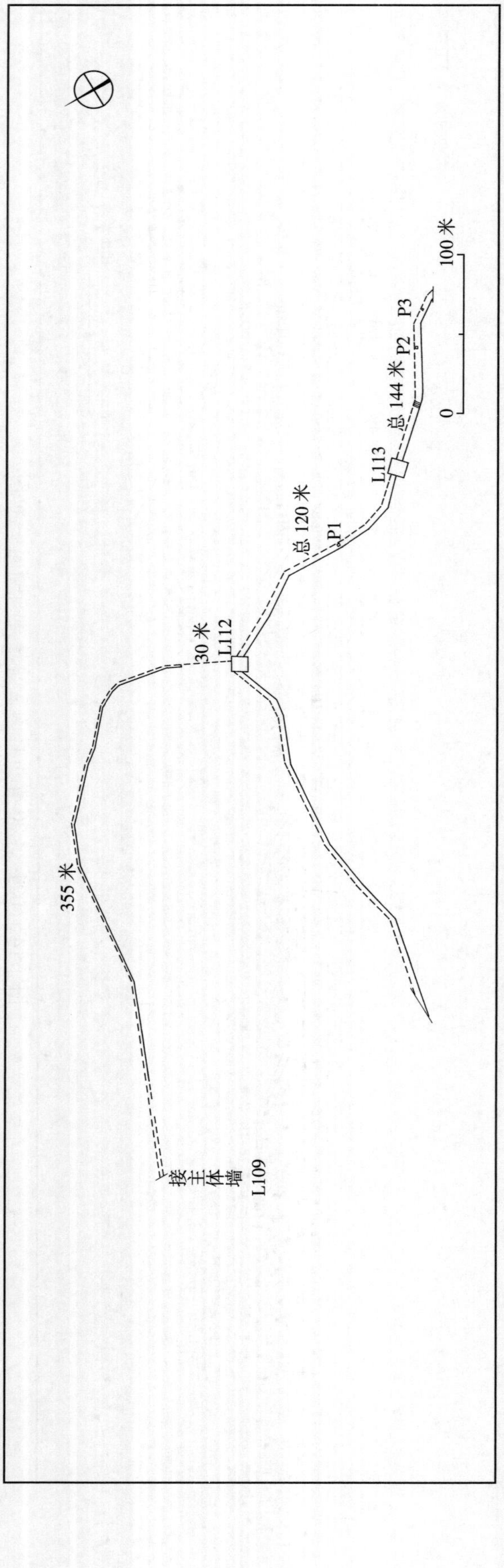

图［14］022　C21 青山口测区边墙建筑遗迹分布图

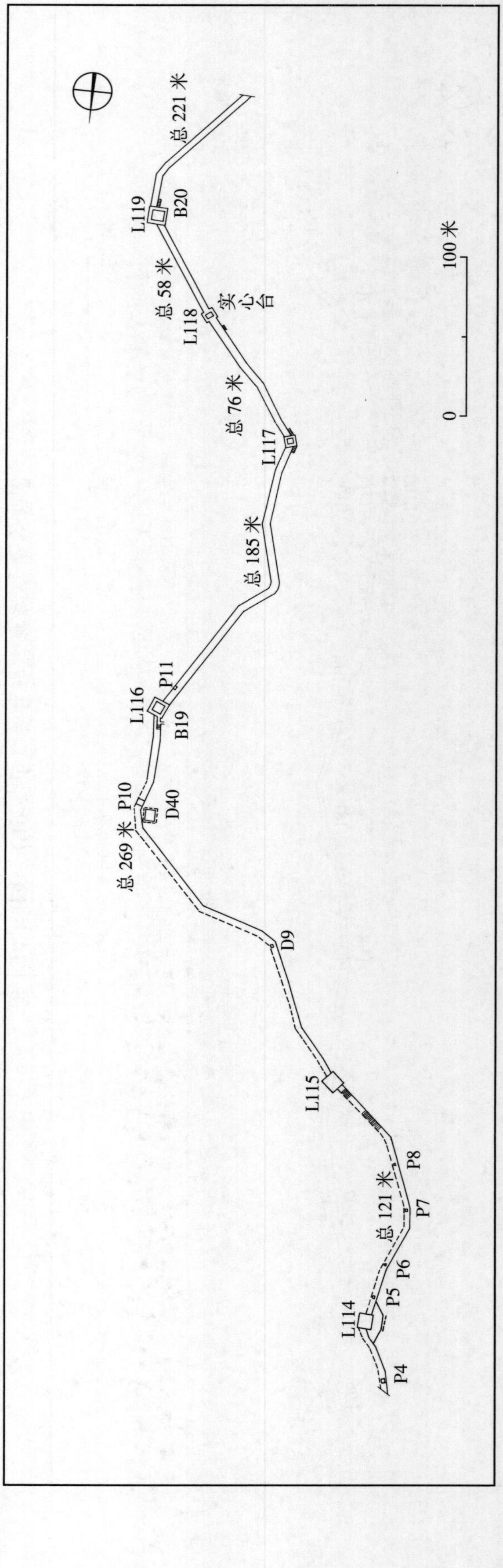

图［14］023　C22 青山口测区边墙建筑遗迹分布图

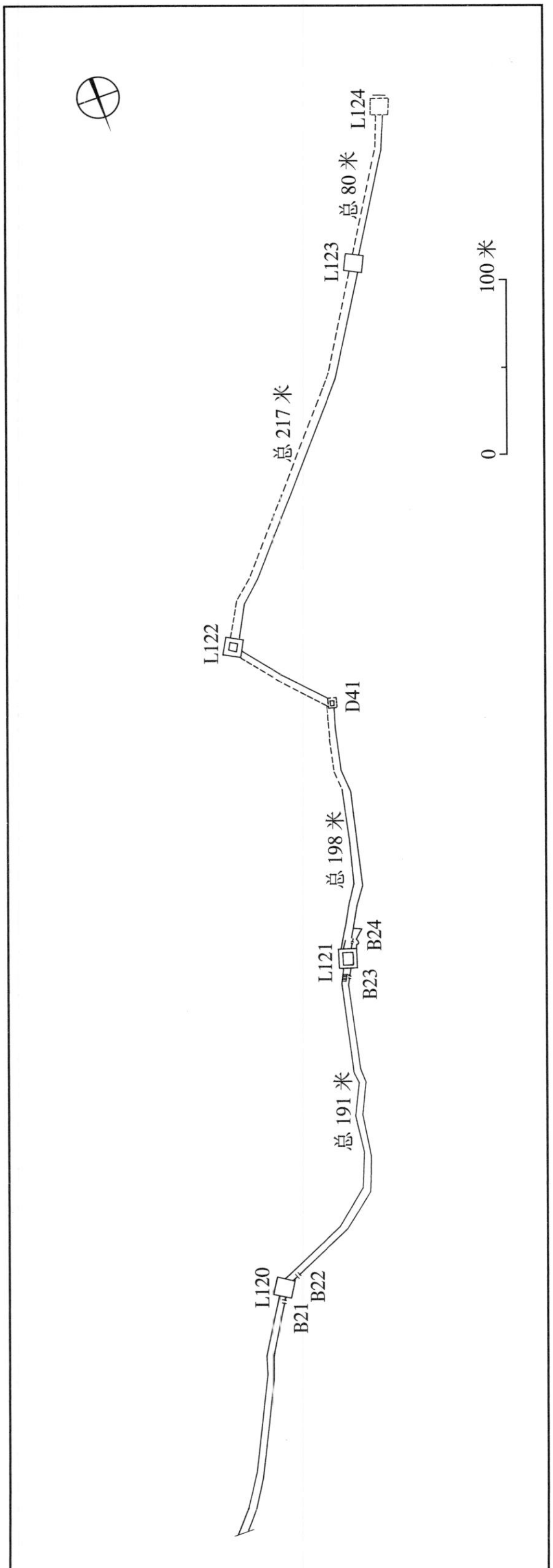

图［14］024　C23 青山口测区边墙建筑遗迹分布图

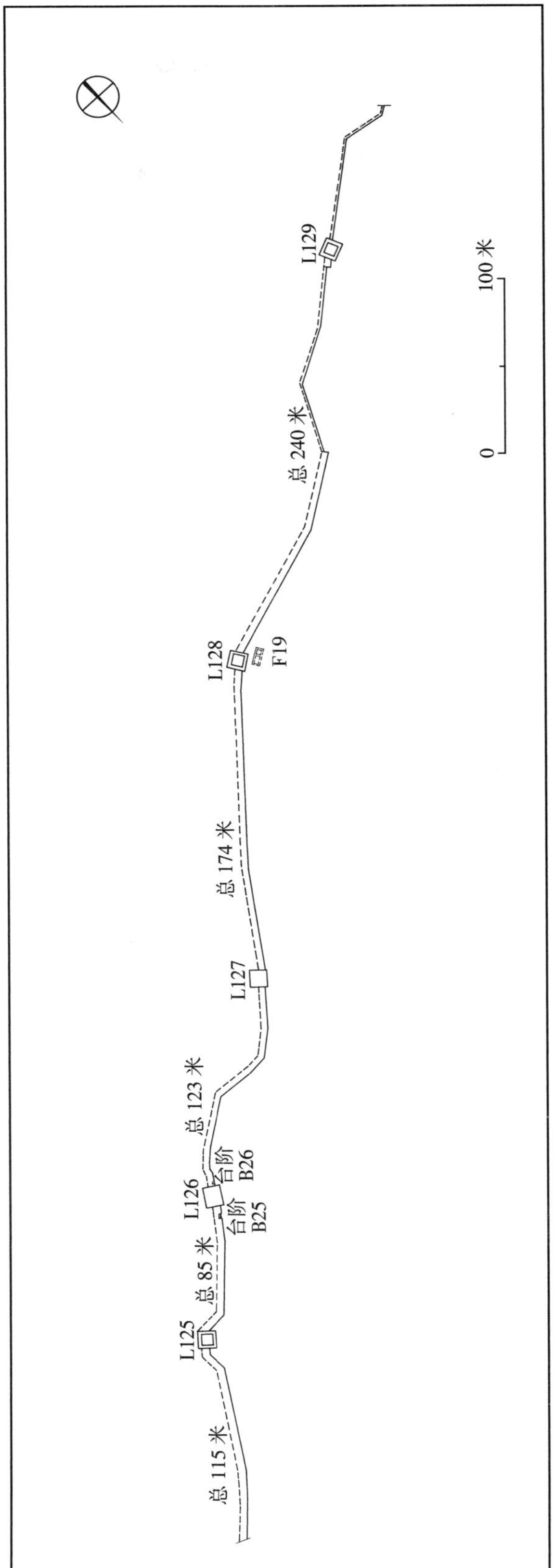

图［14］025　C24 青山口测区边墙建筑遗迹分布图

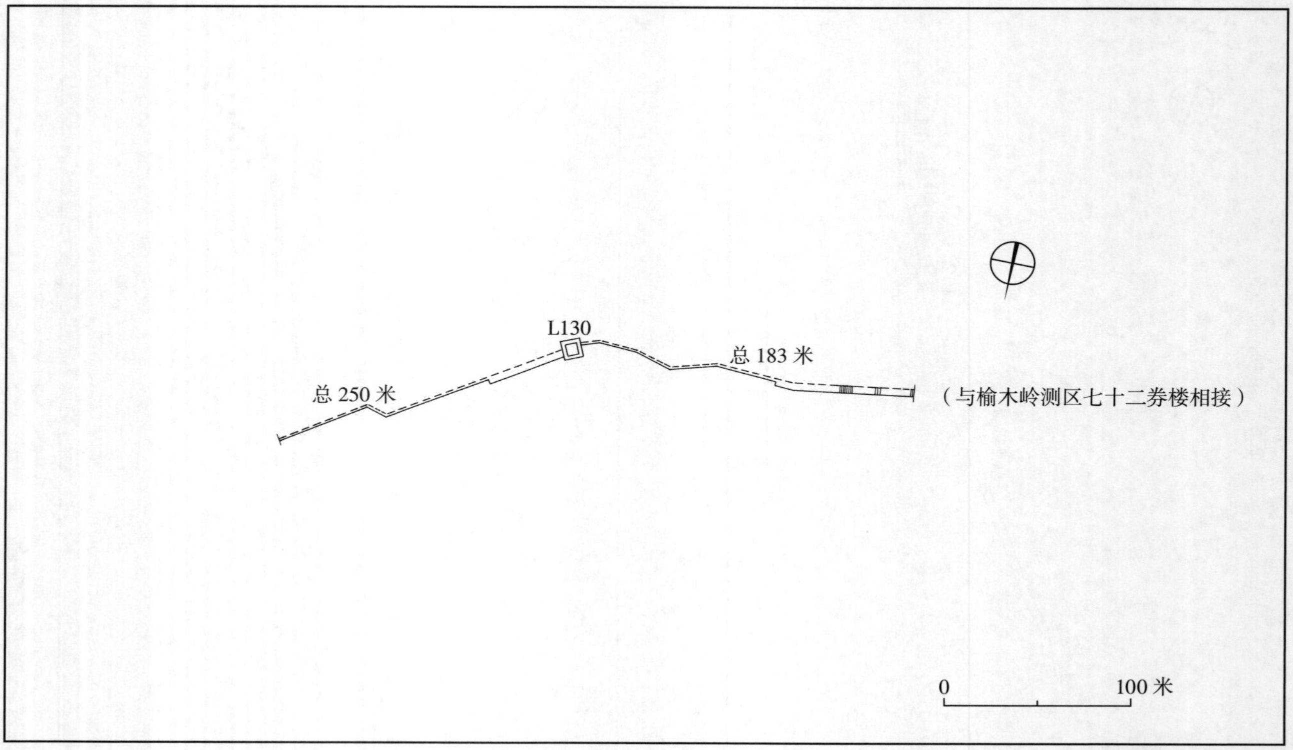

图［14］026　C25 青山口测区边墙建筑遗迹分布图

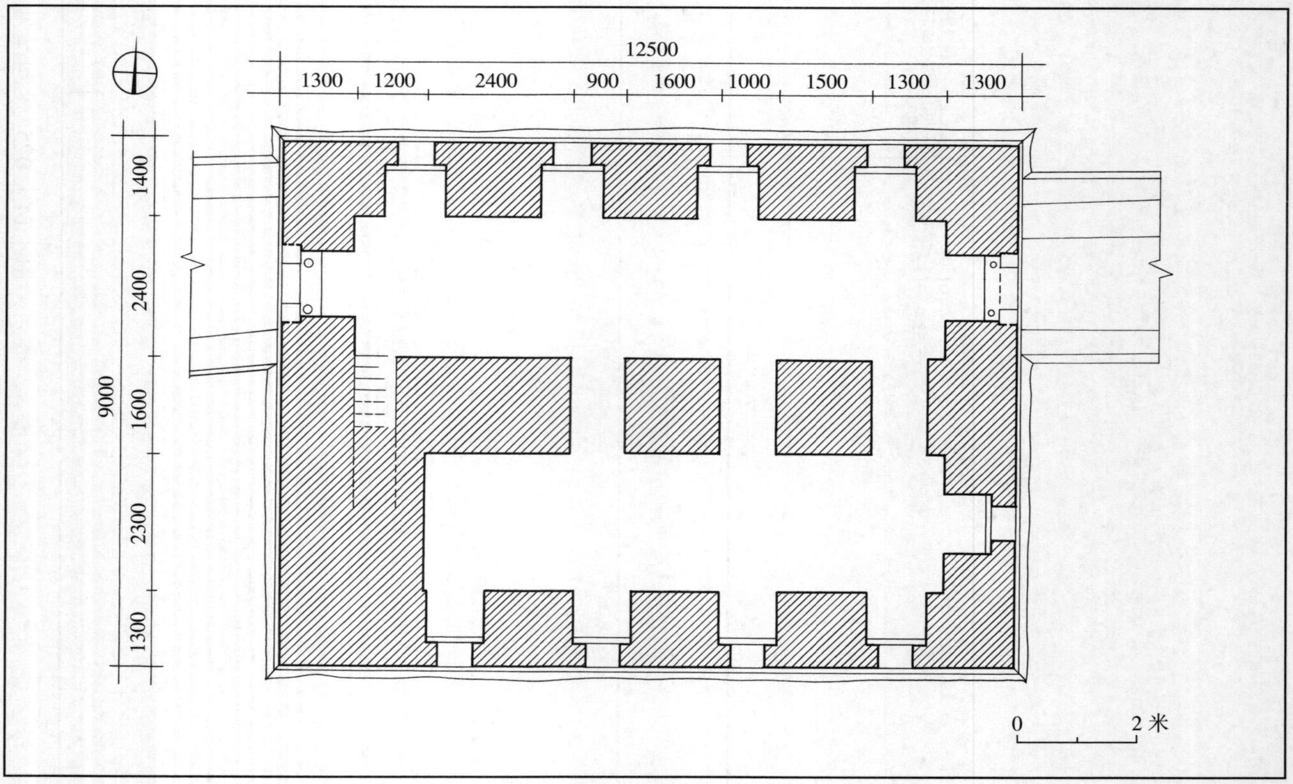

图［14］027　L74 中层平面图

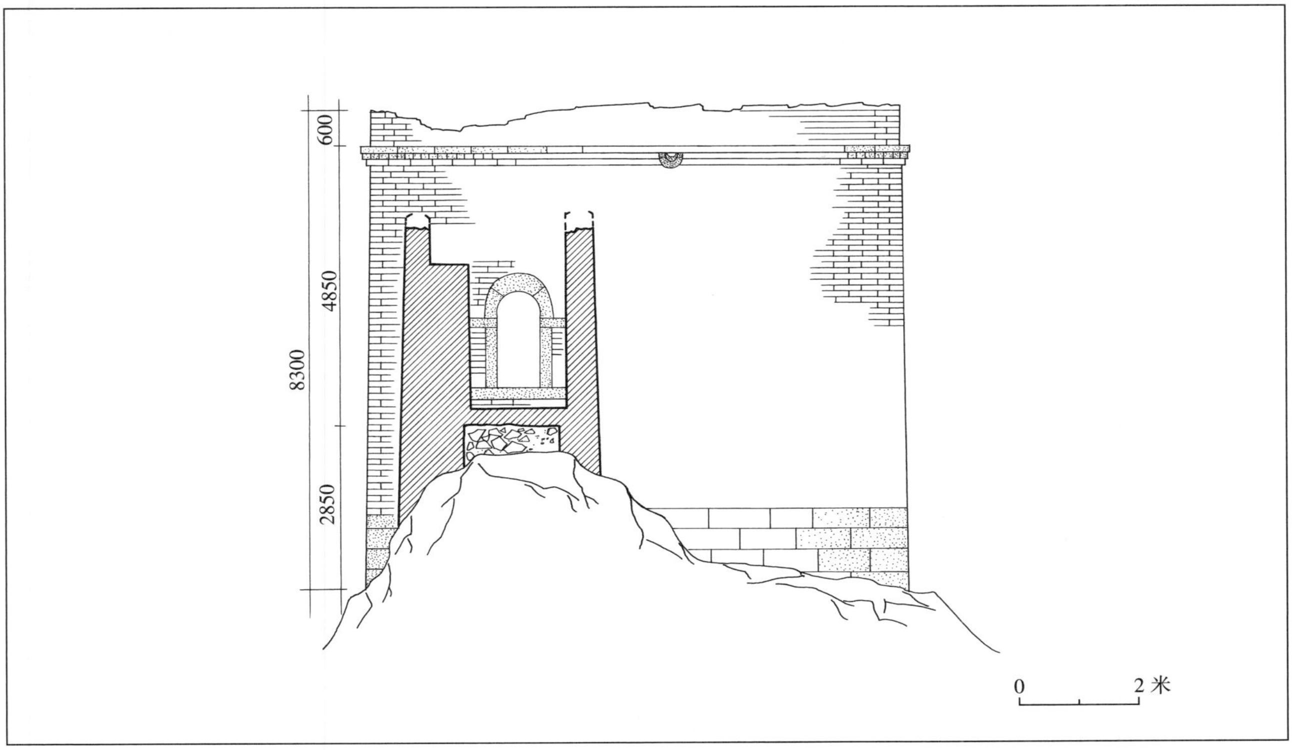

图［14］028　L74 西立面图

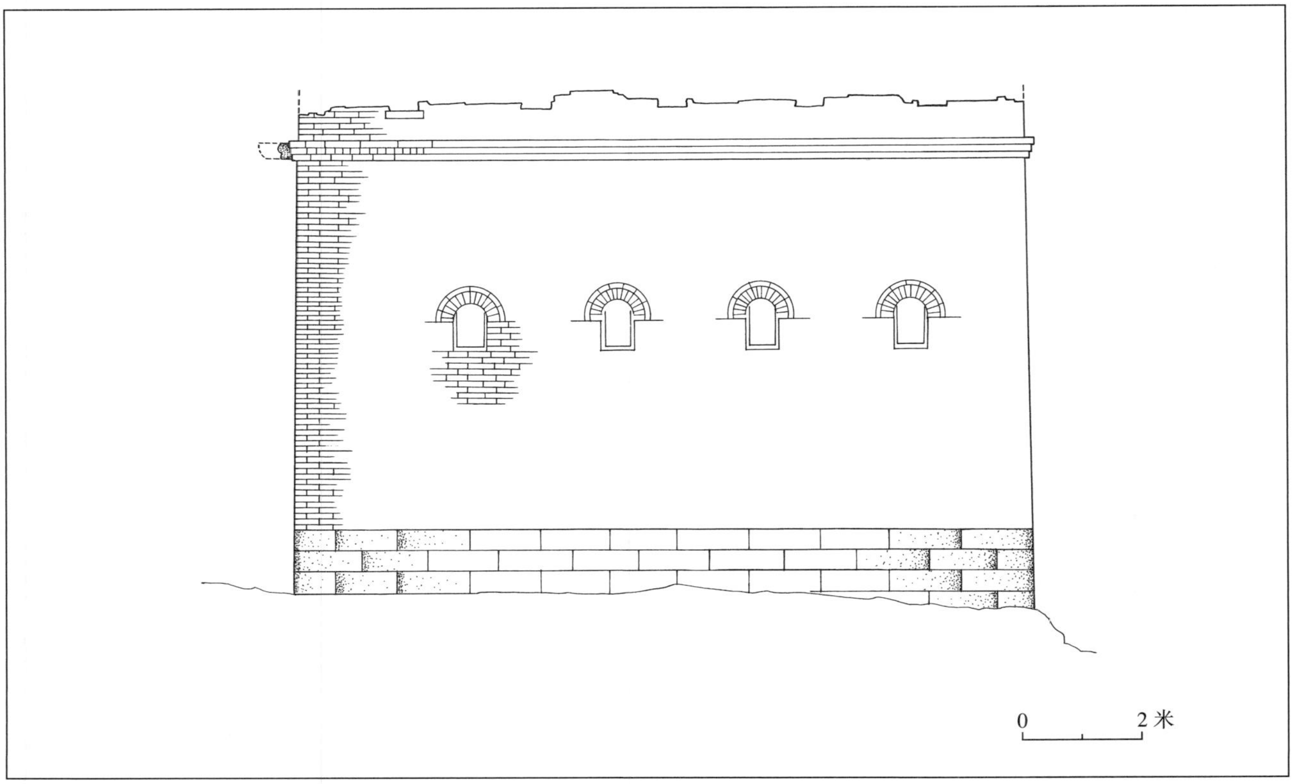

图［14］029　L74 南立面图

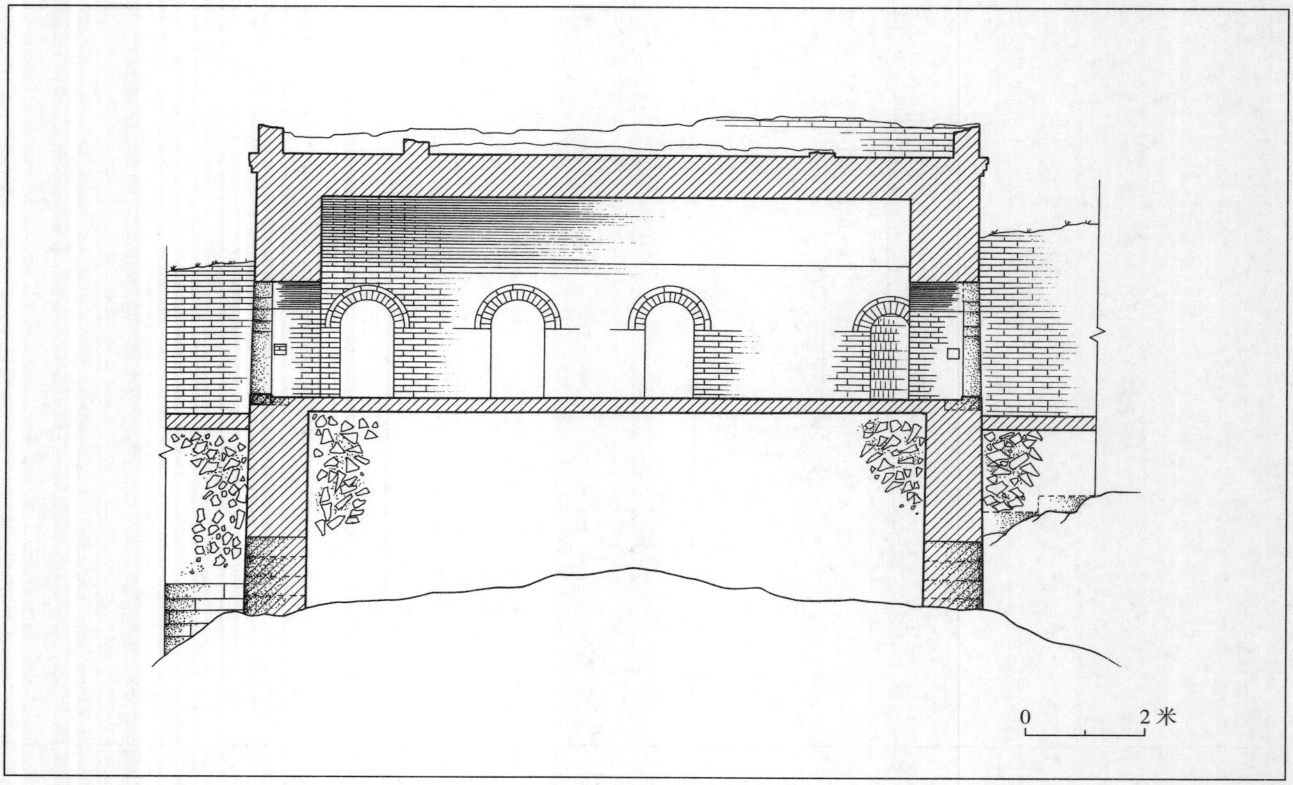

图［14］030　L74 纵剖面图

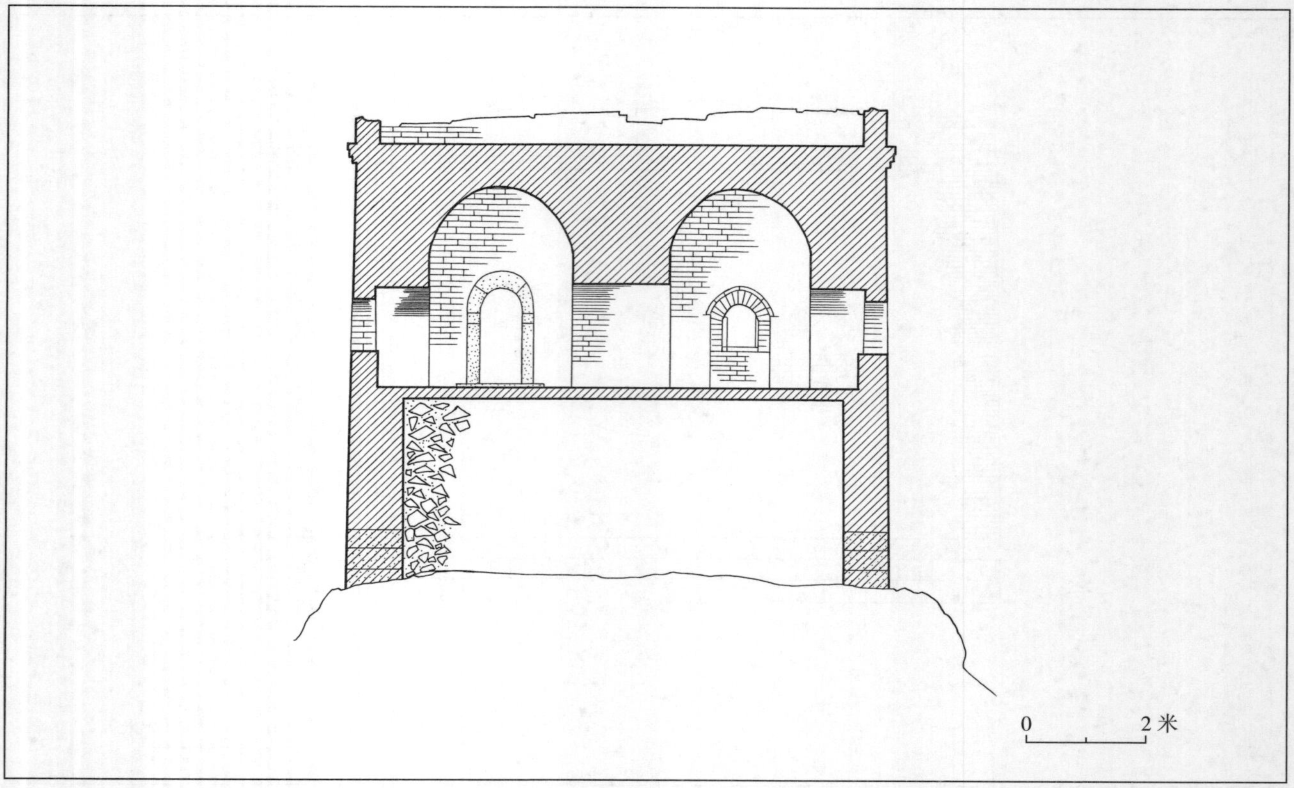

图［14］031　L74 横剖面图

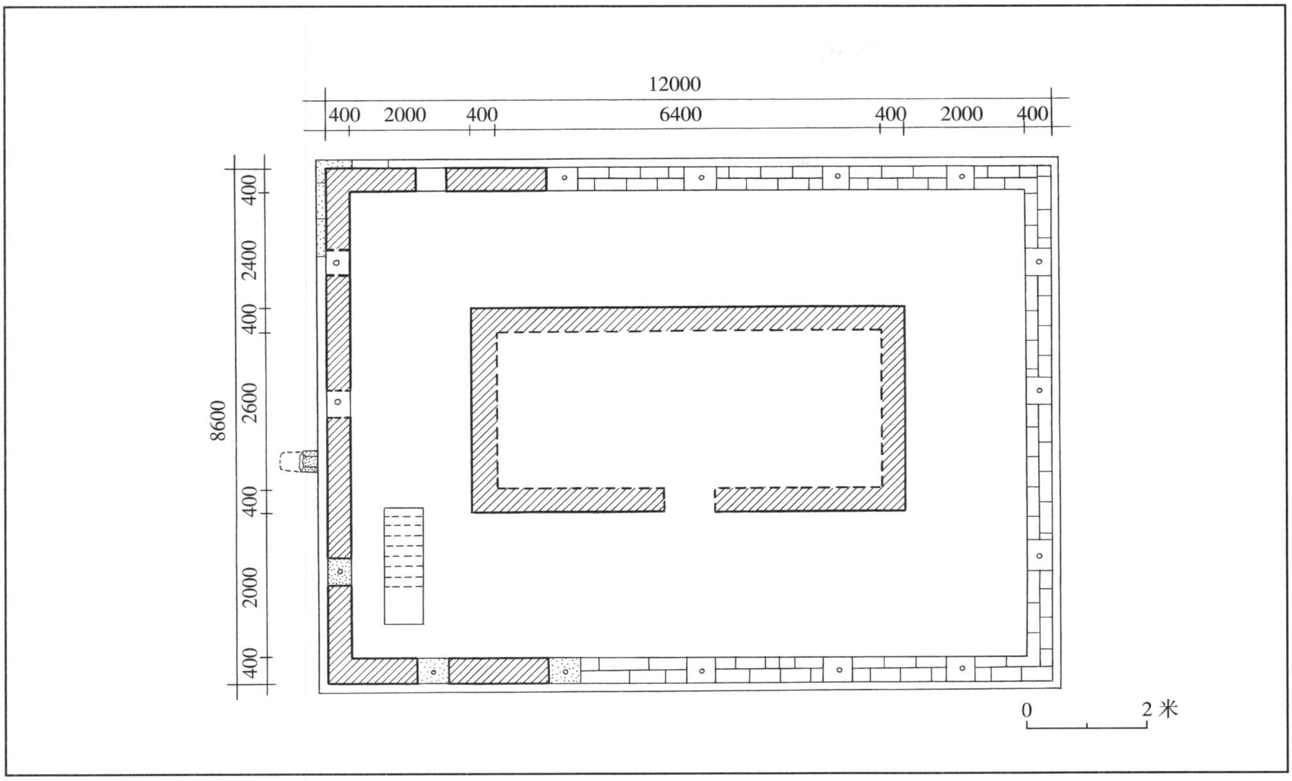

图［14］032 L74 上层平面图

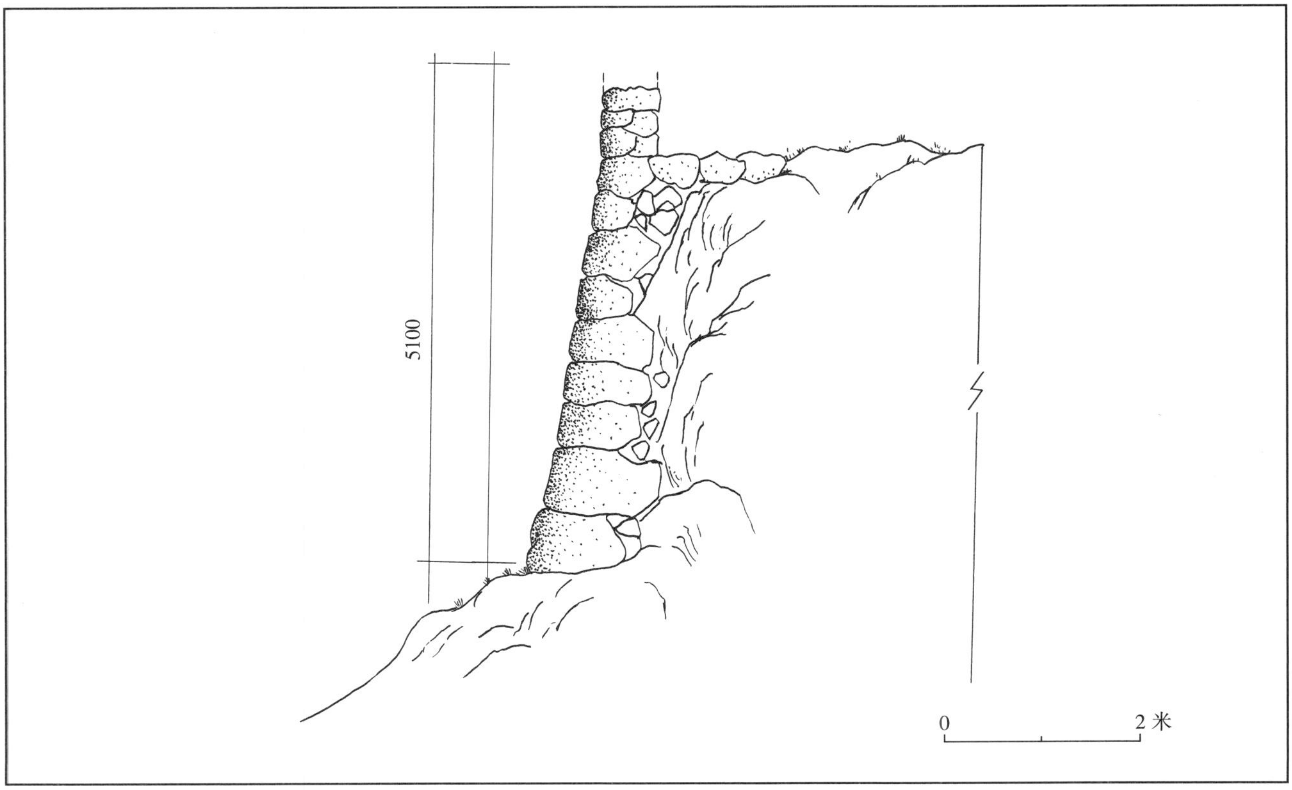

图［14］033 L79—L80 削坡筑墙结构图

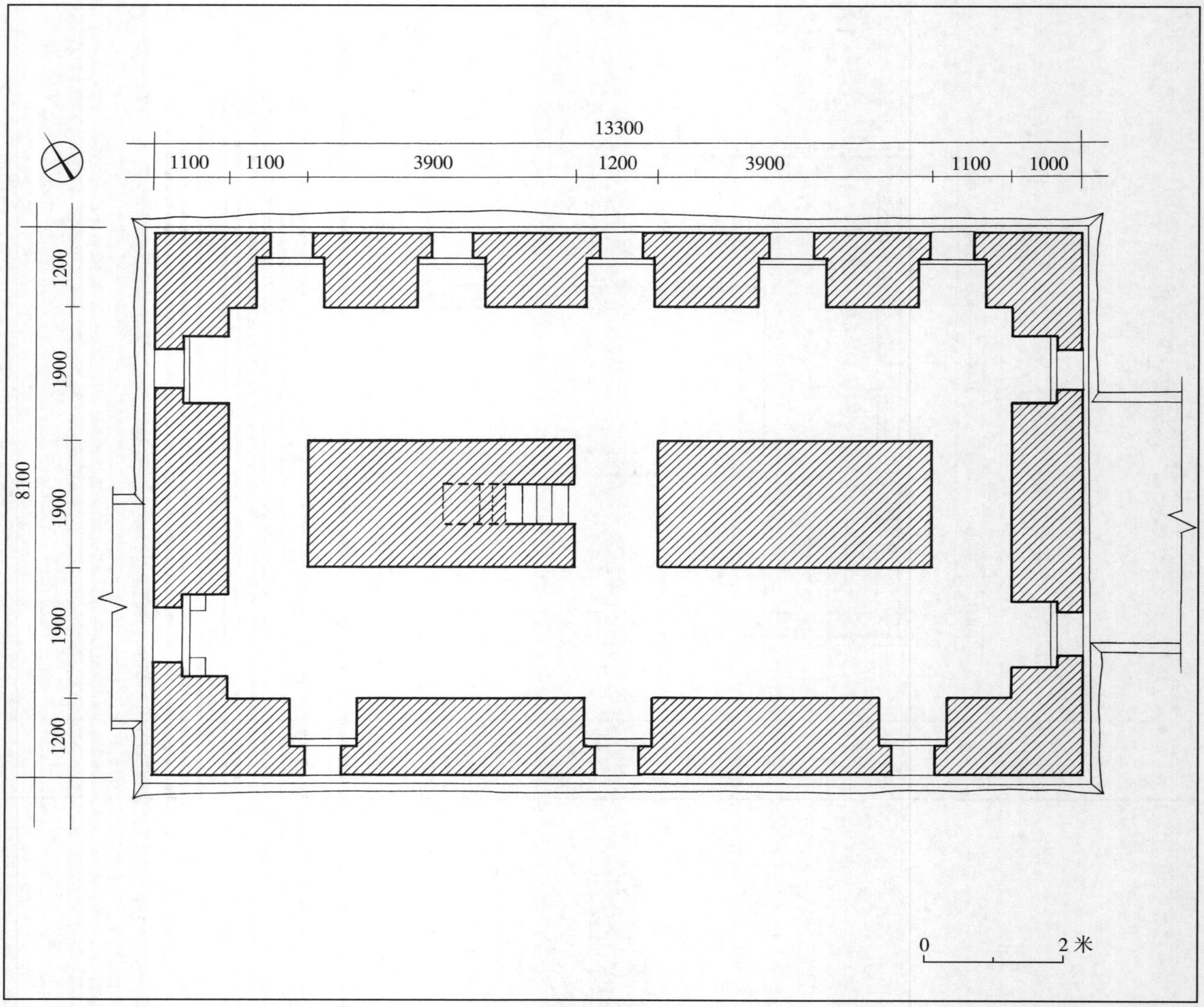

图［14］034　L84 中层平面图

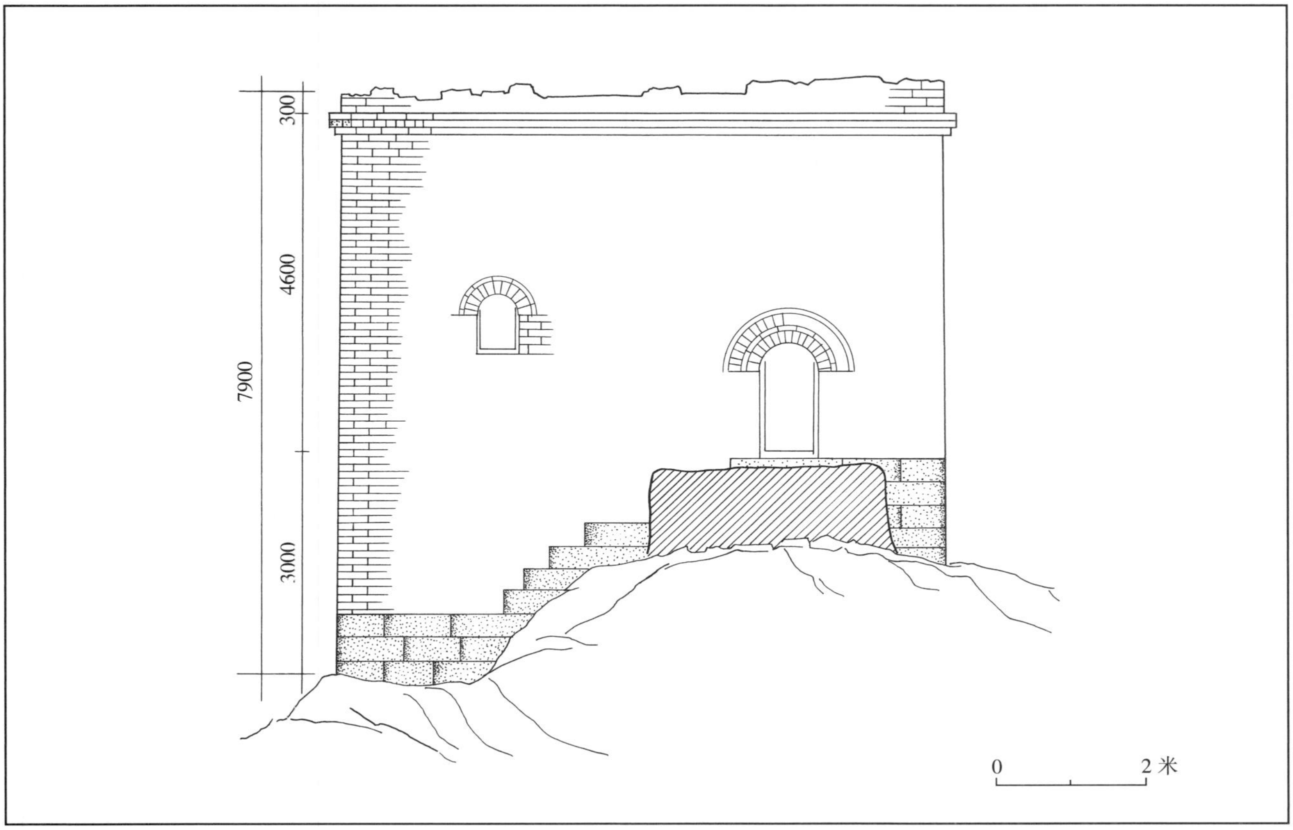

图［14］035　L84 西立面图

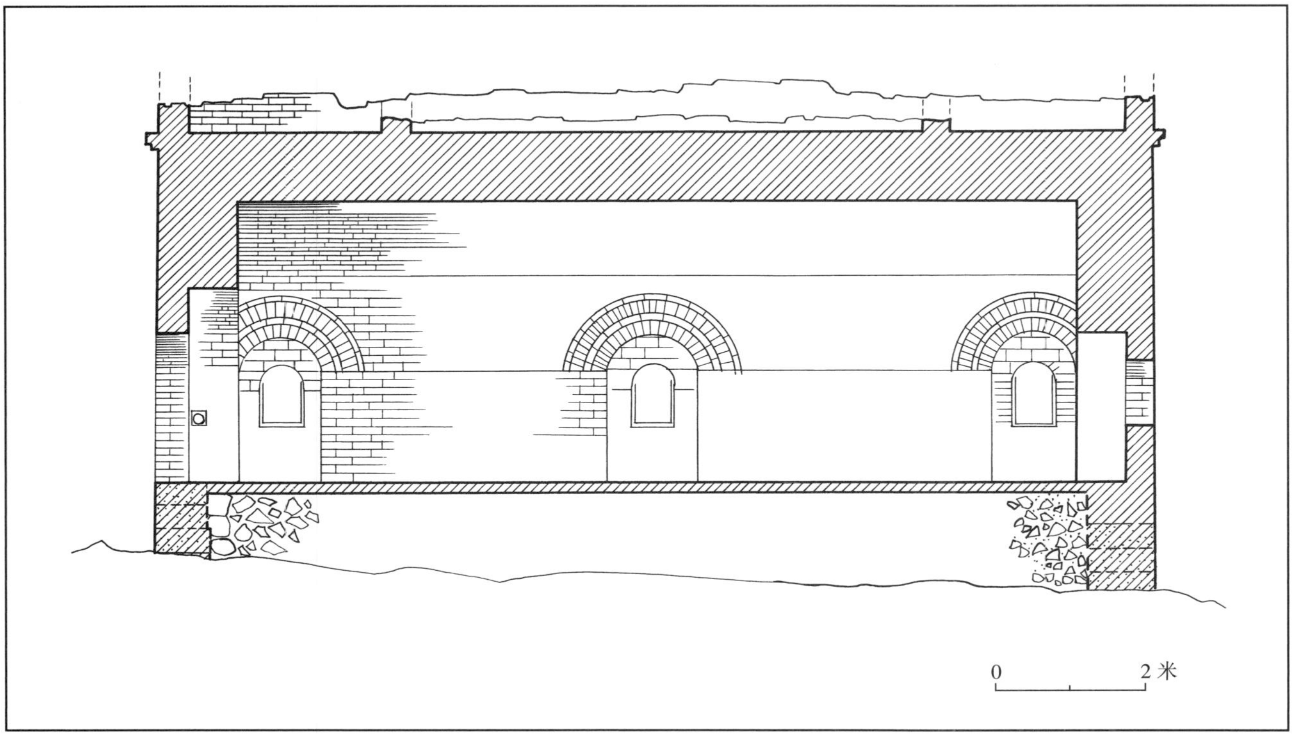

图［14］036　L84 纵剖面图

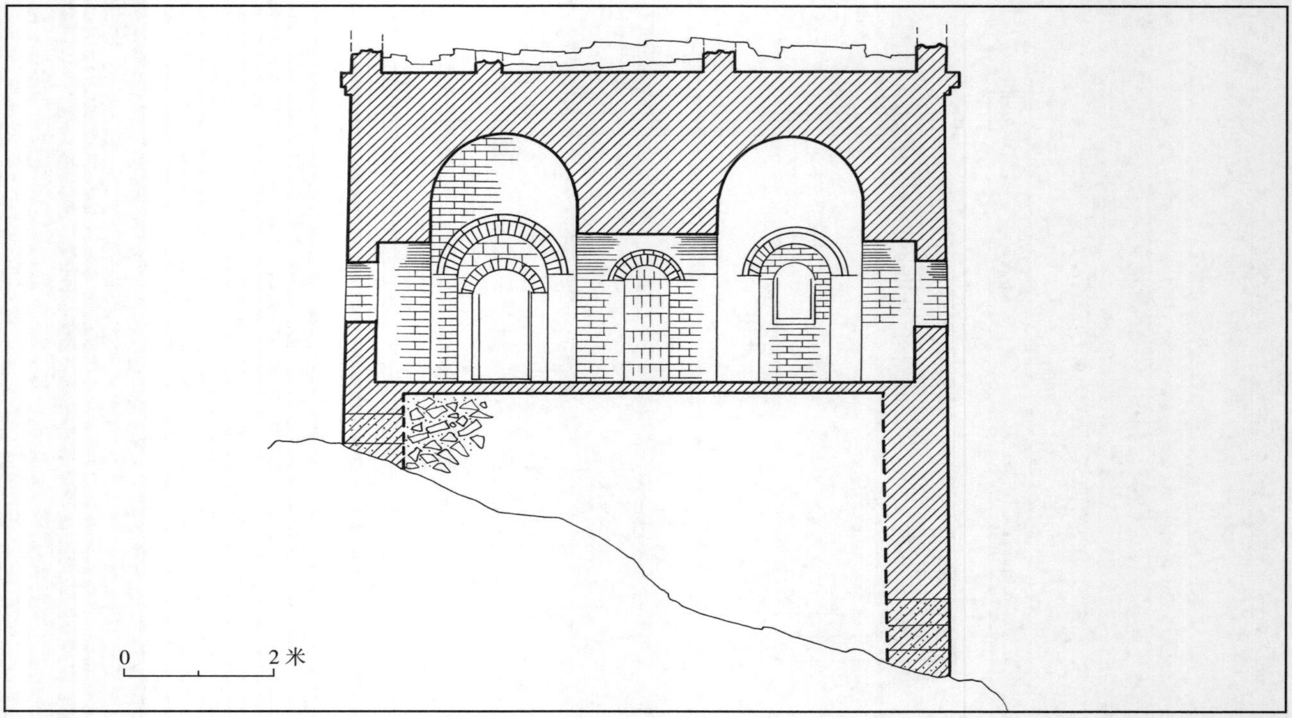

图［14］037　L84 横剖面图

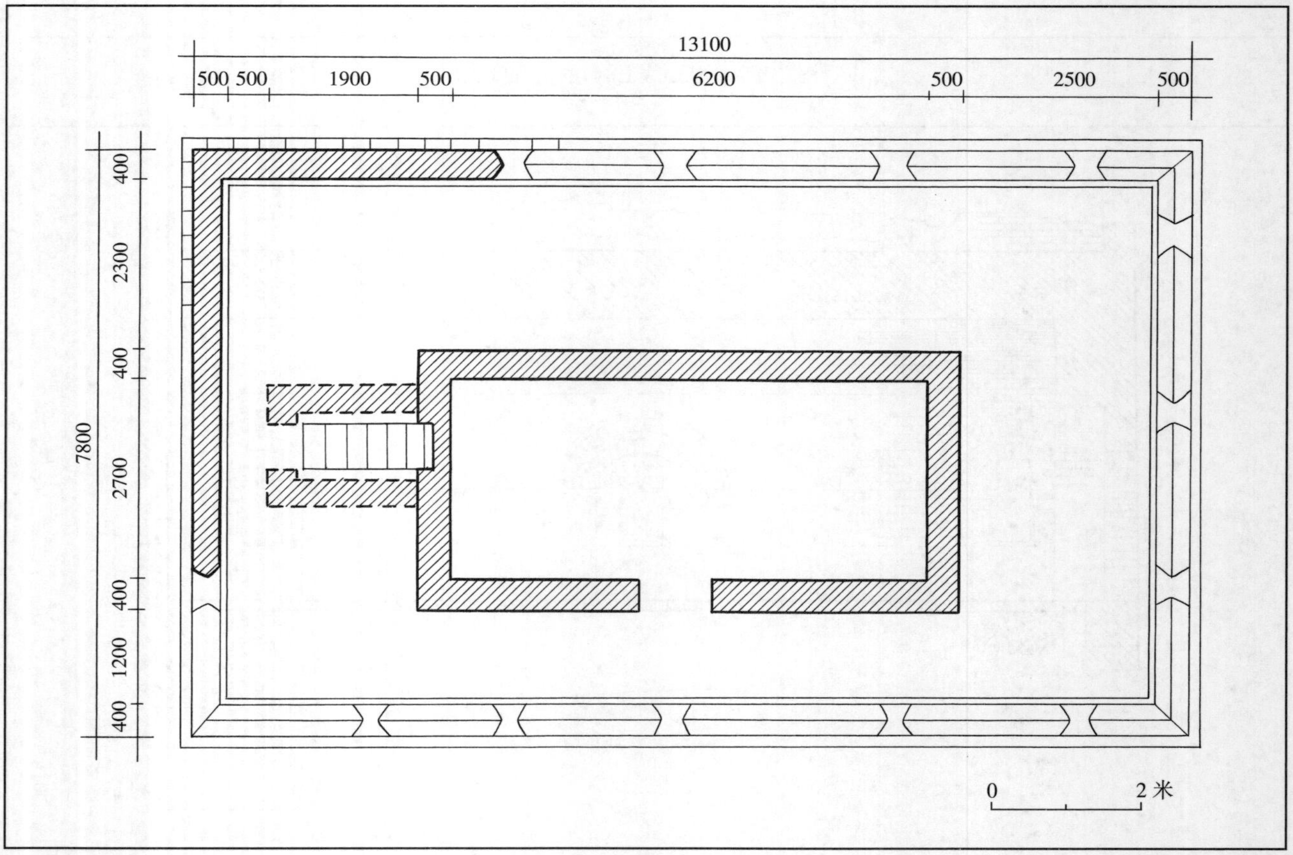

图［14］038　L84 上层平面图

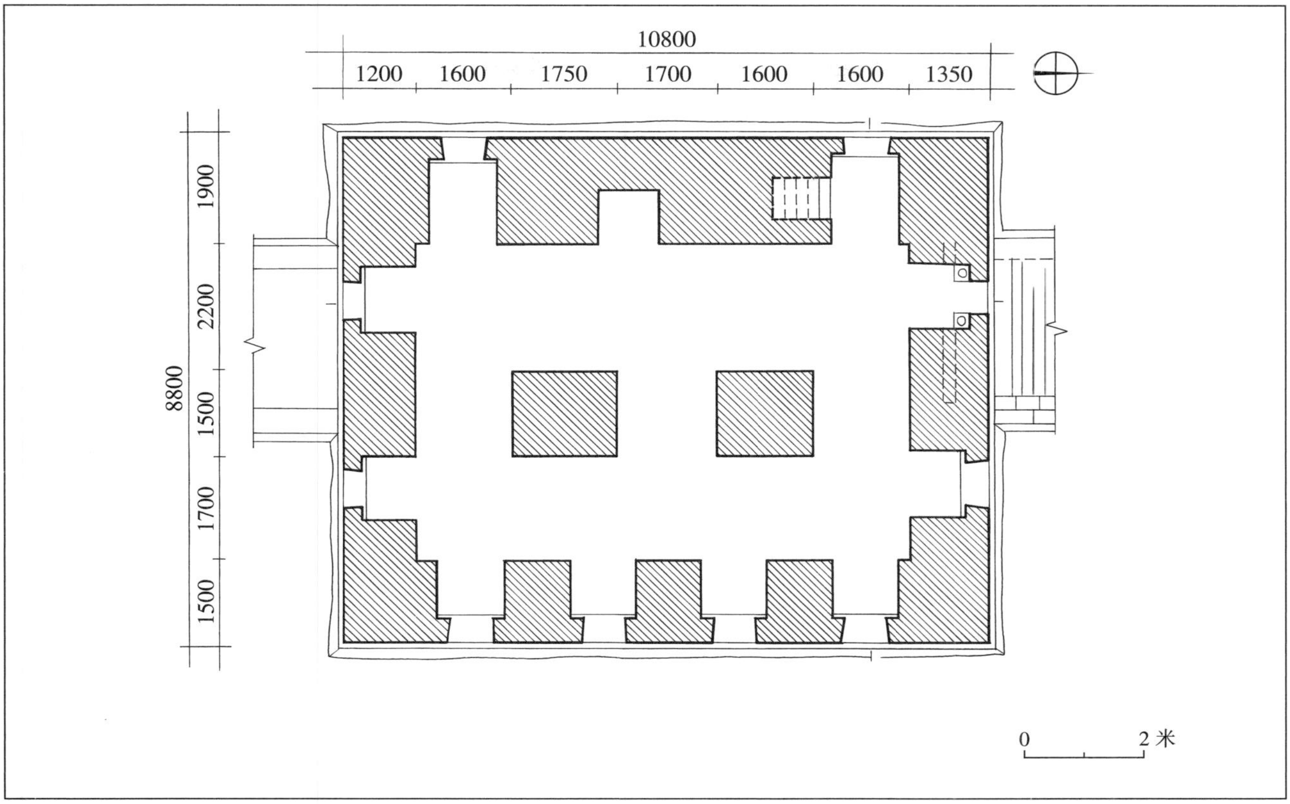

图［14］039 L85 中层平面图

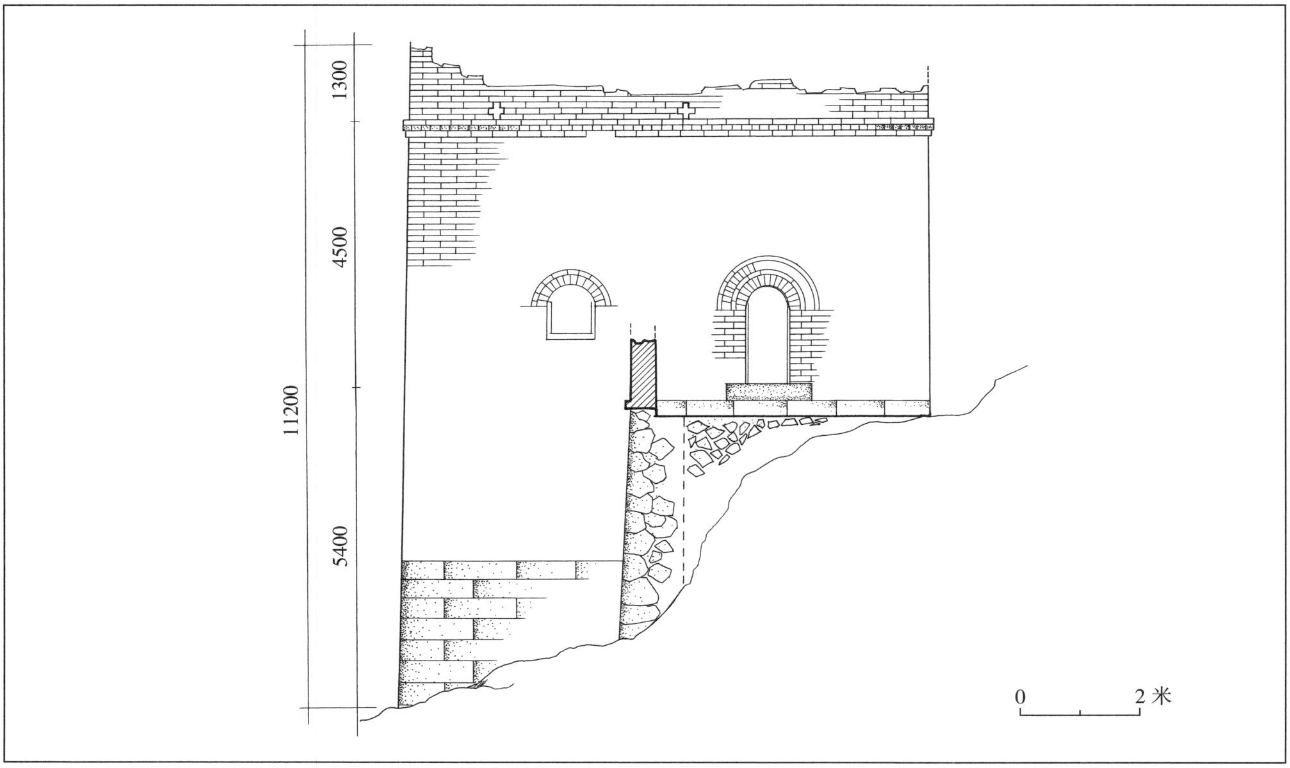

图［14］040 L85 北立面图

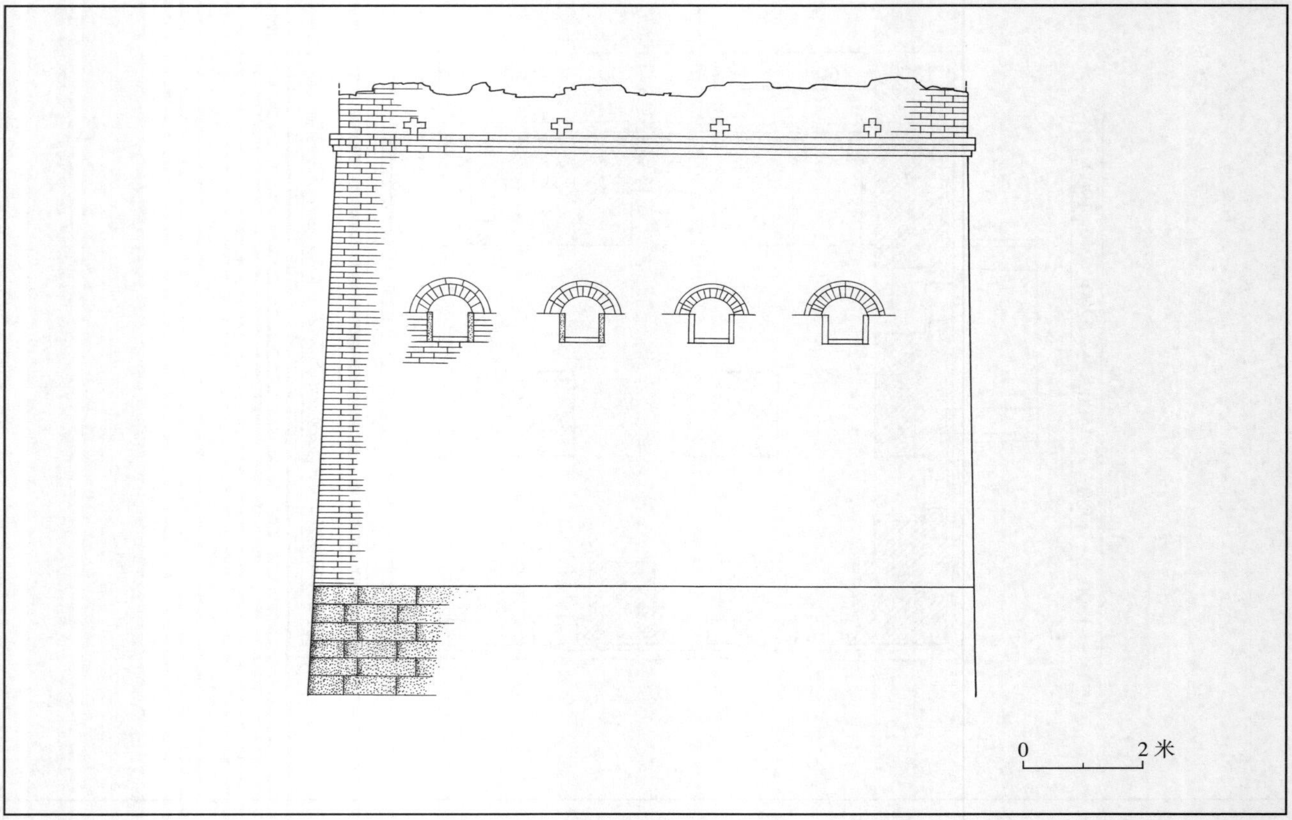

图［14］041　L85 东立面图

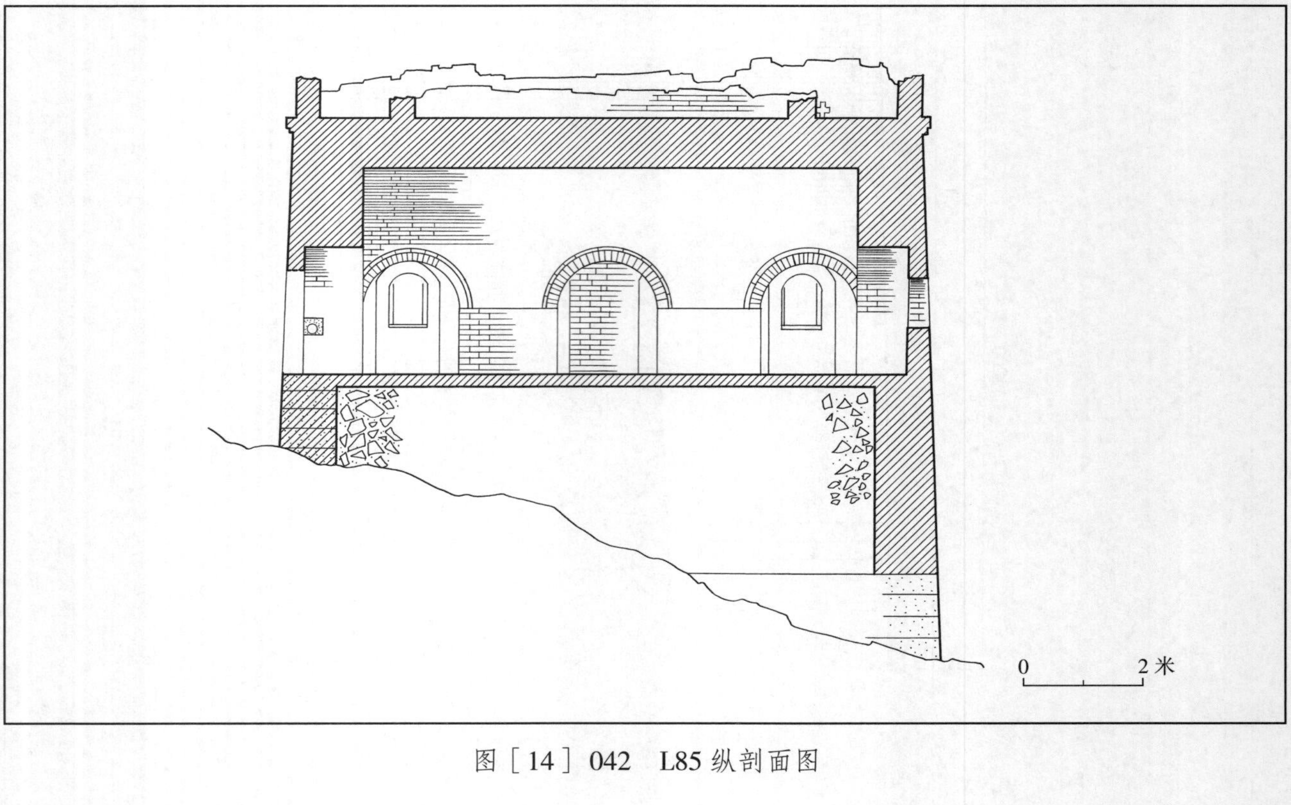

图［14］042　L85 纵剖面图

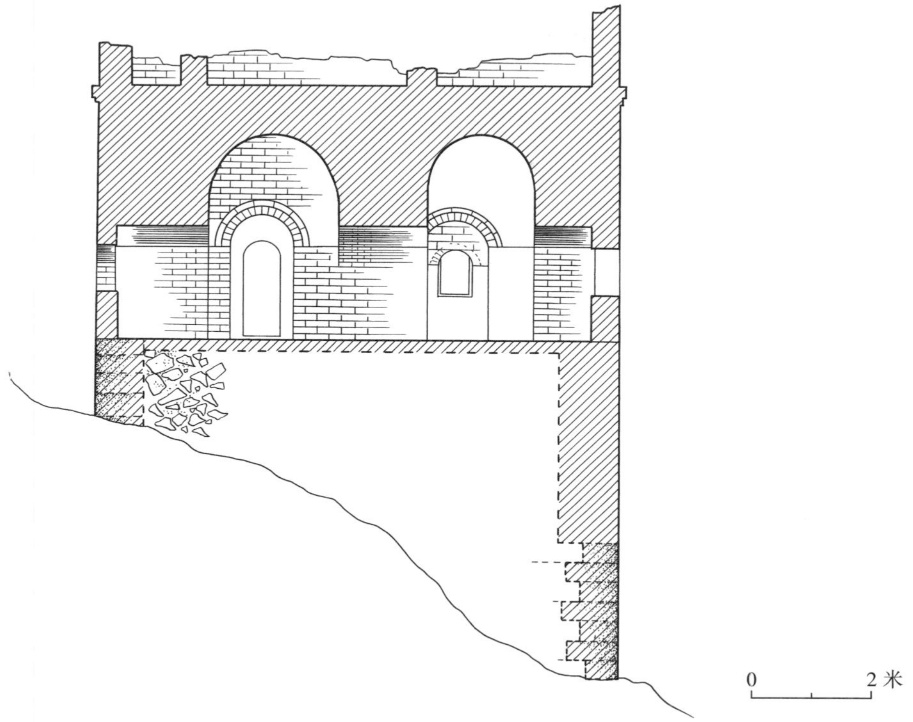

图［14］043　L85 横剖面图

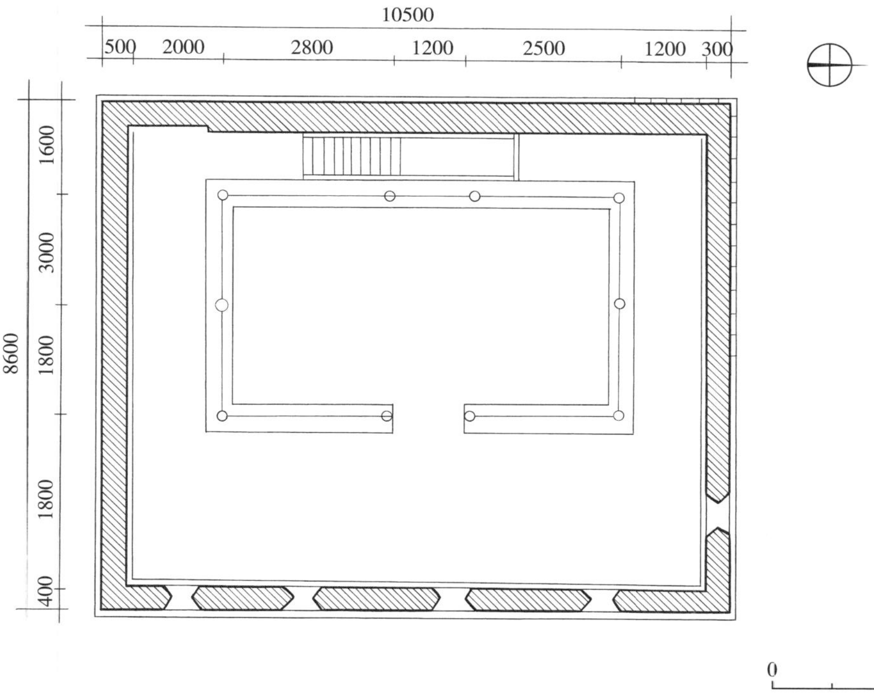

图［14］044　L85 上层平面图

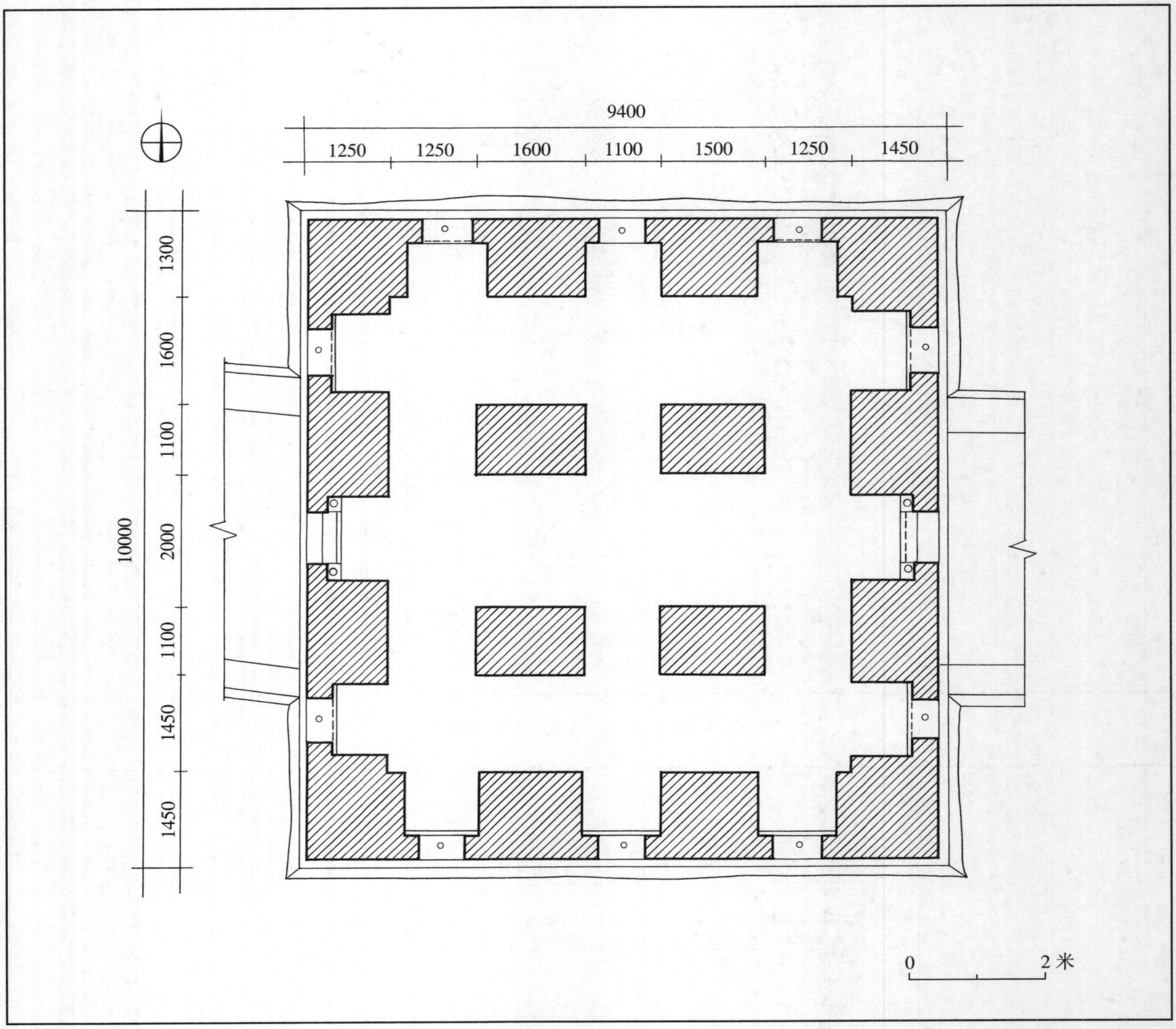

图［14］045　L89 中层平面图

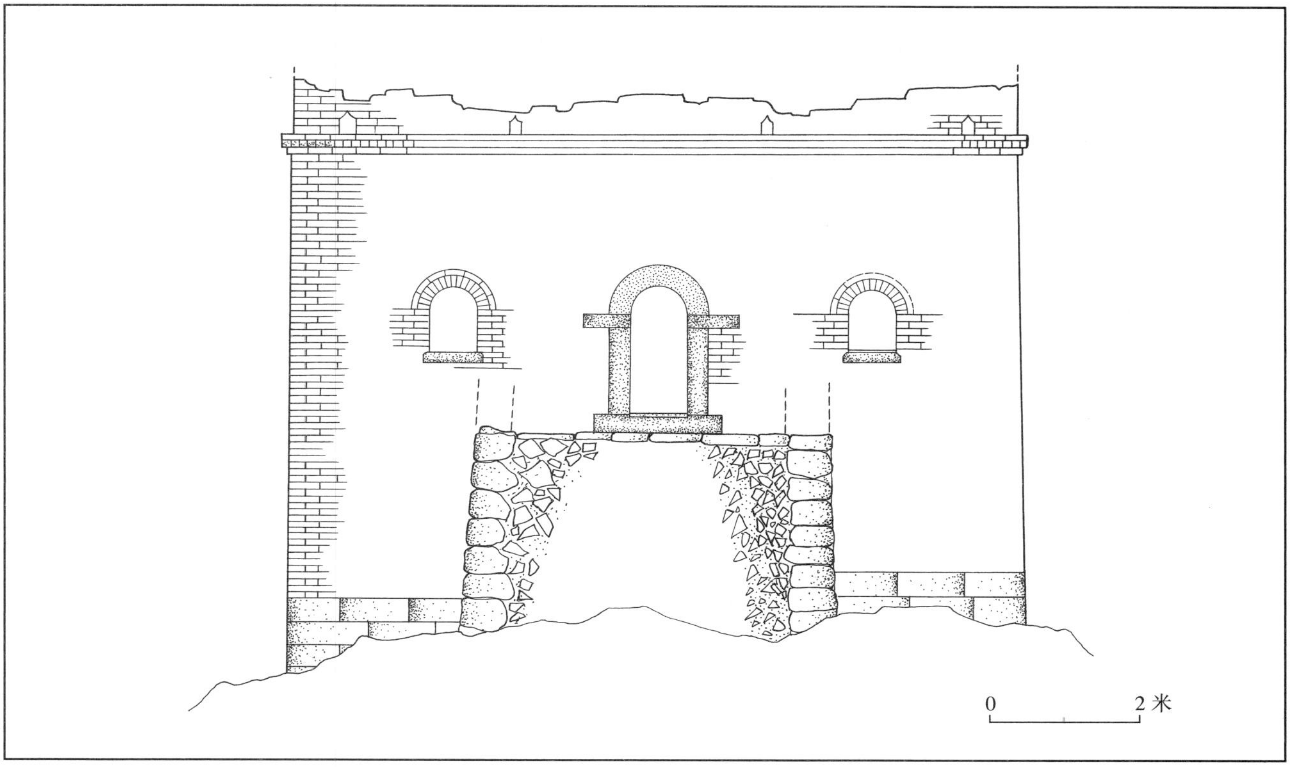

图［14］046　L89 西立面图

图［14］047　L89 纵剖面图

图［14］048　L89 横剖面图

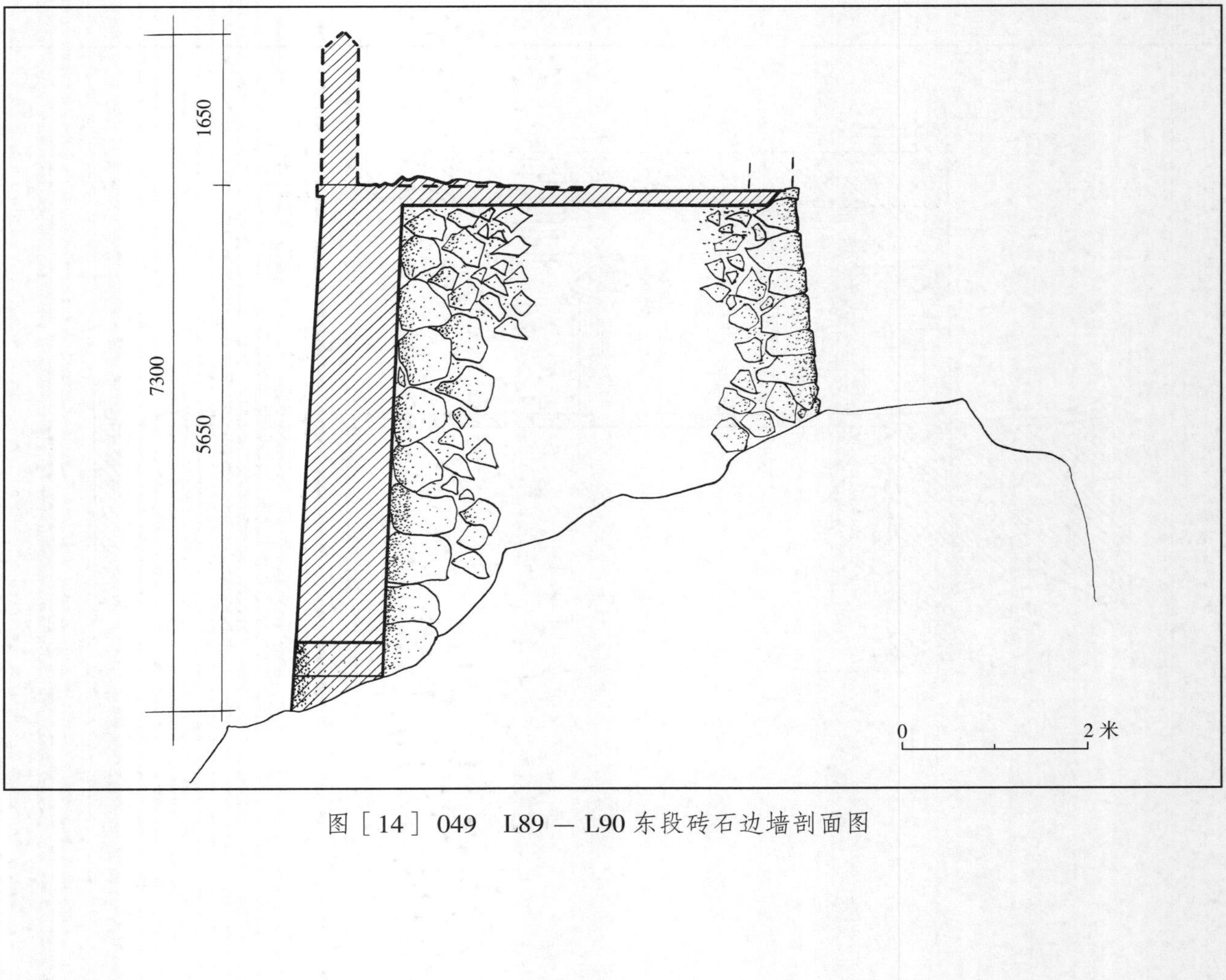

图［14］049　L89－L90 东段砖石边墙剖面图

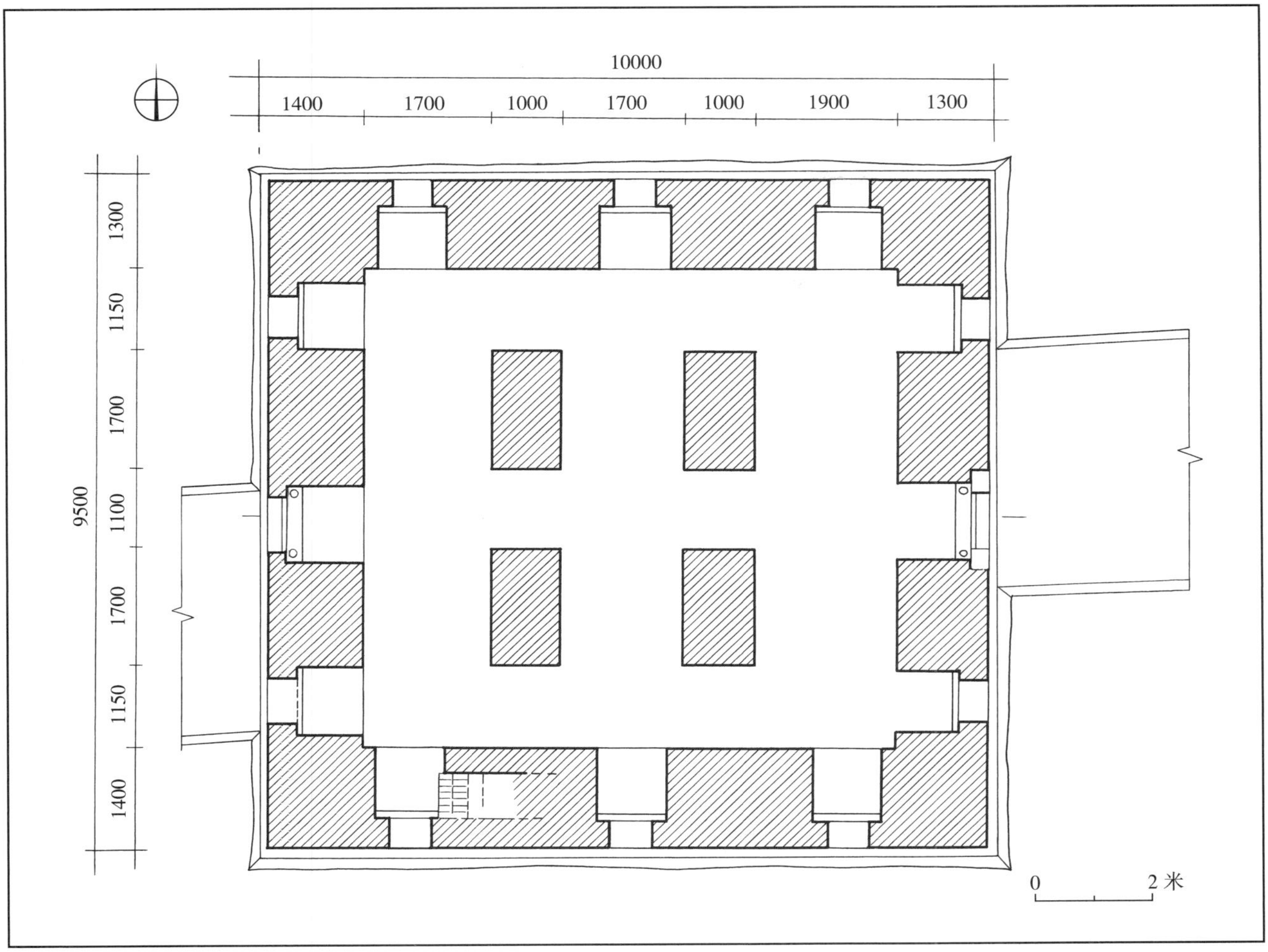

图［14］050　L95 中层平面图

图［14］051　L95 横剖面图

图［14］052　L95 纵剖面图

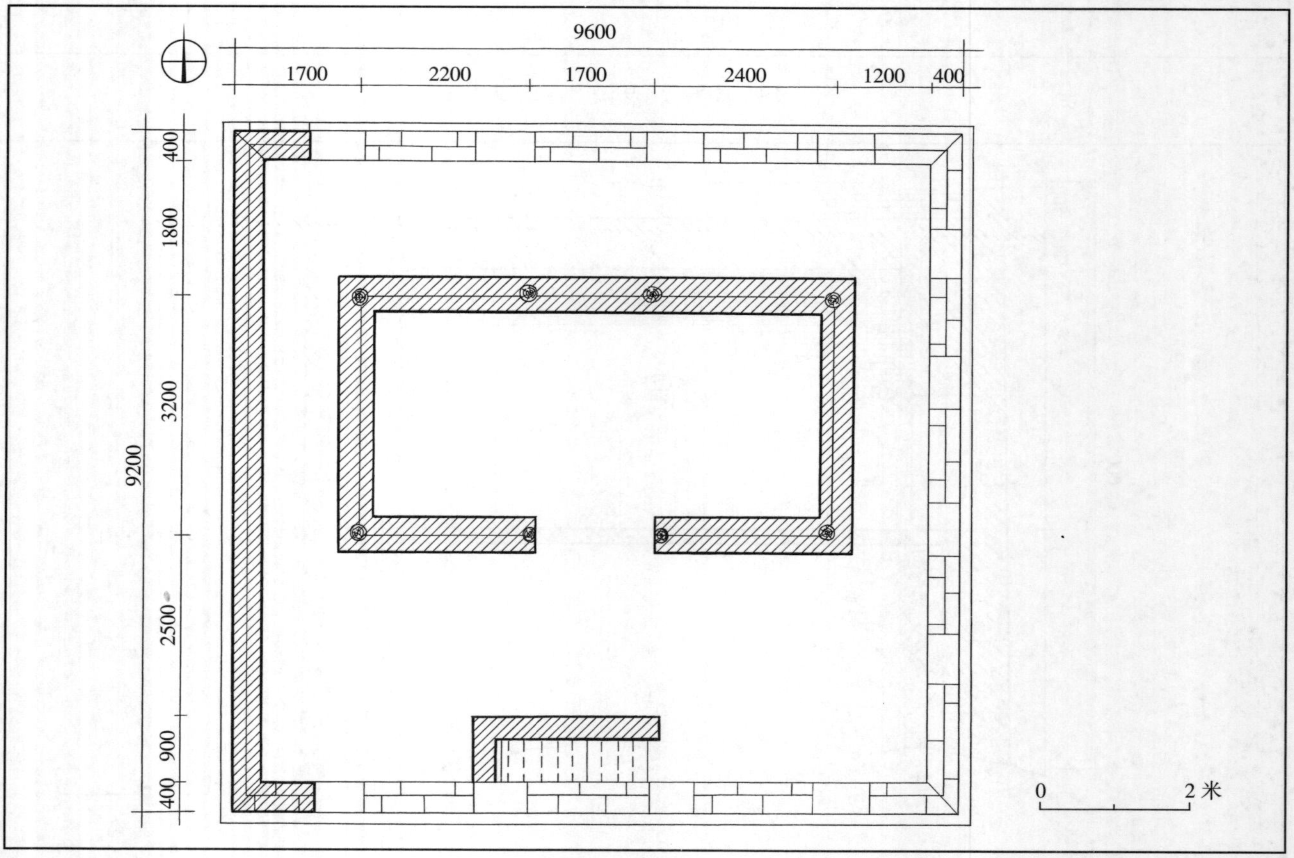

图［14］053　L95 上层平面图

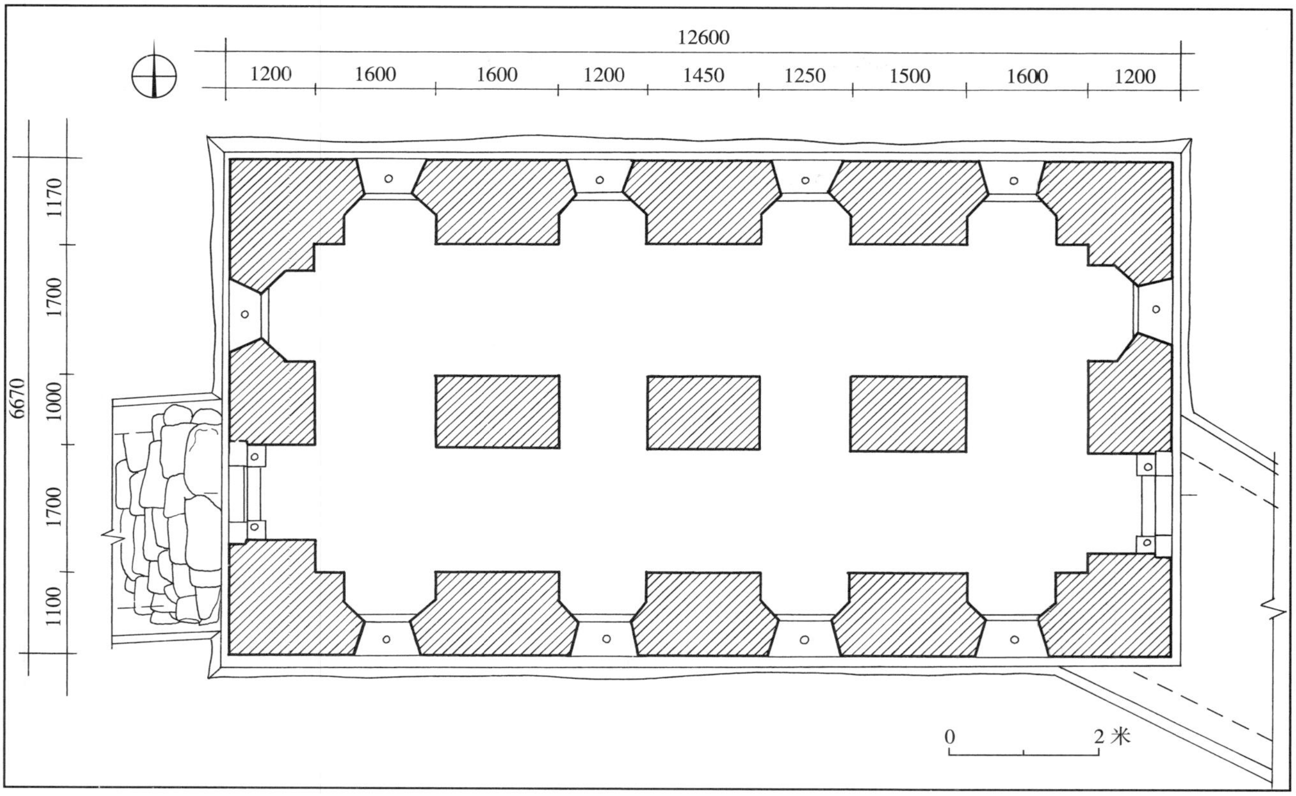

图［14］054　L96 中层平面图

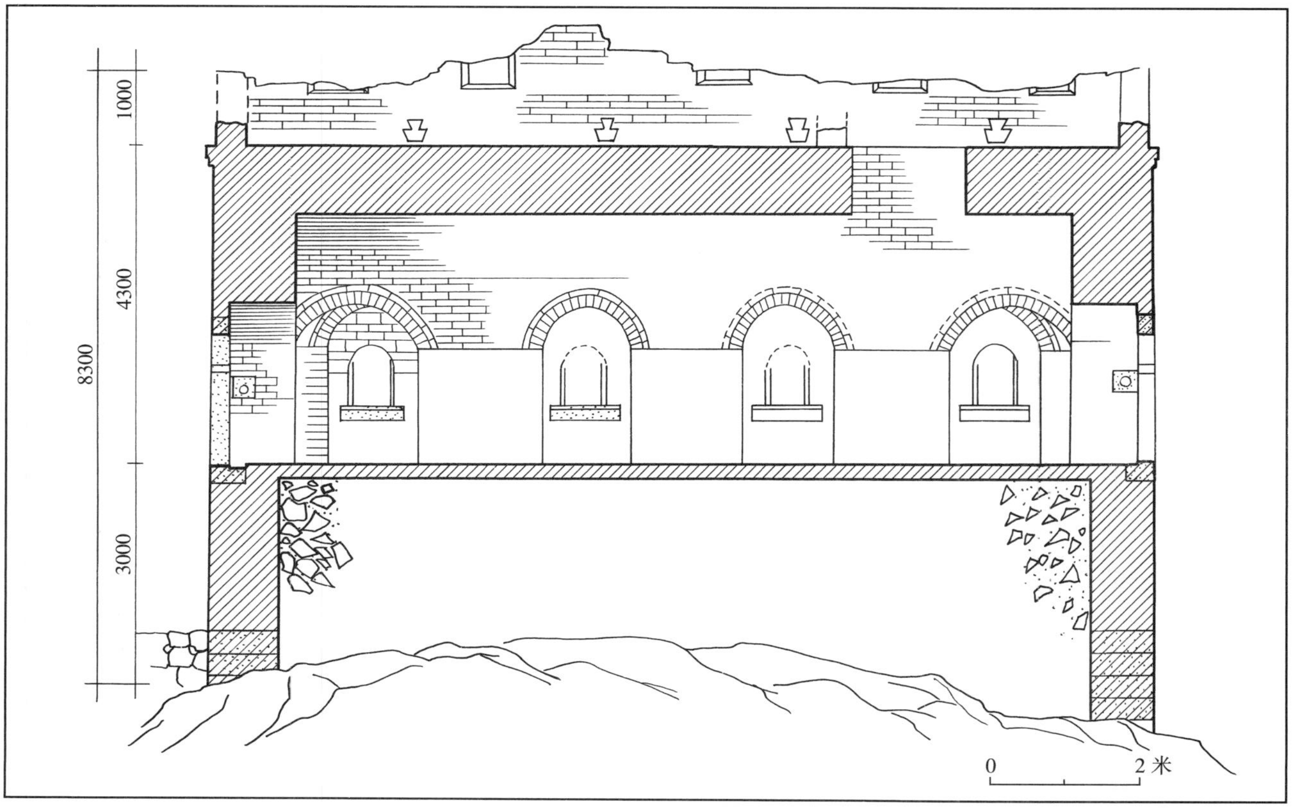

图［14］055　L96 纵剖面图

图［14］056　L96 横剖面图

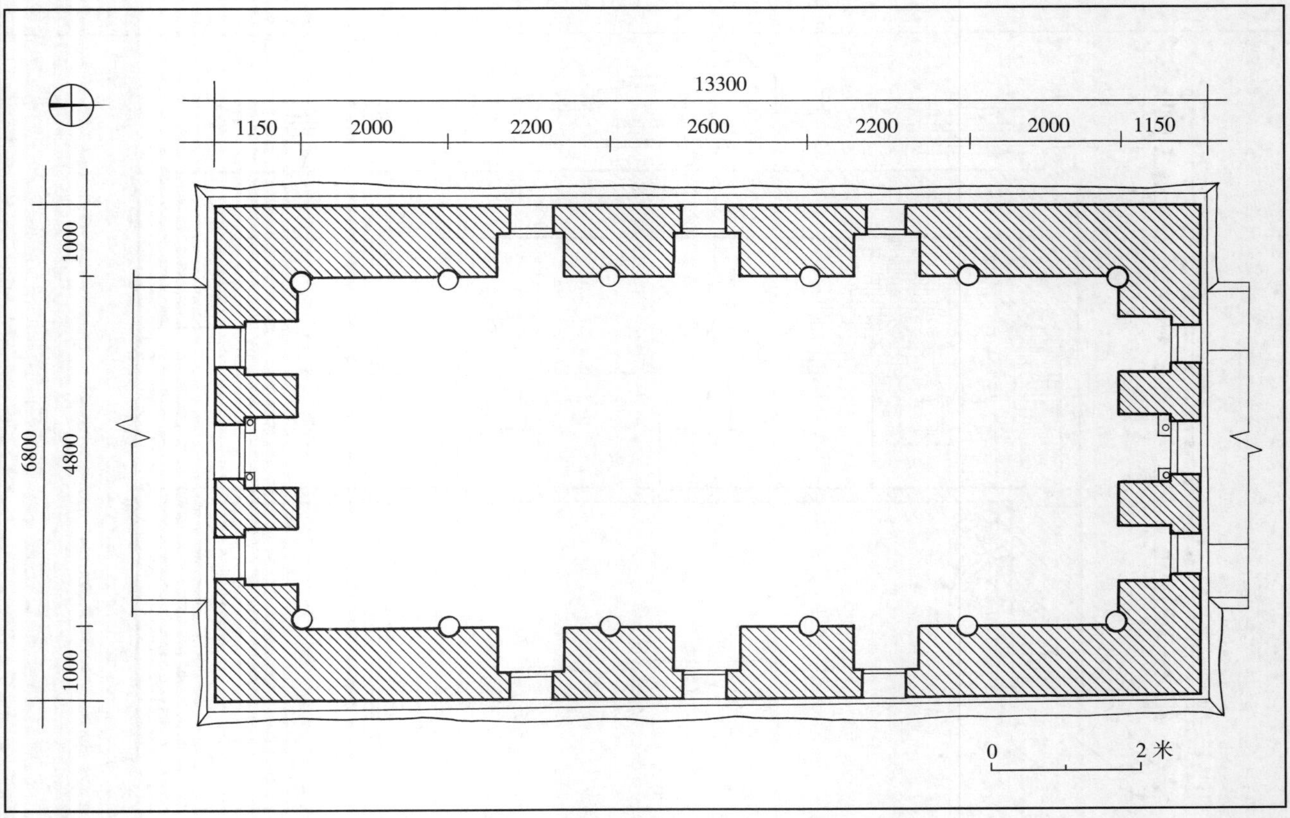

图［14］057　L103 中层平面图

图［14］058 L103 南立面图

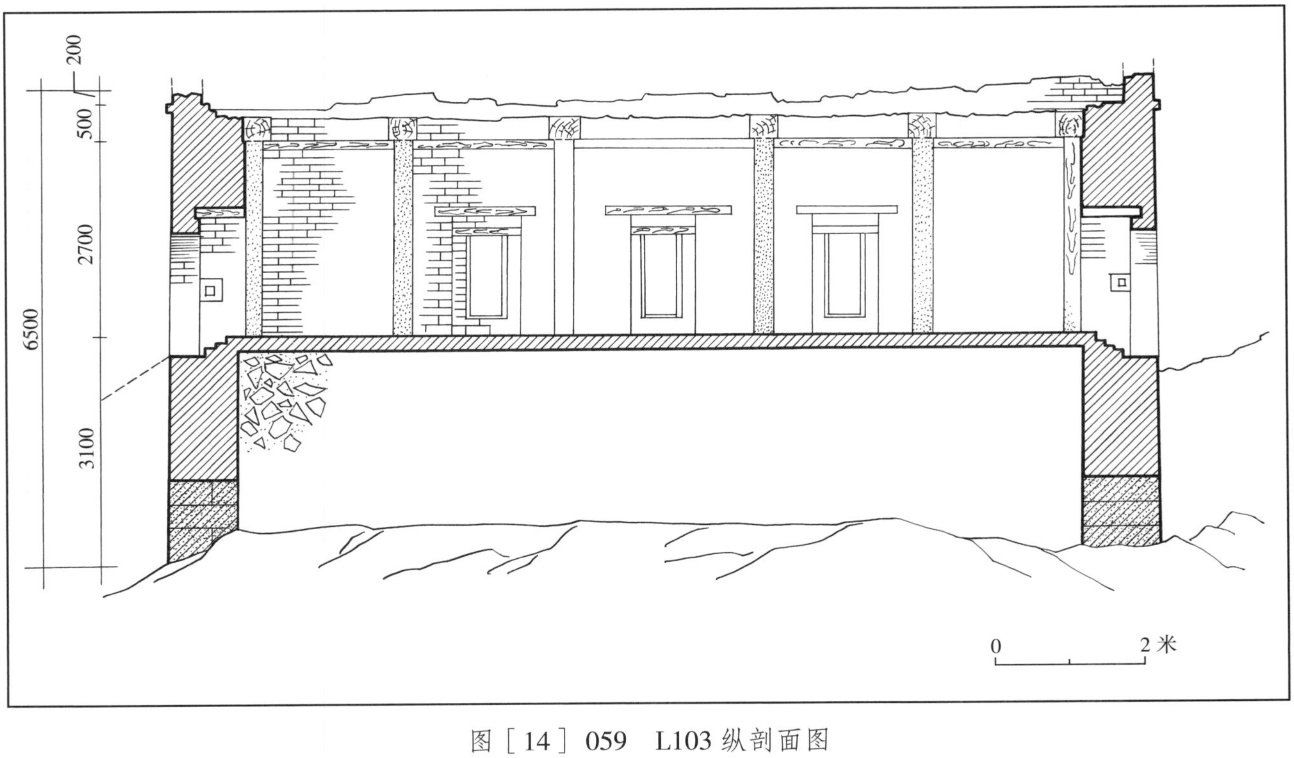

图［14］059 L103 纵剖面图

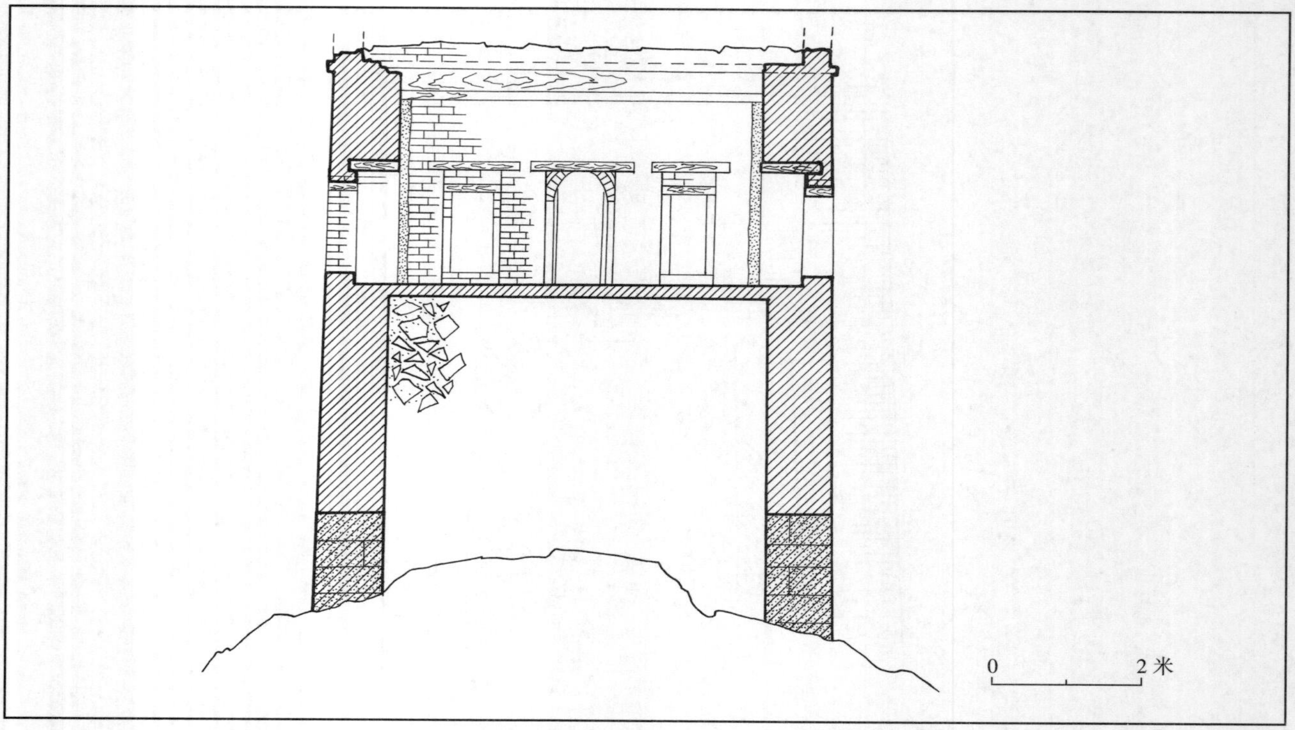

图［14］060　L103 横剖面图

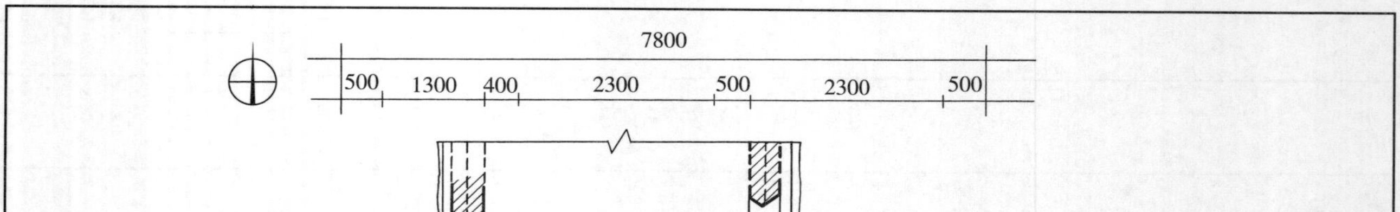

图［14］061　L118 实心敌台平面图

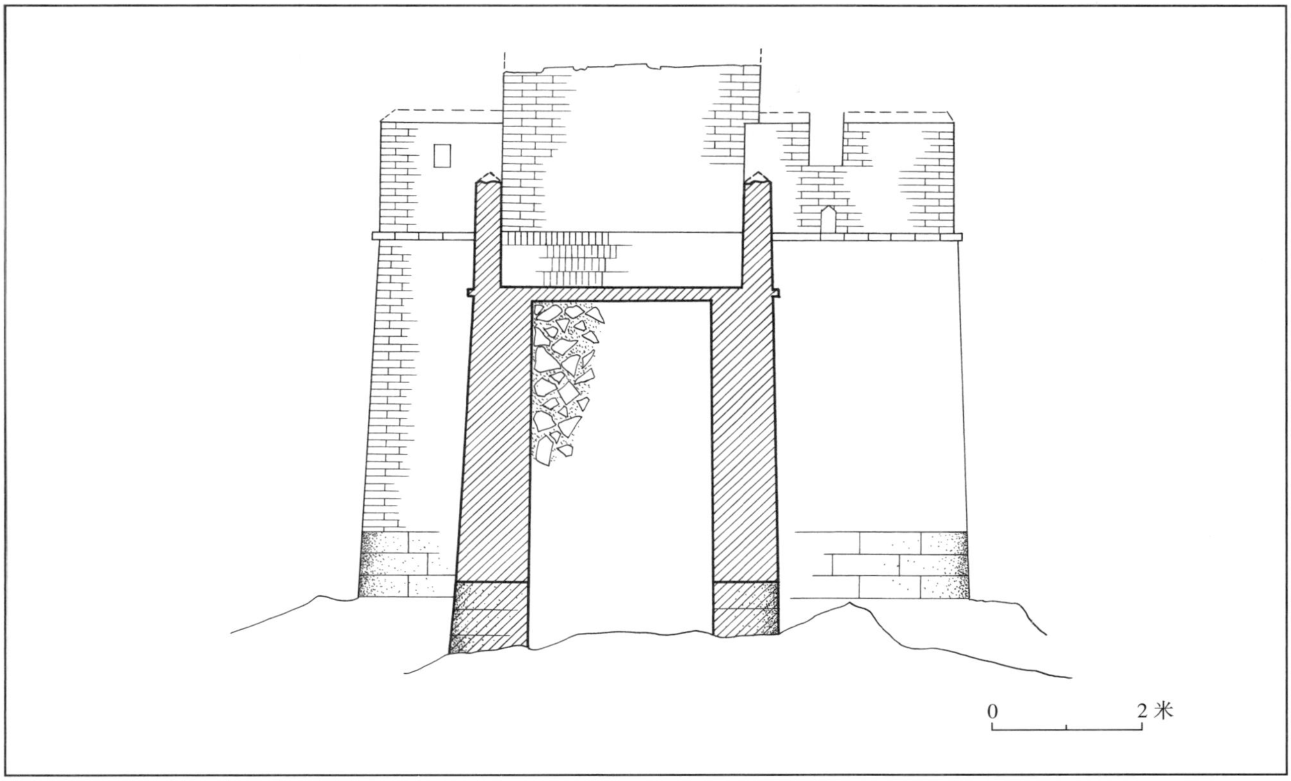

图［14］062　L118 南立面图

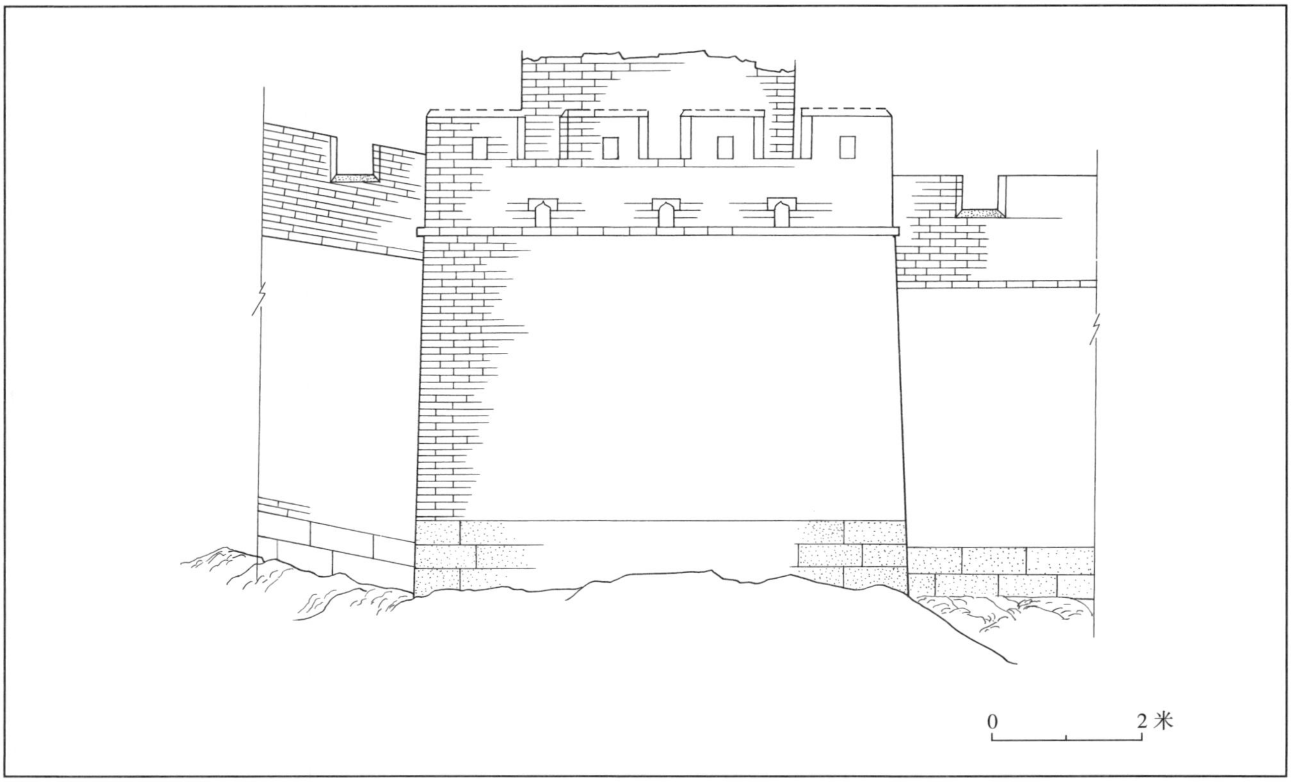

图［14］063　L118 东立面图

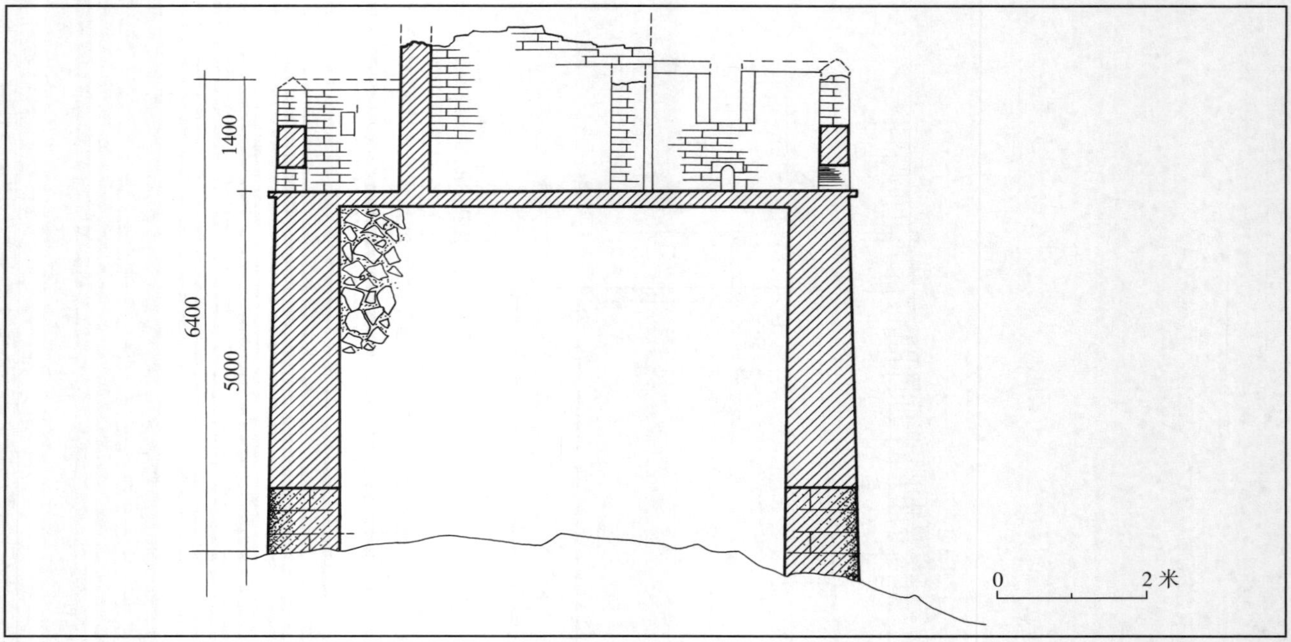

图［14］064 L118 横剖面图

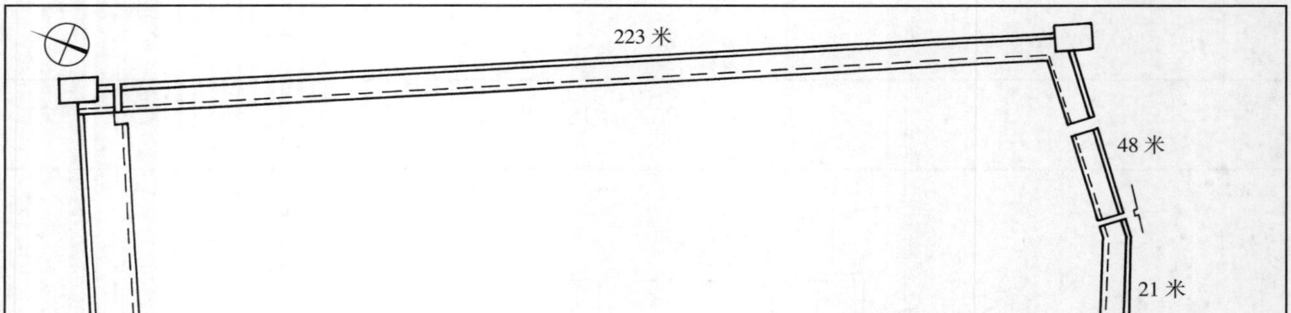

图［14］065 董家口关城平面图

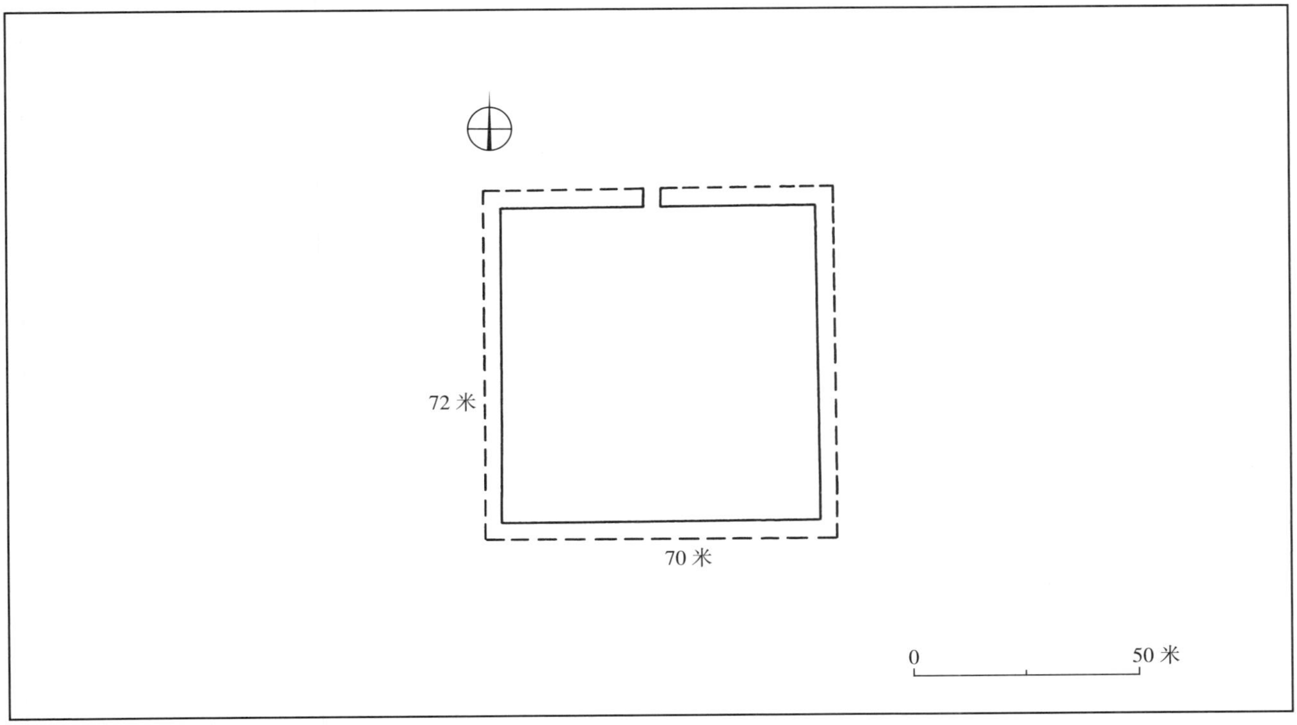

图［14］066　大堡城子城址平面图

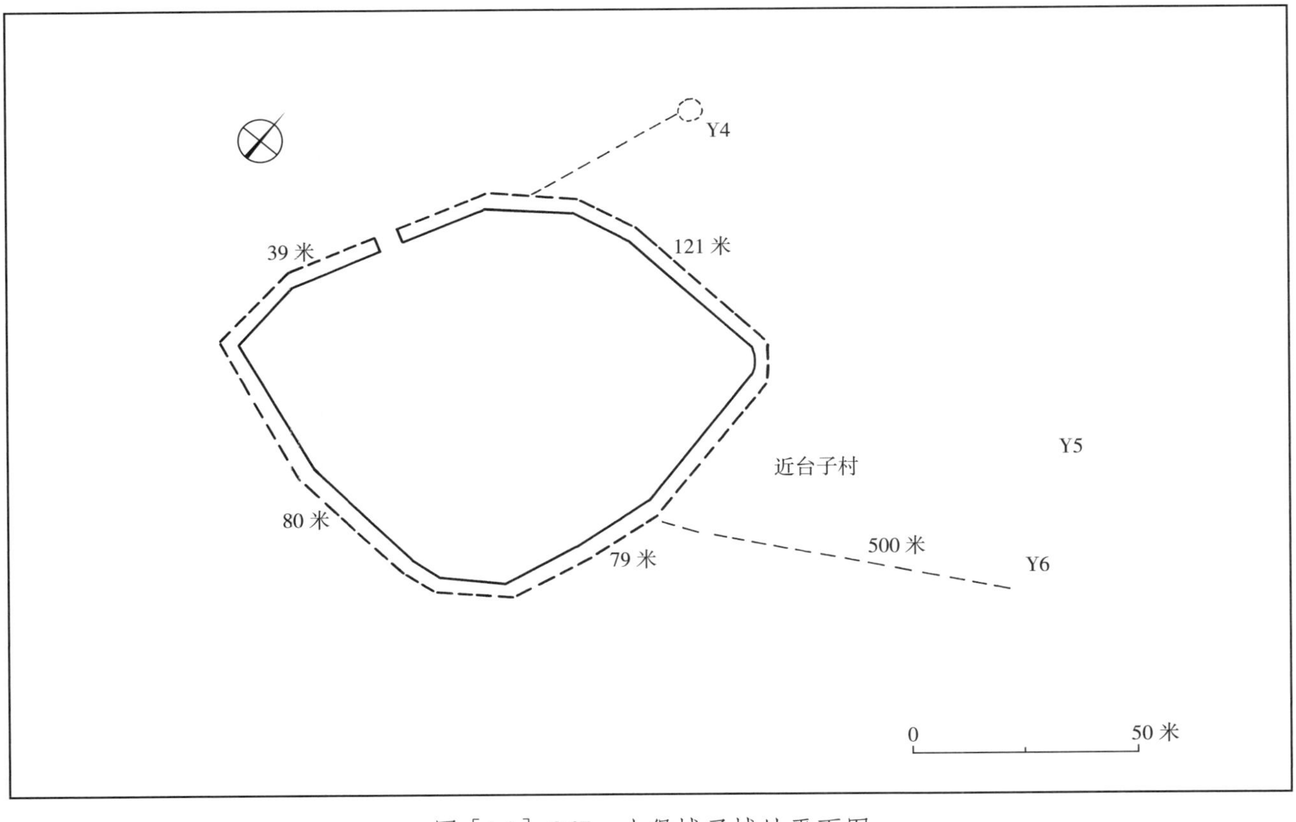

图［14］067　小堡城子城址平面图

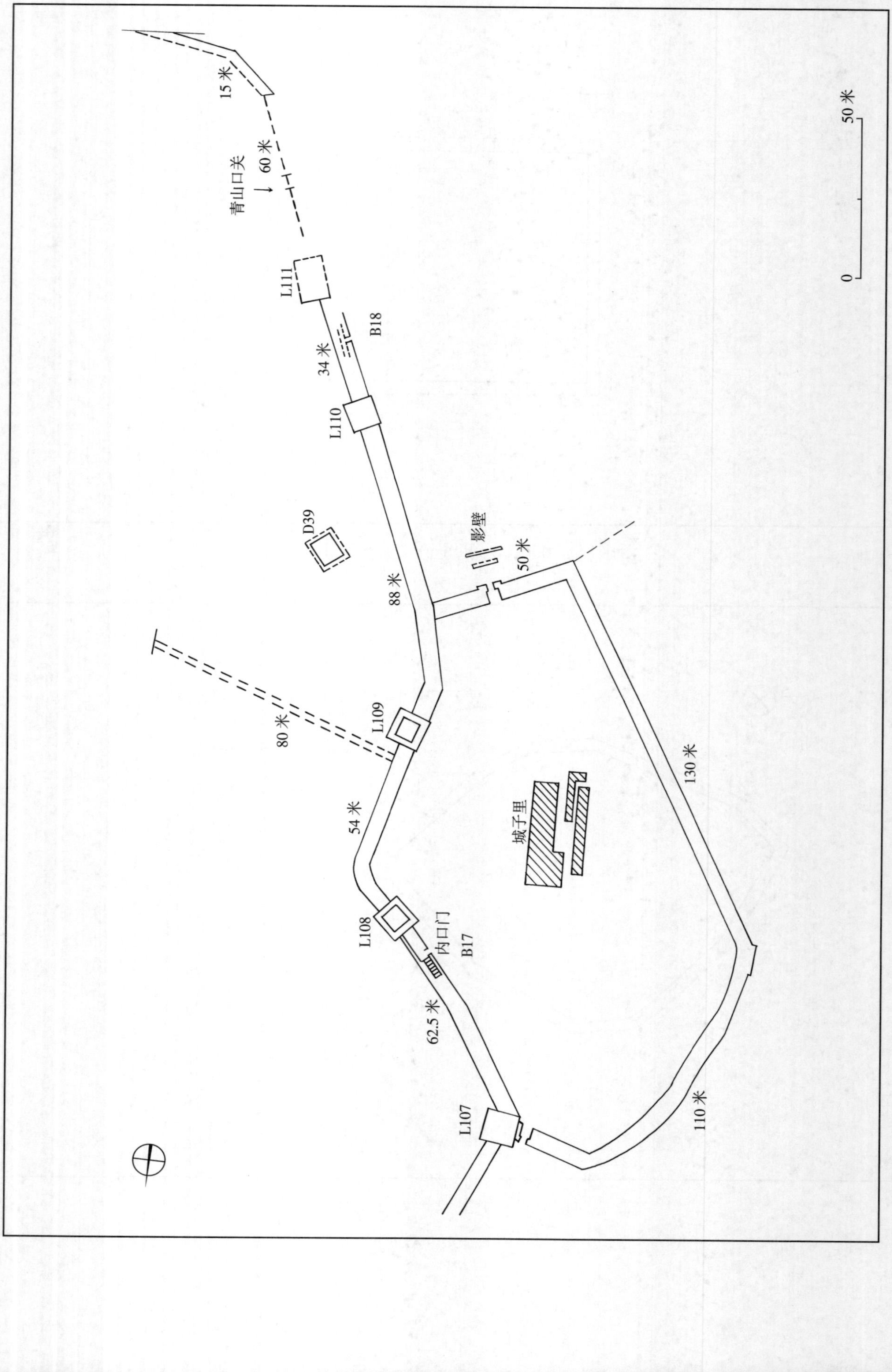

图［14］068 青山口关城平面图（连壁城）（另见图［14］021）

图［14］069　青山口关门正立面图

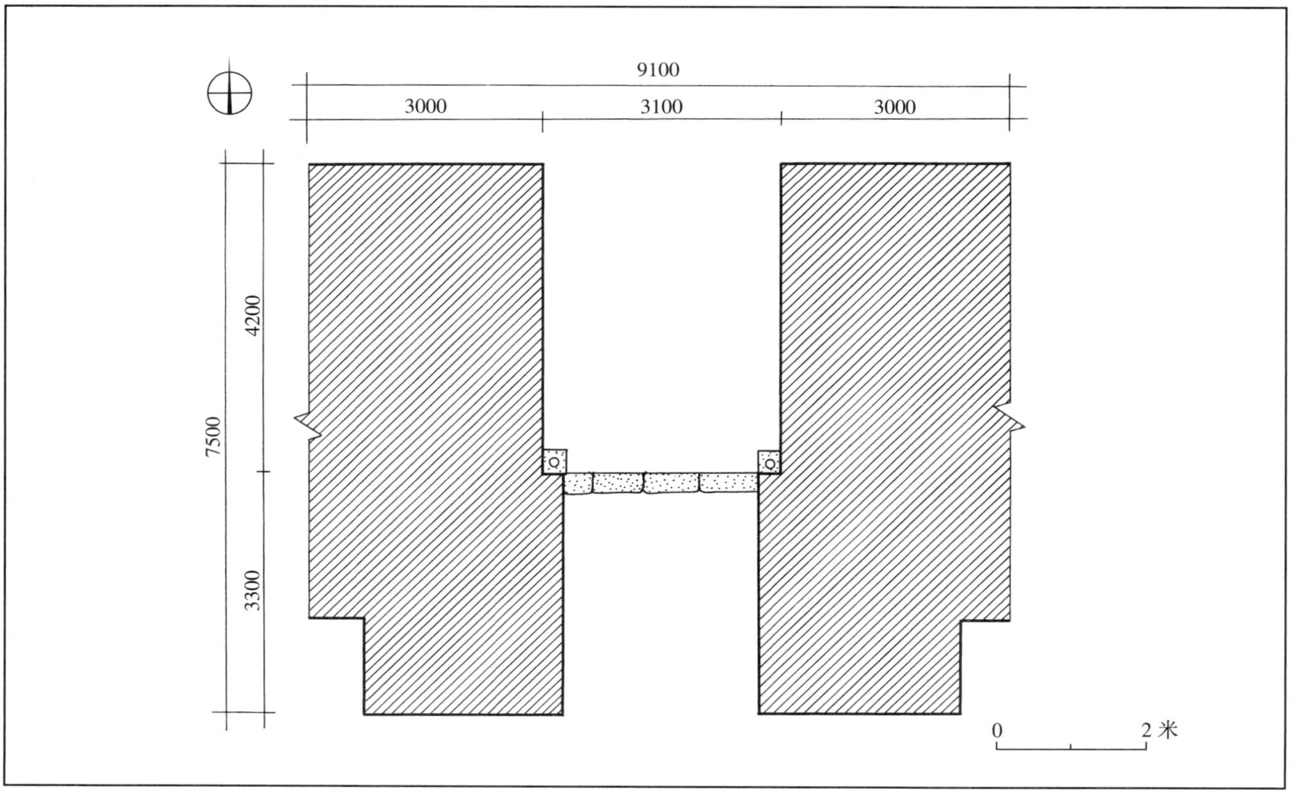

图［14］070　青山口关城门平面图

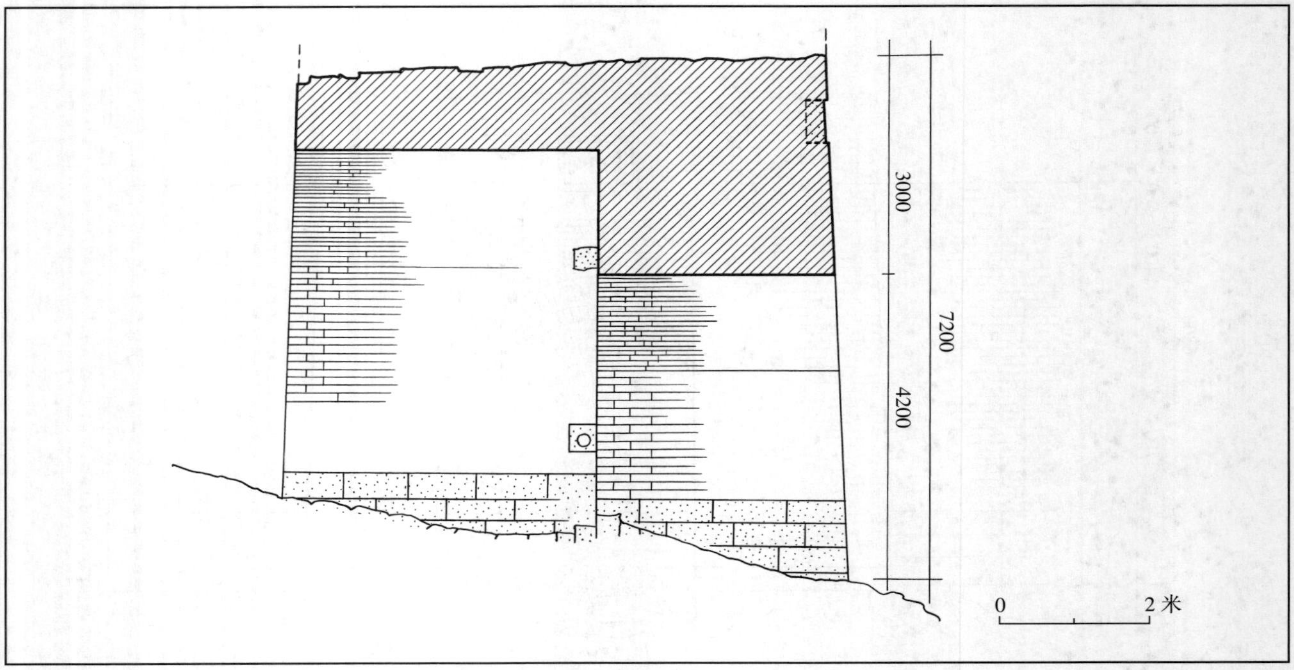

图［14］071 青山口关城门剖面图

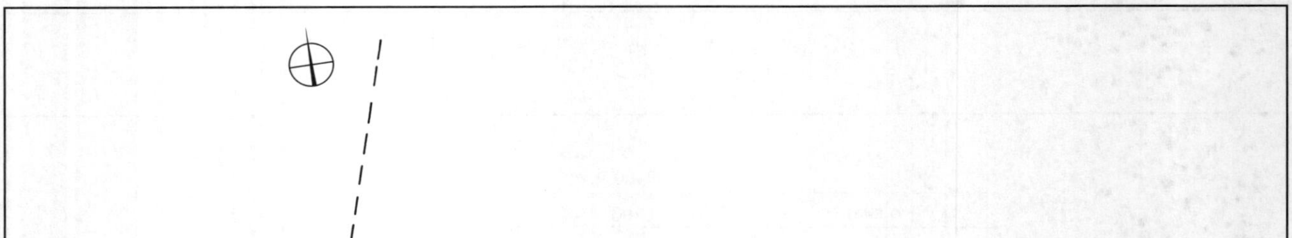

图［14］072 马圈城平面图（连壁城）（另见图［14］013）

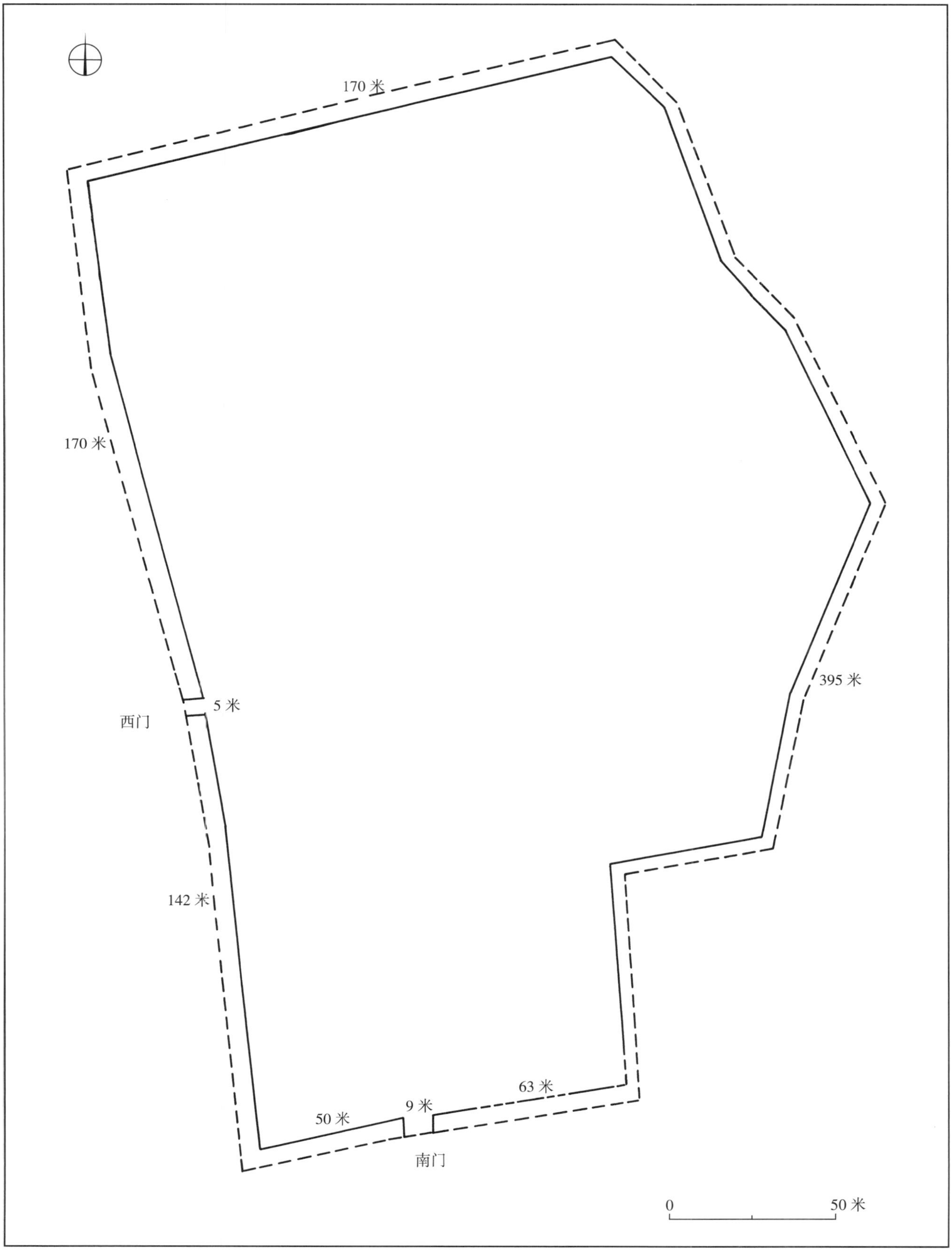

图［14］073　上营城平面图

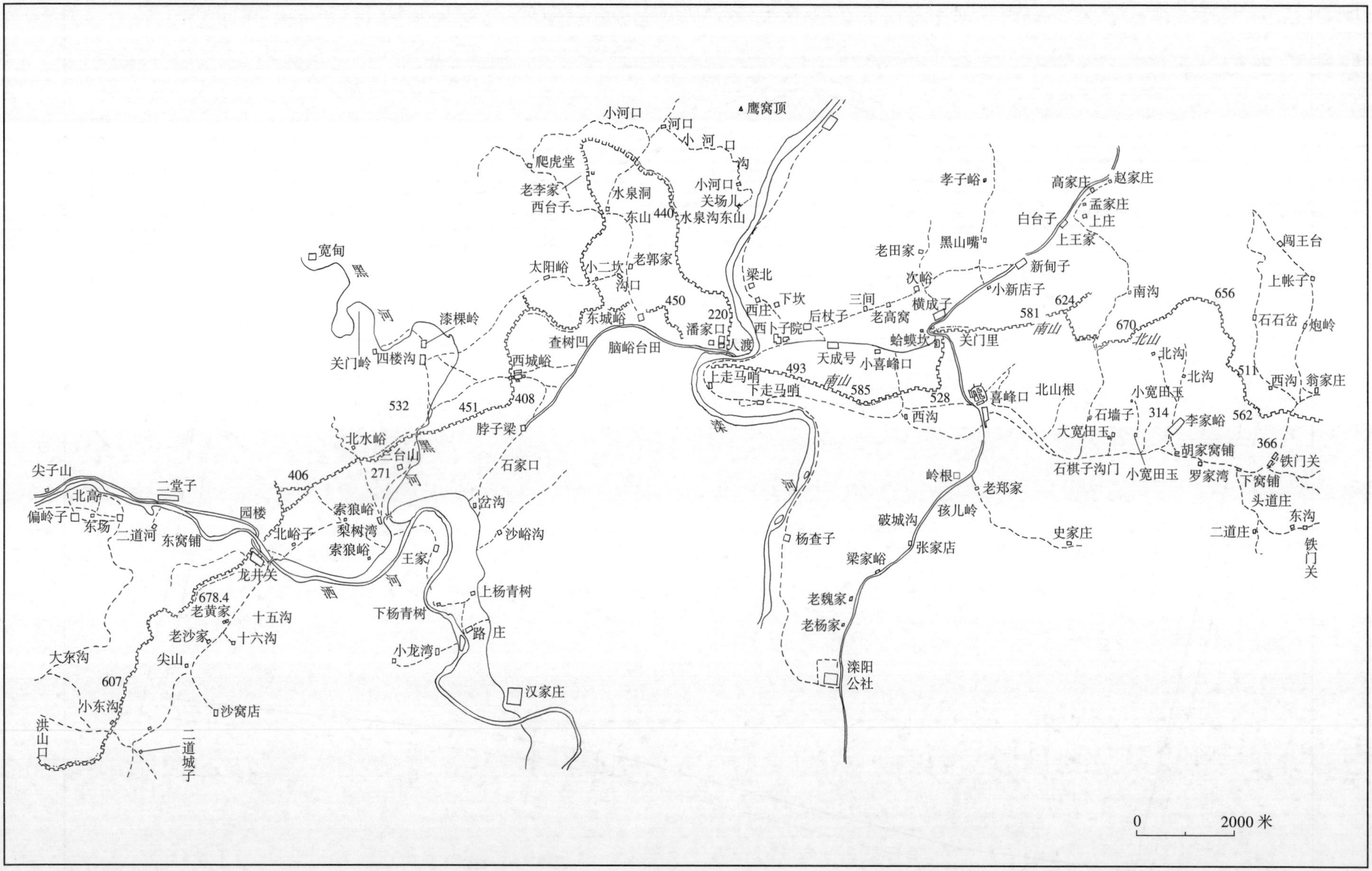

图［13］001　第十三测区长城地段图（用五万分之一图）

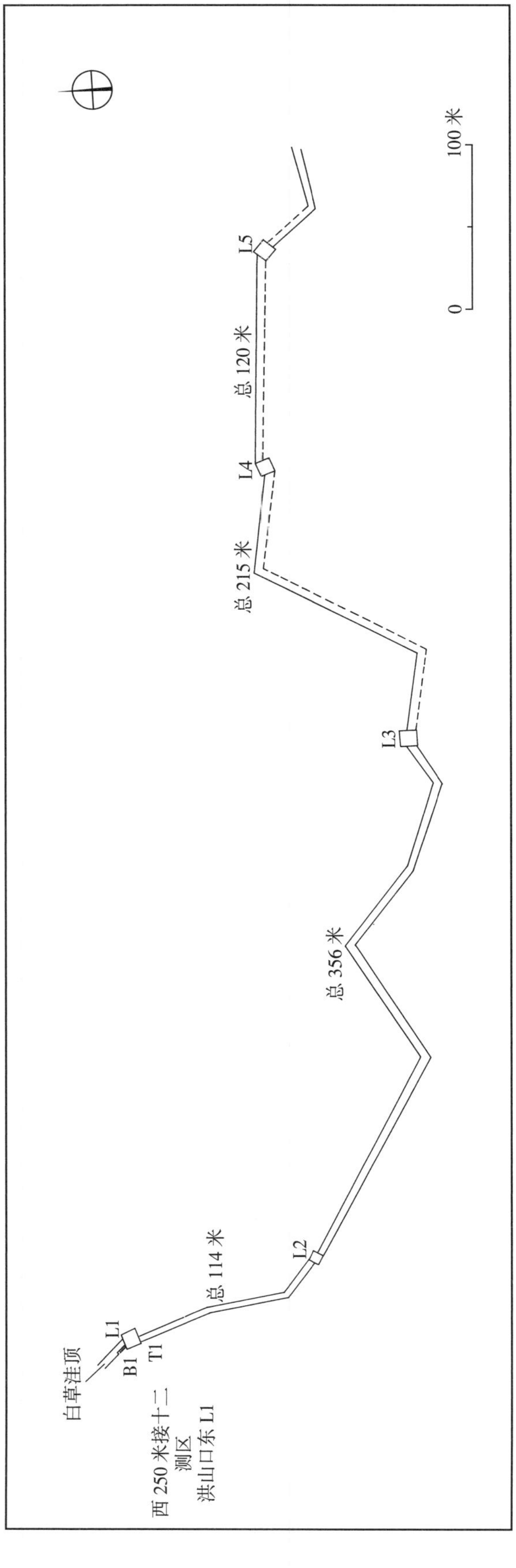

图［13］002　C1 龙井关测区边墙建筑遗迹分布图

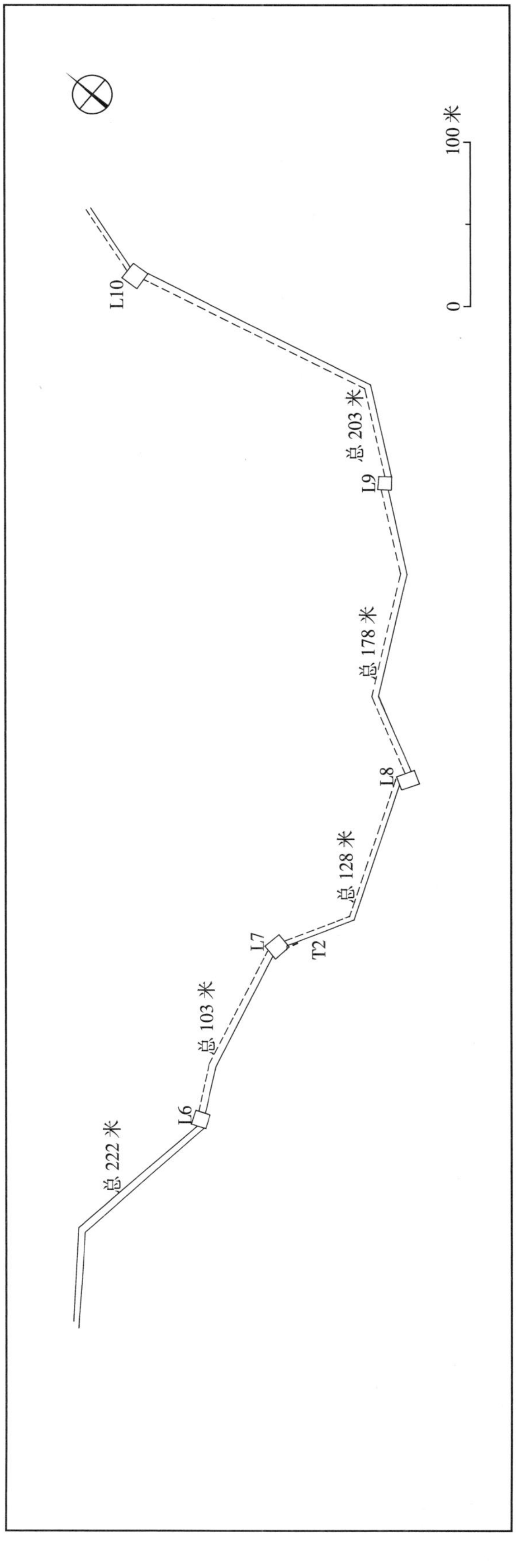

图［13］003　C2 龙井关测区边墙建筑遗迹分布图

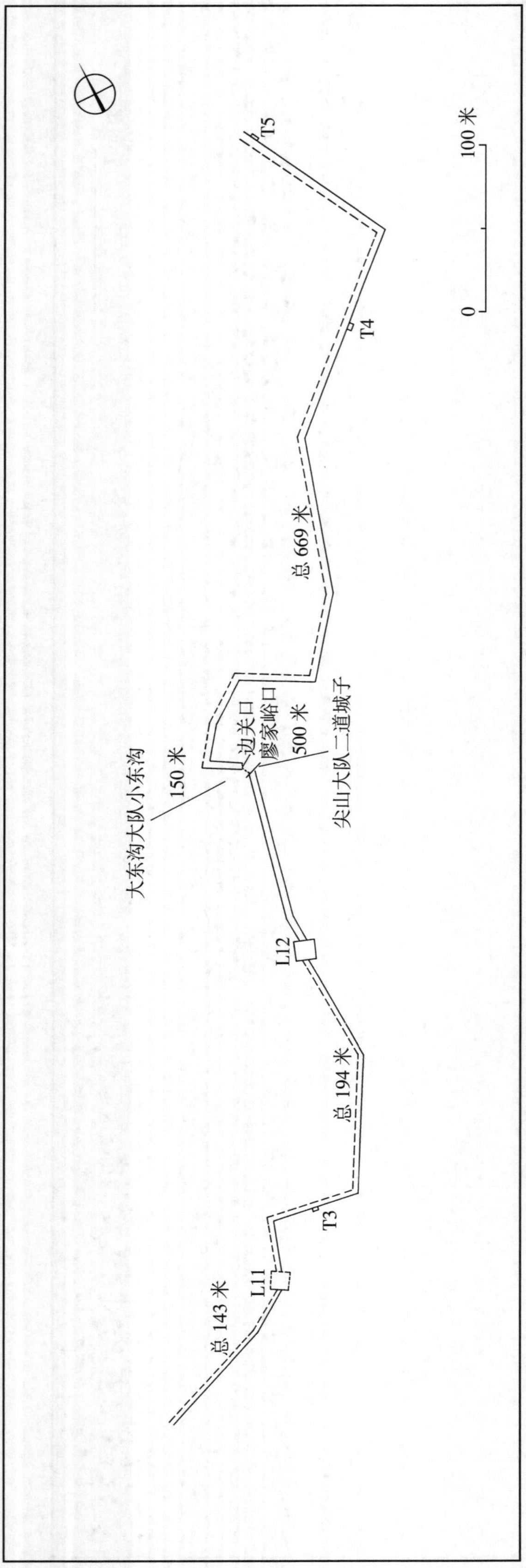

图［13］004　C3 龙井关测区边墙建筑遗迹分布图

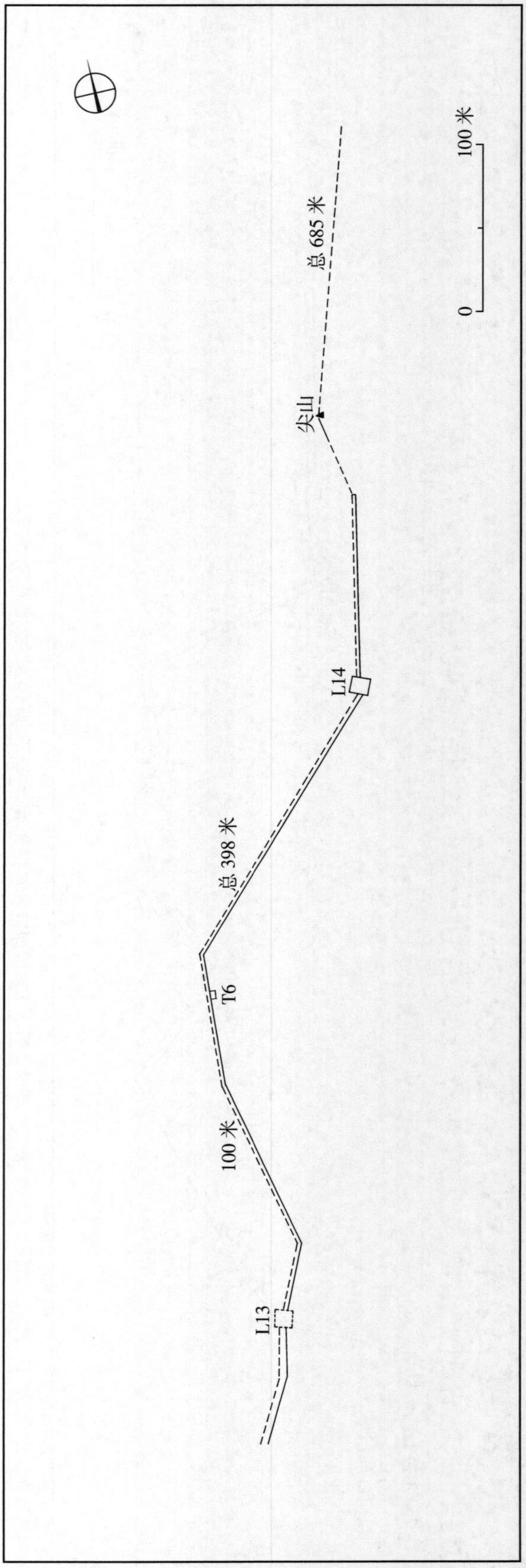

图［13］005　C4 龙井关测区边墙建筑遗迹分布图

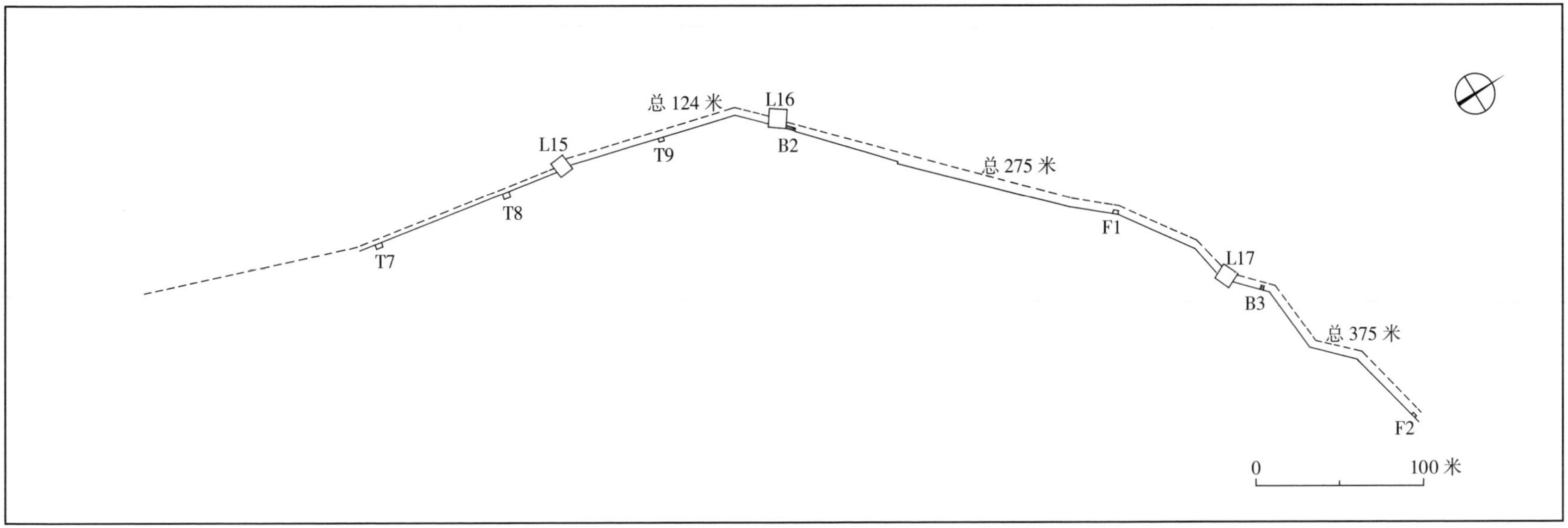

图［13］006　C5 龙井关测区边墙建筑遗迹分布图

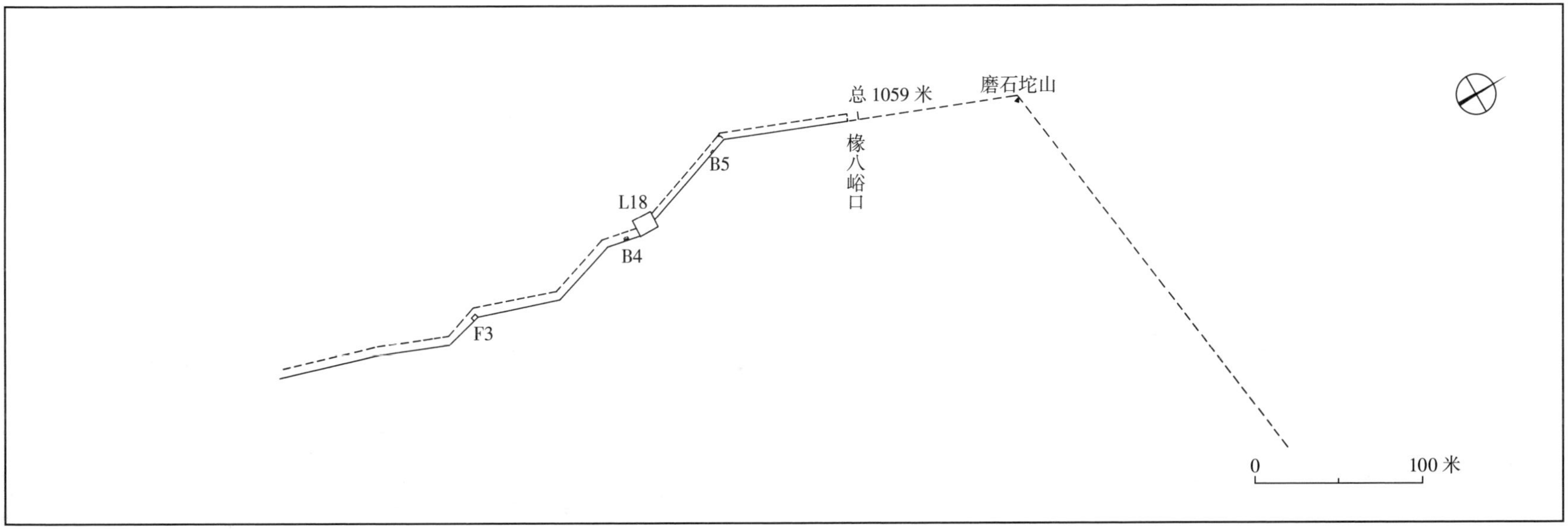

图［13］007　C6 龙井关测区边墙建筑遗迹分布图

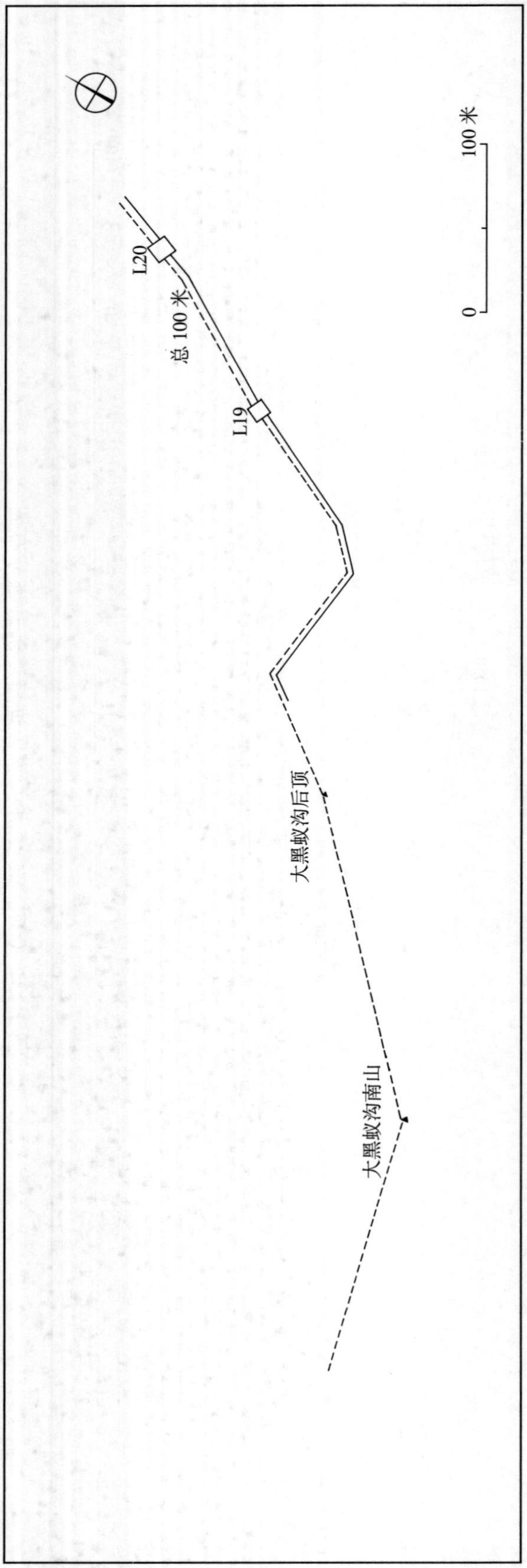

图［13］008　C7 龙井关测区边墙建筑遗迹分布图

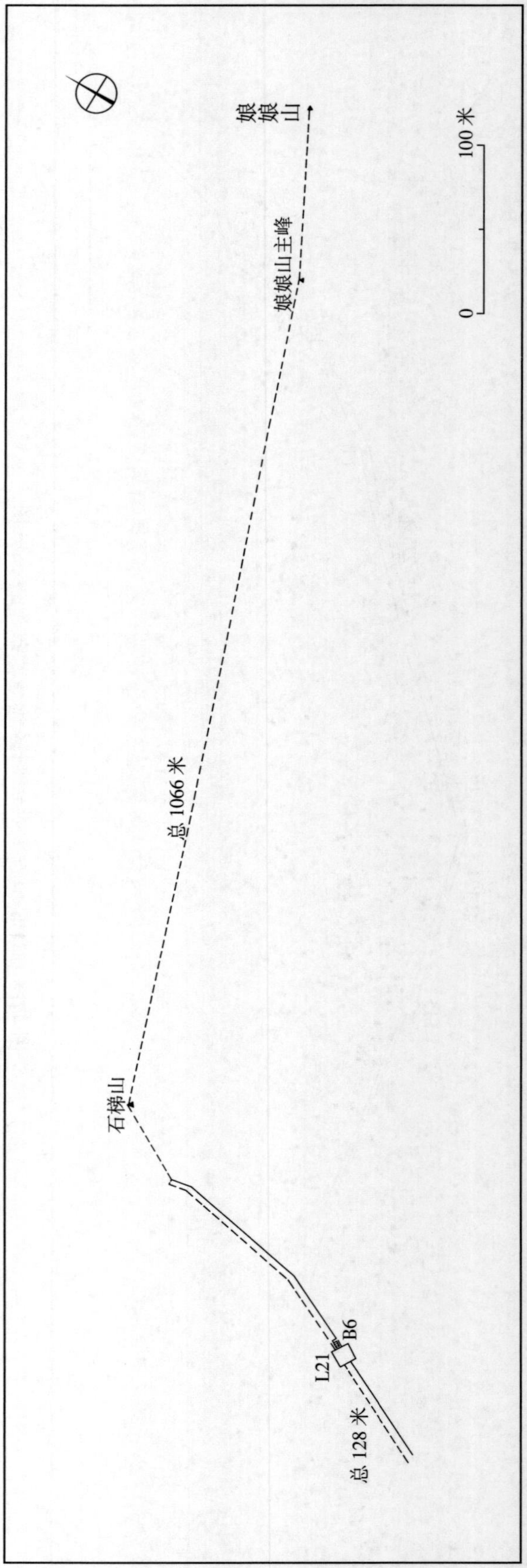

图［13］009　C8 龙井关测区边墙建筑遗迹分布图

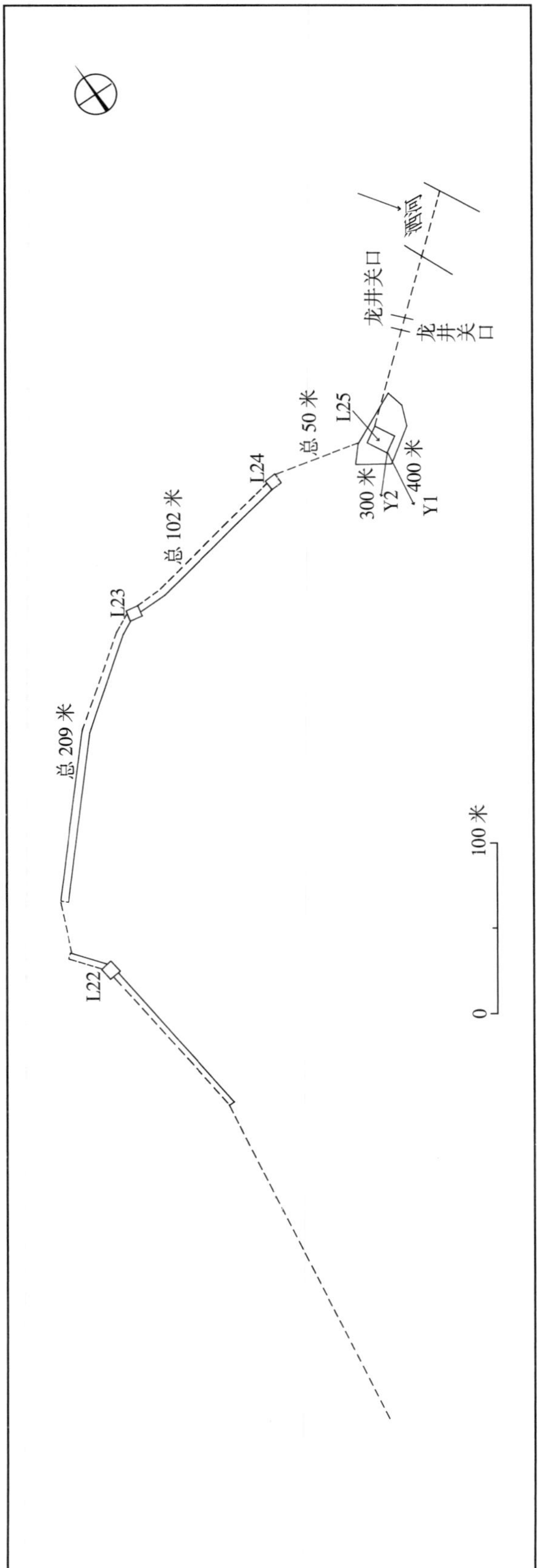

图［13］010　C9 龙井关测区边墙建筑遗迹分布图

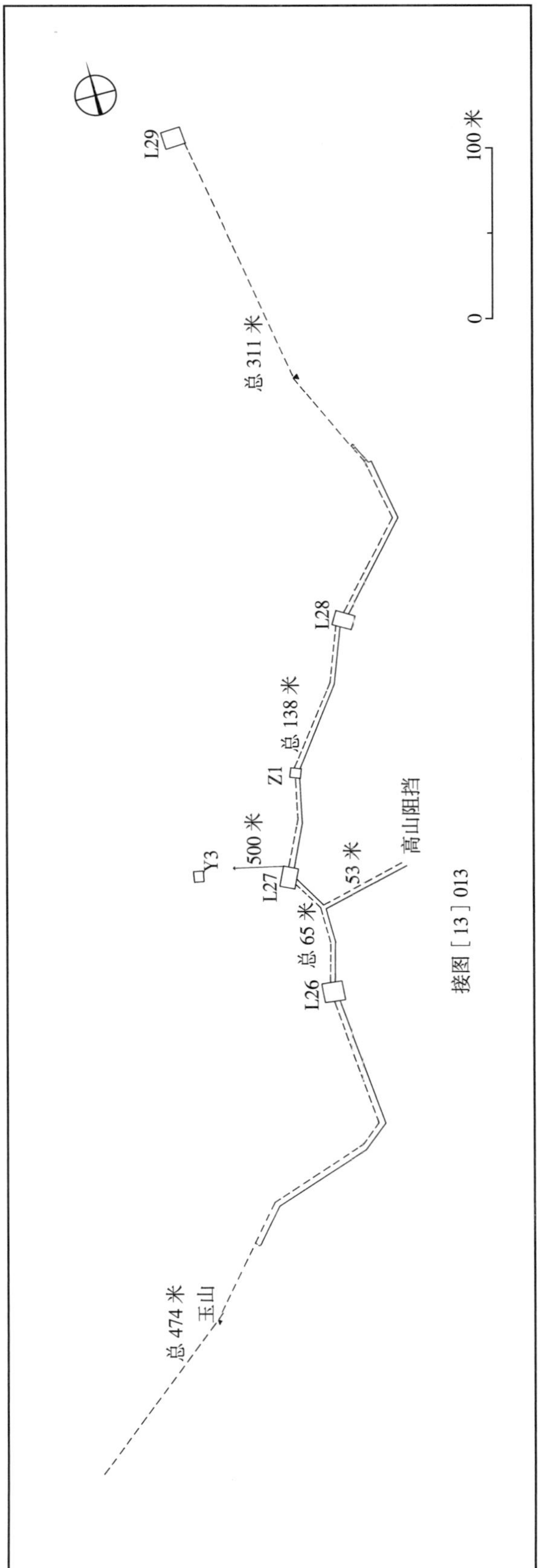

图［13］011　C10 龙井关测区边墙建筑遗迹分布图

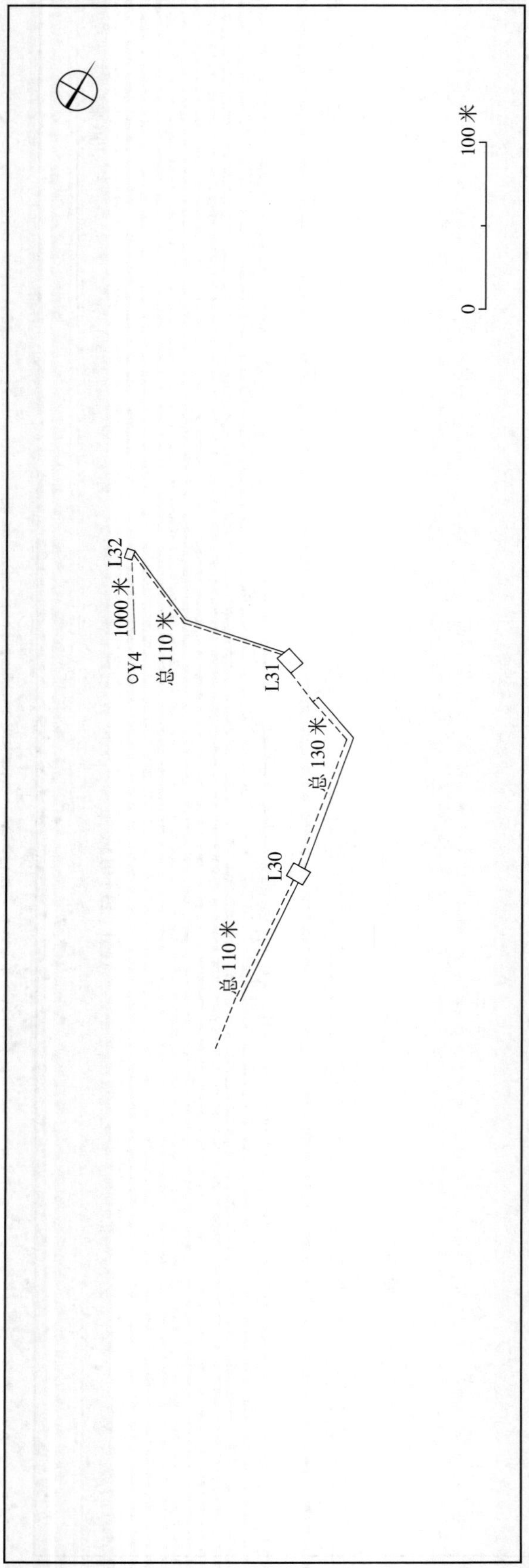

图［13］012　C11 龙井关测区边墙建筑遗迹分布图

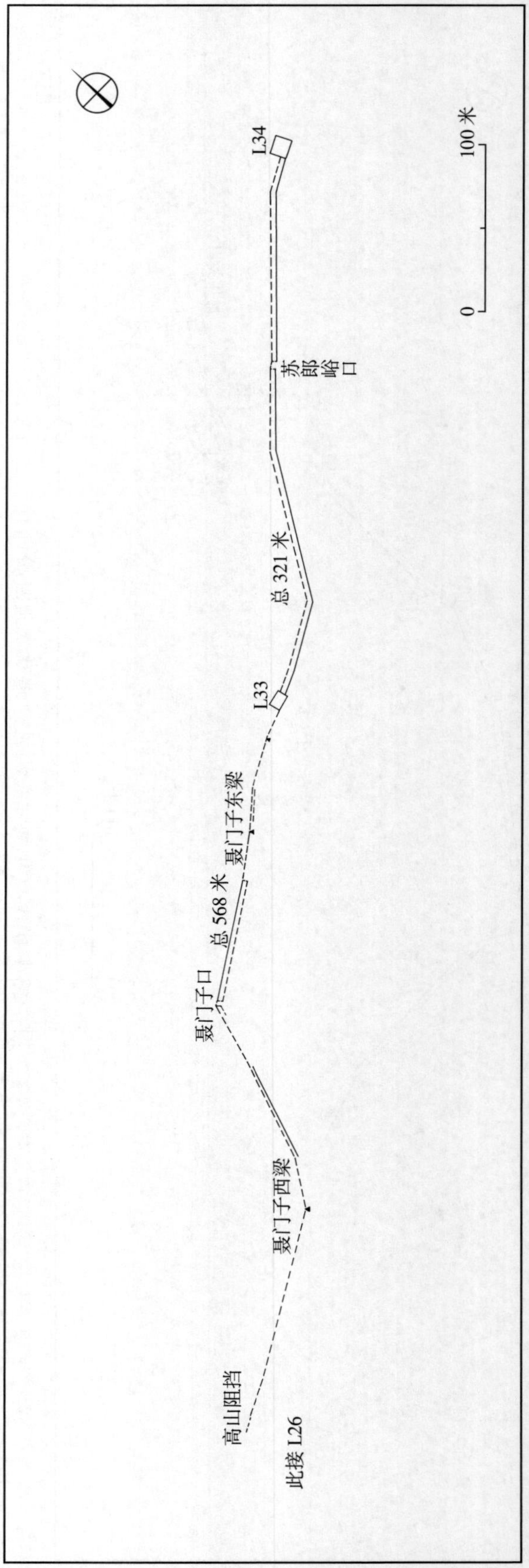

图［13］013　C12 龙井关测区边墙建筑遗迹分布图

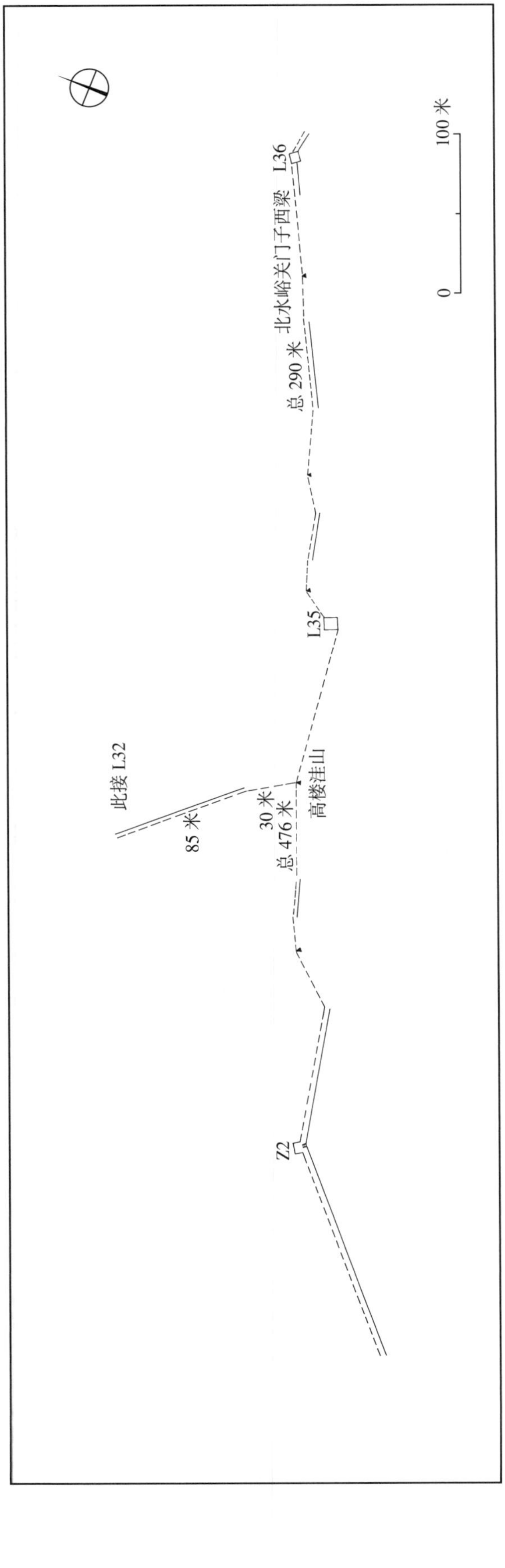

图［13］014　C13 龙井关测区边墙建筑遗迹分布图

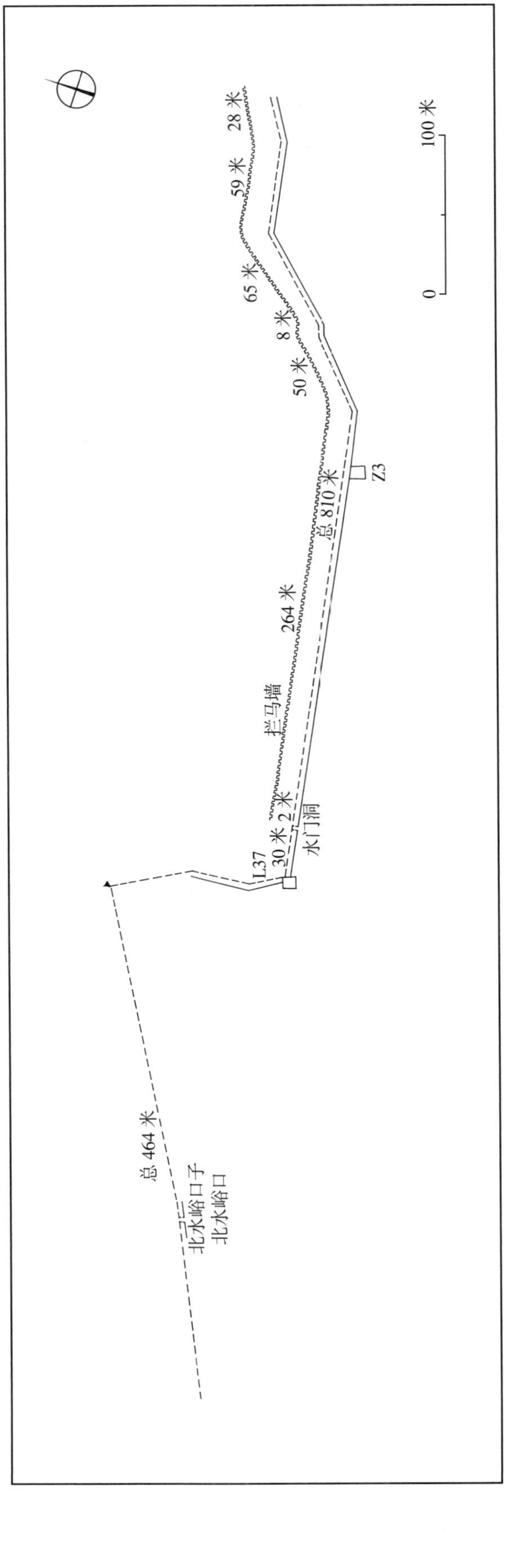

图［13］015　C14 龙井关测区边墙建筑遗迹分布图

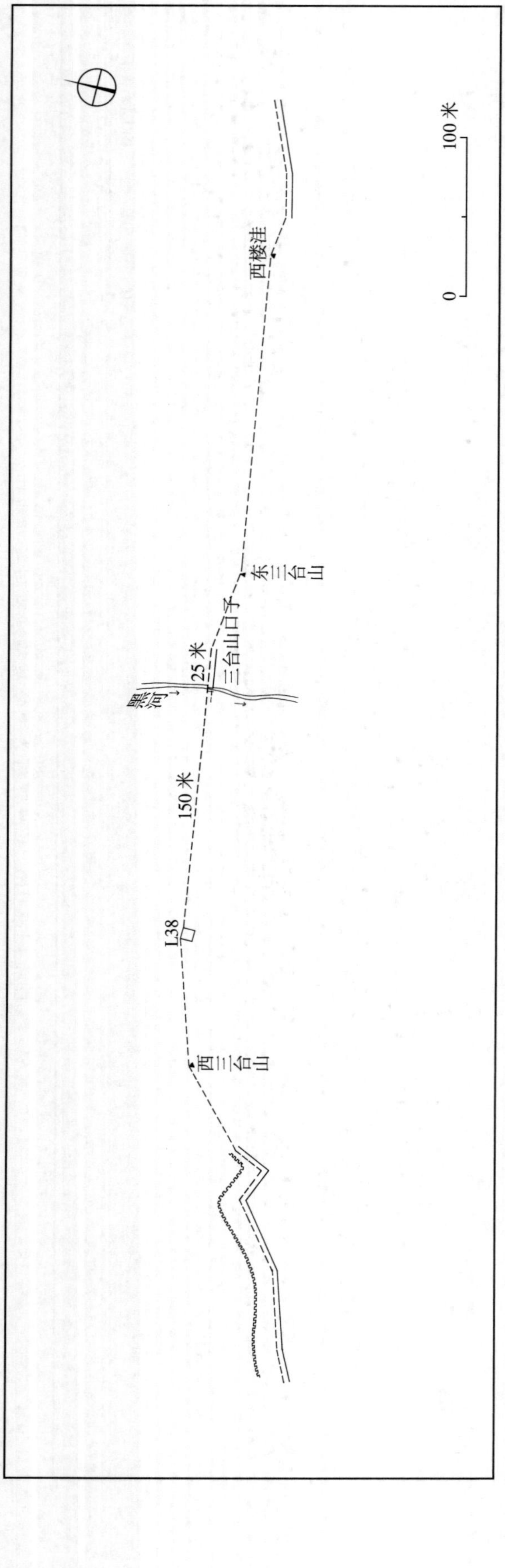

图［13］016　C15 龙井关测区边墙建筑遗迹分布图

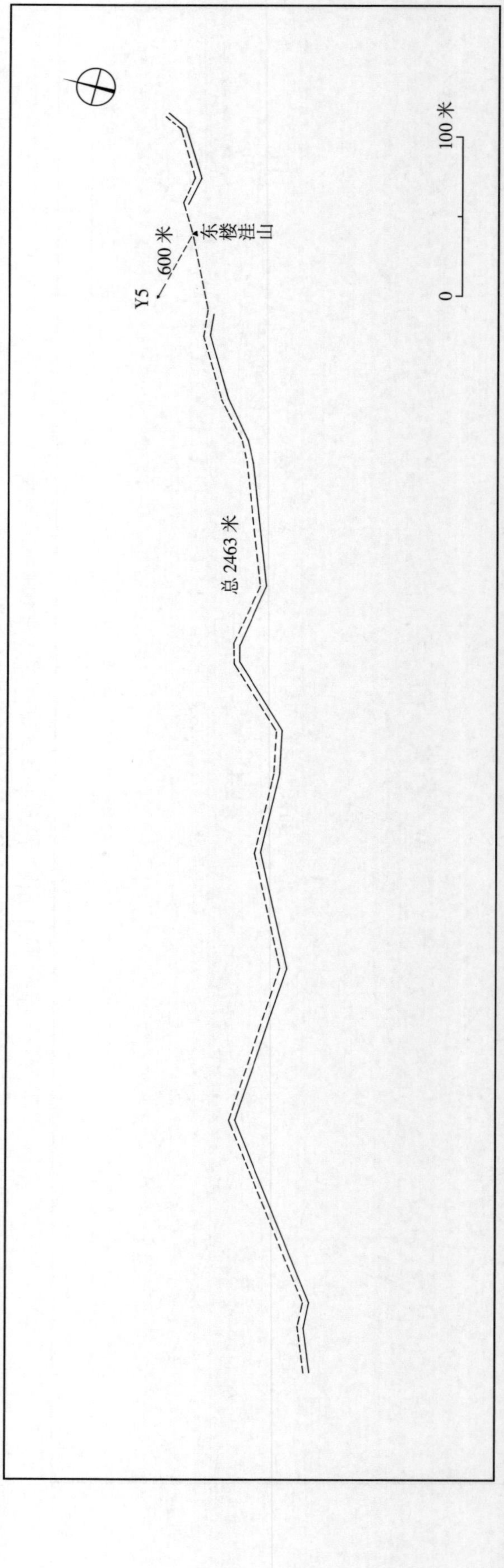

图［13］017　C16 西城峪测区边墙建筑遗迹分布图

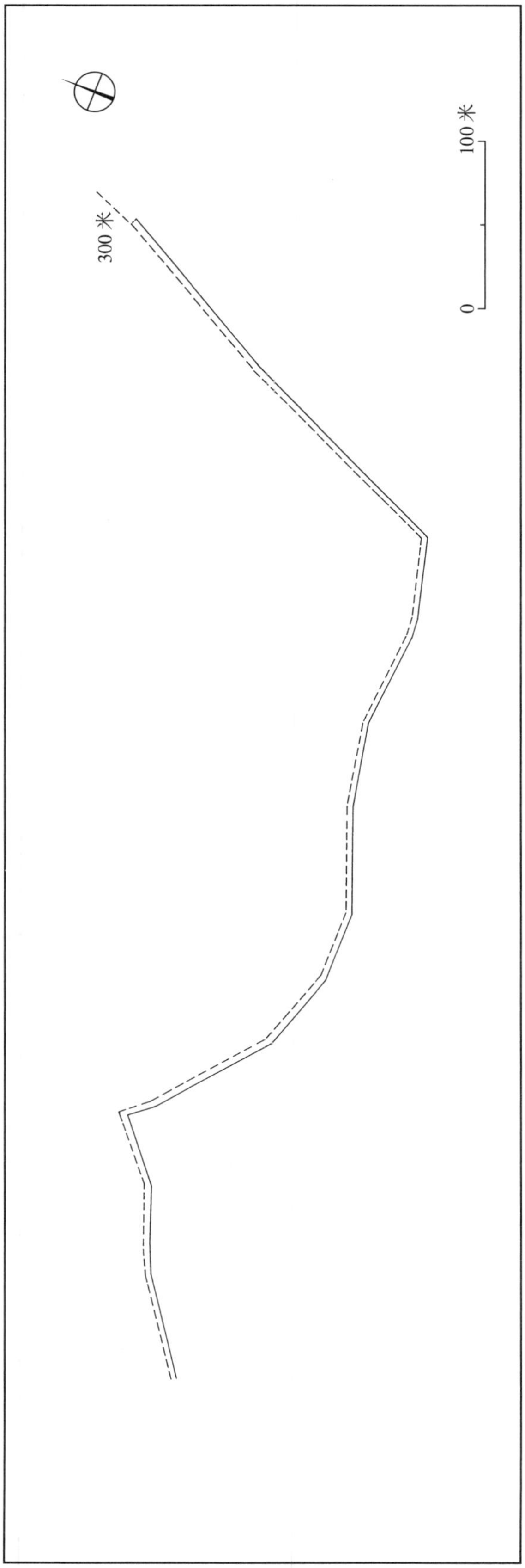

图［13］018 C17 西城峪测区边墙建筑遗迹分布图

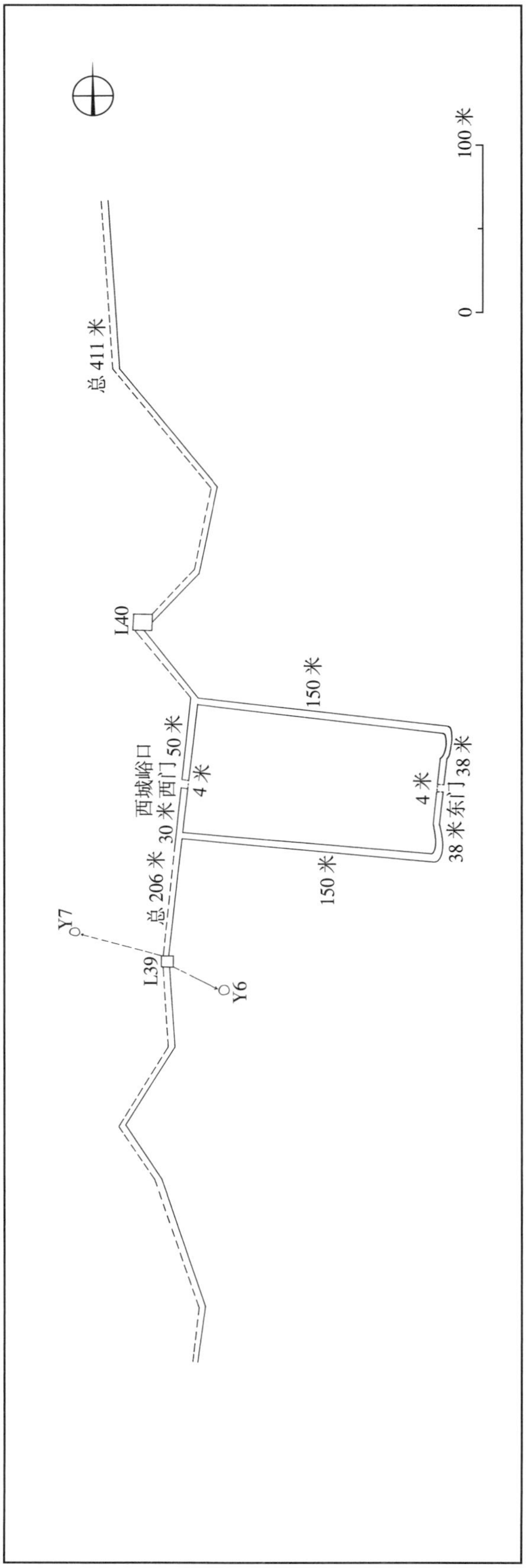

图［13］019 C18 西城峪测区边墙建筑遗迹分布图

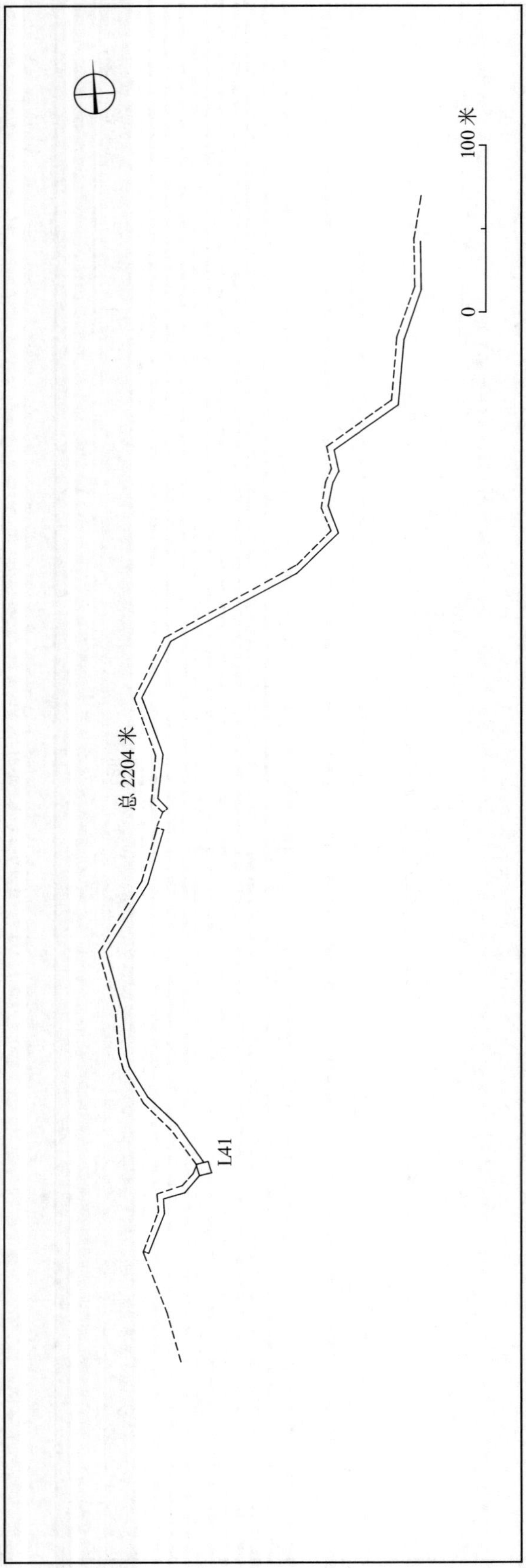

图［13］020 C19 西城峪测区边墙建筑遗迹分布图

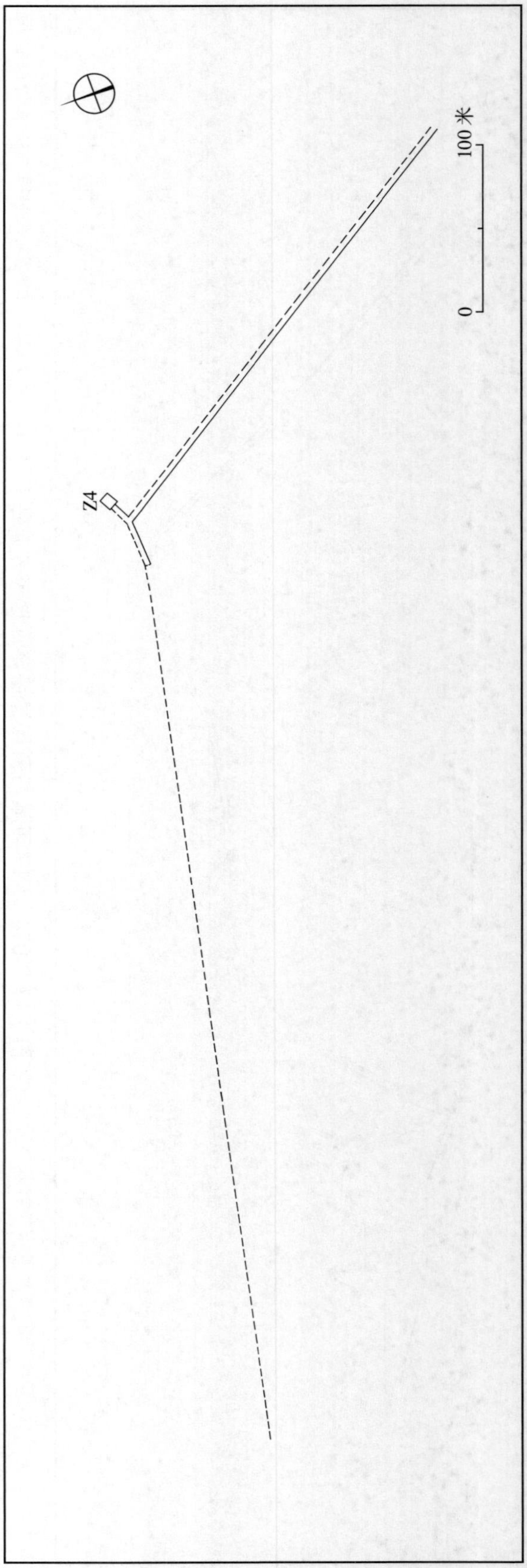

图［13］021 C20 西城峪测区边墙建筑遗迹分布图

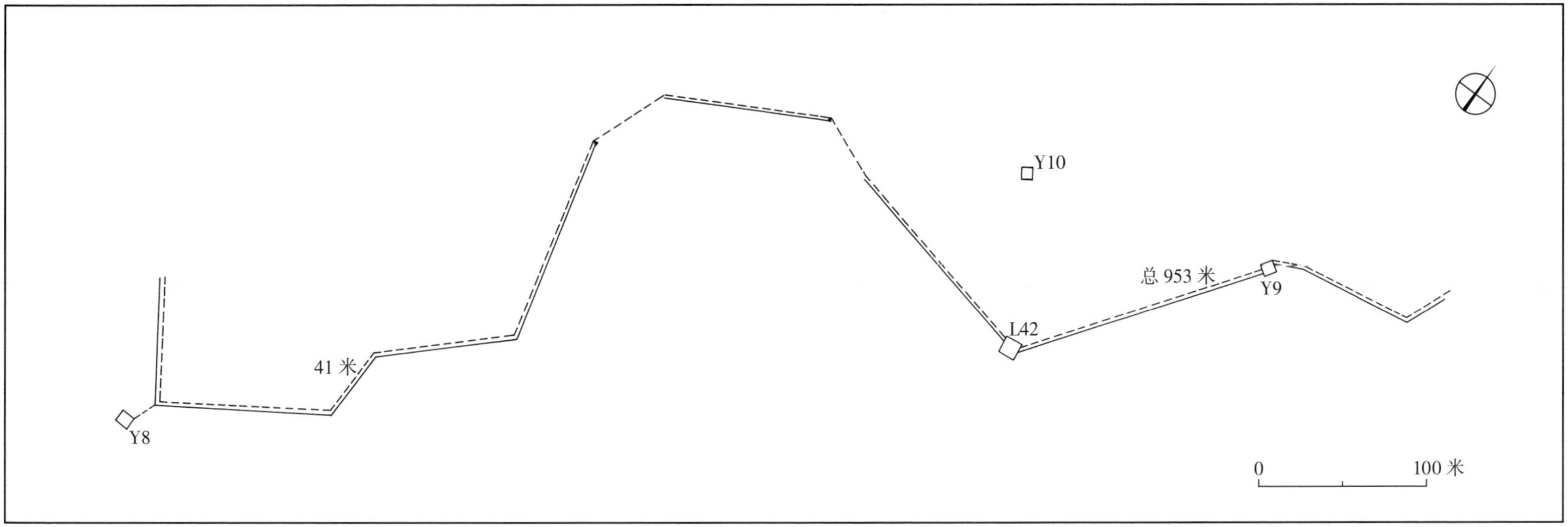

图［13］022　C21 西城峪测区边墙建筑遗迹分布图

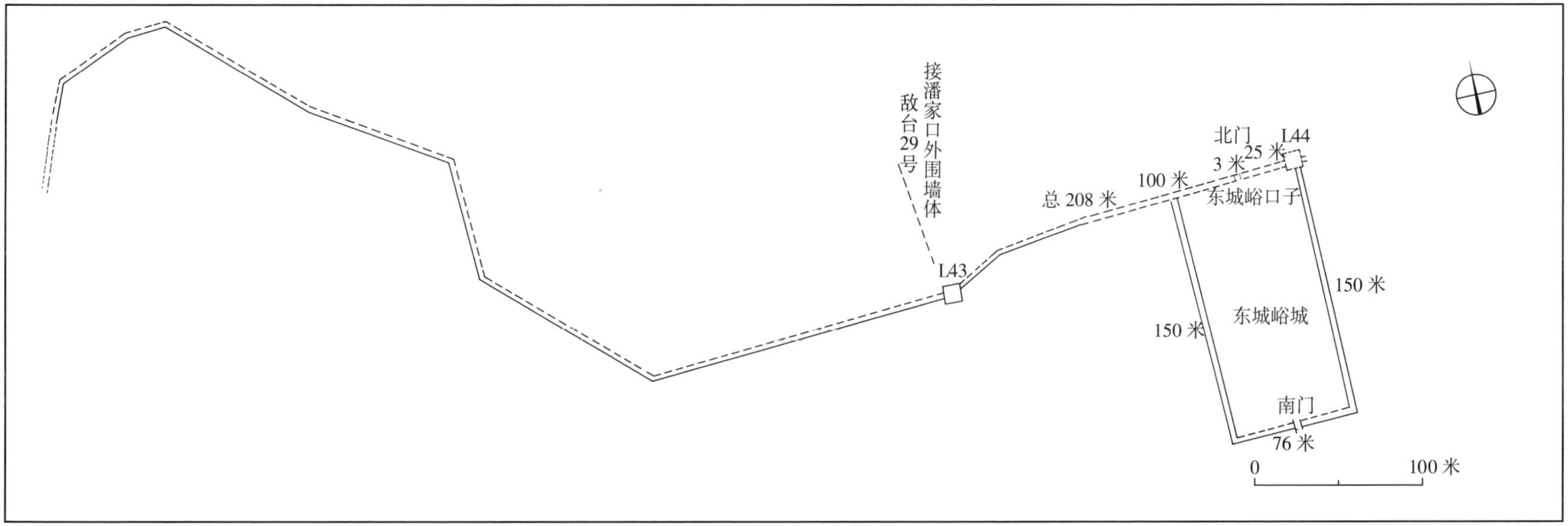

图［13］023　C22 西城峪测区边墙建筑遗迹分布图

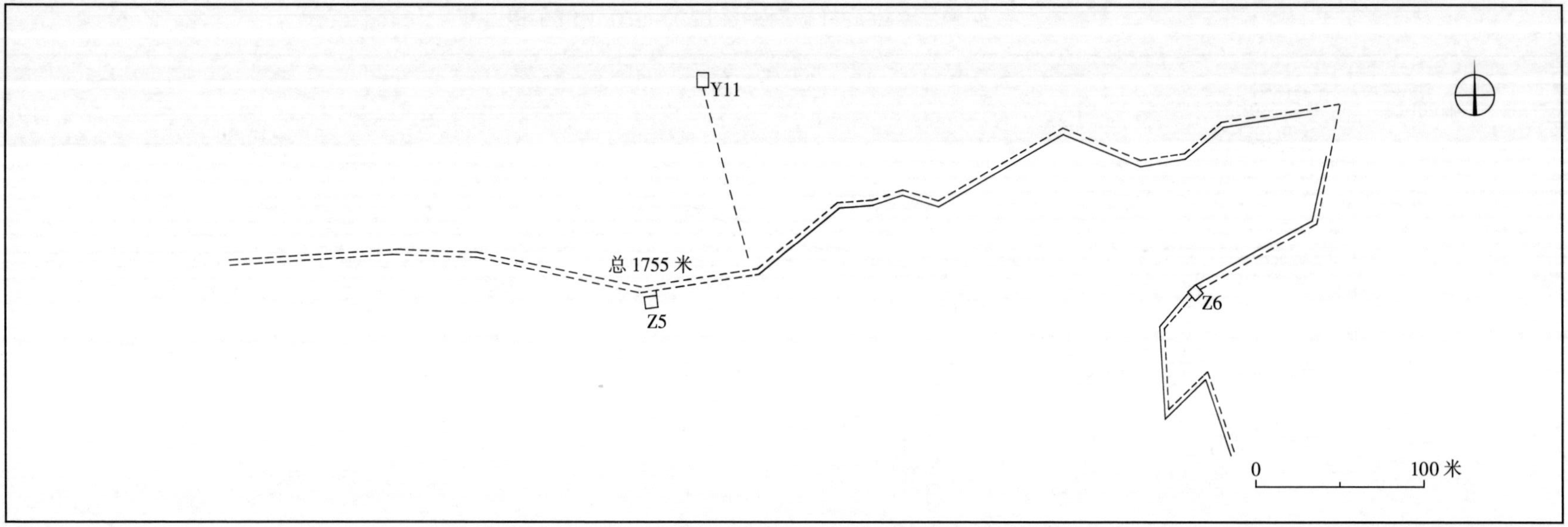

图［13］024 C23 西城峪测区边墙建筑遗迹分布图

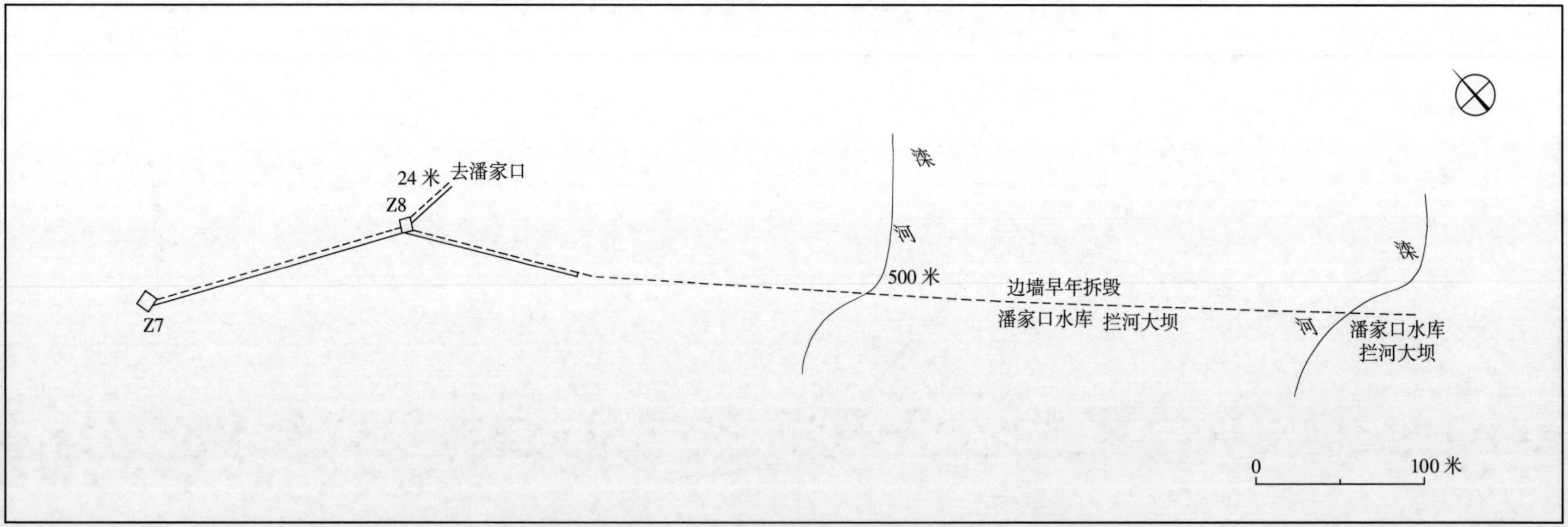

图［13］025 C24 西城峪测区边墙建筑遗迹分布图

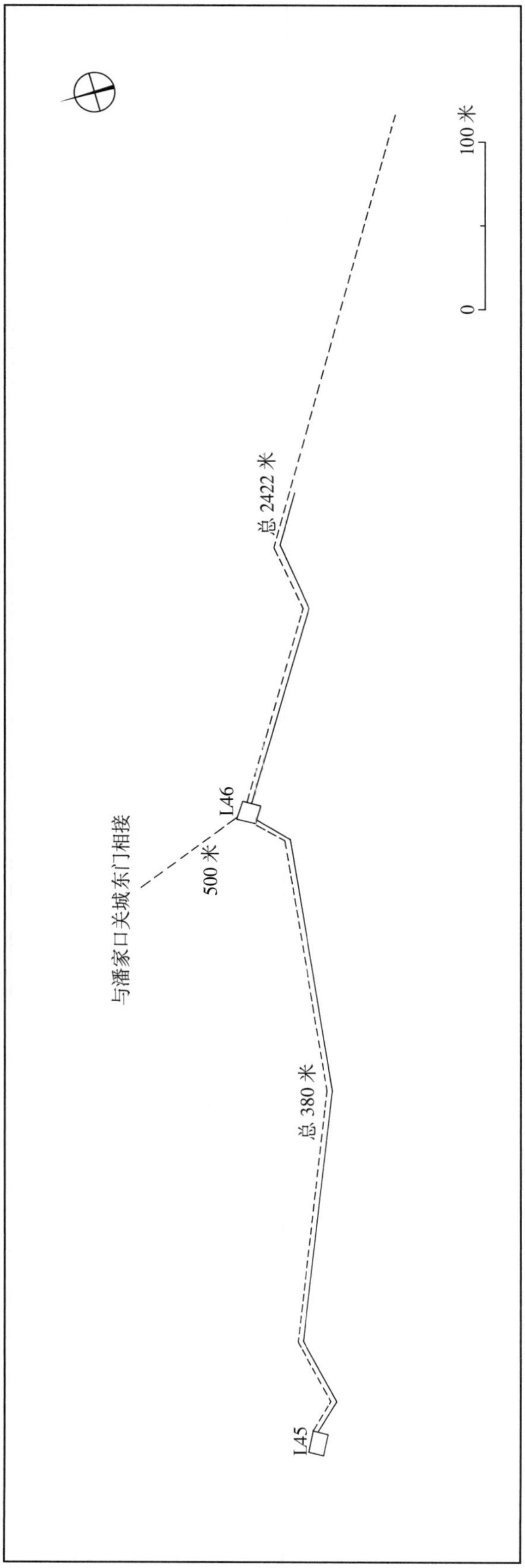

图［13］026　C25 西城峪测区边墙建筑遗迹分布图

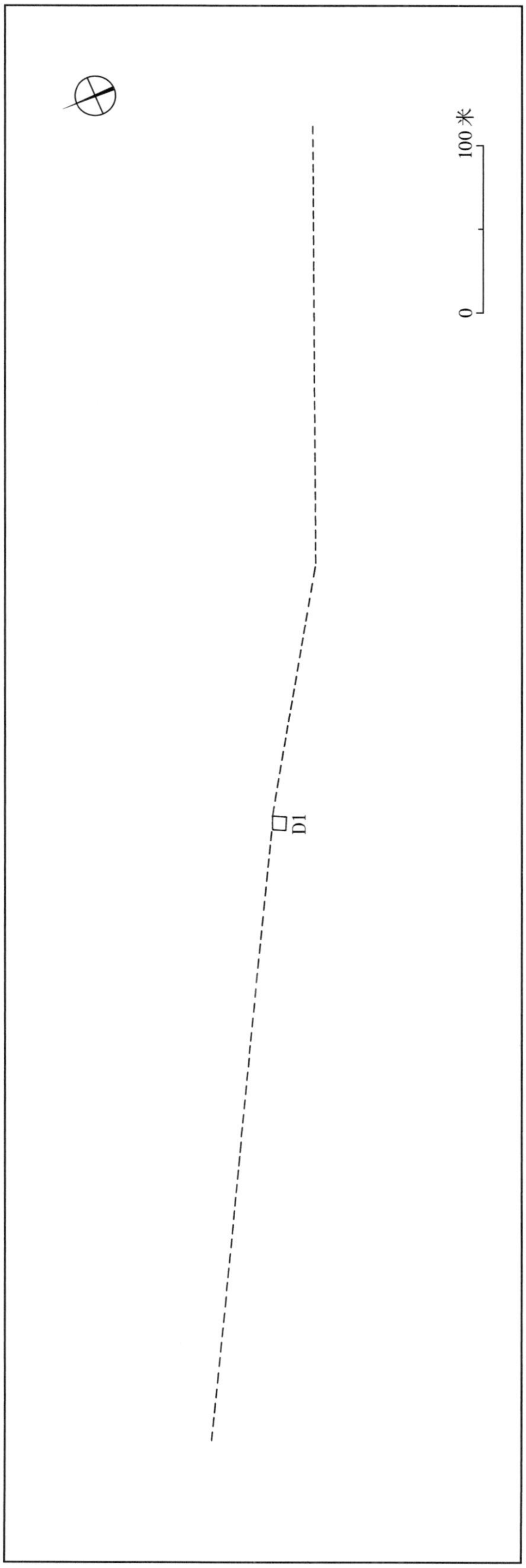

图［13］027　C26 西城峪测区边墙建筑遗迹分布图

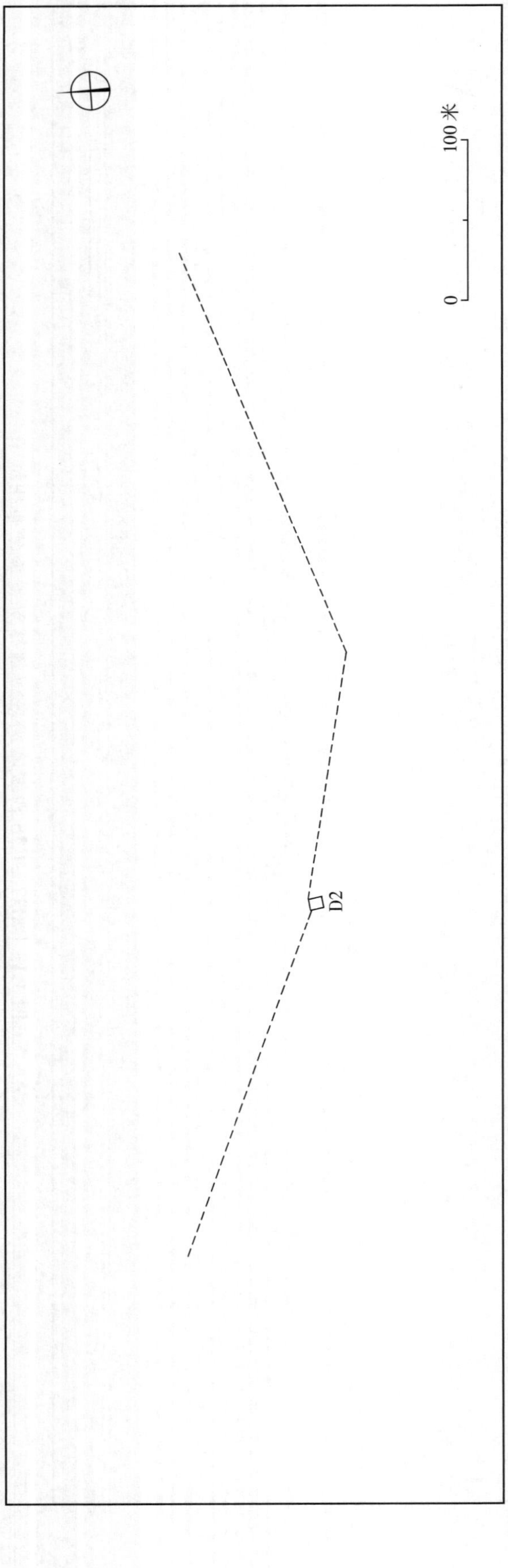

图［13］028 C27 西城峪测区边墙建筑遗迹分布图

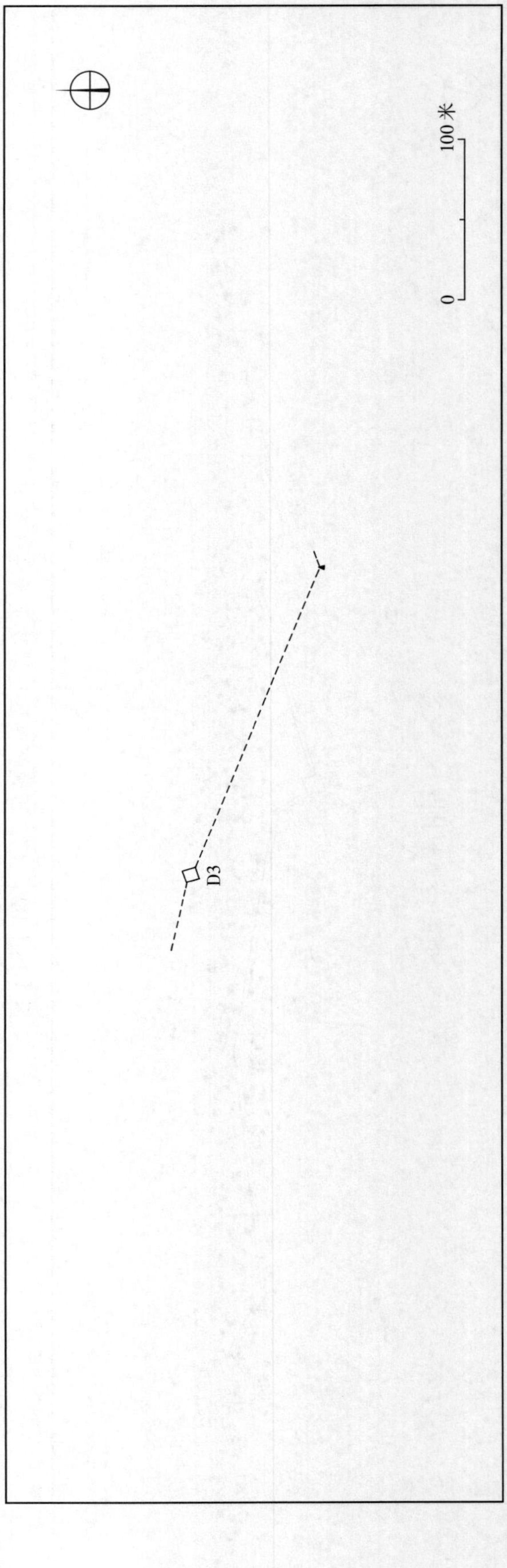

图［13］029 C28 西城峪测区边墙建筑遗迹分布图

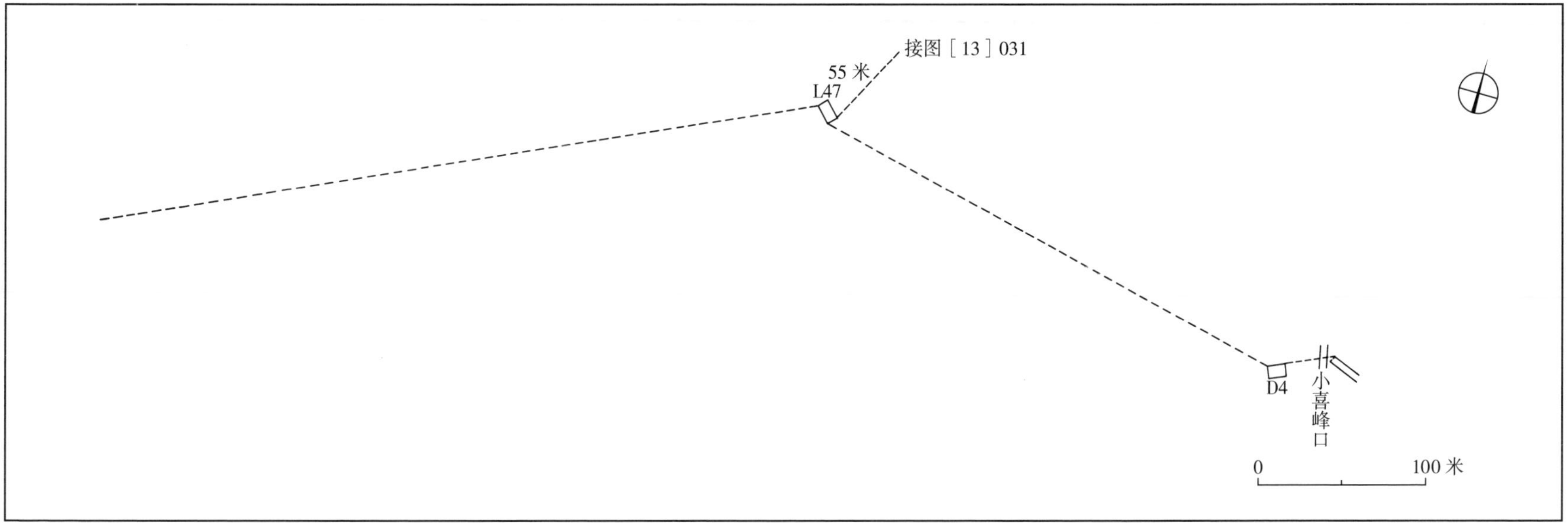

图［13］030　C29 西城峪测区边墙建筑遗迹分布图

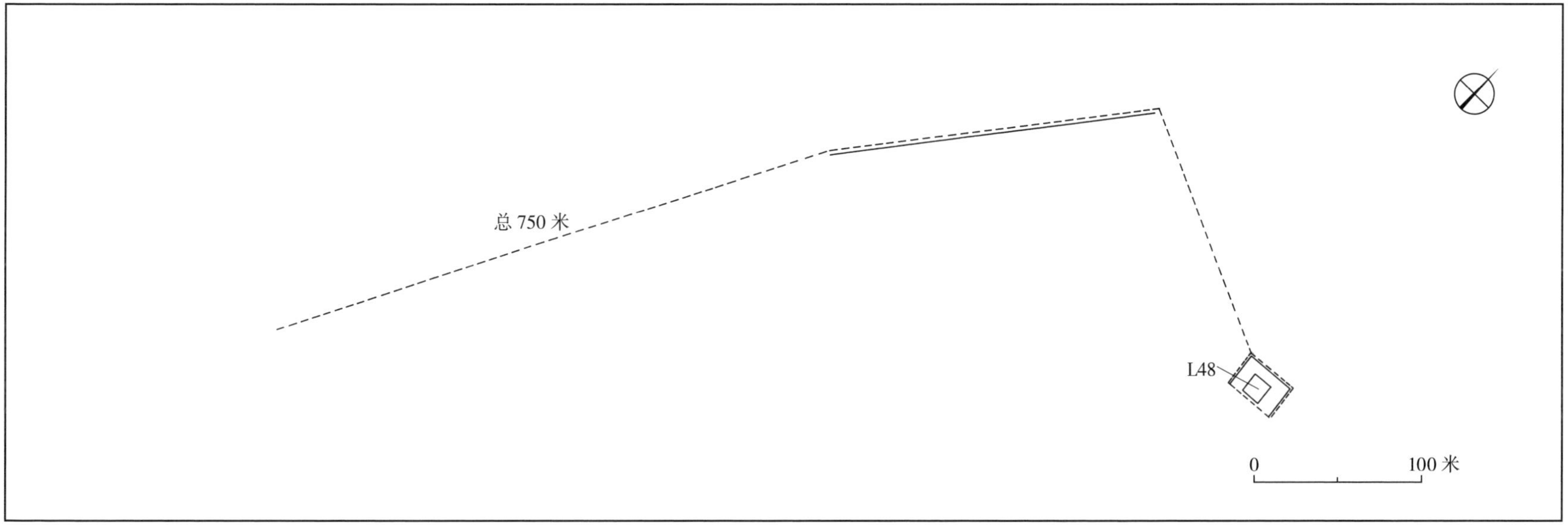

图［13］031　C30 西城峪测区边墙建筑遗迹分布图

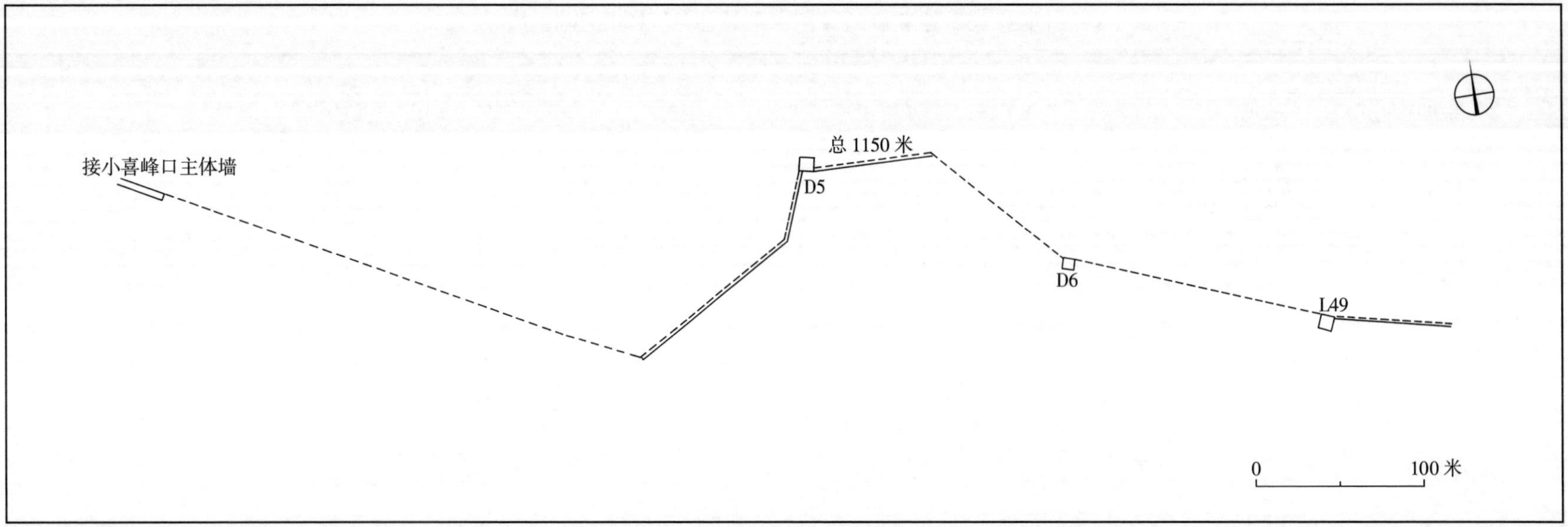

图［13］032　C31 喜峰口测区边墙建筑遗迹分布图

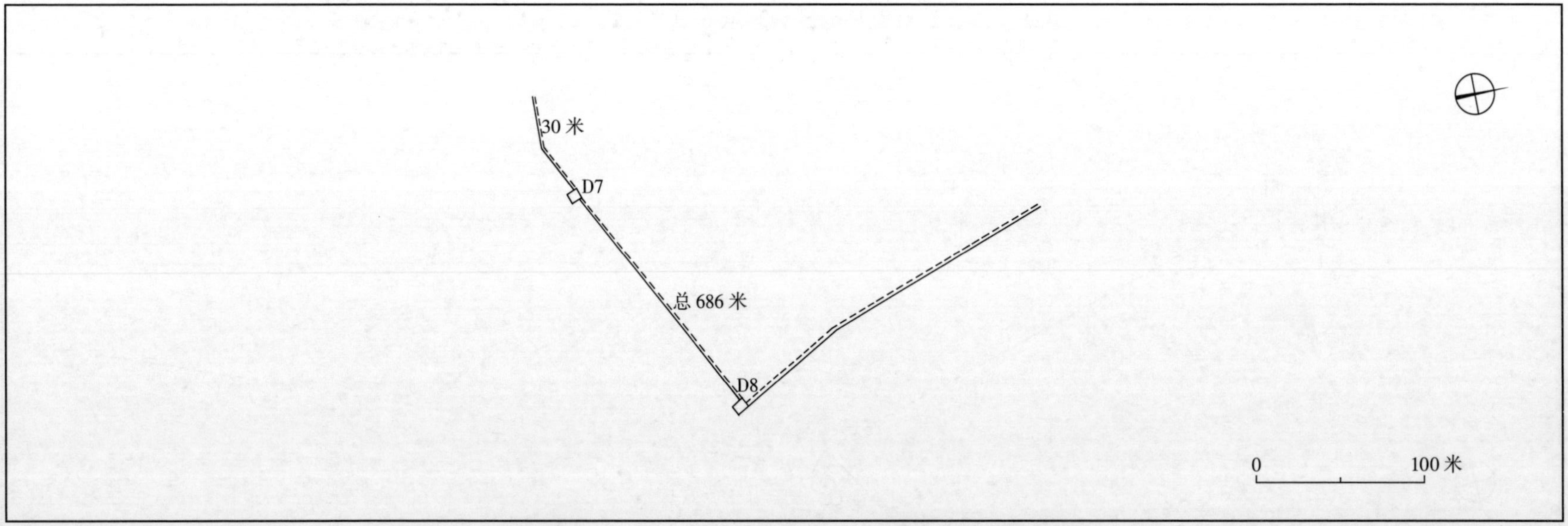

图［13］033　C32 喜峰口测区边墙建筑遗迹分布图

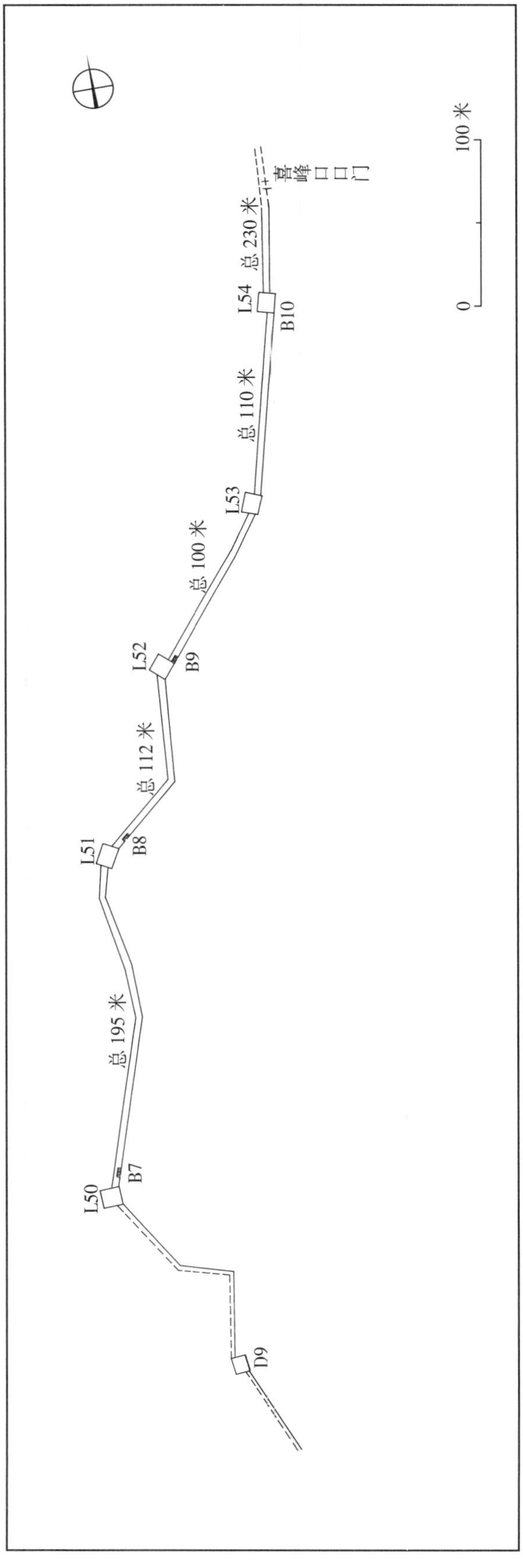

图［13］034 C33 喜峰口测区边墙建筑遗迹分布图

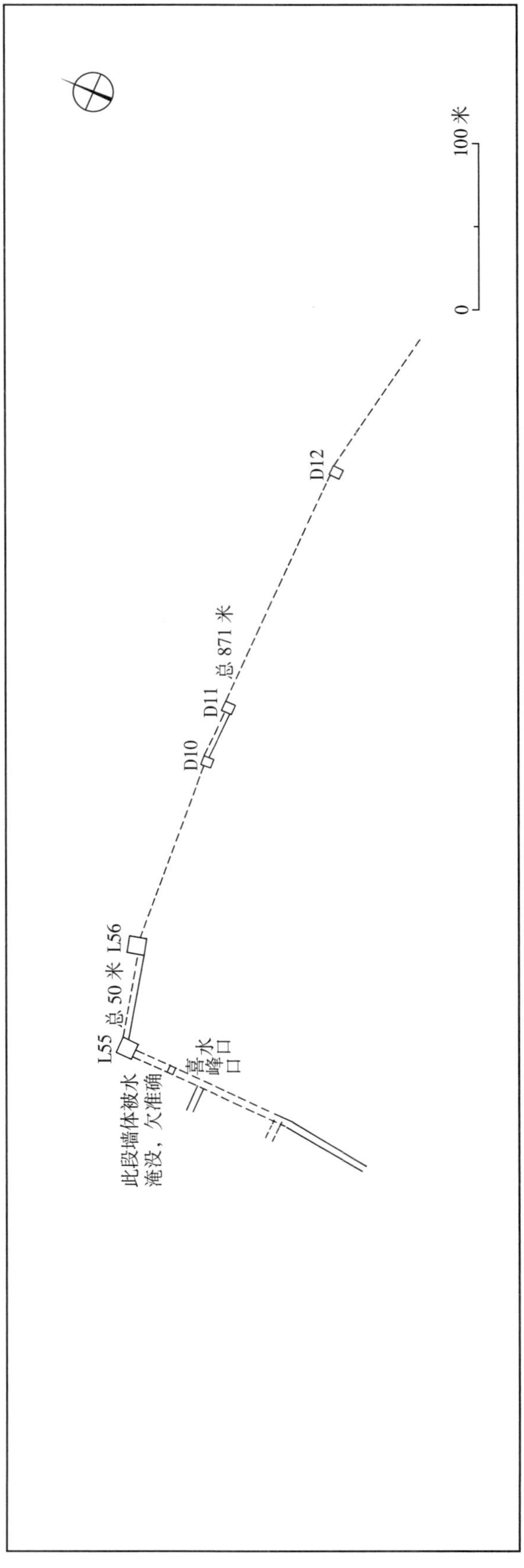

图［13］035 C34 喜峰口测区边墙建筑遗迹分布图

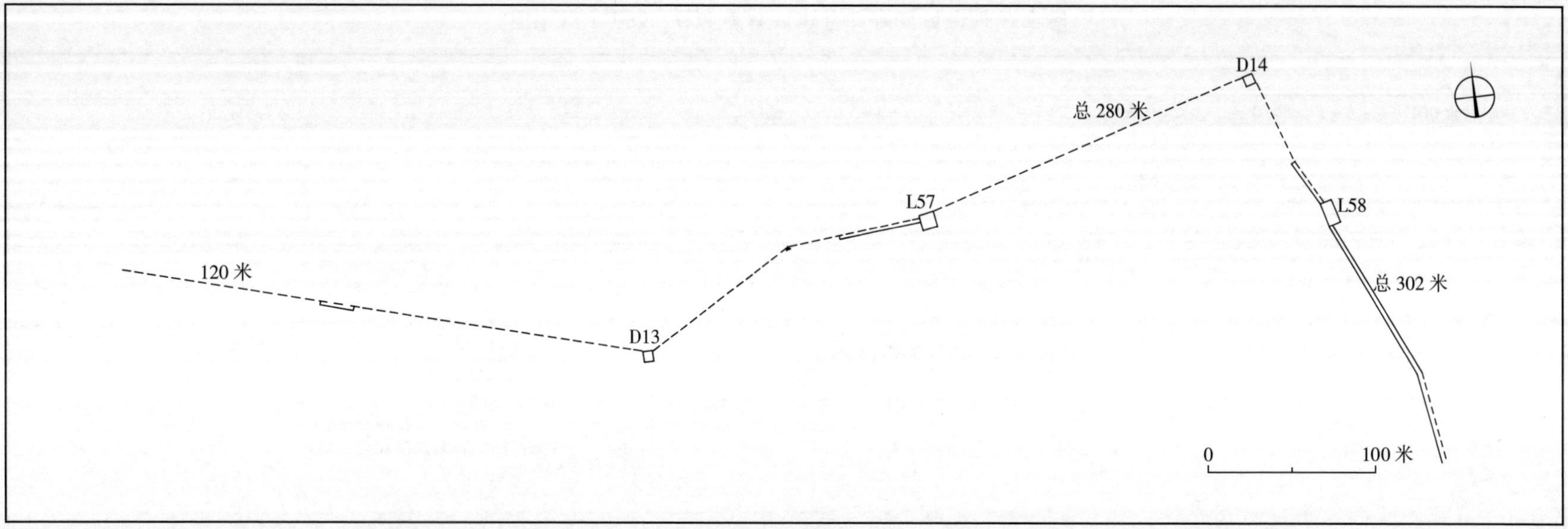

图［13］036 C35 喜峰口测区边墙建筑遗迹分布图

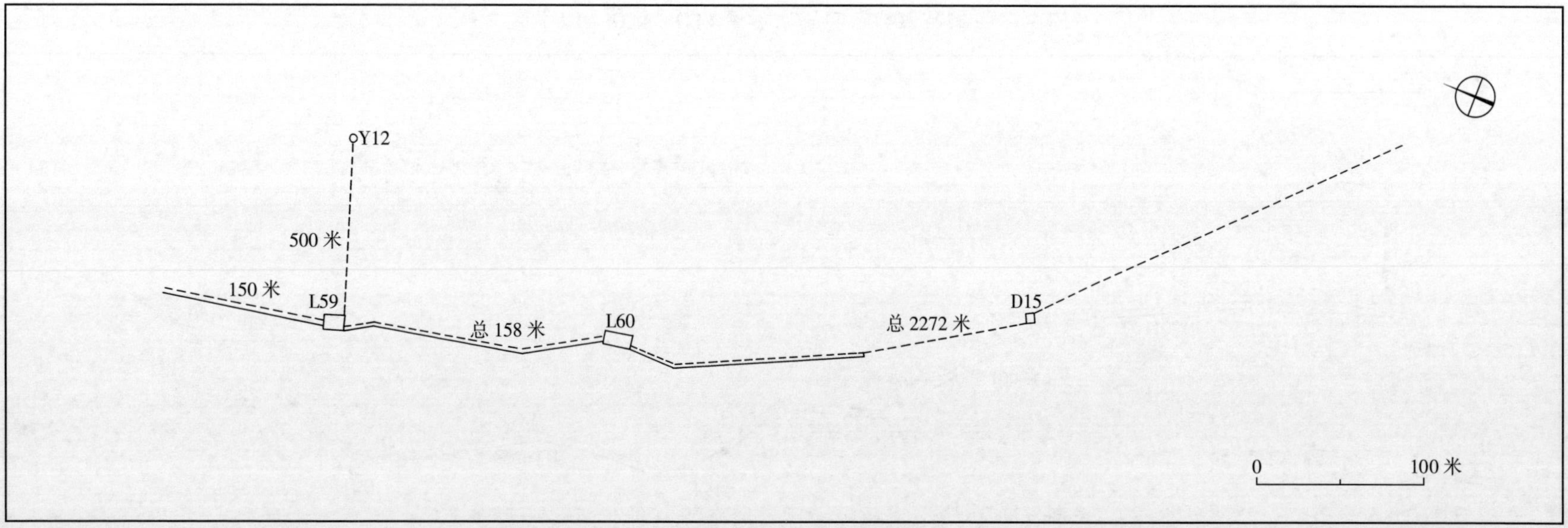

图［13］037 C36 喜峰口测区边墙建筑遗迹分布图

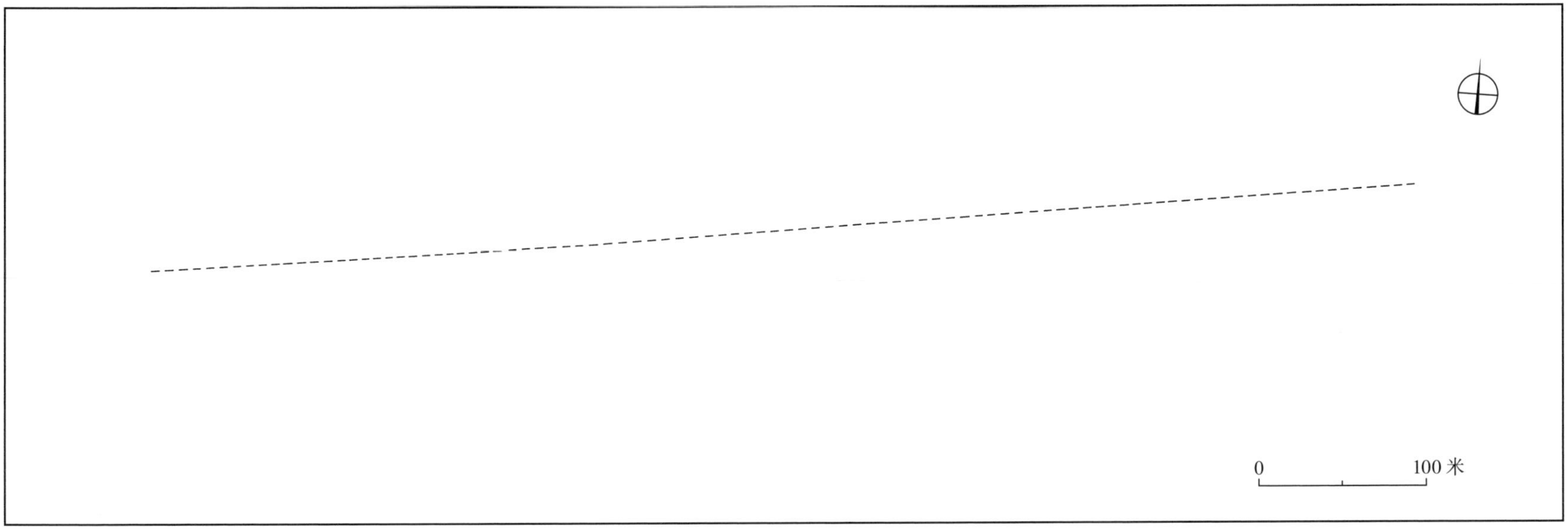

图［13］038　C37 喜峰口测区边墙建筑遗迹分布图

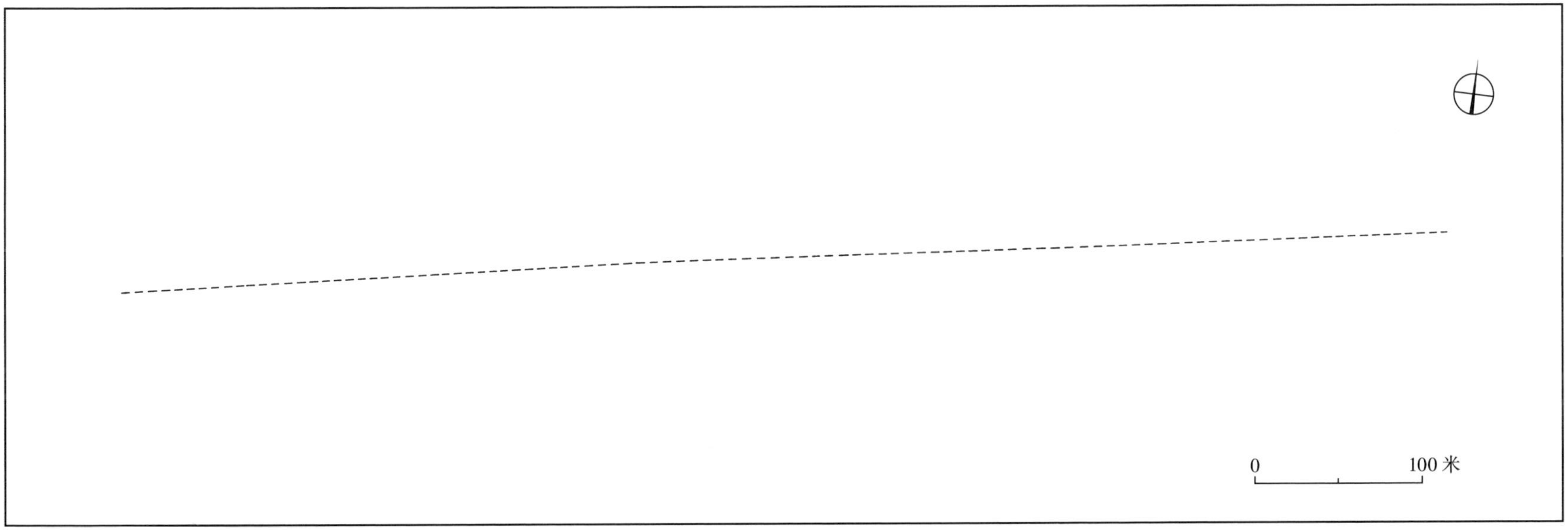

图［13］039　C38 喜峰口测区边墙建筑遗迹分布图

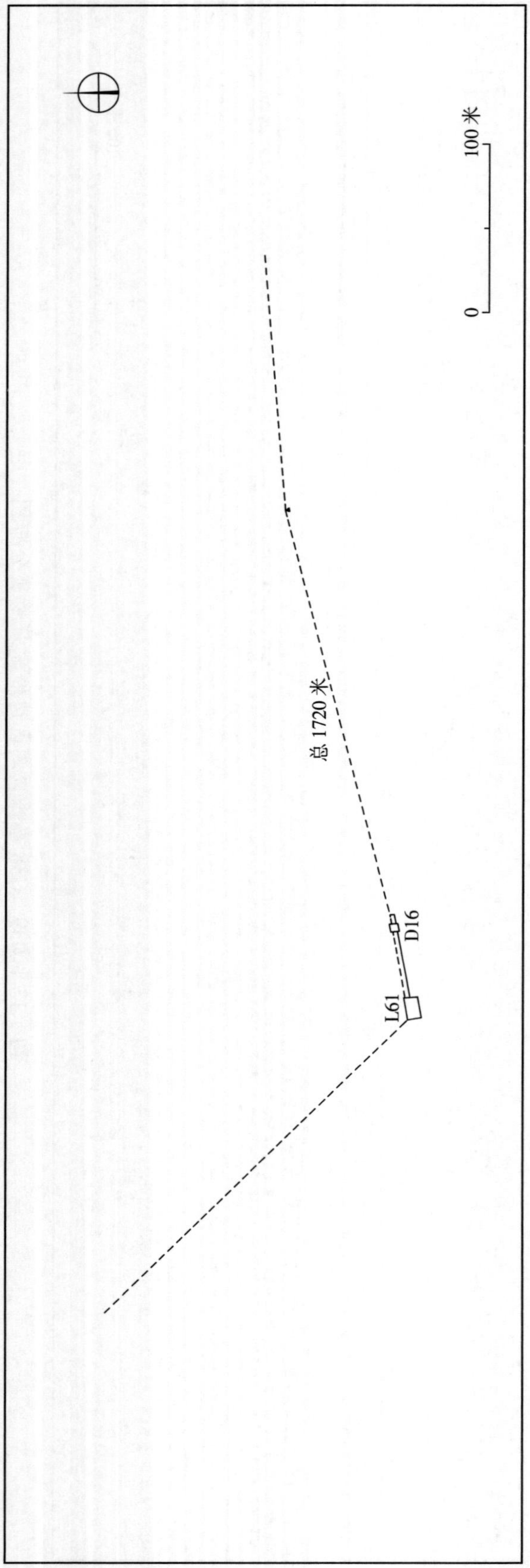

图［13］040　C39 喜峰口测区边墙建筑遗迹分布图

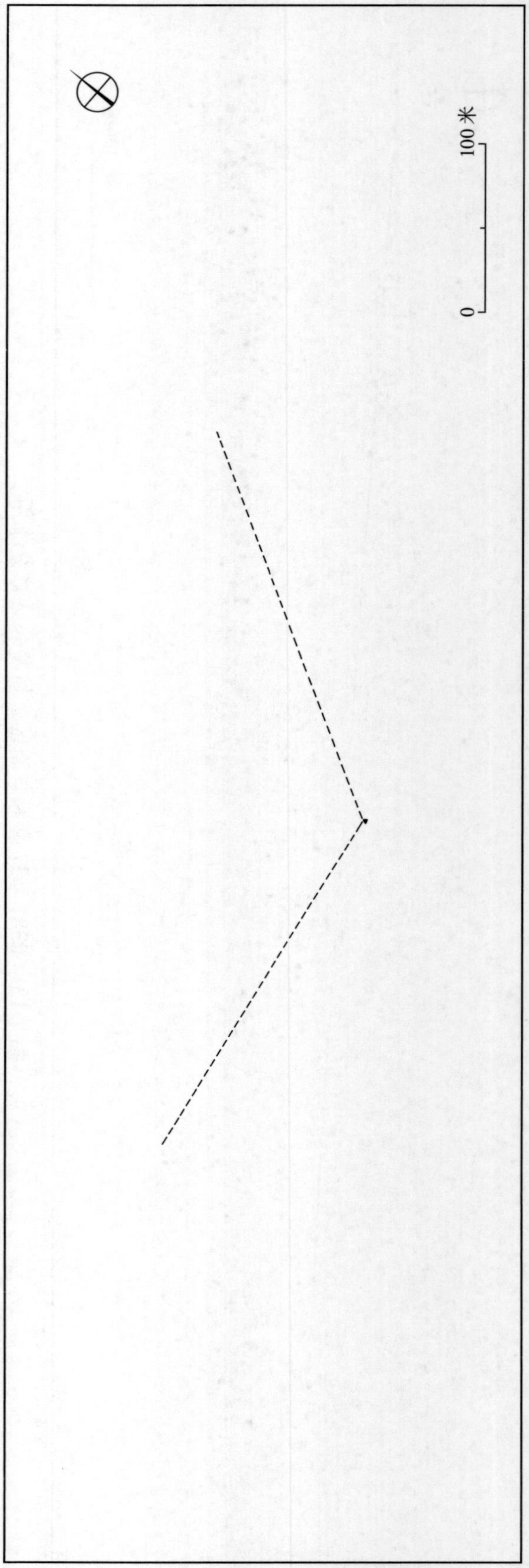

图［13］041　C40 喜峰口测区边墙建筑遗迹分布图

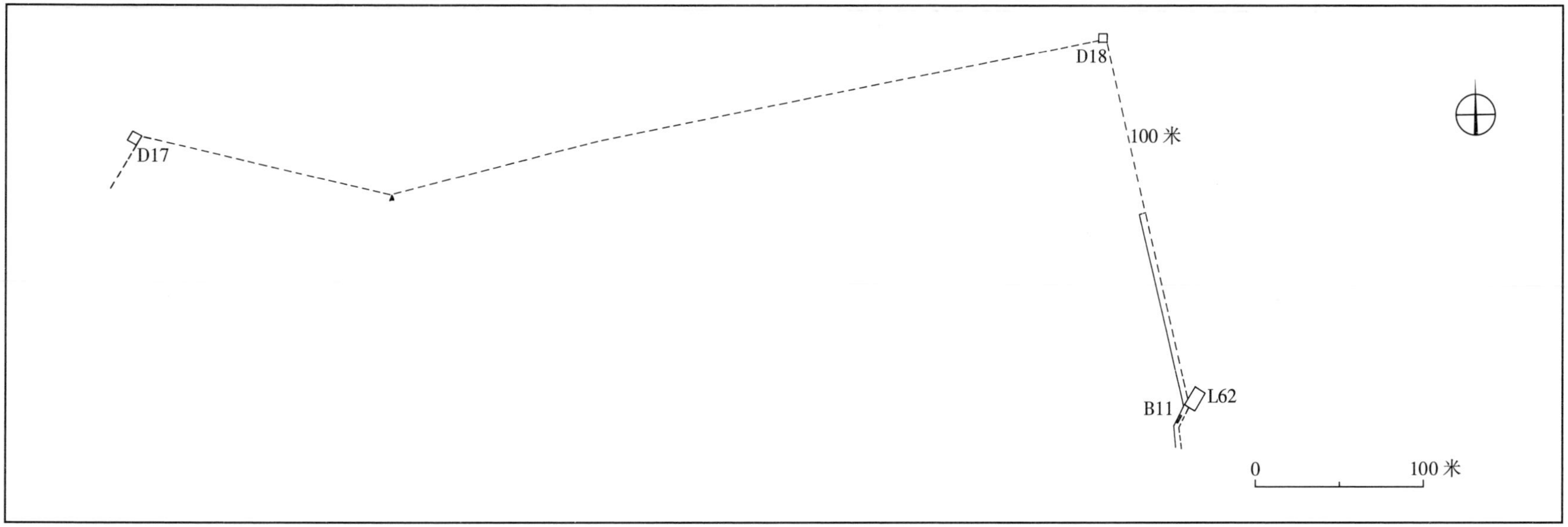

图［13］042　C41 李家峪测区边墙建筑遗迹分布图

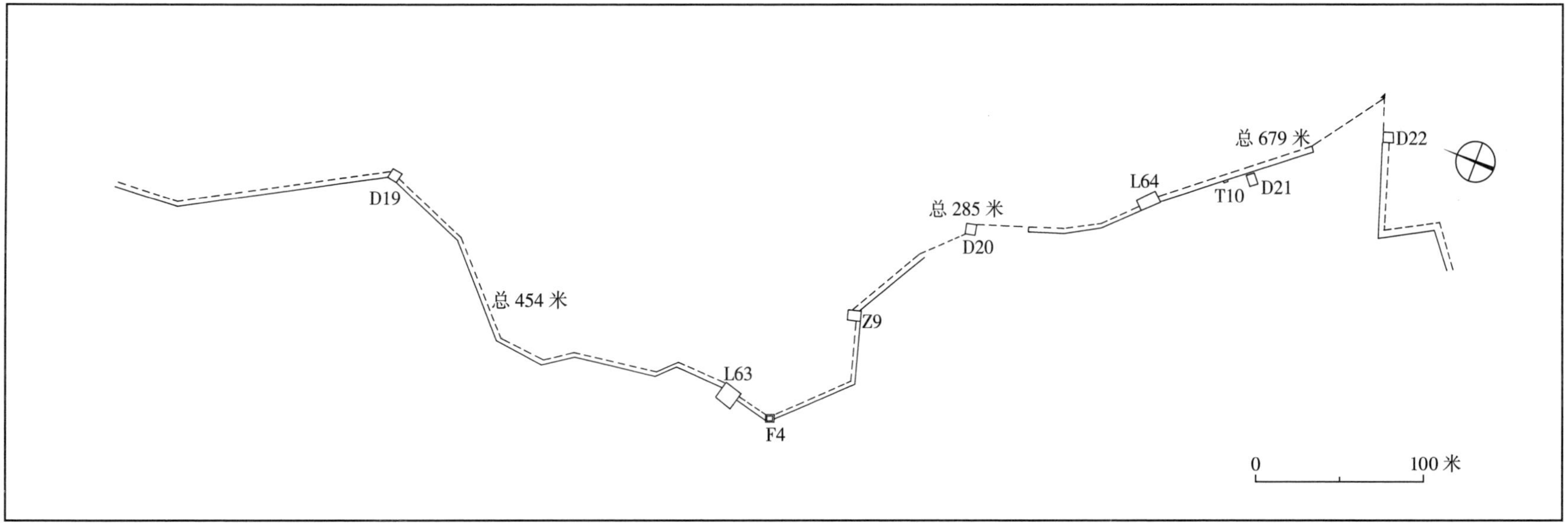

图［13］043　C42 李家峪测区边墙建筑遗迹分布图

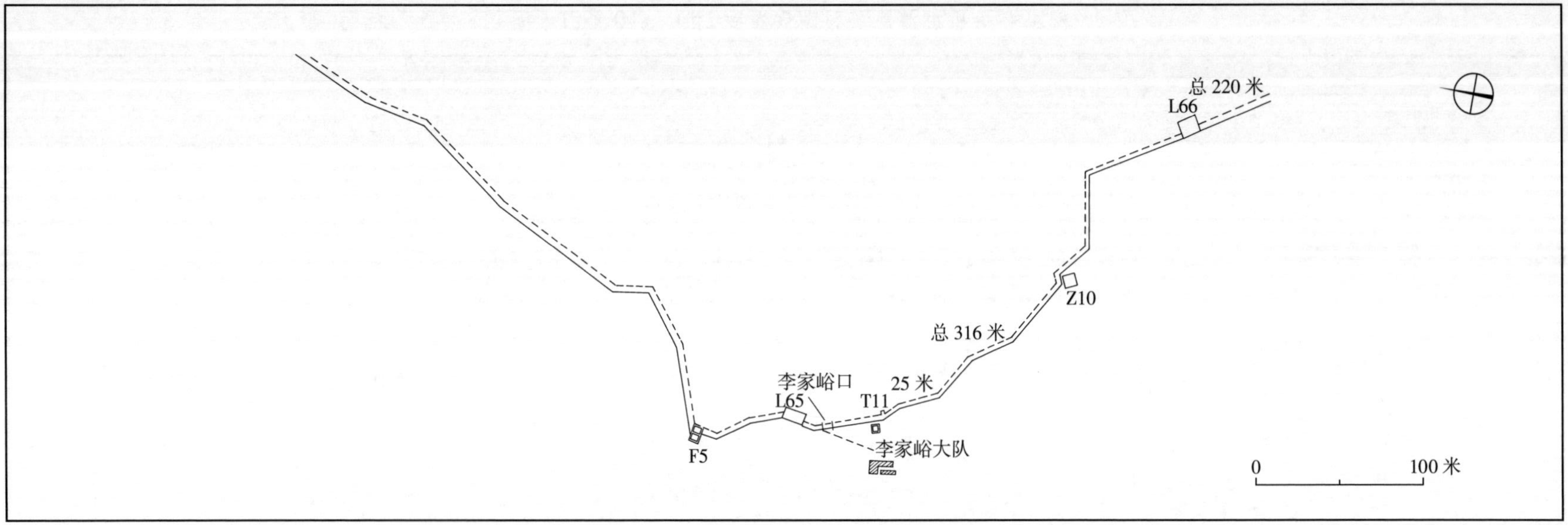

图［13］044 C43 李家峪测区边墙建筑遗迹分布图

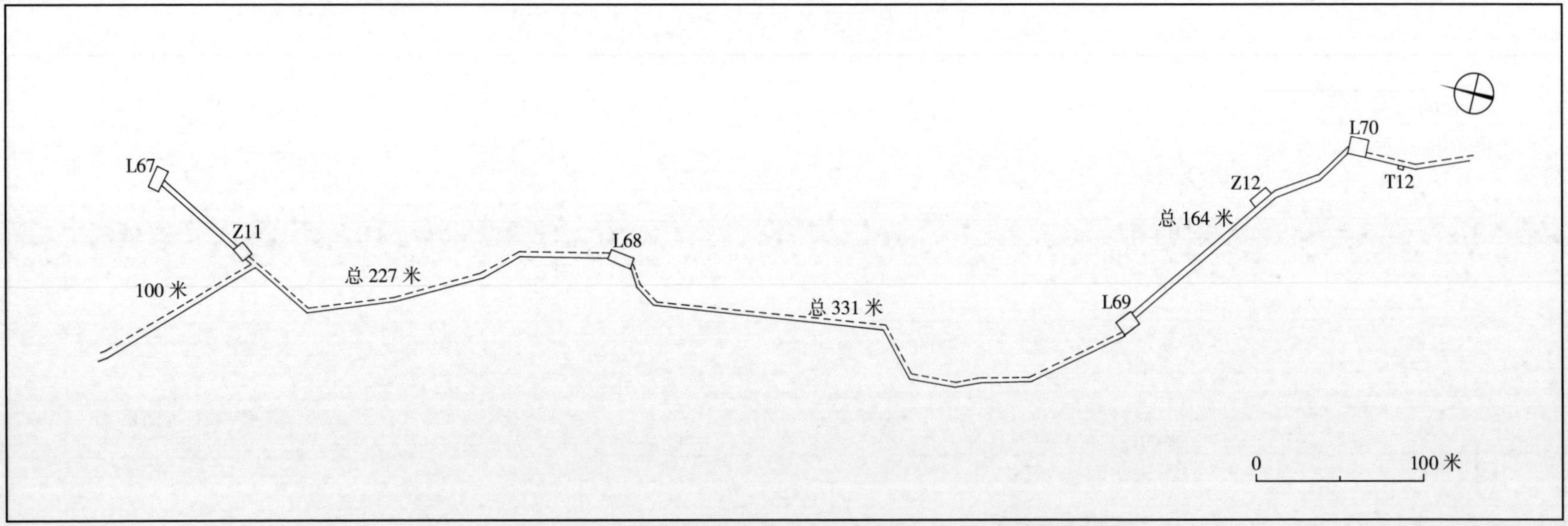

图［13］045 C44 李家峪测区边墙建筑遗迹分布图

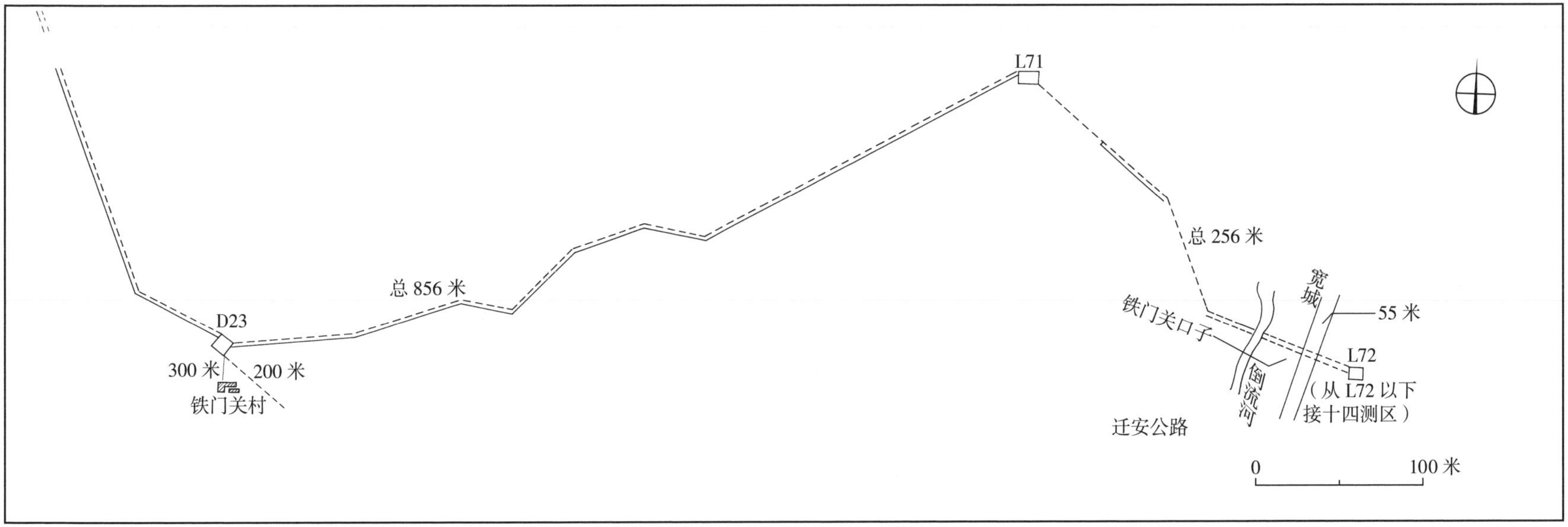

图［13］046　C45 李家峪测区边墙建筑遗迹分布图

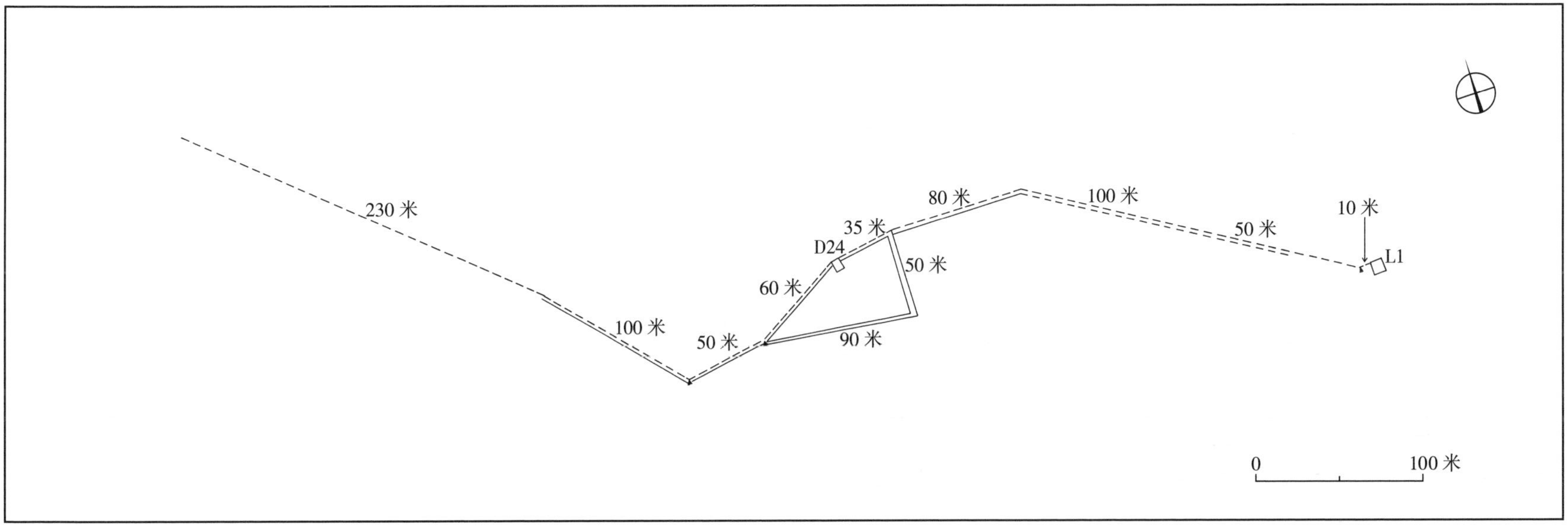

图［13］047　C46 李家峪测区边墙建筑遗迹分布图

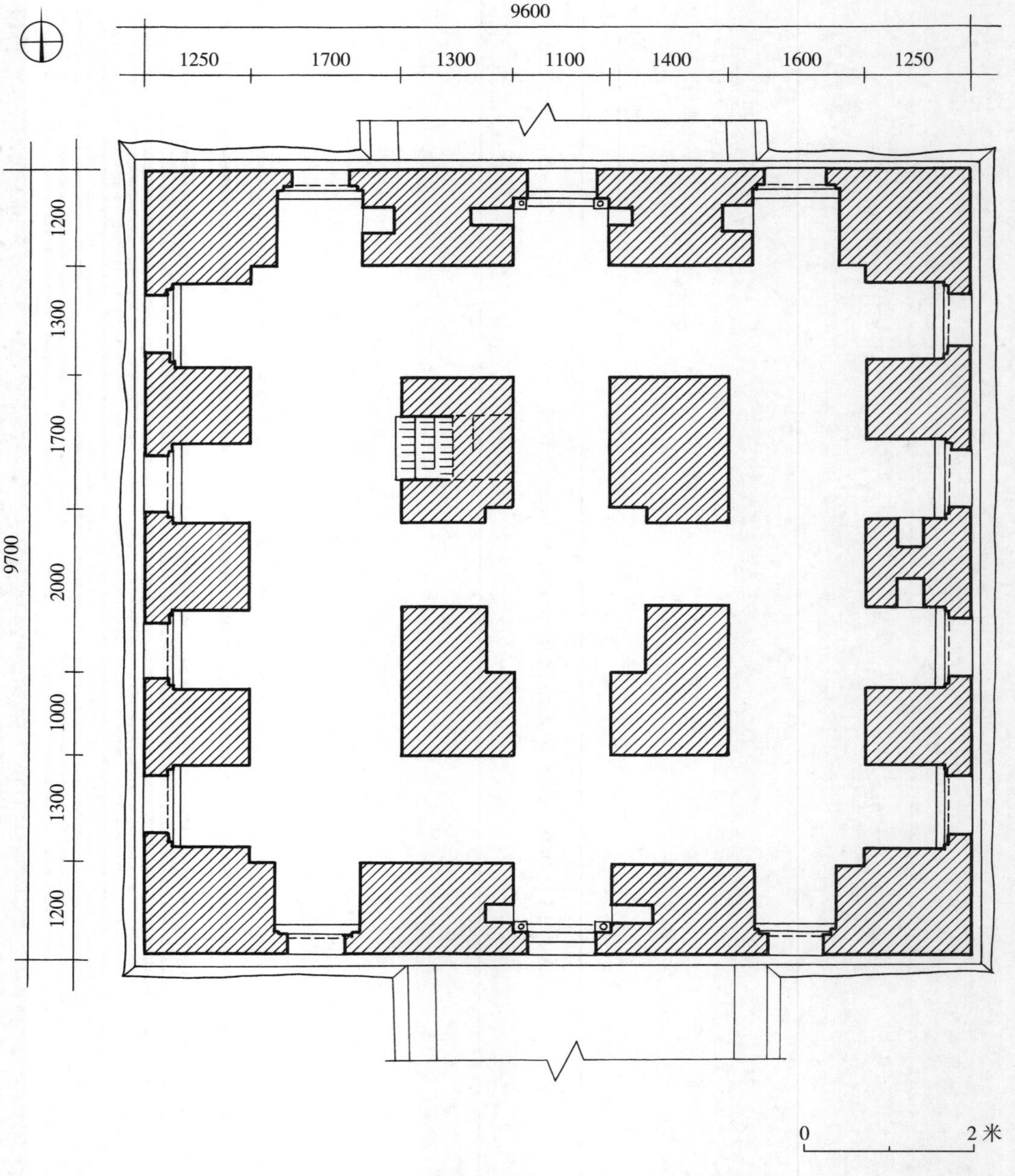

图［13］048　L21 中层平面图

图［13］049　L21东立面图

图［13］050　L21 南立面图

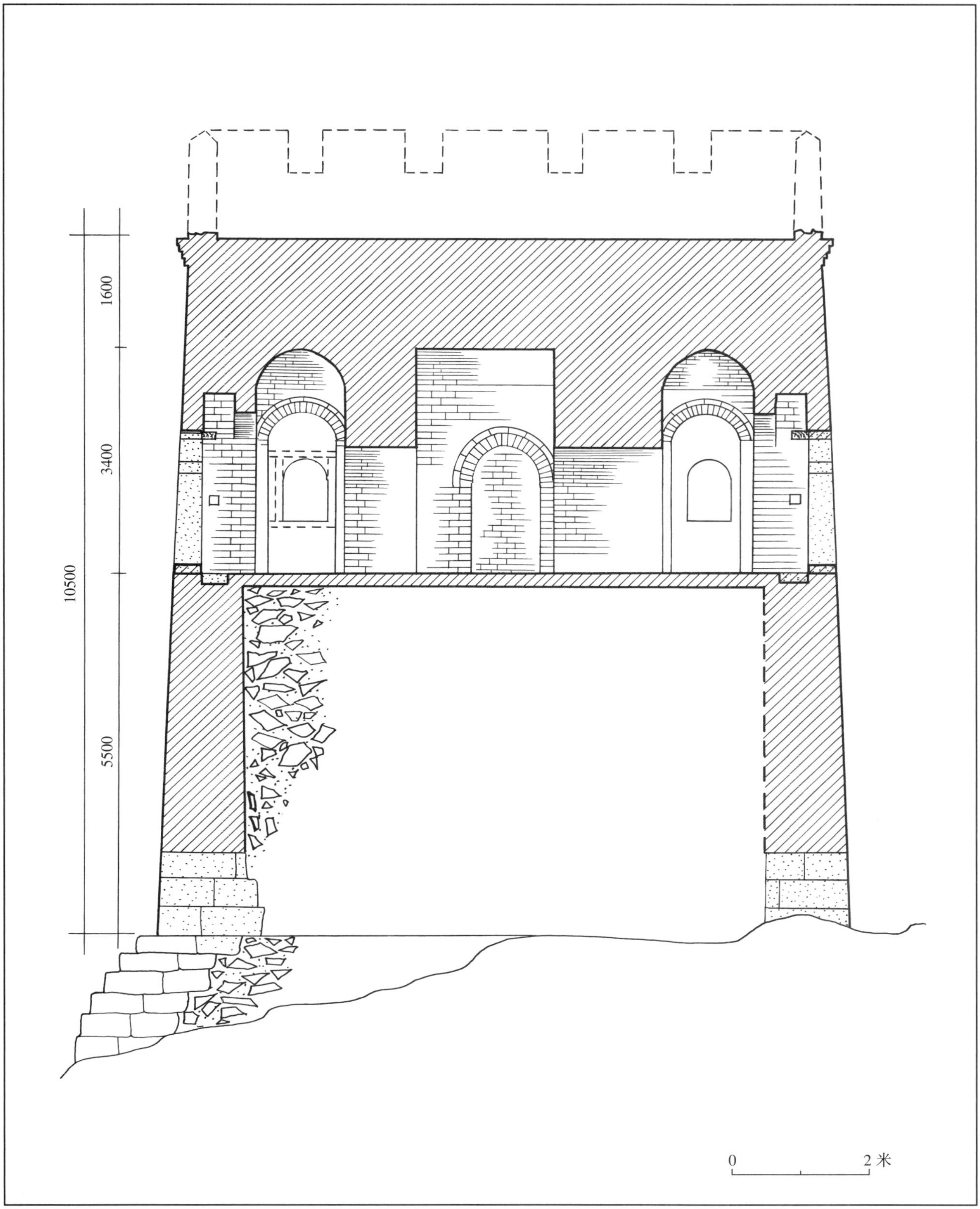

图［13］051 L21 纵剖面图

图［13］052 L21 横剖面图

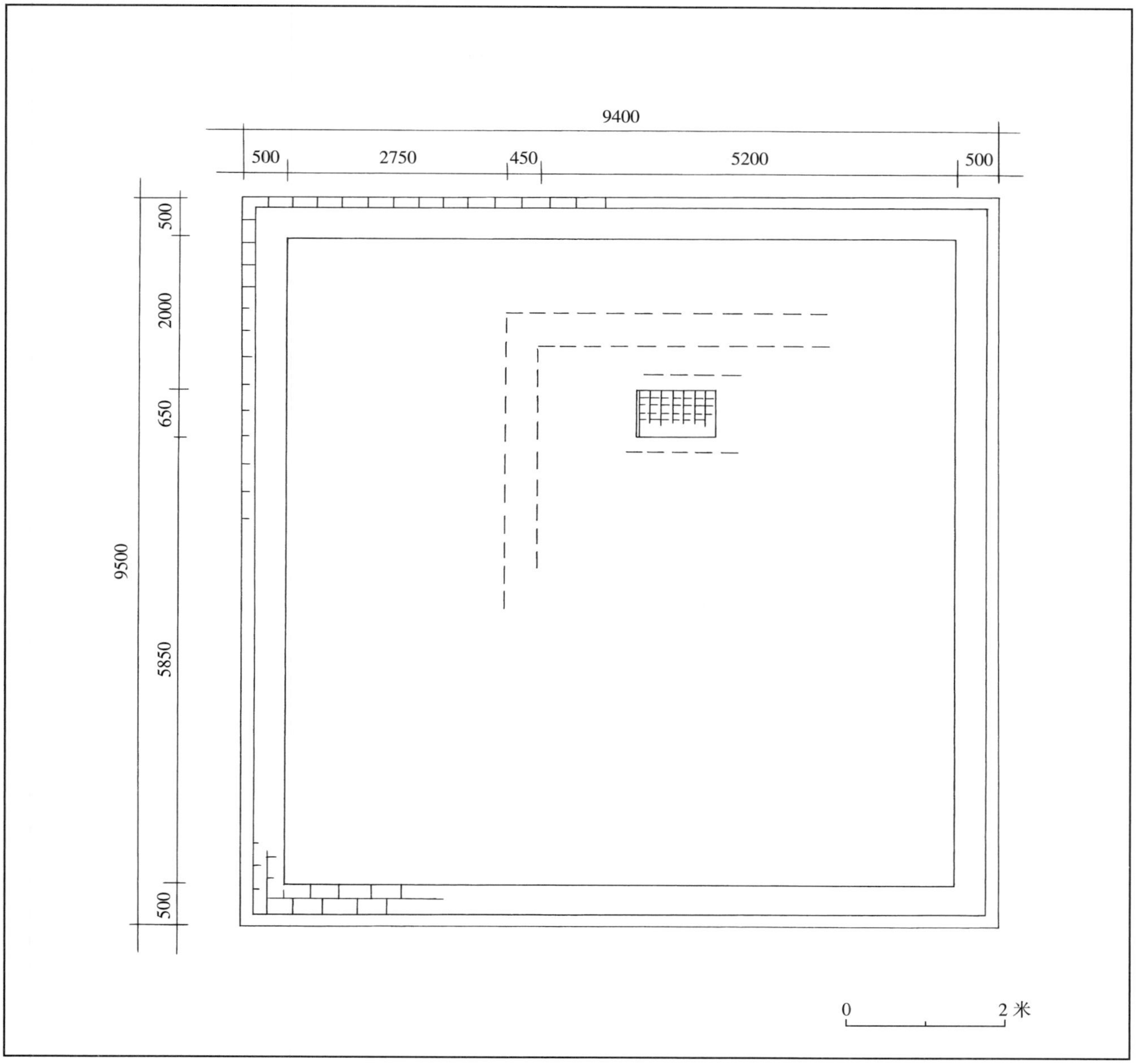

图［13］053 L21上层平面图

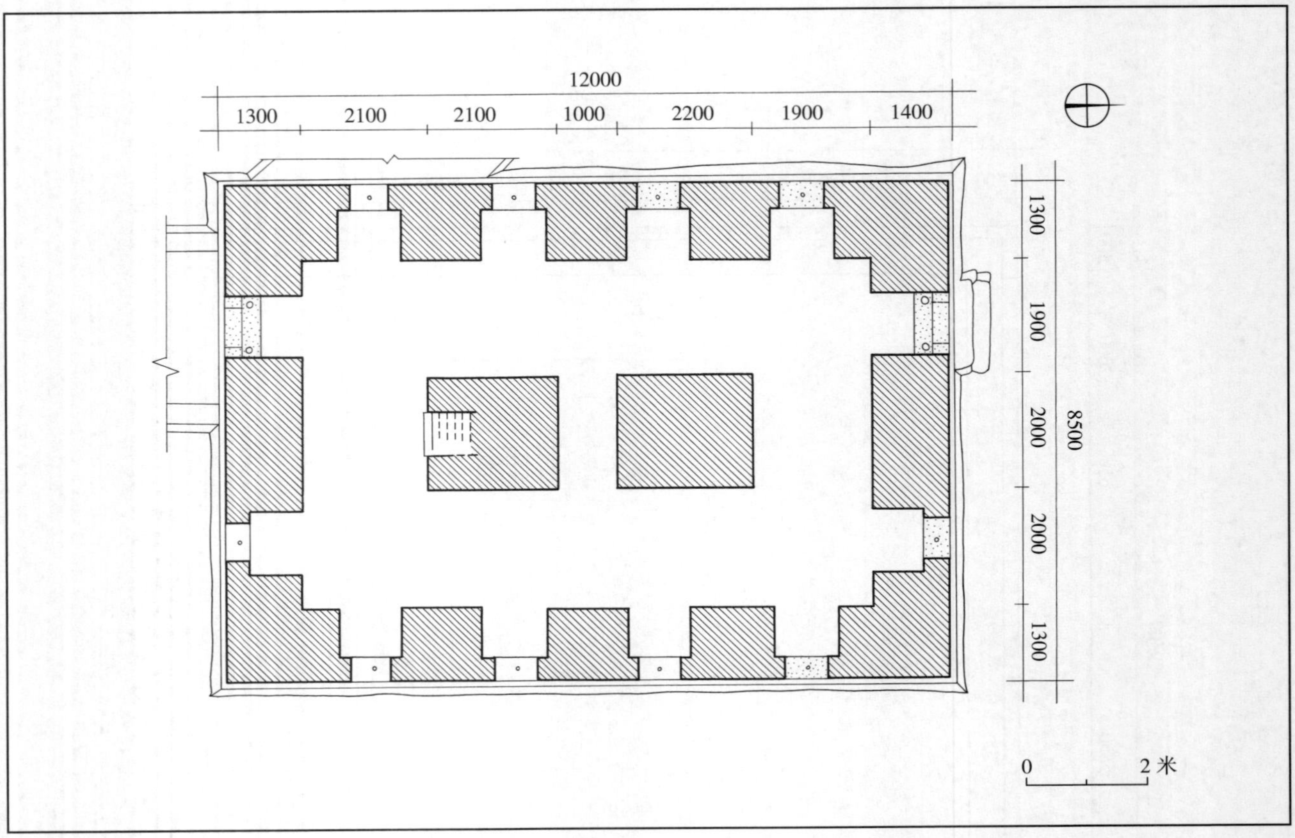

图［13］054　L62 中层平面图

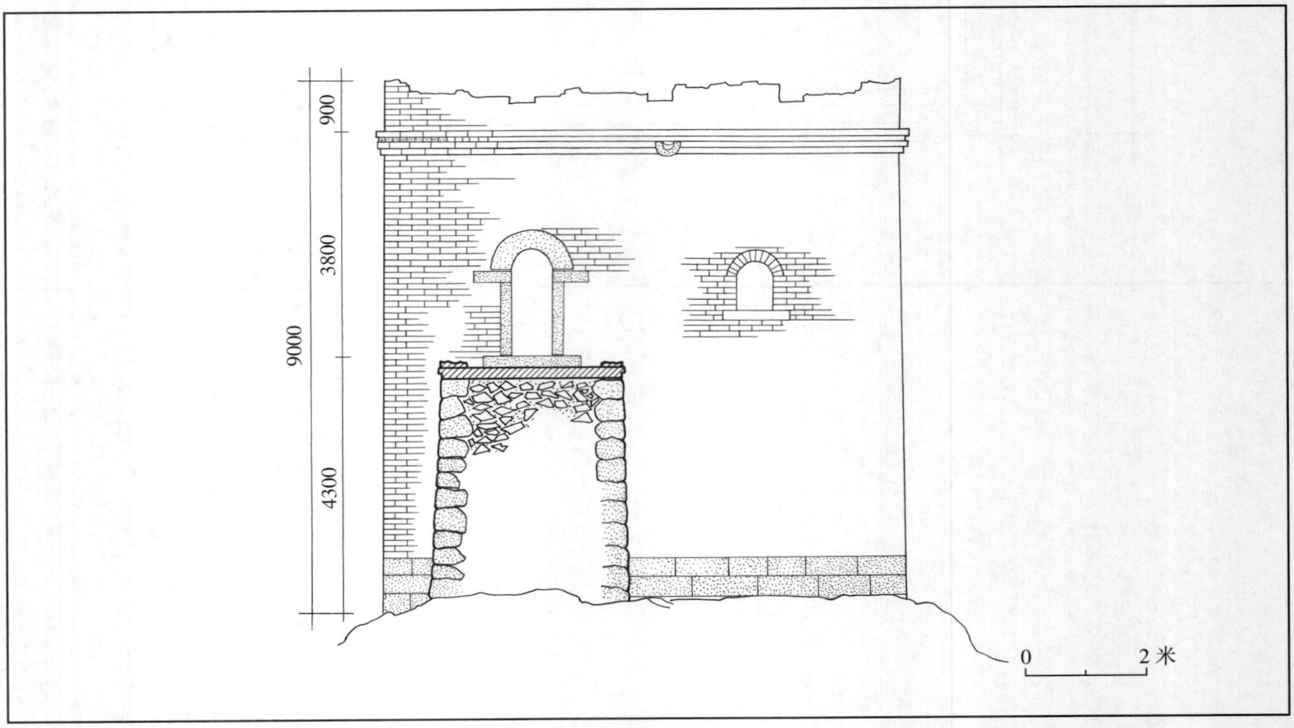

图［13］055　L62 南立面图

图［13］056　L62 纵剖面图

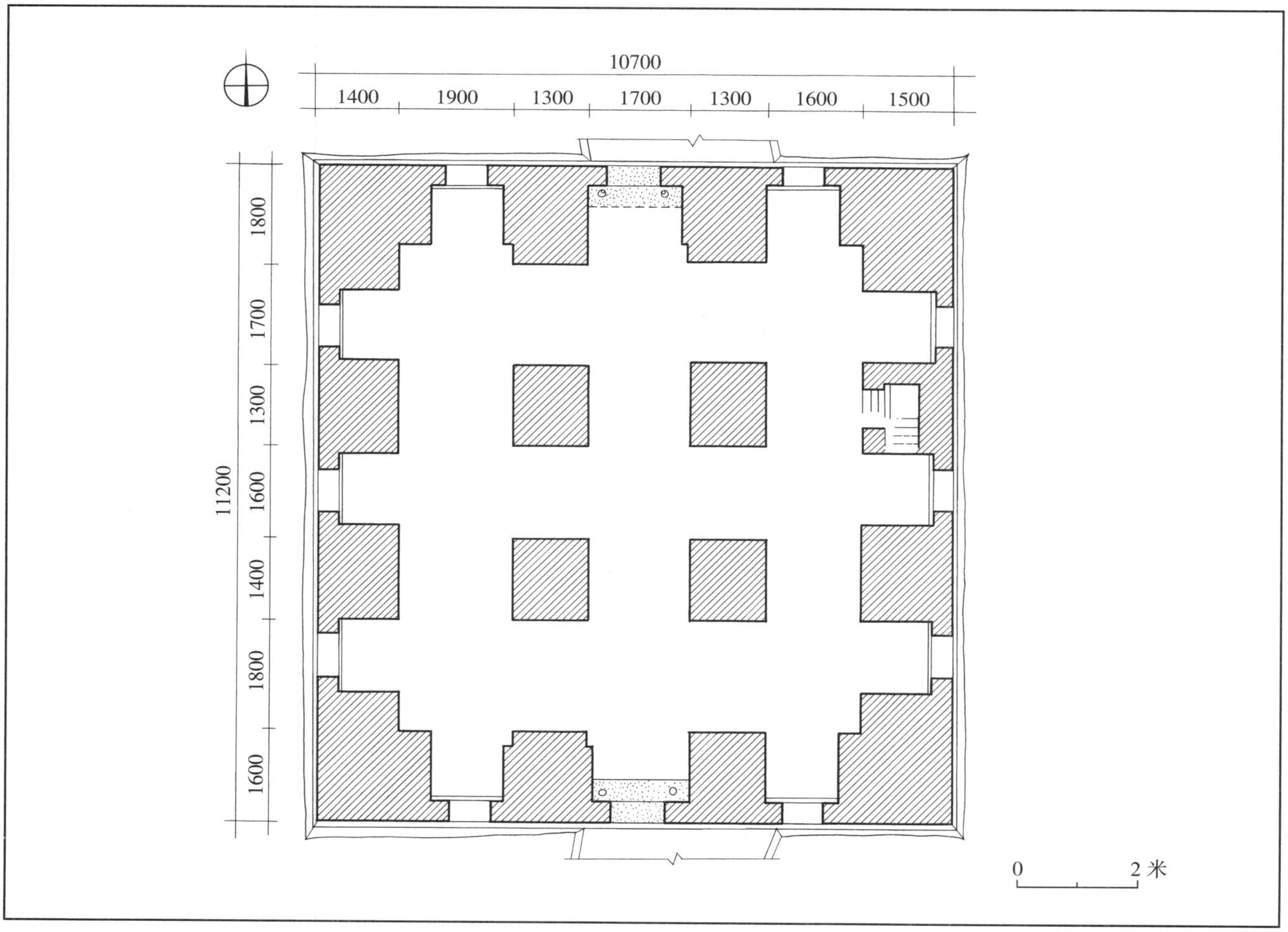

图［13］057　L63 中层平面图

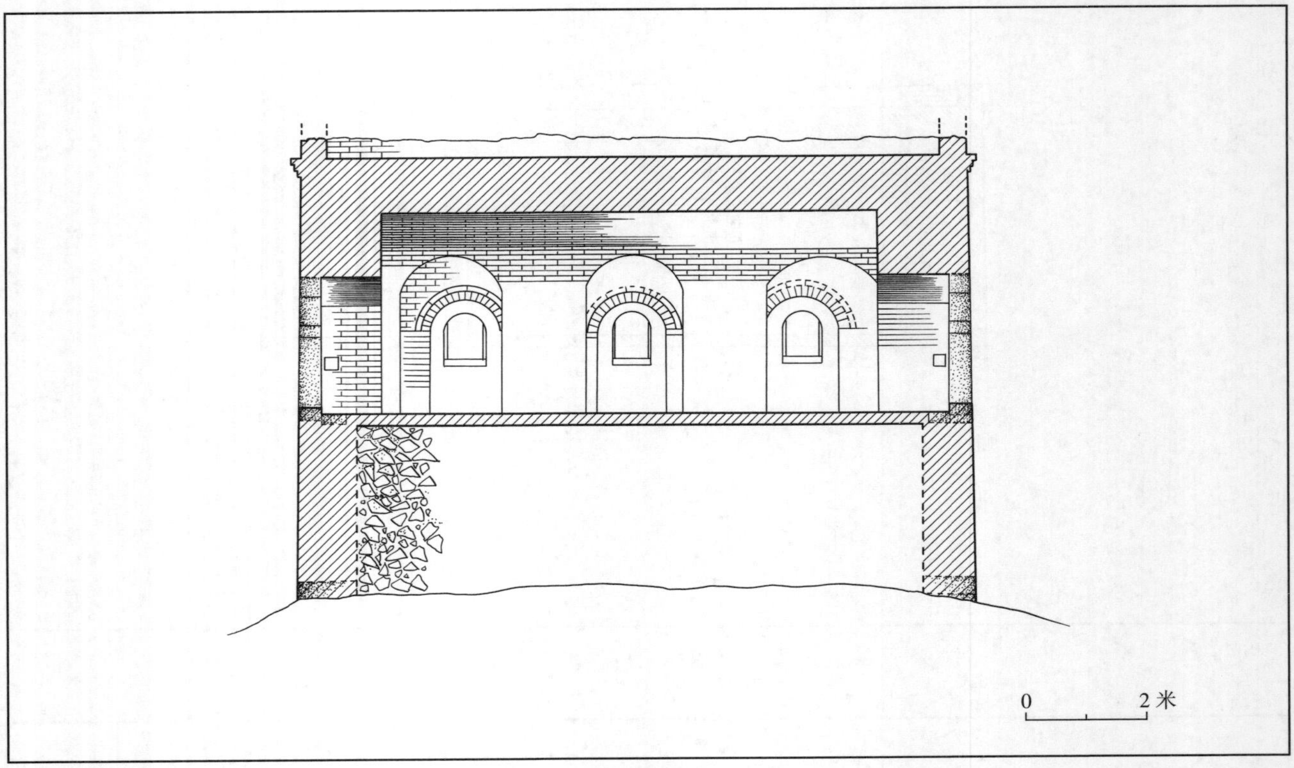

图［13］058　L63 纵剖面图

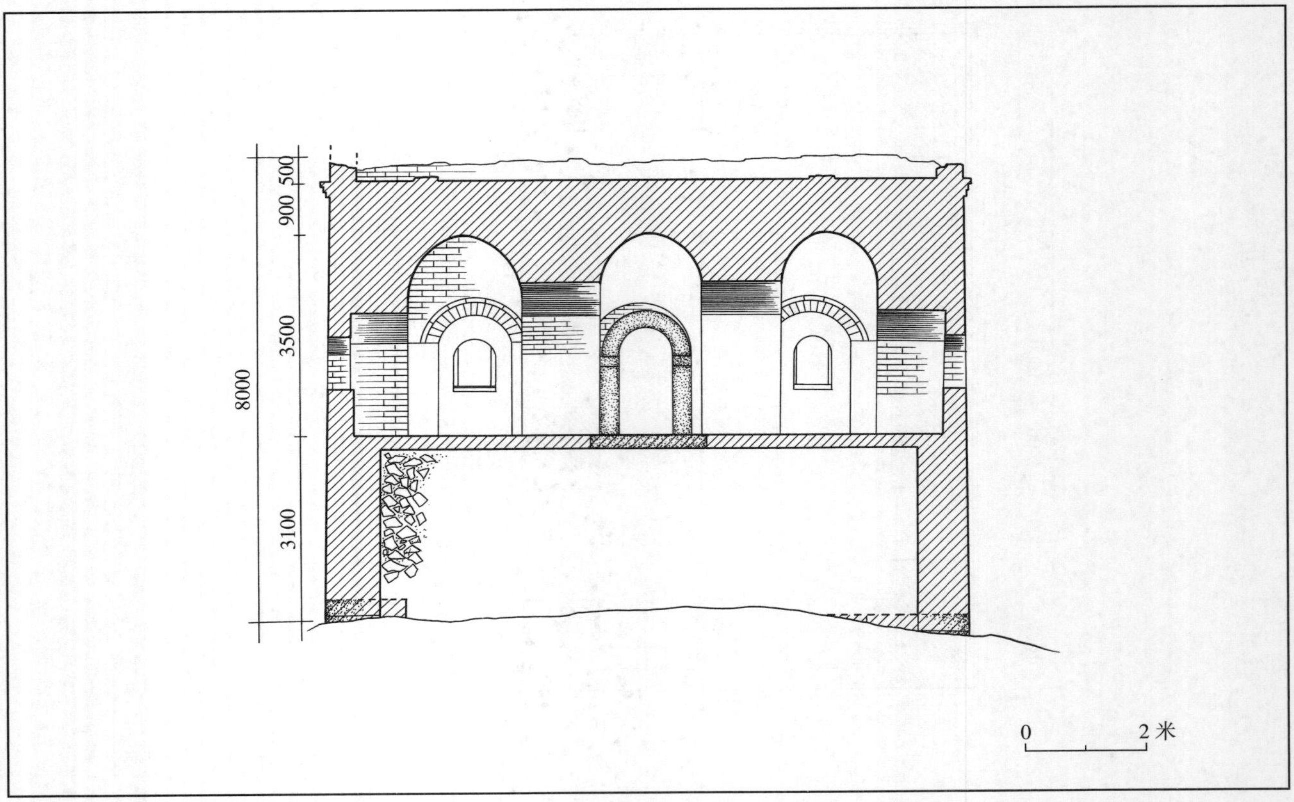

图［13］059　L63 横剖面图

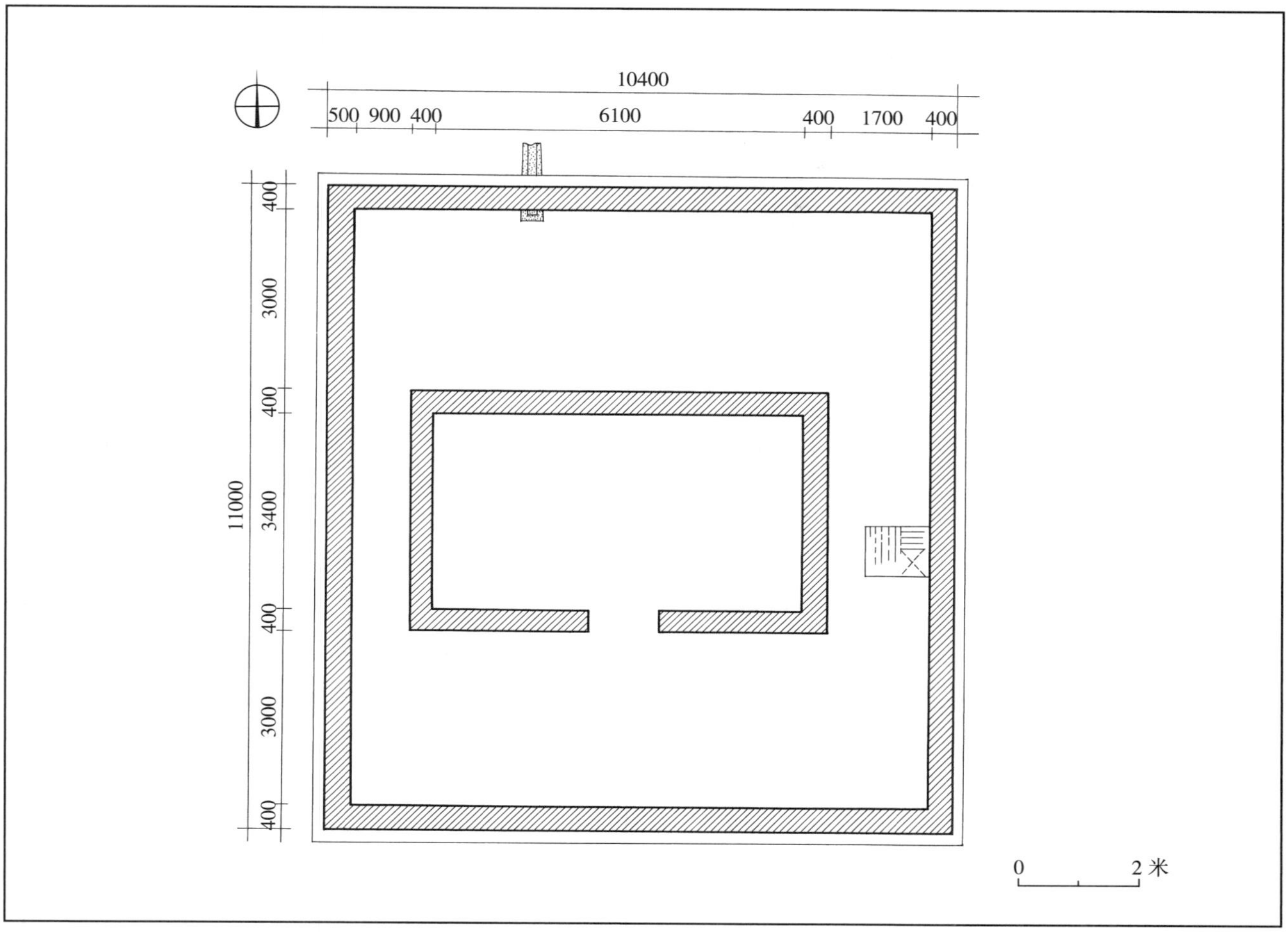

图［13］060 L63上层平面图

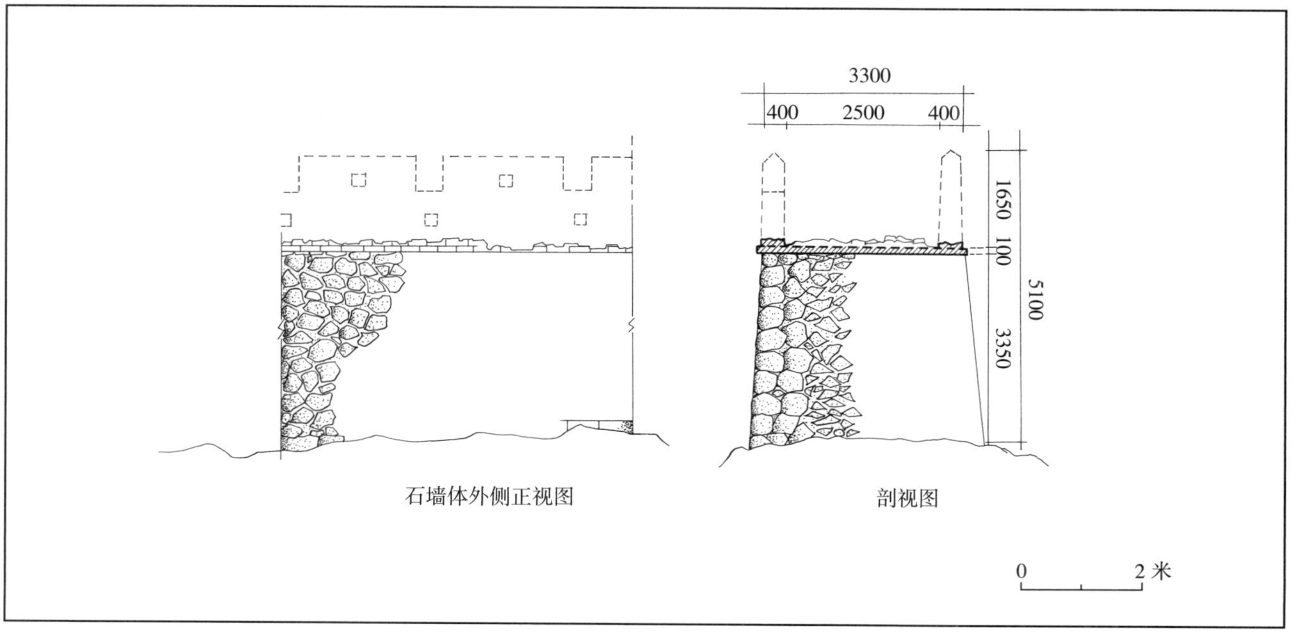

图［13］061 L63—L64石墙体结构图

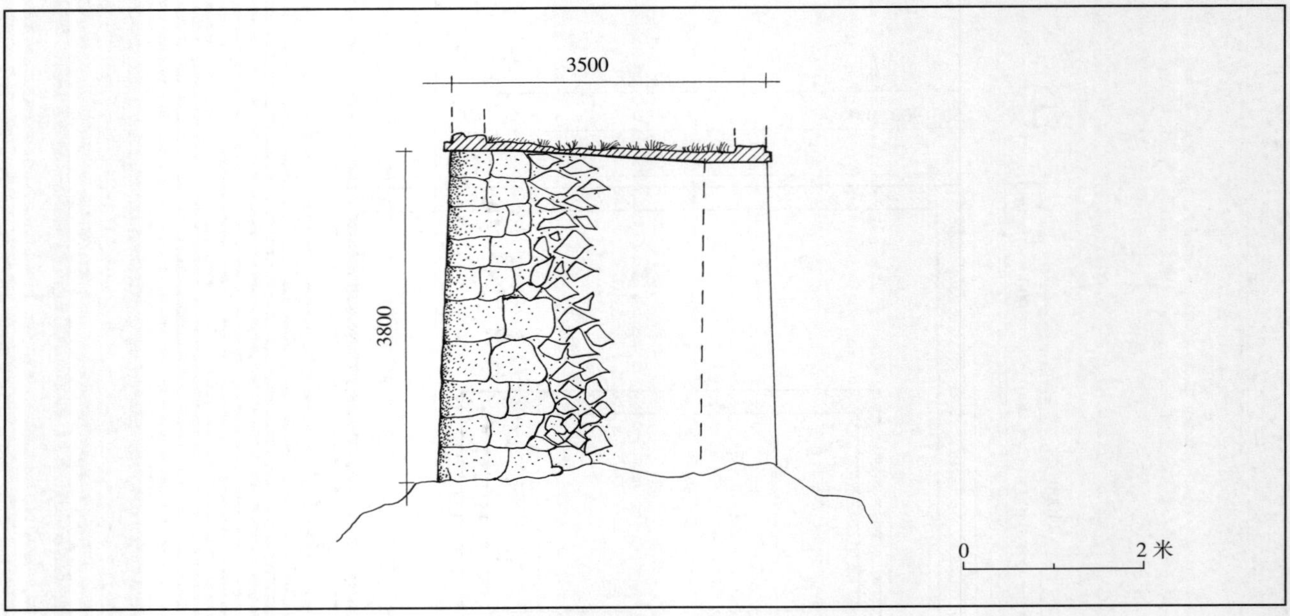

图［13］062 L64 — L65 石墙体结构图

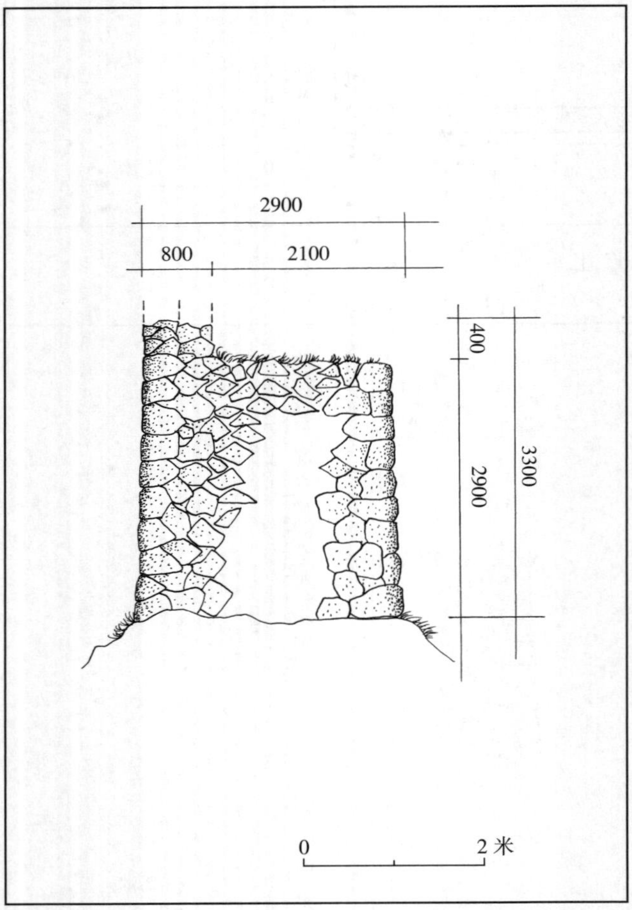

图［13］063 L65 — L66 石墙体结构图

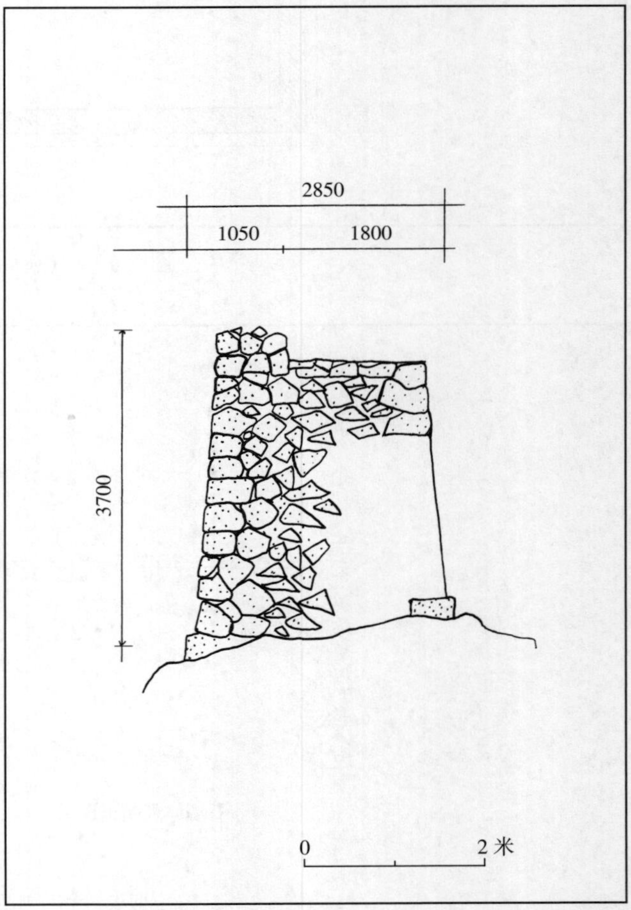

图［13］064 L66 — L67 石墙体结构图

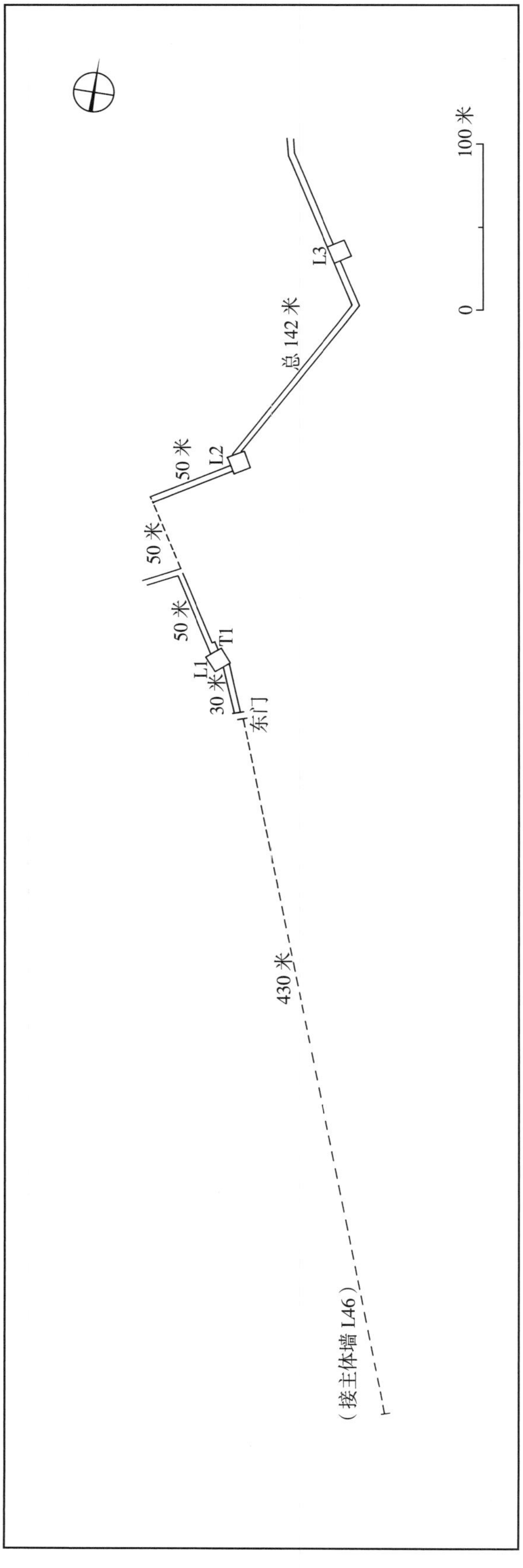

图［13］065　附C1潘家口外围边墙

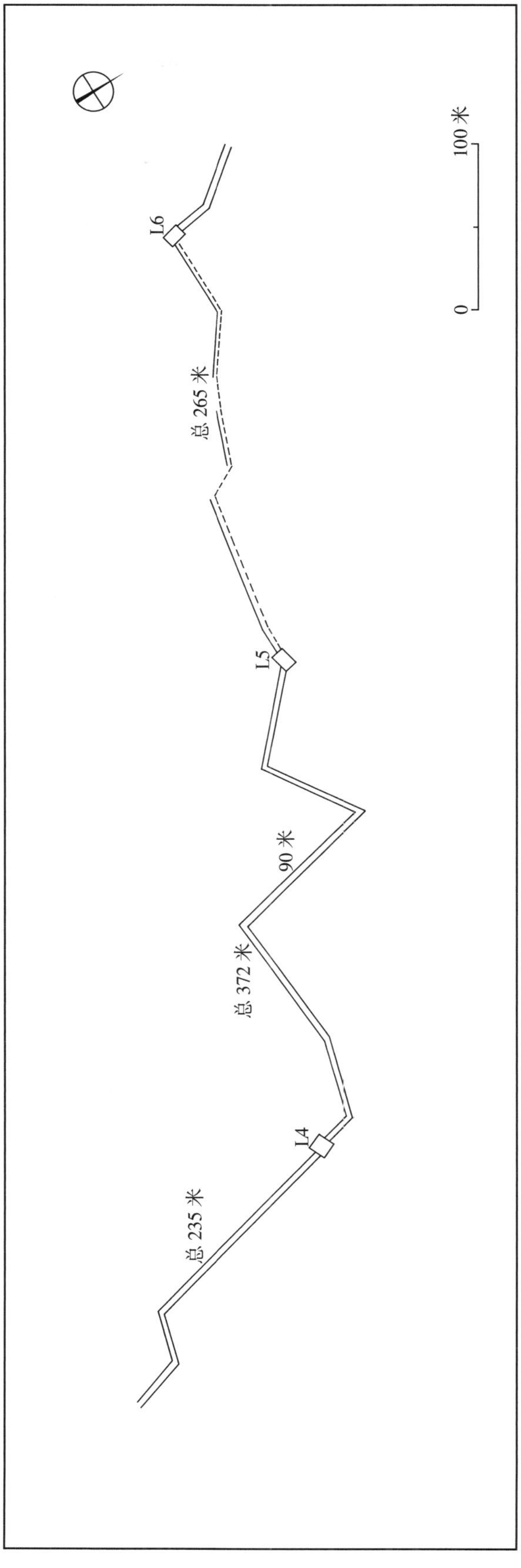

图［13］066　附C2潘家口外围边墙

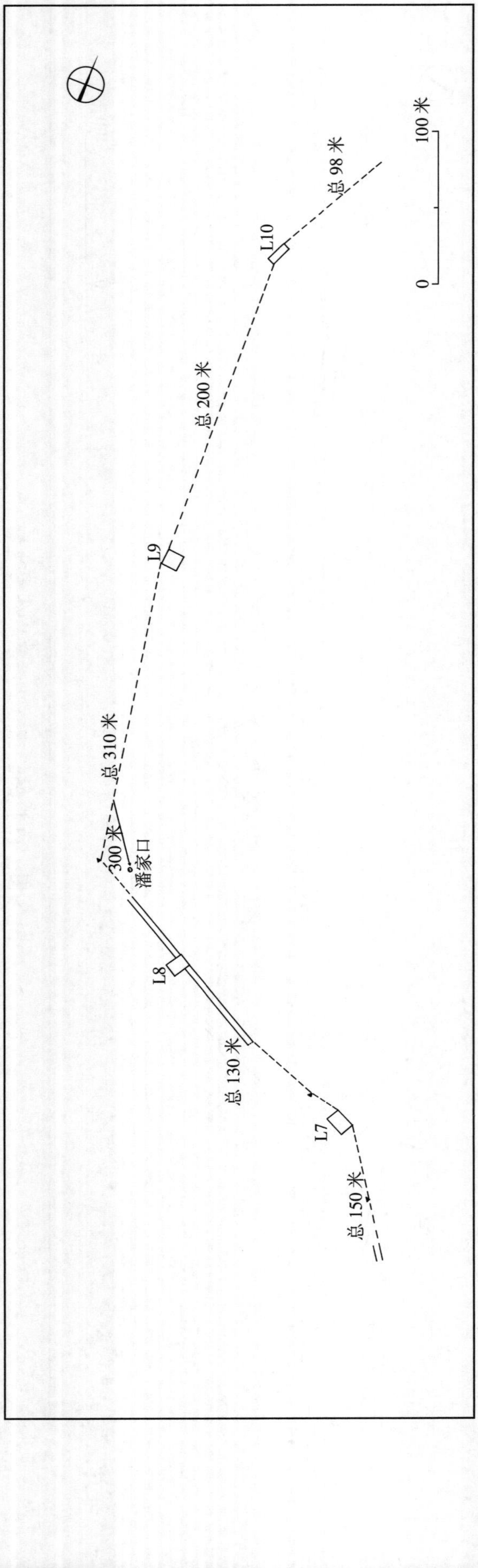

图［13］067　附 C3 潘家口外围边墙

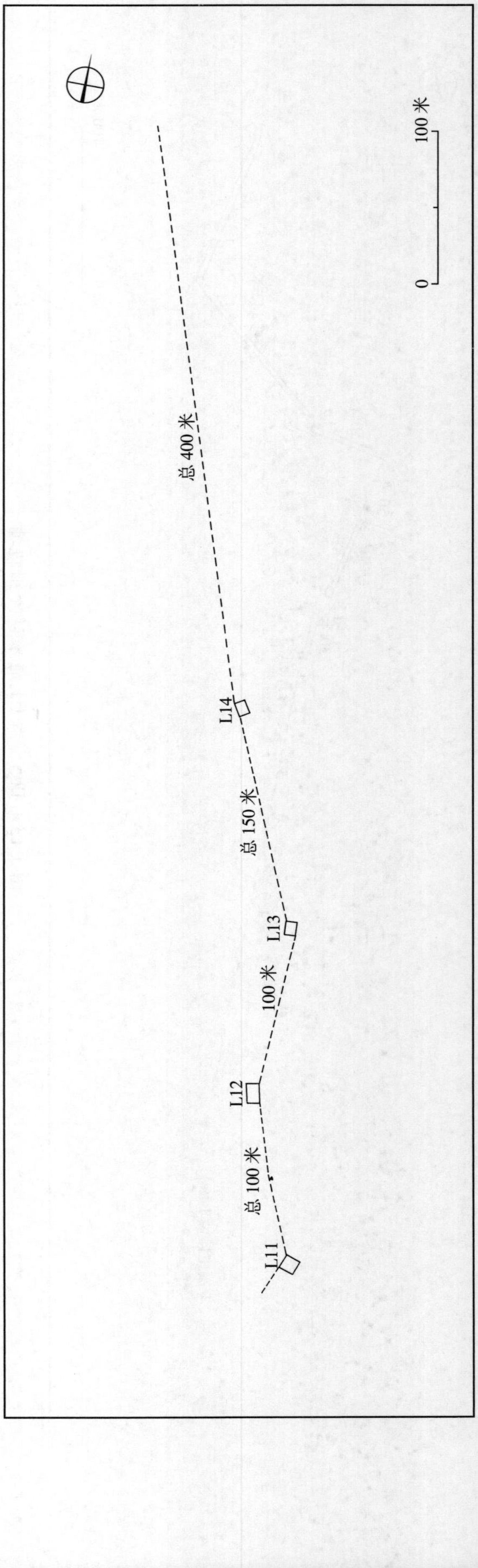

图［13］068　附 C4 潘家口外围边墙

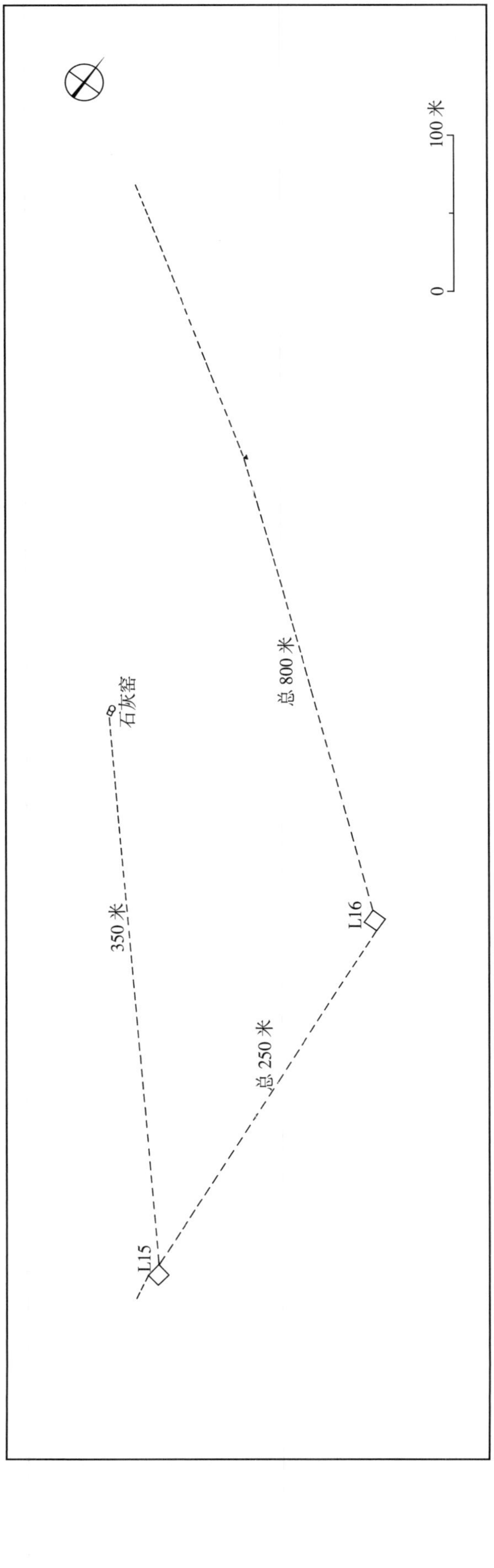

图［13］069　附C5潘家口外围边墙

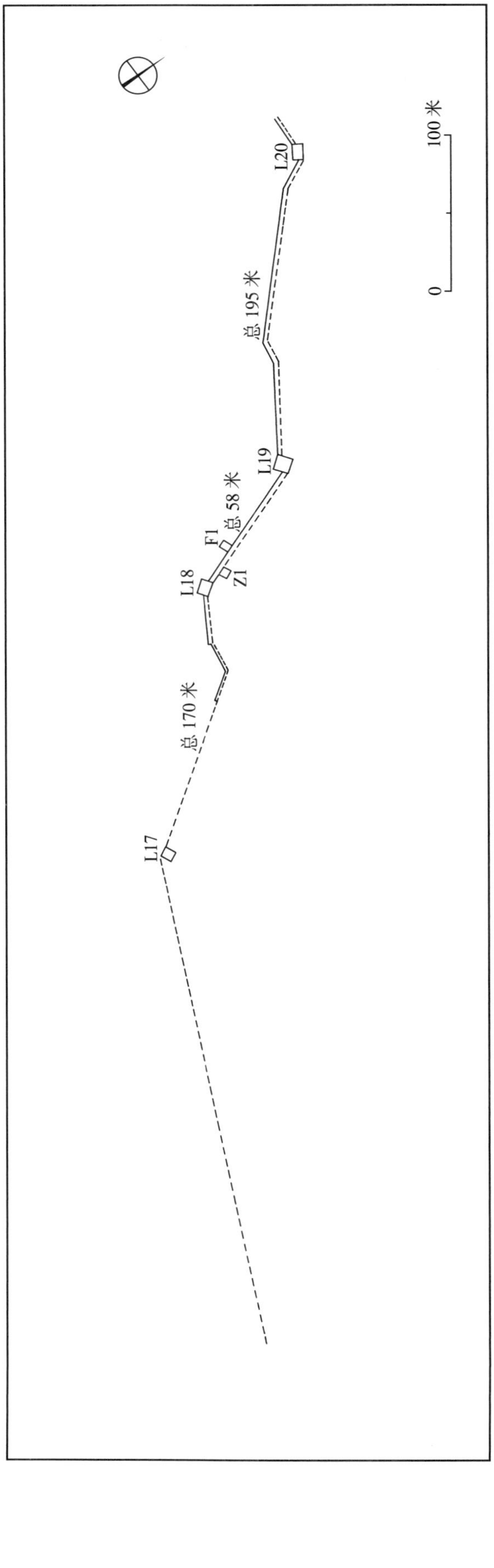

图［13］070　附C6潘家口外围边墙

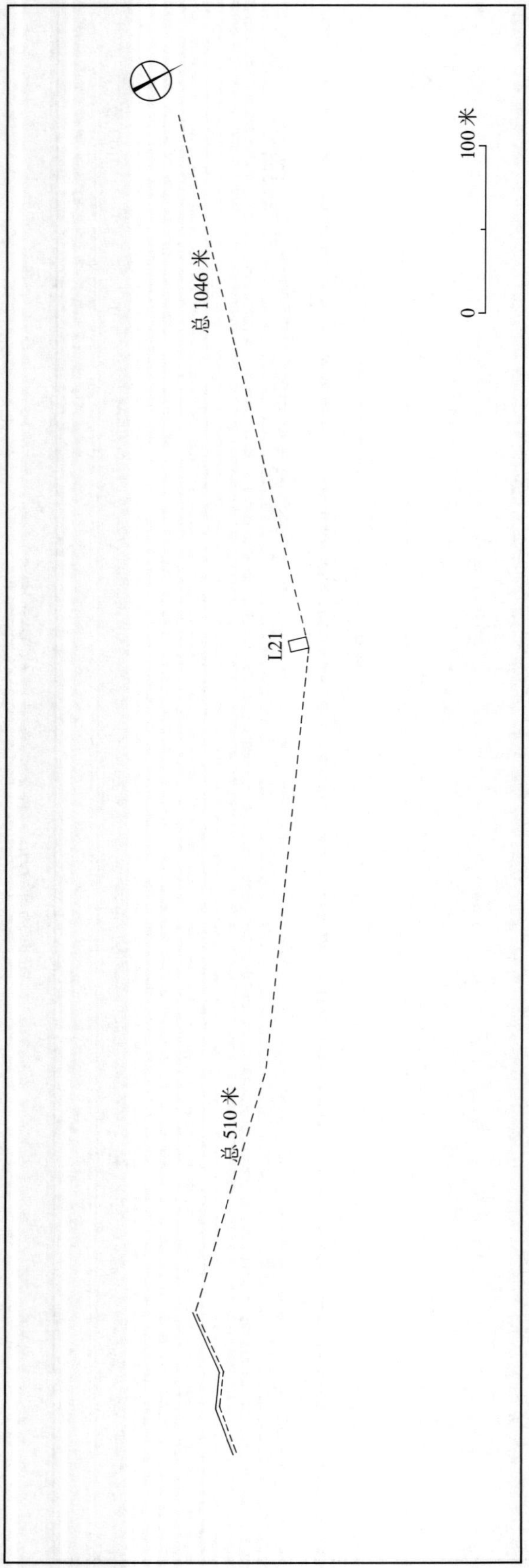

图［13］071　附 C7 潘家口外围边墙

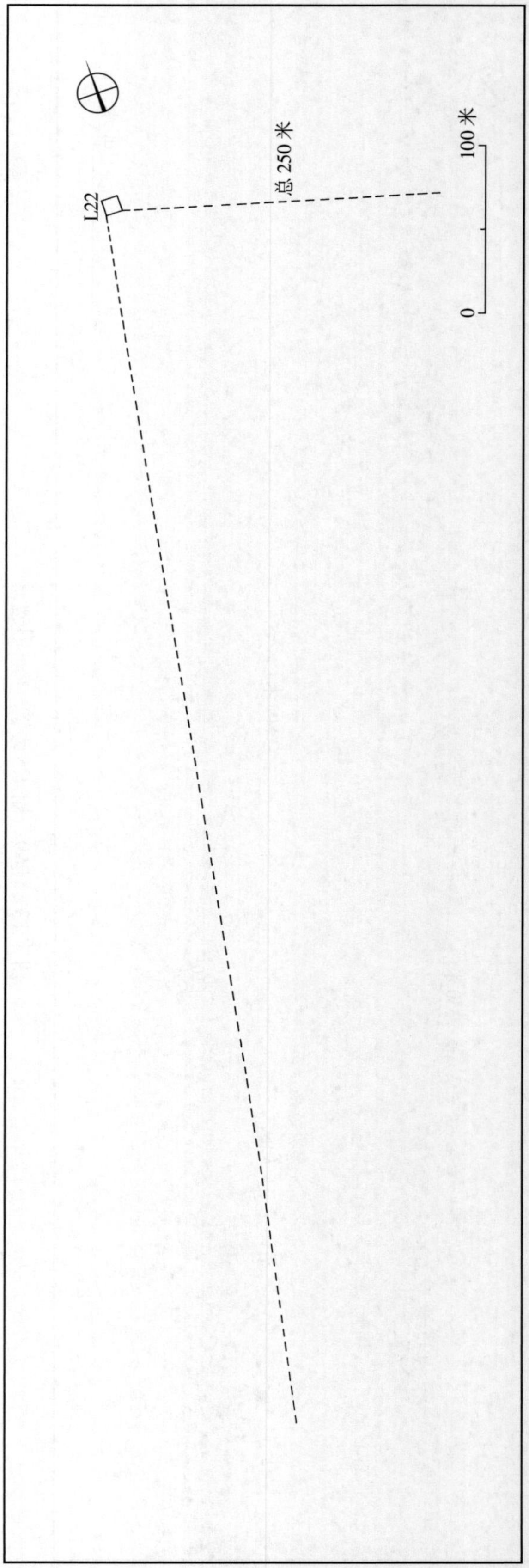

图［13］072　附 C8 潘家口外围边墙

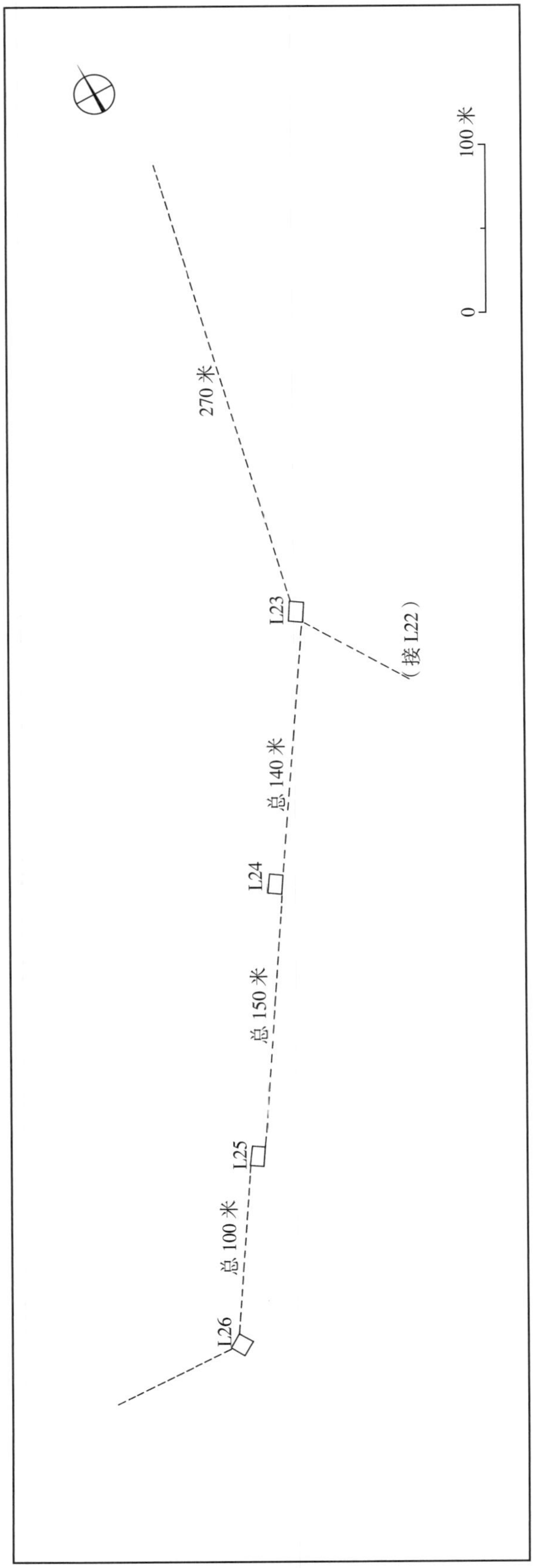

图［13］073　附C9潘家口外围边墙

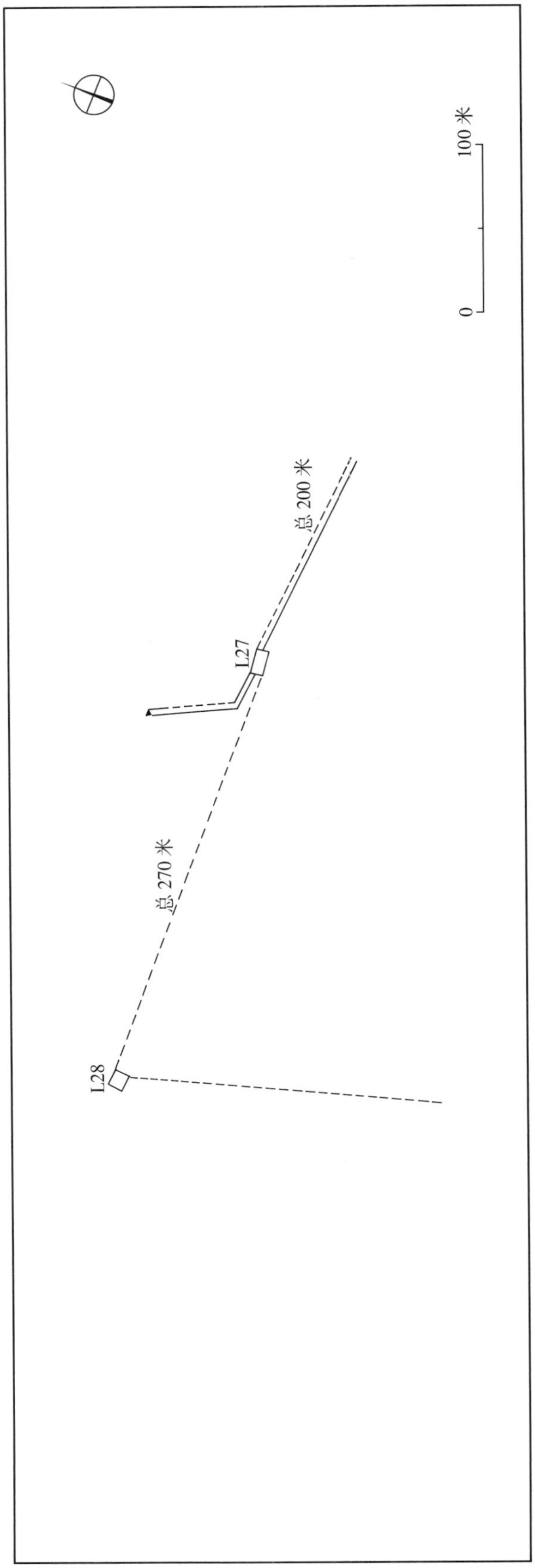

图［13］074　附C10潘家口外围边墙

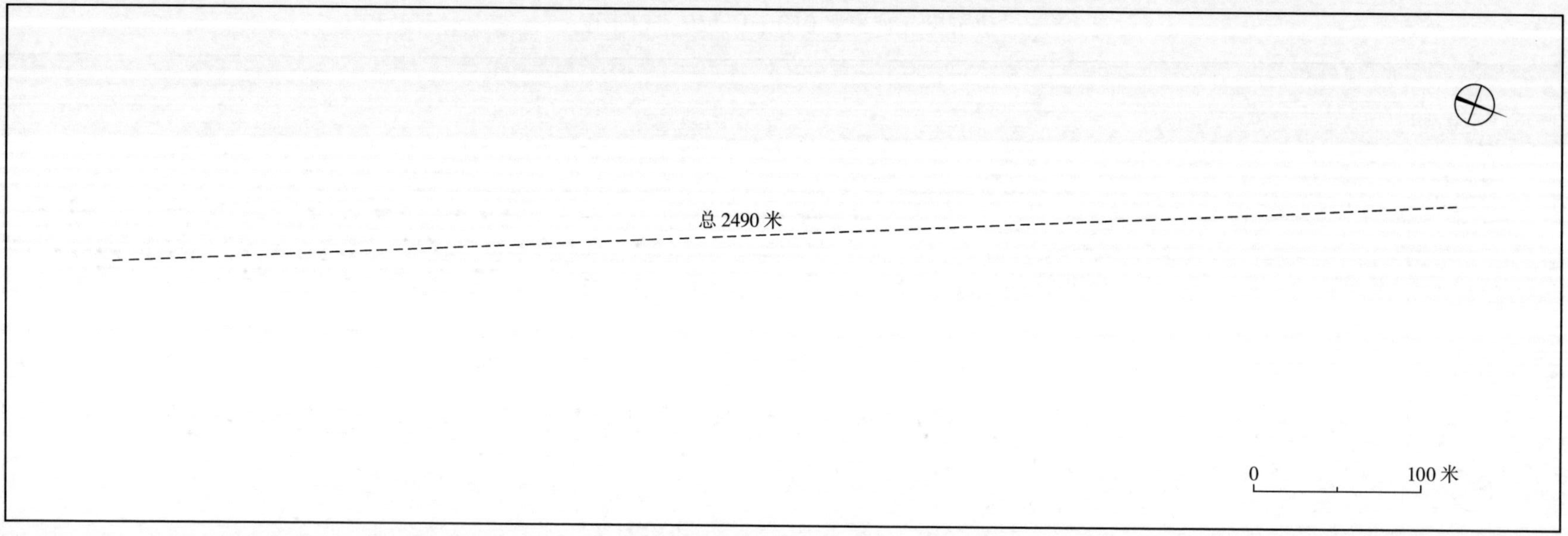

图［13］075　附 C11 潘家口外围边墙

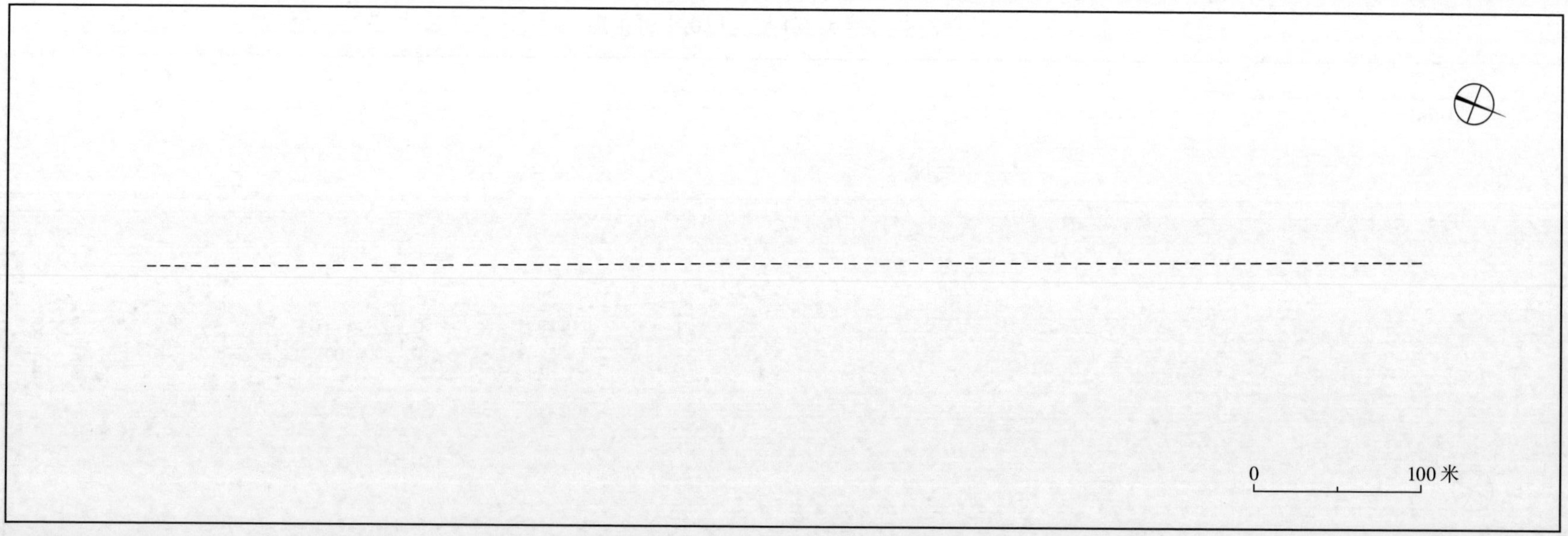

图［13］076　附 C12 潘家口外围边墙

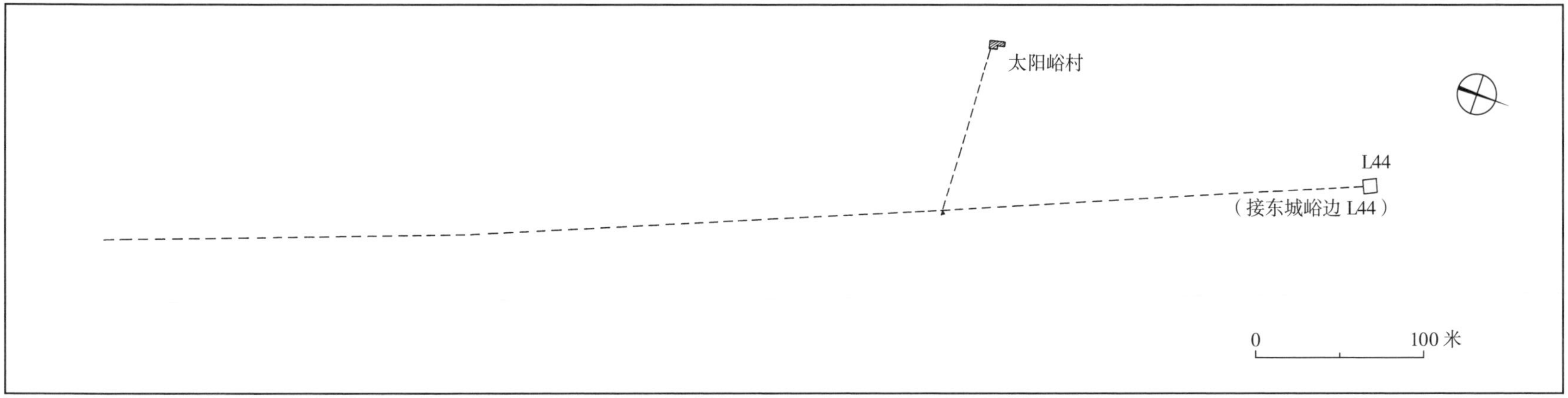

图［13］077 附 C13 潘家口外围边墙

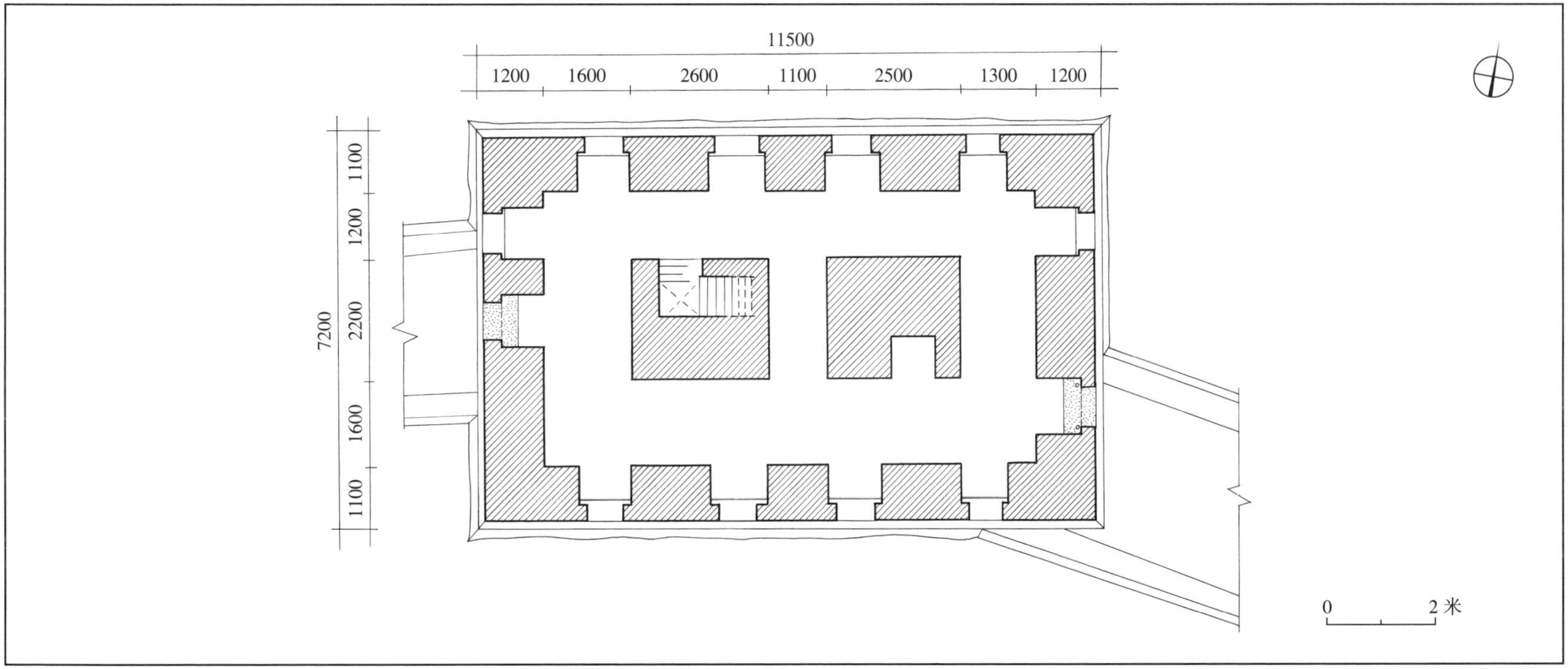

图［13］078 附 L5 中层平面图

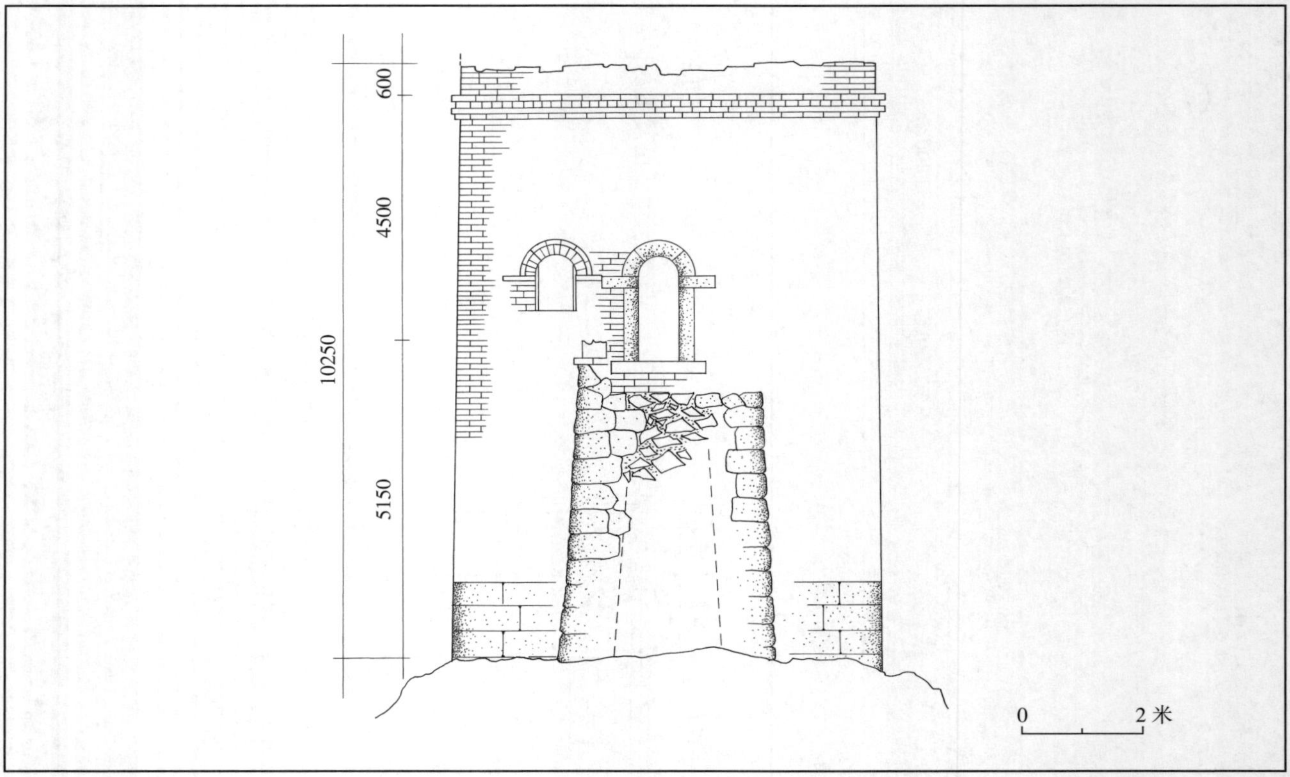

图［13］079　附 L5 西立面图

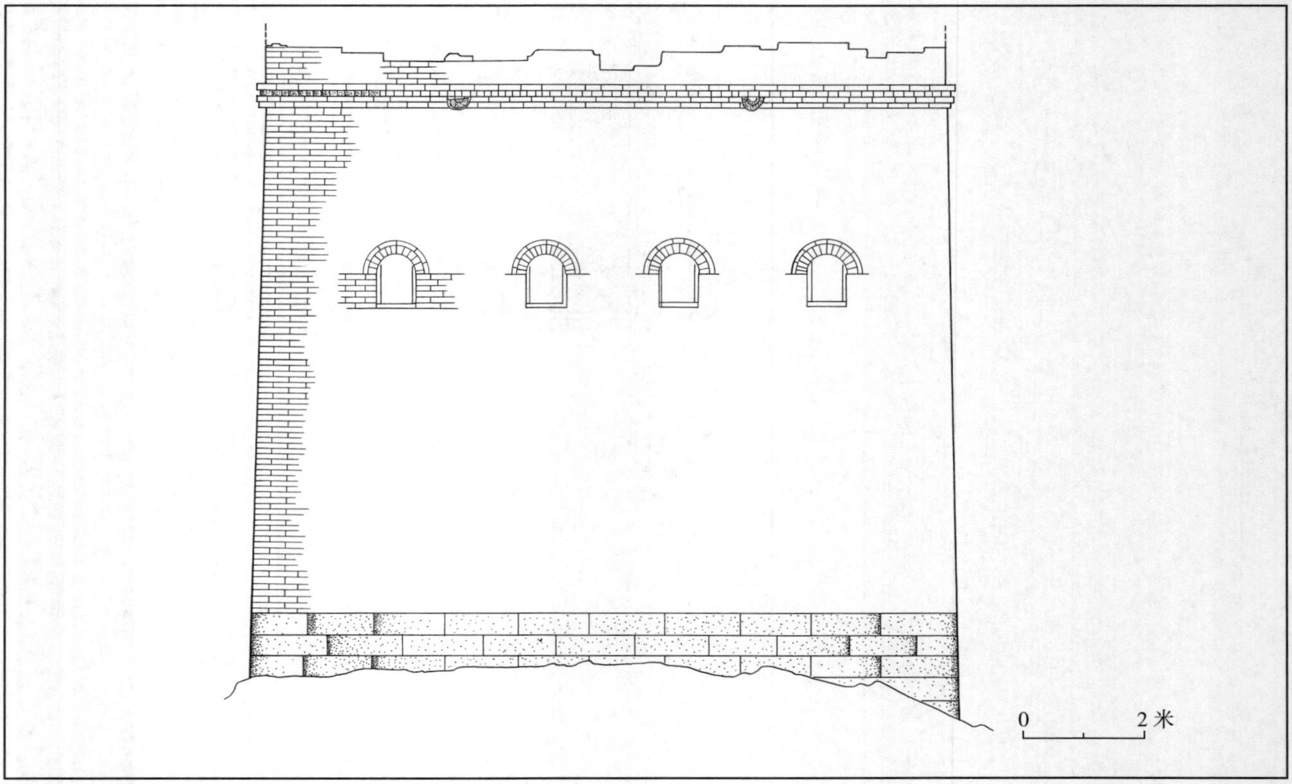

图［13］080　附 L5 南立面图

图［13］081　附L5纵剖面图

图［13］082　附L5横剖面图

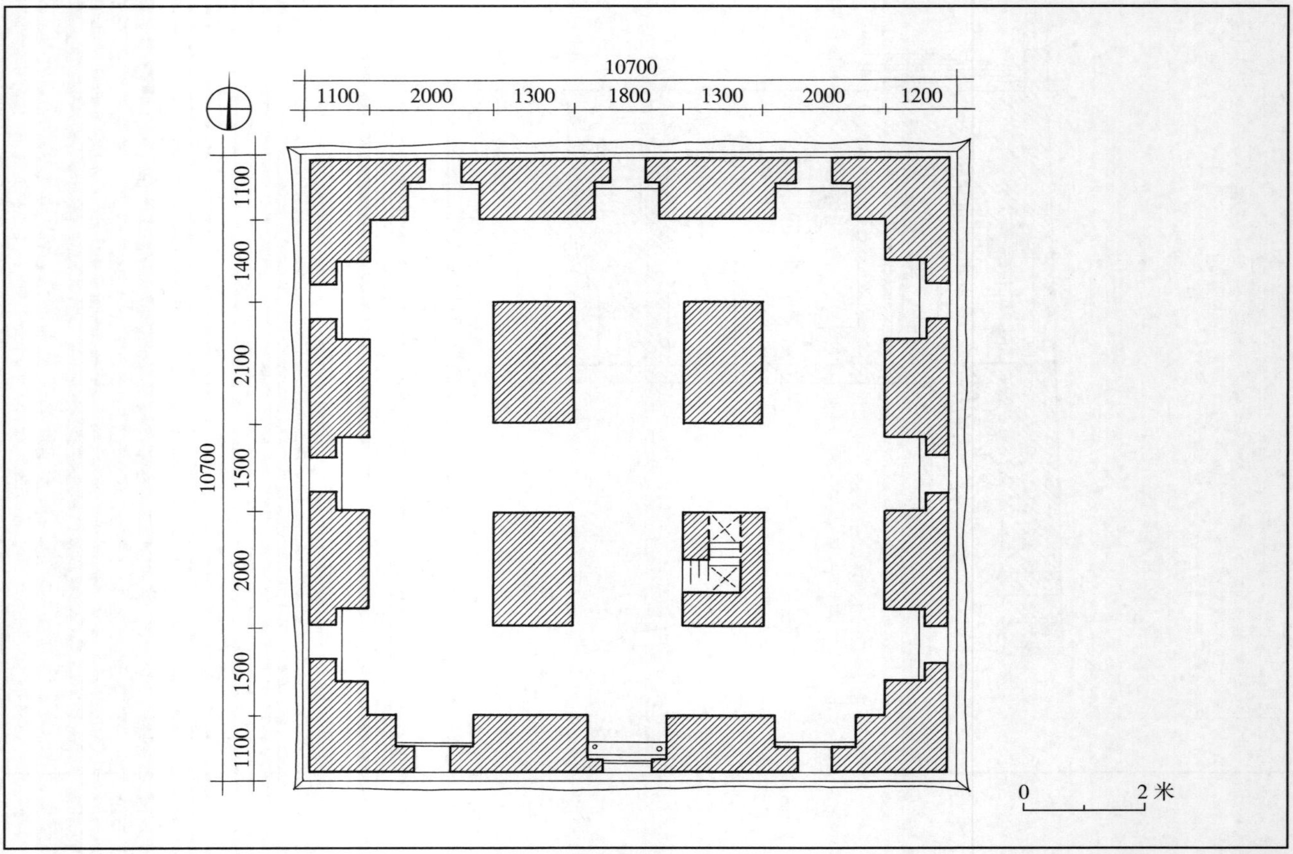

图［13］083 附 L9 中层平面图

图［13］084 附 L9 南立面图

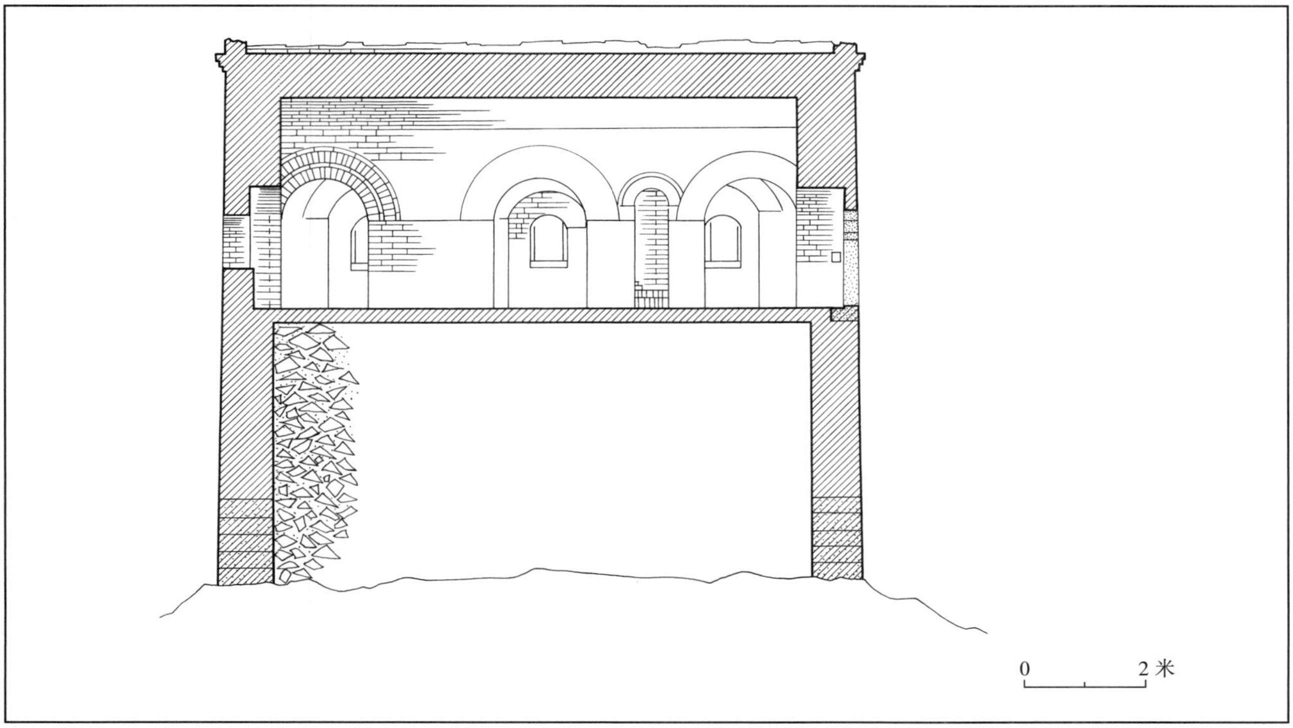

图［13］085　附L9纵剖面图

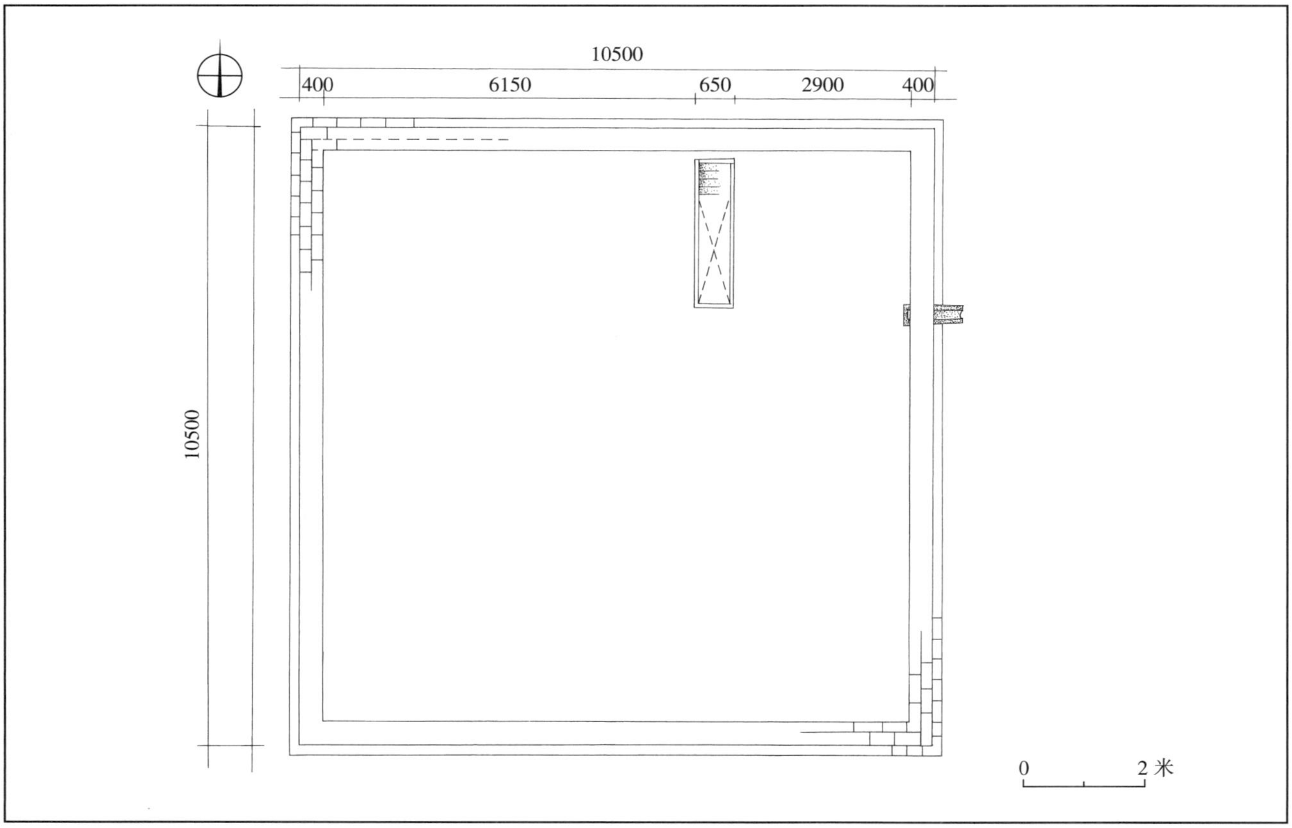

图［13］086　附L9上层平面图

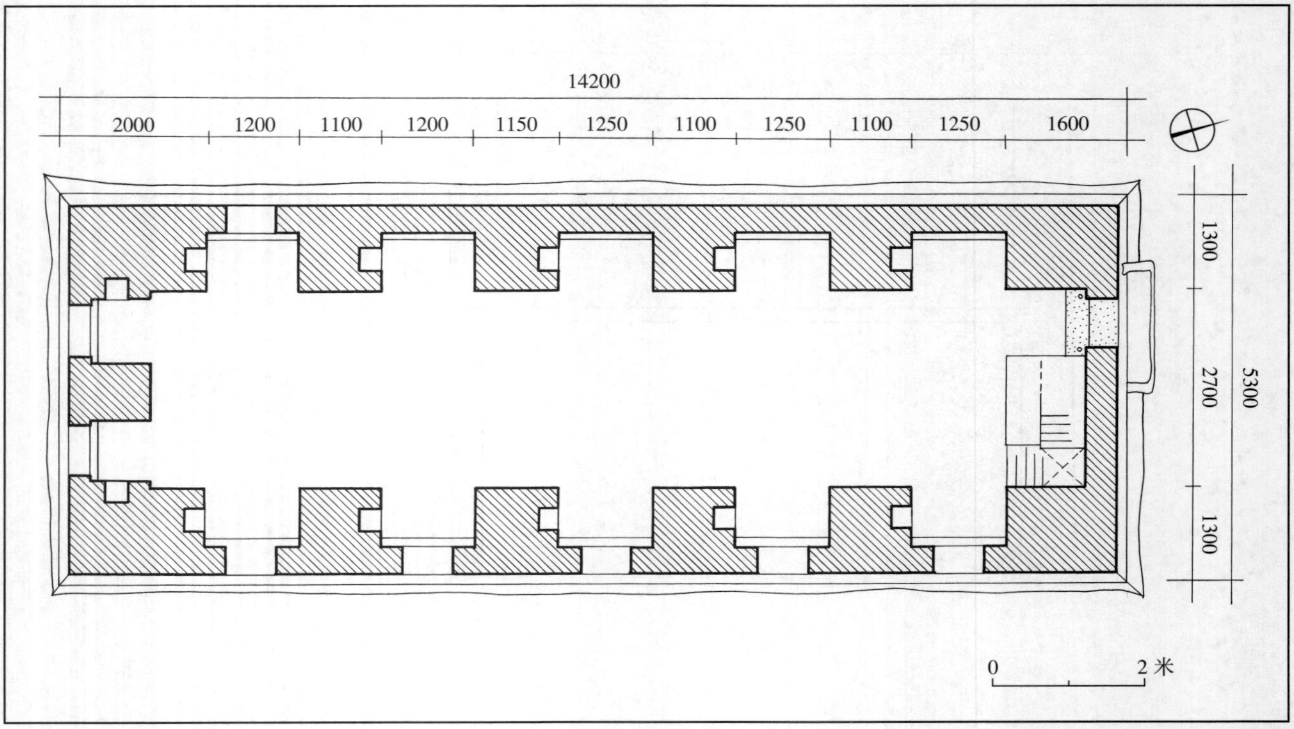

图［13］087　附 L10 中层平面图

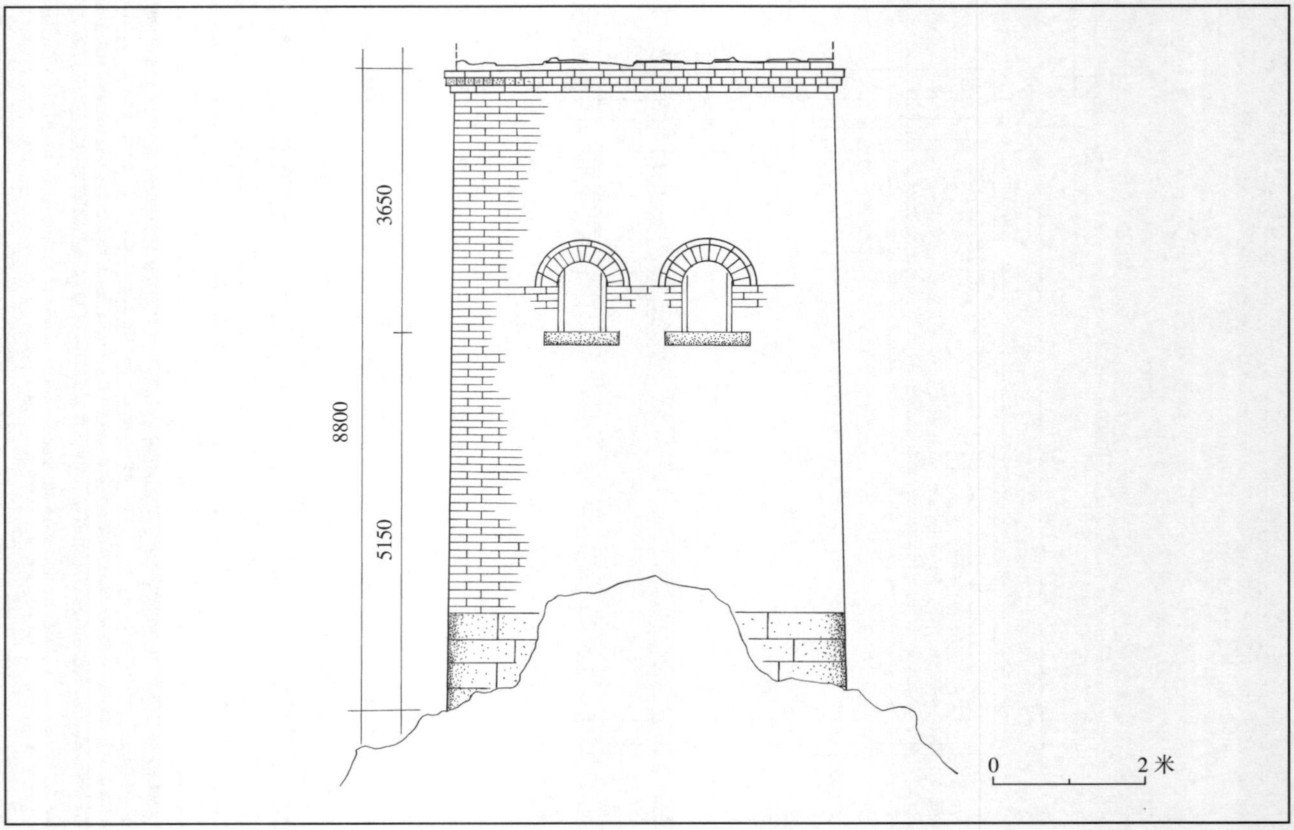

图［13］088　附 L10 南立面图

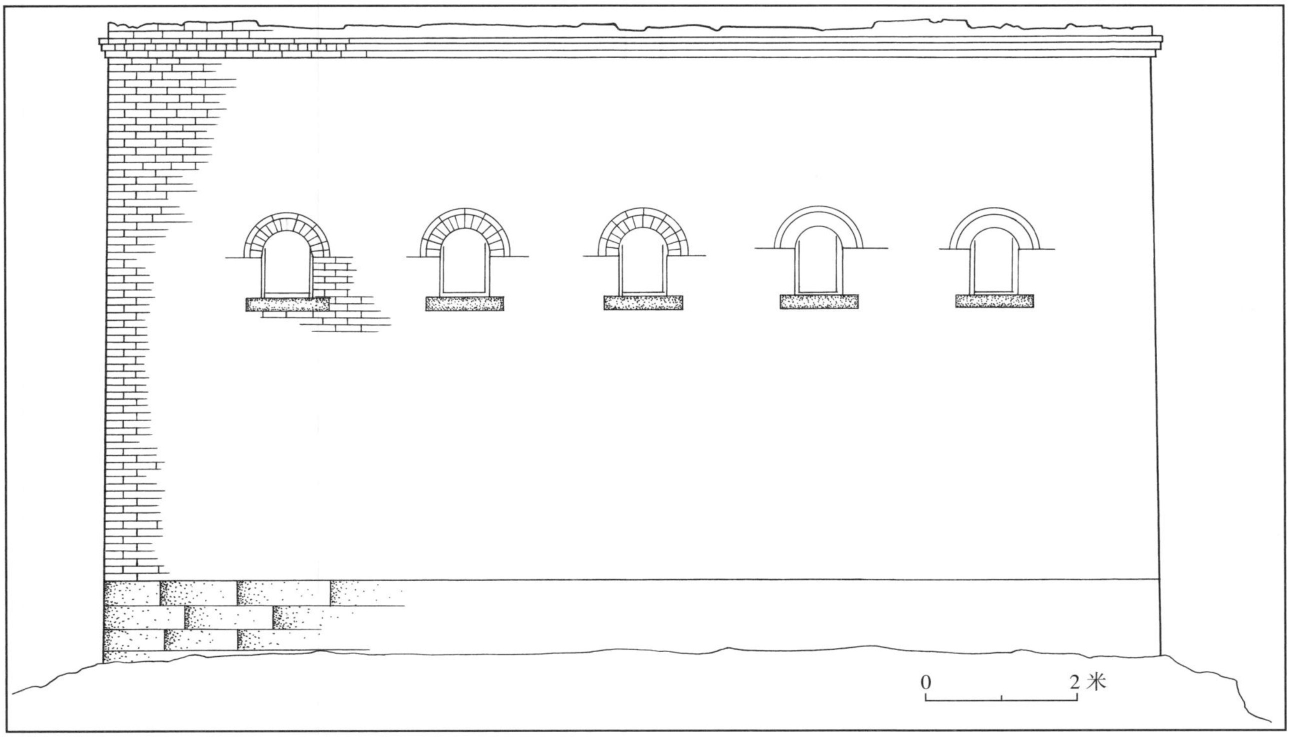

图［13］089　附 L10 东立面图

图［13］090　附 L10 横剖面图

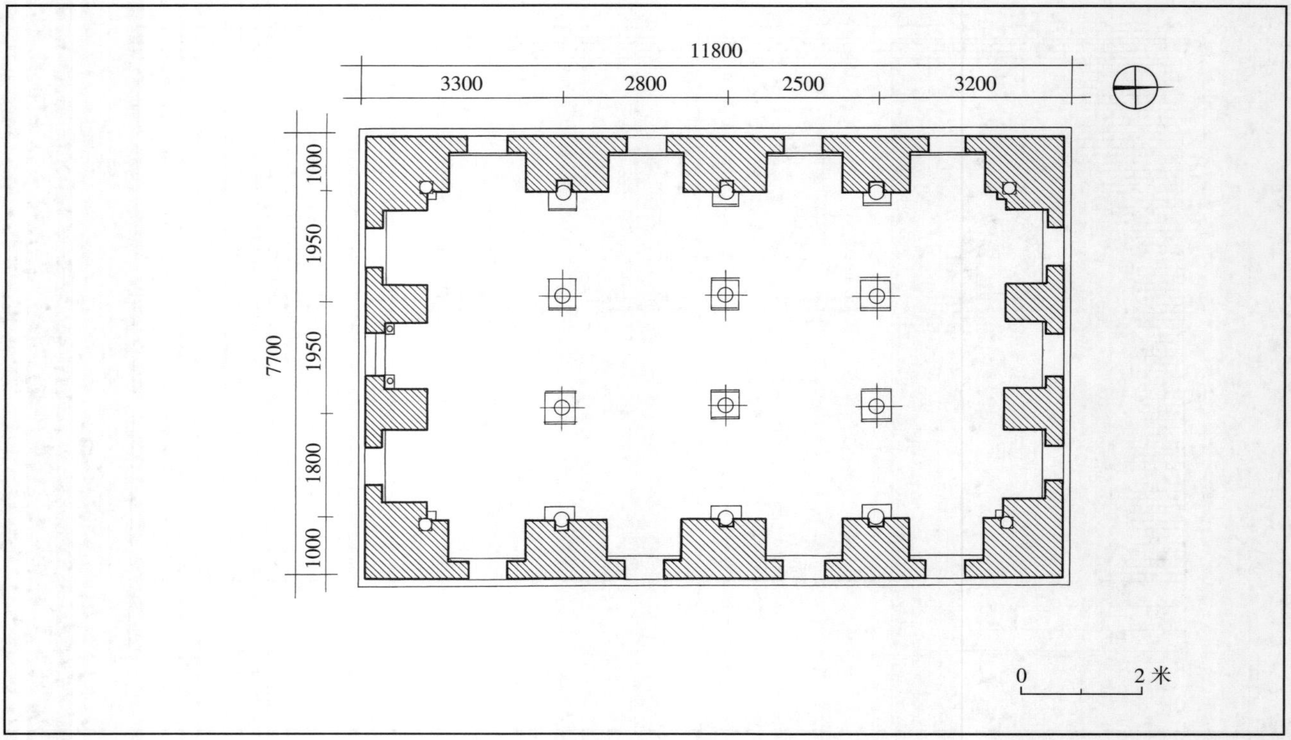

图［13］091　附 L12 中层平面图

图［13］092　附 L12 纵剖面图

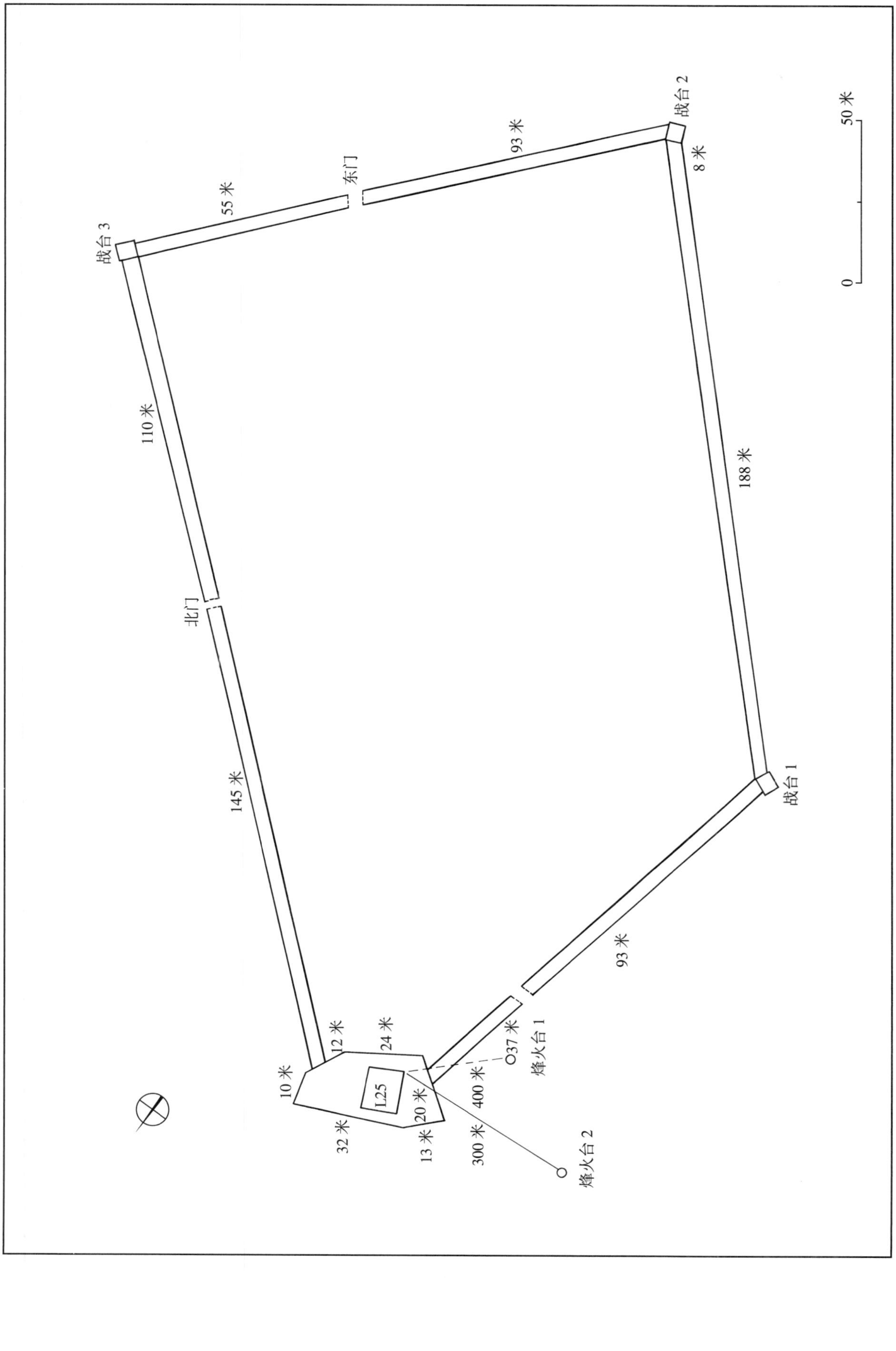

图［13］093 龙井关城平面图

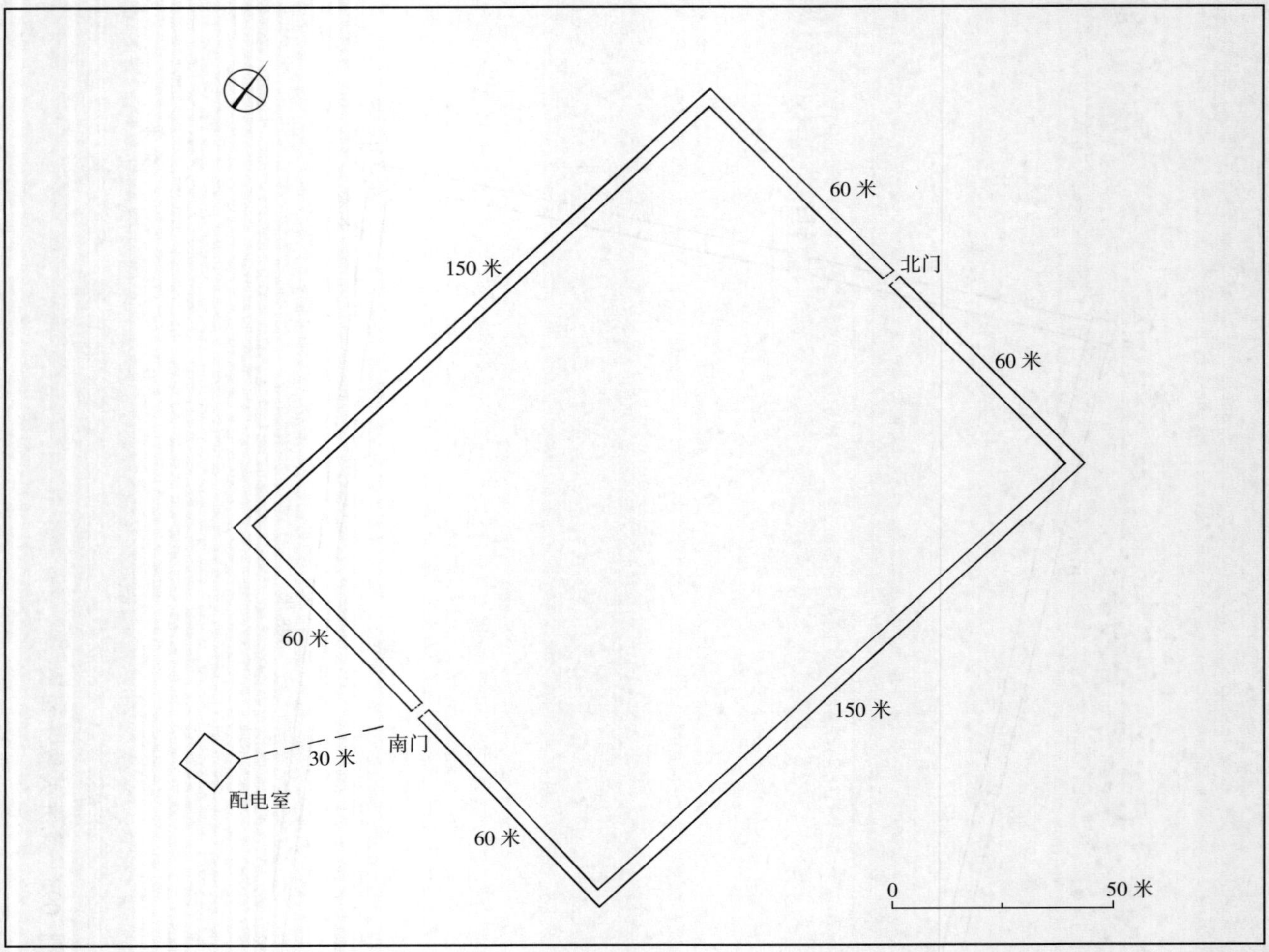

图［13］094　二道城子城址平面图

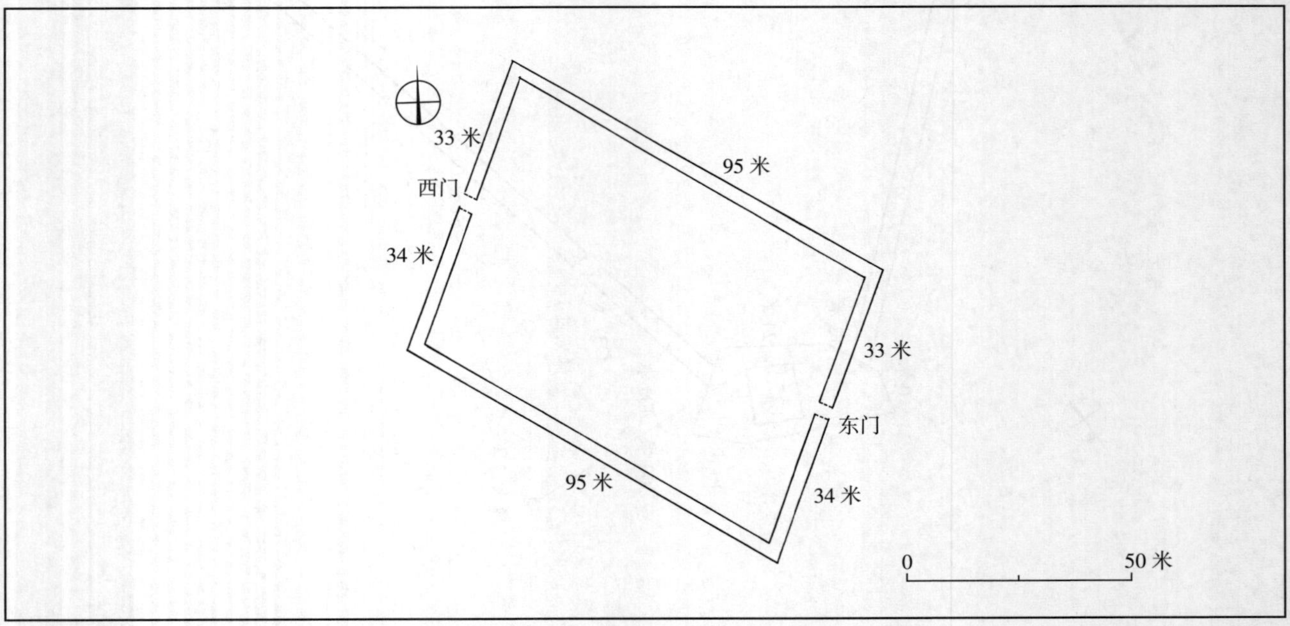

图［13］095　苏郎峪城平面图

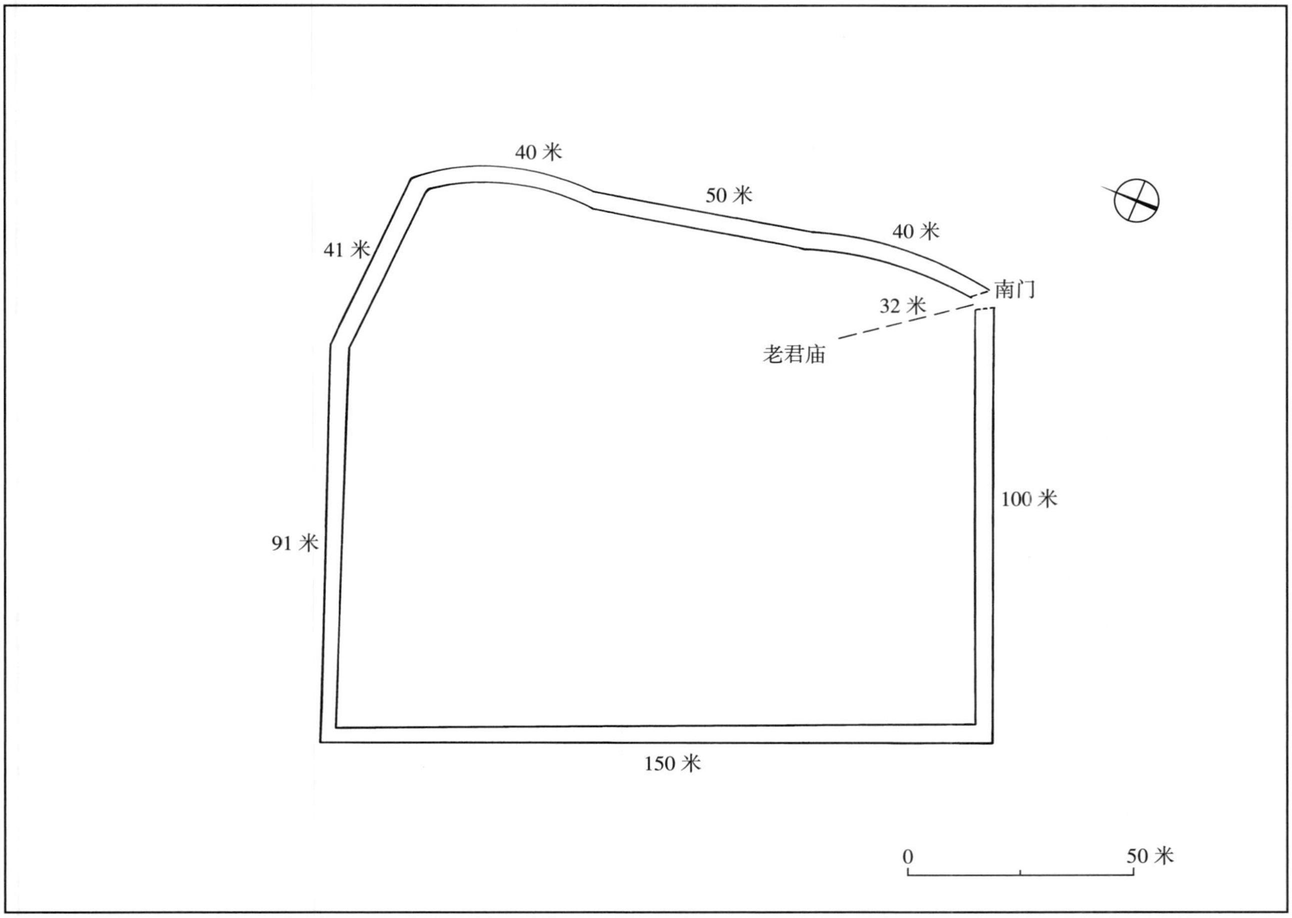

图［13］096　三台山城平面图

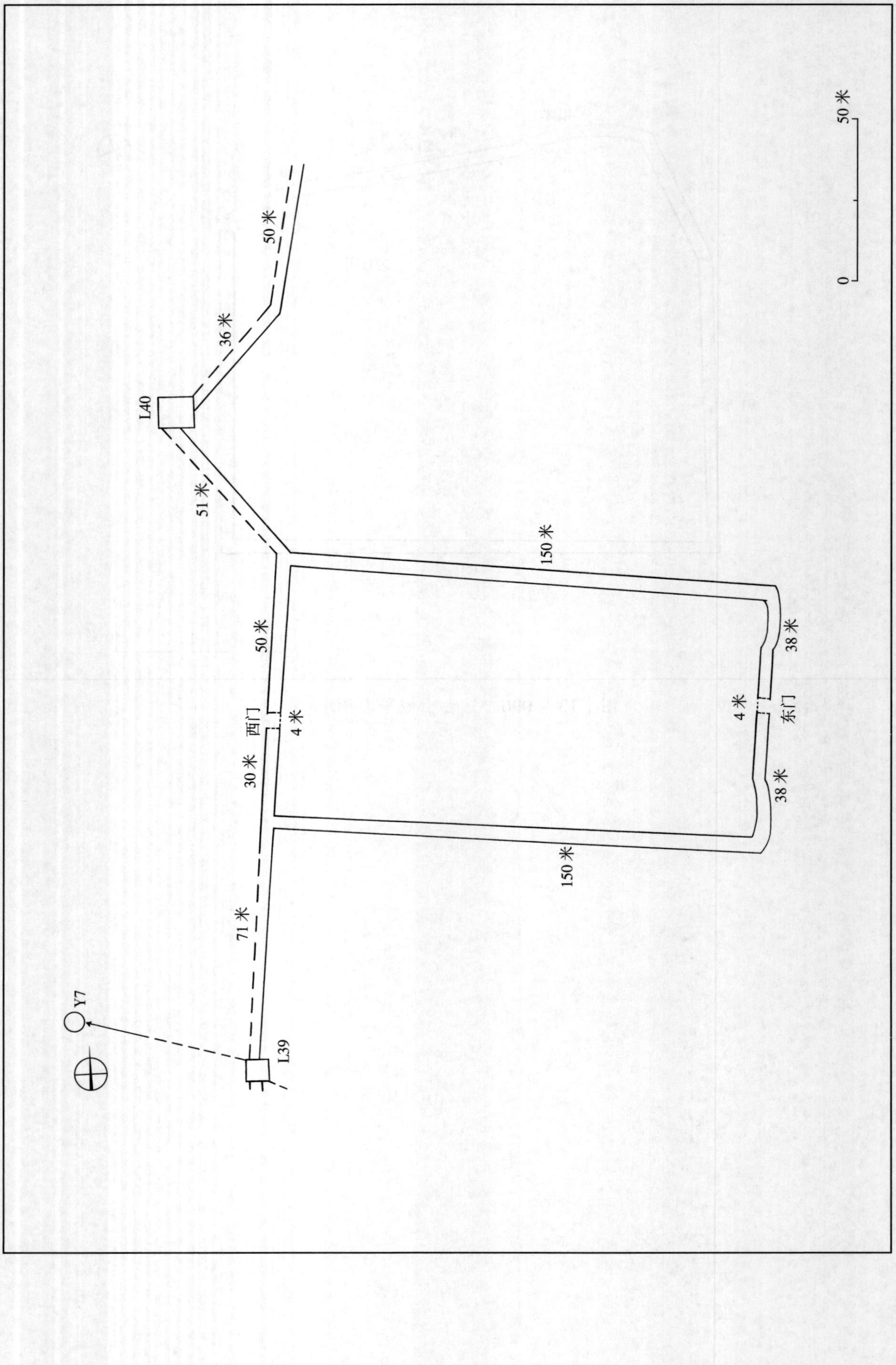

图［13］097 西城（常）峪城平面图（连壁城）（见图［13］019）

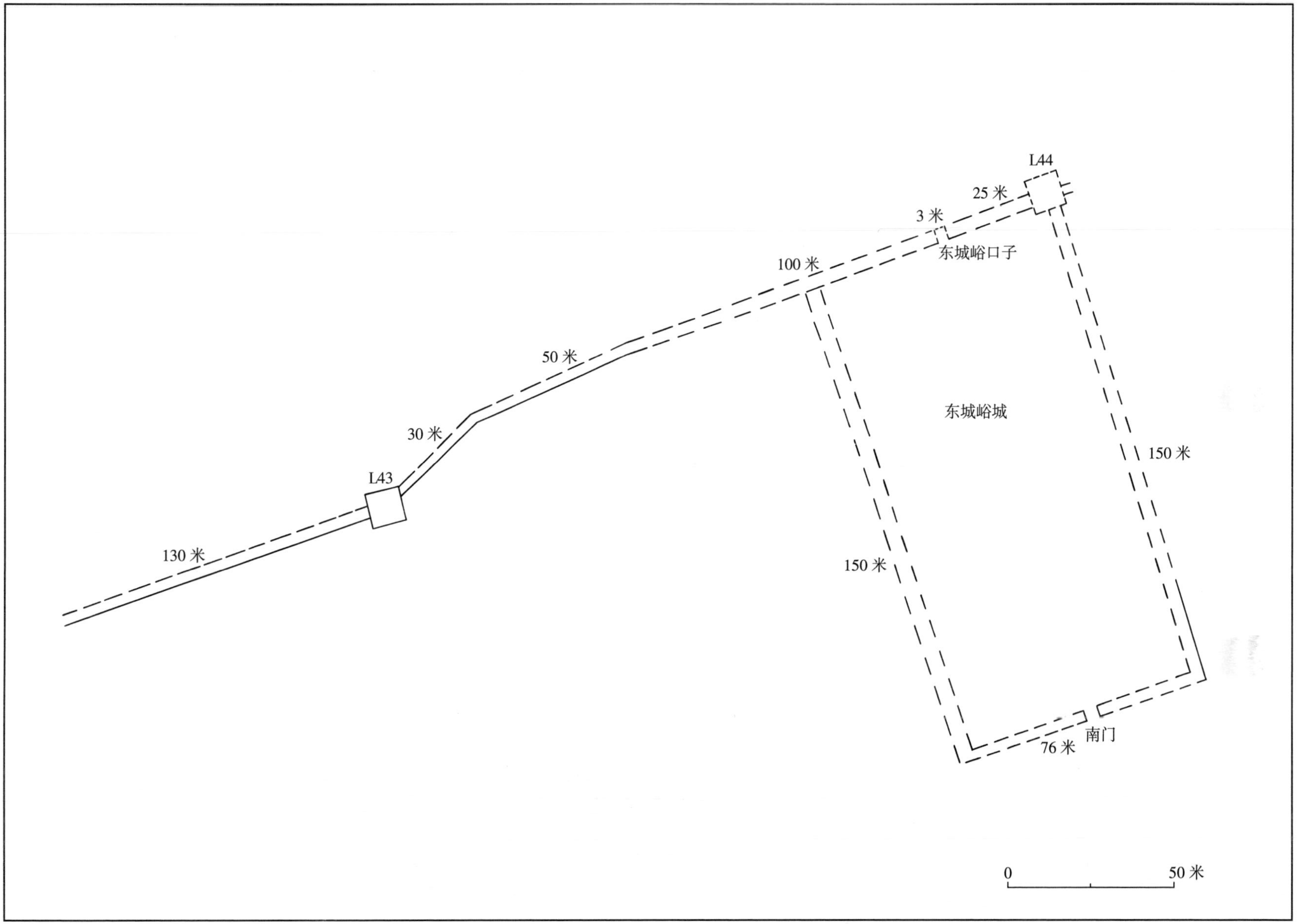

图［13］098　东城峪城平面图（连壁城）（见图［13］023）

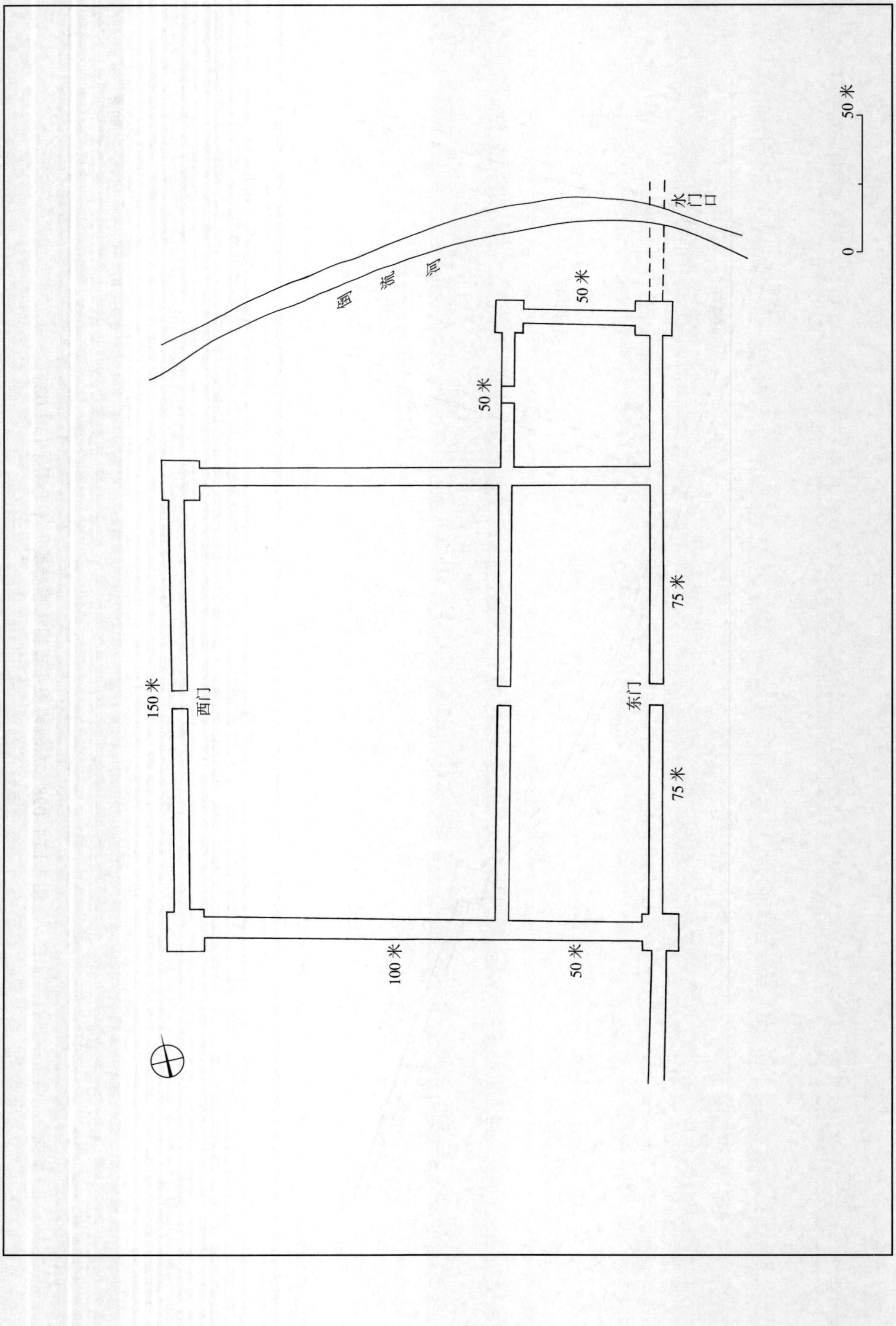

图［13］099 大喜峰口关城平面图（见图［13］034）

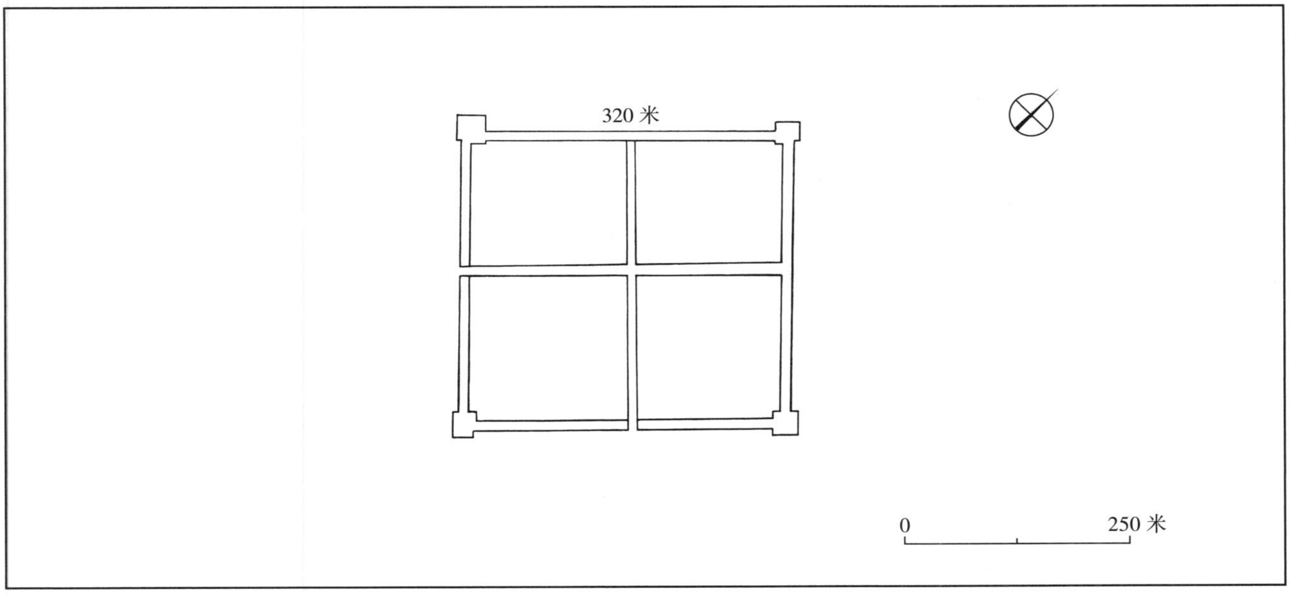

图［13］100　喜峰口路城平面图

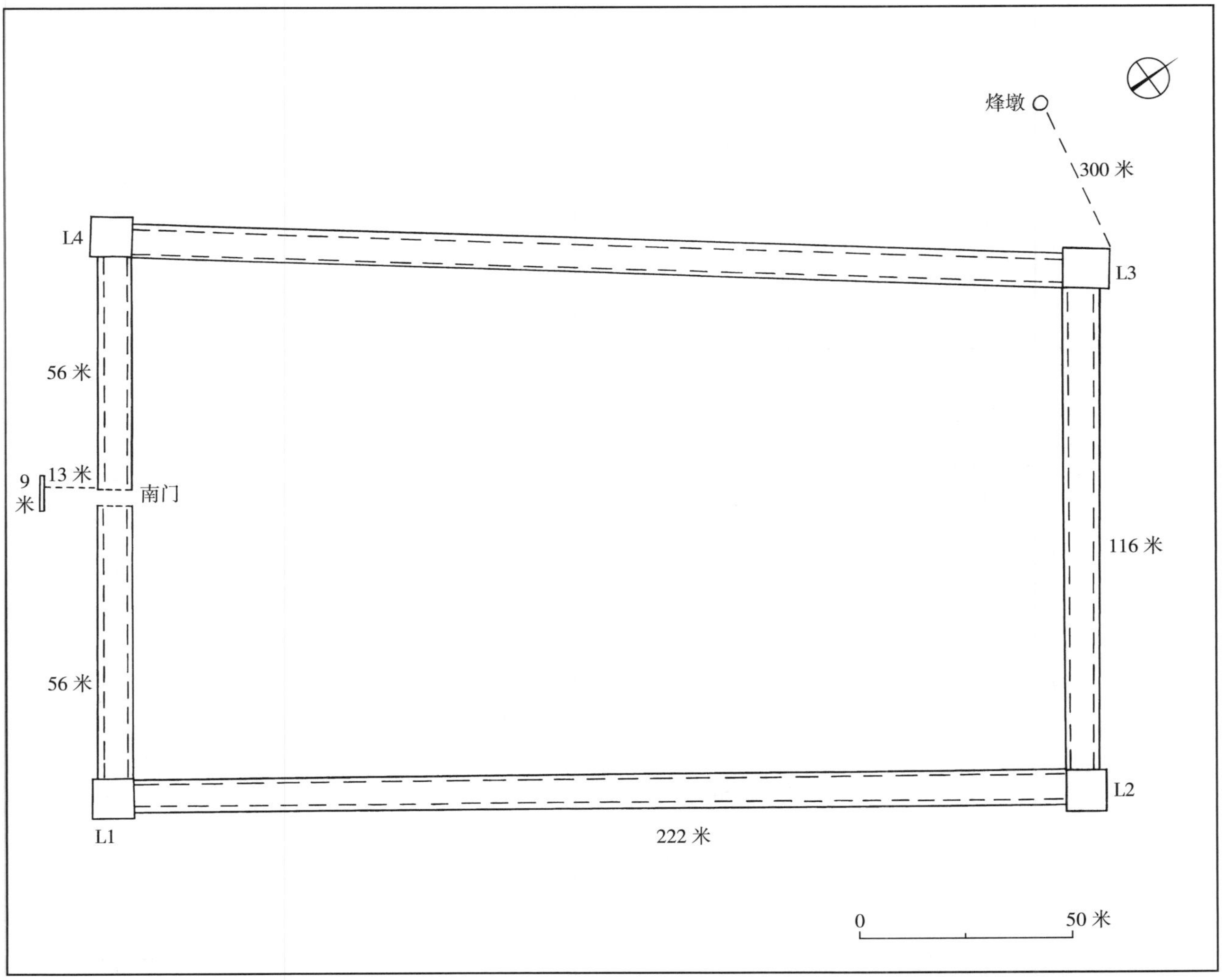

图［13］101　李家峪城平面图

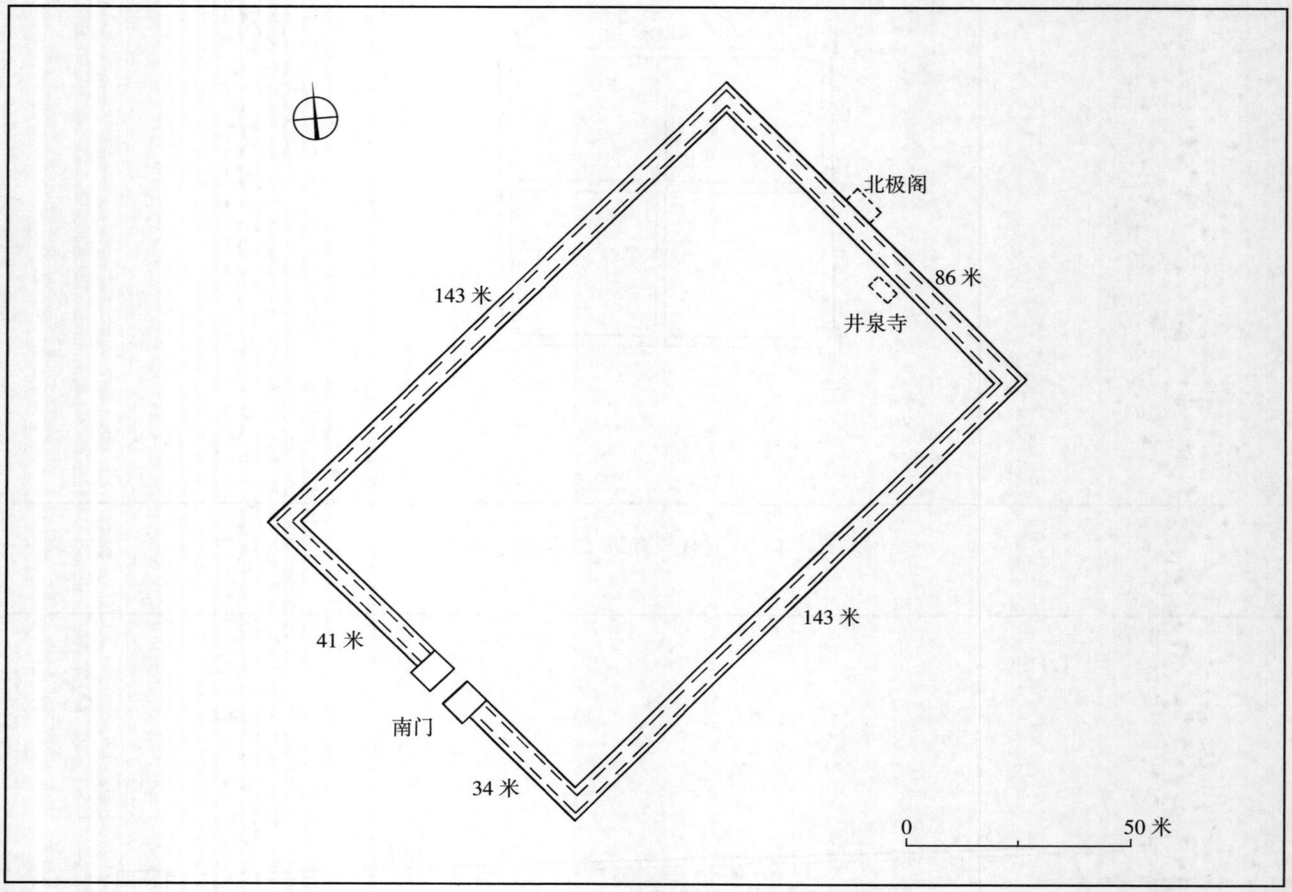

图［13］102　铁门关城平面图

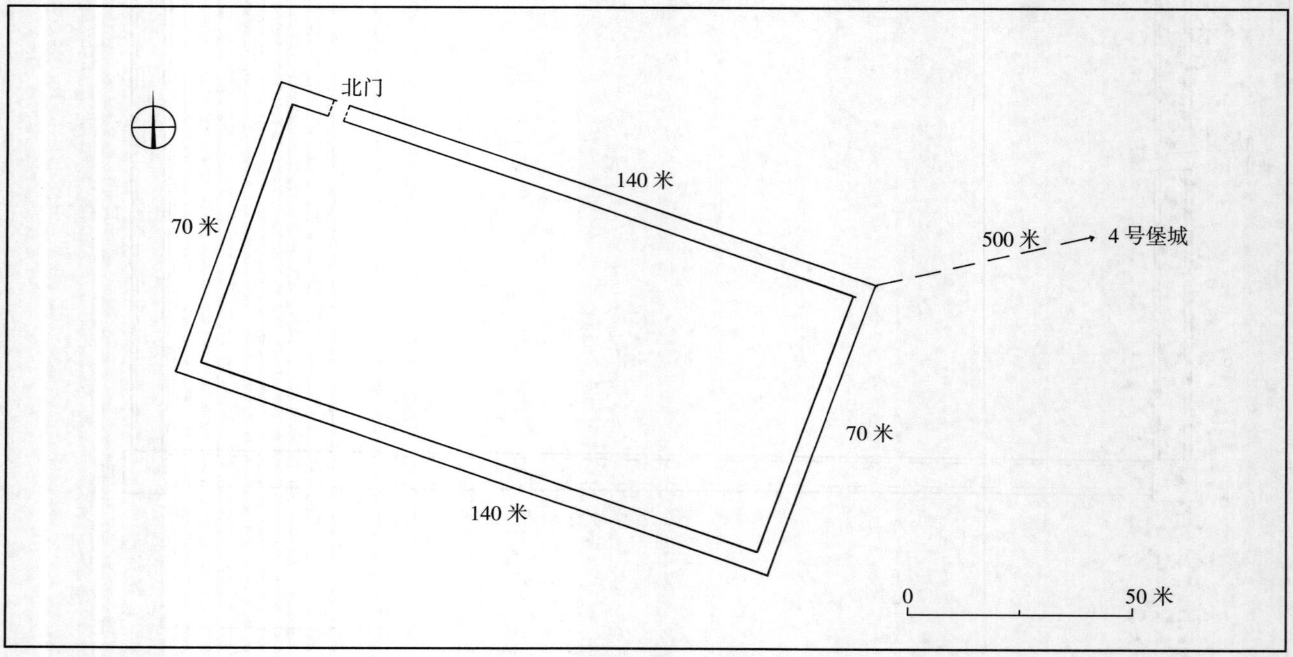

图［13］103　贾庄下城子平面图

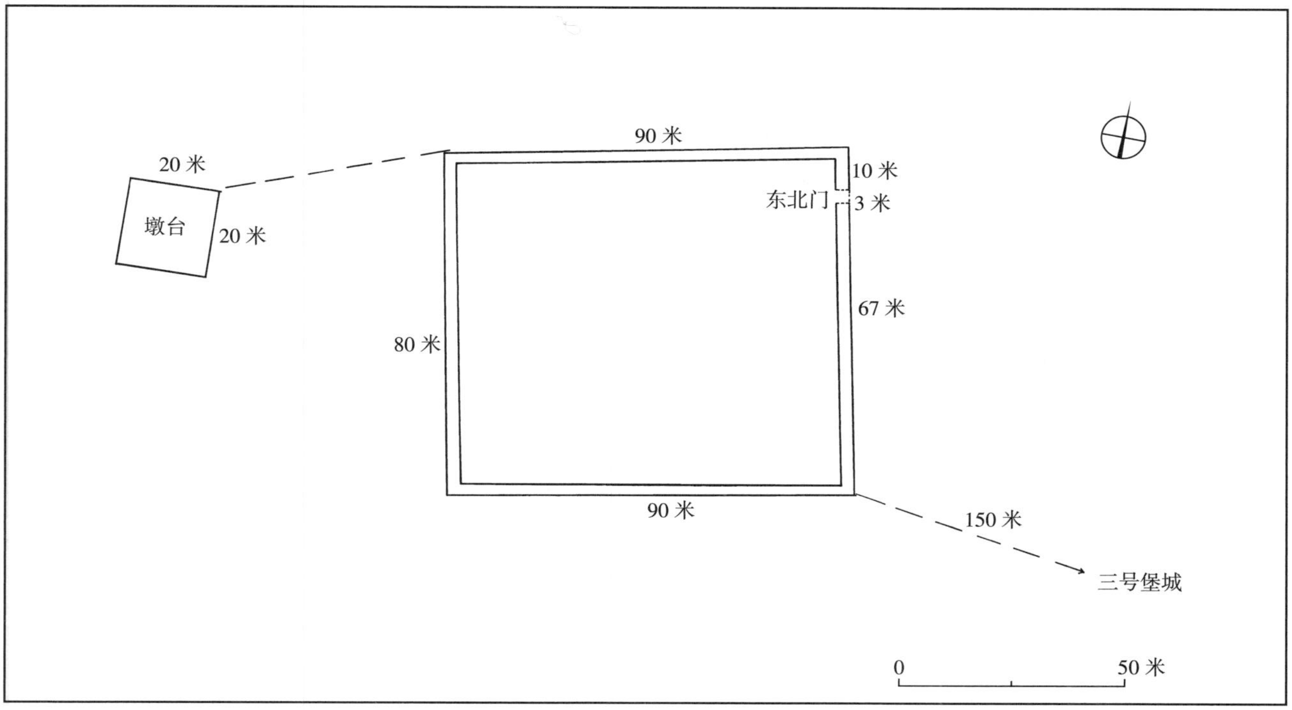

图［13］104　贾庄上城子平面图

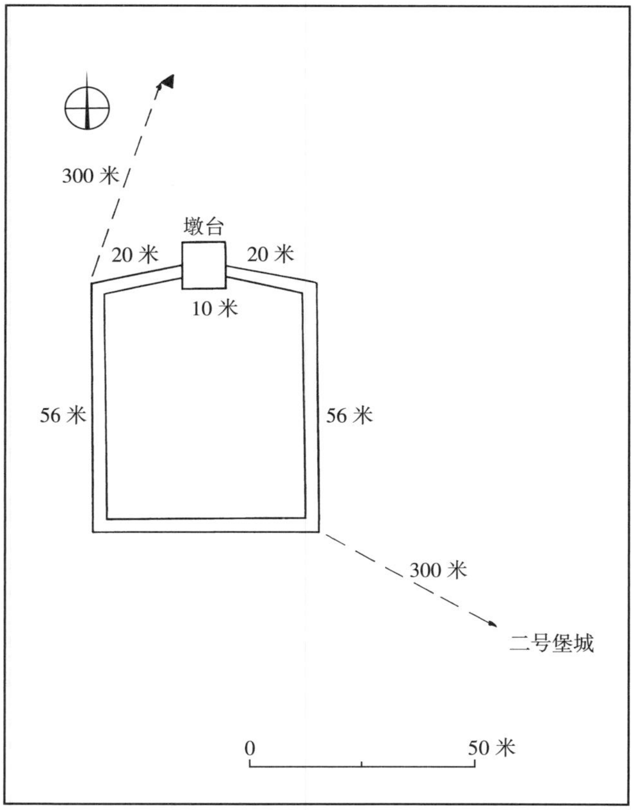

图［13］105　贾庄穆柯寨城平面图

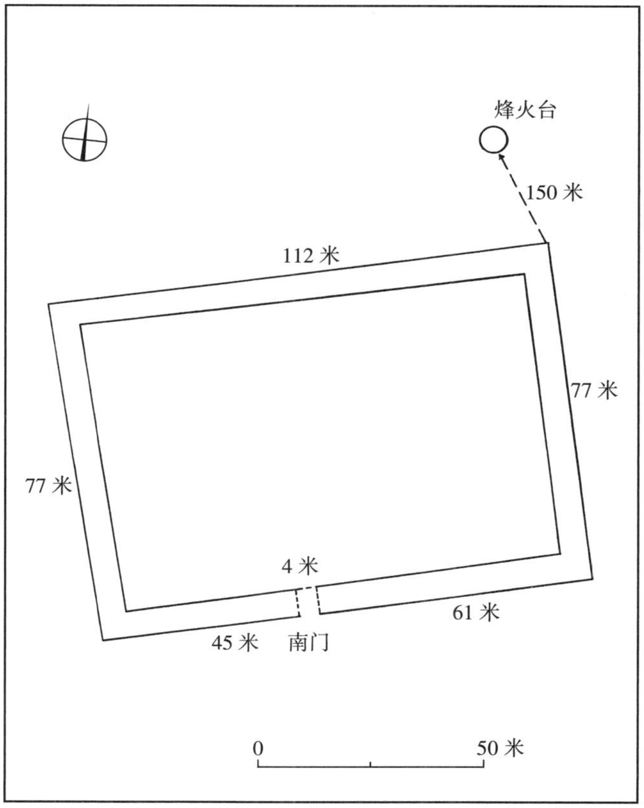

图［13］106　贾庄上营城平面图

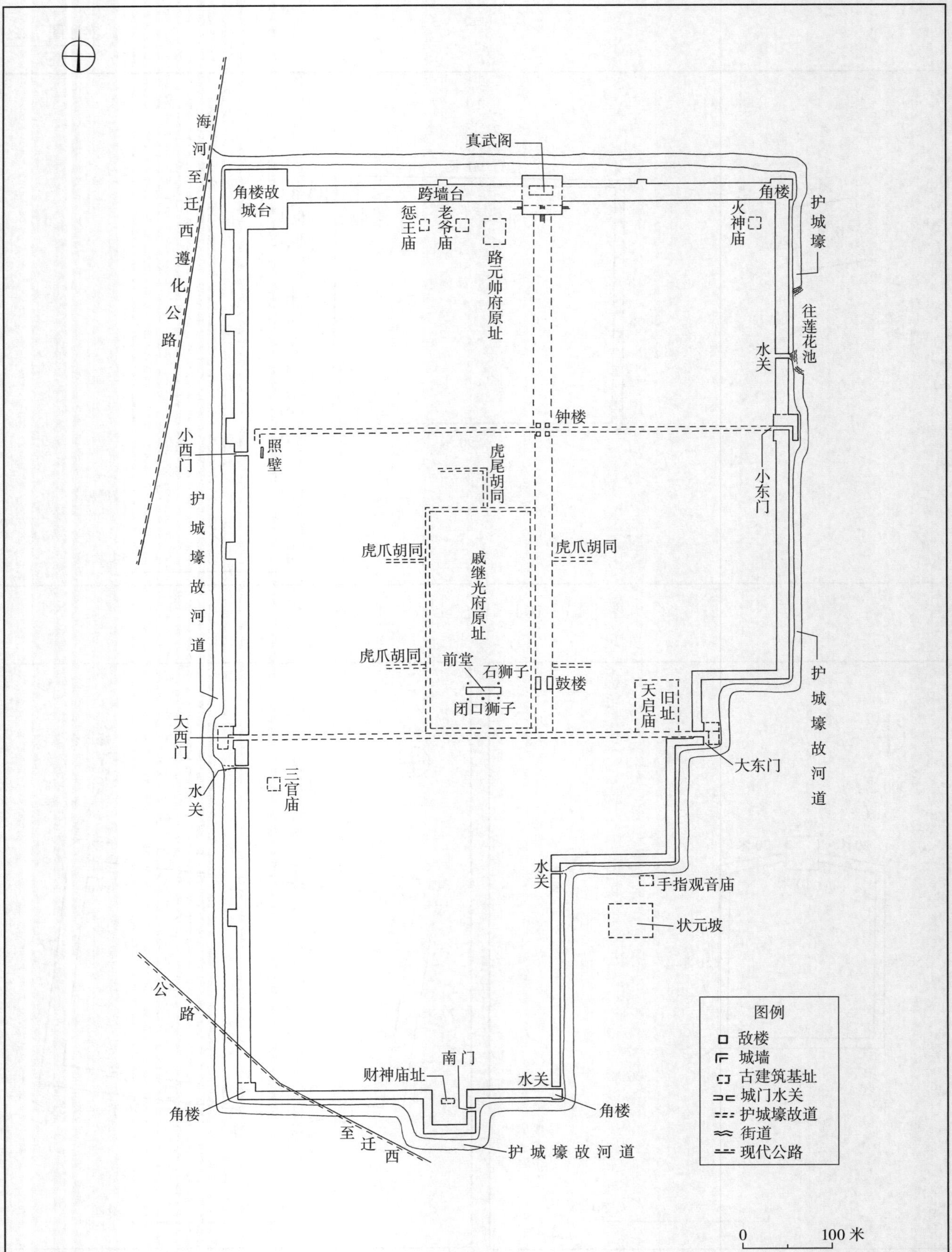

图［13］107　迁西三屯营城平面图

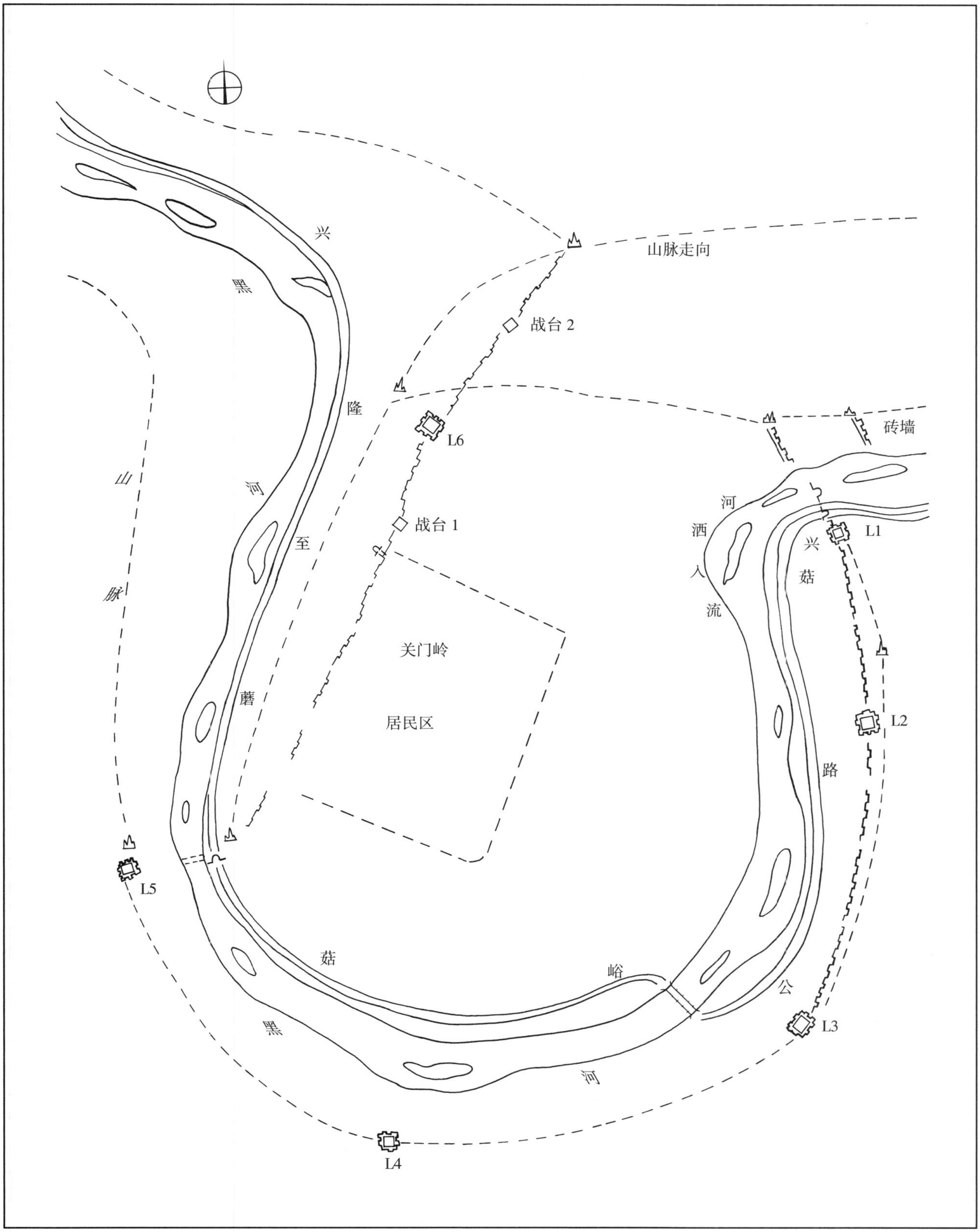

图［13］108 关门岭城平面图

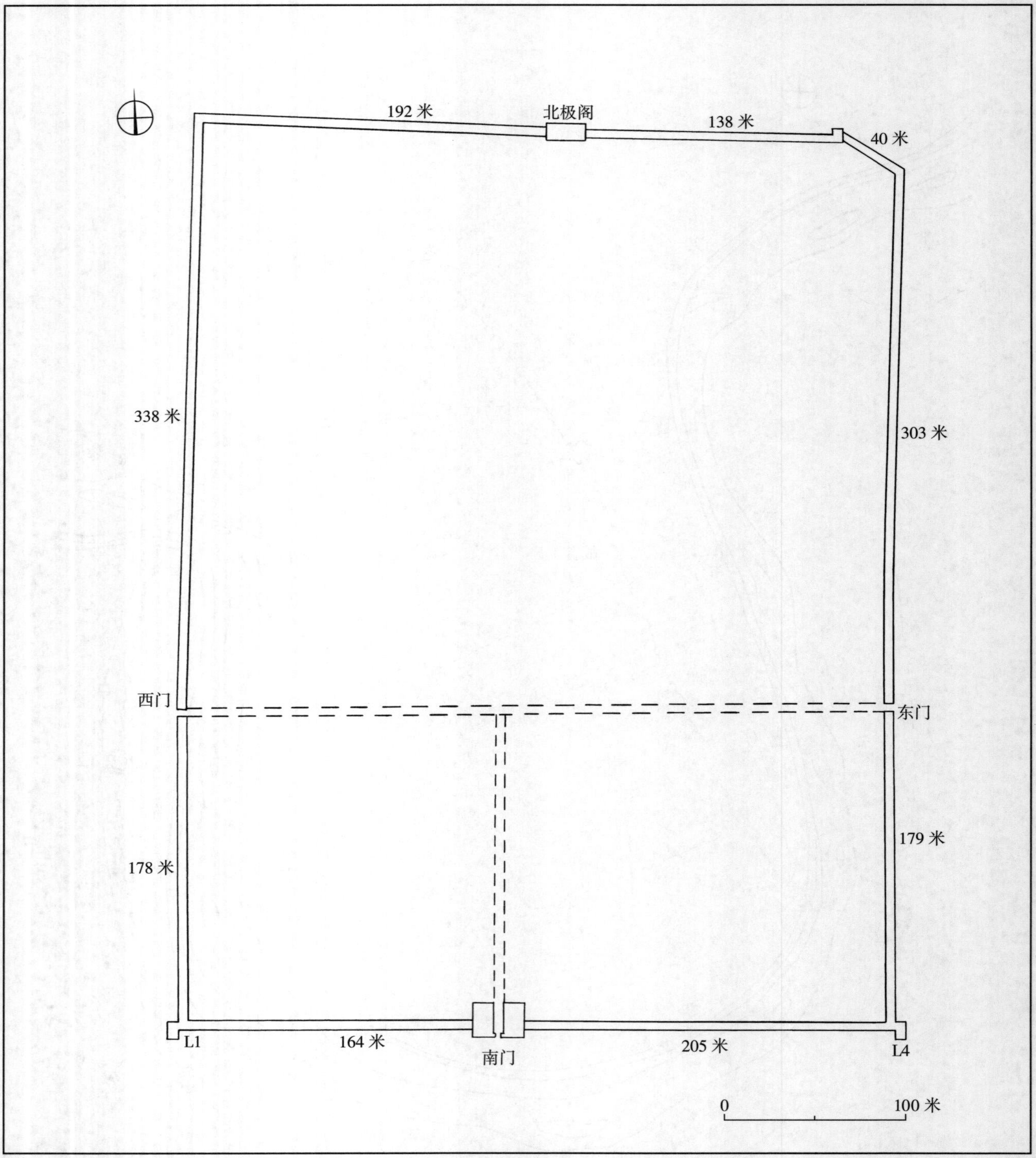

图［13］109　迁西汉儿庄城平面图

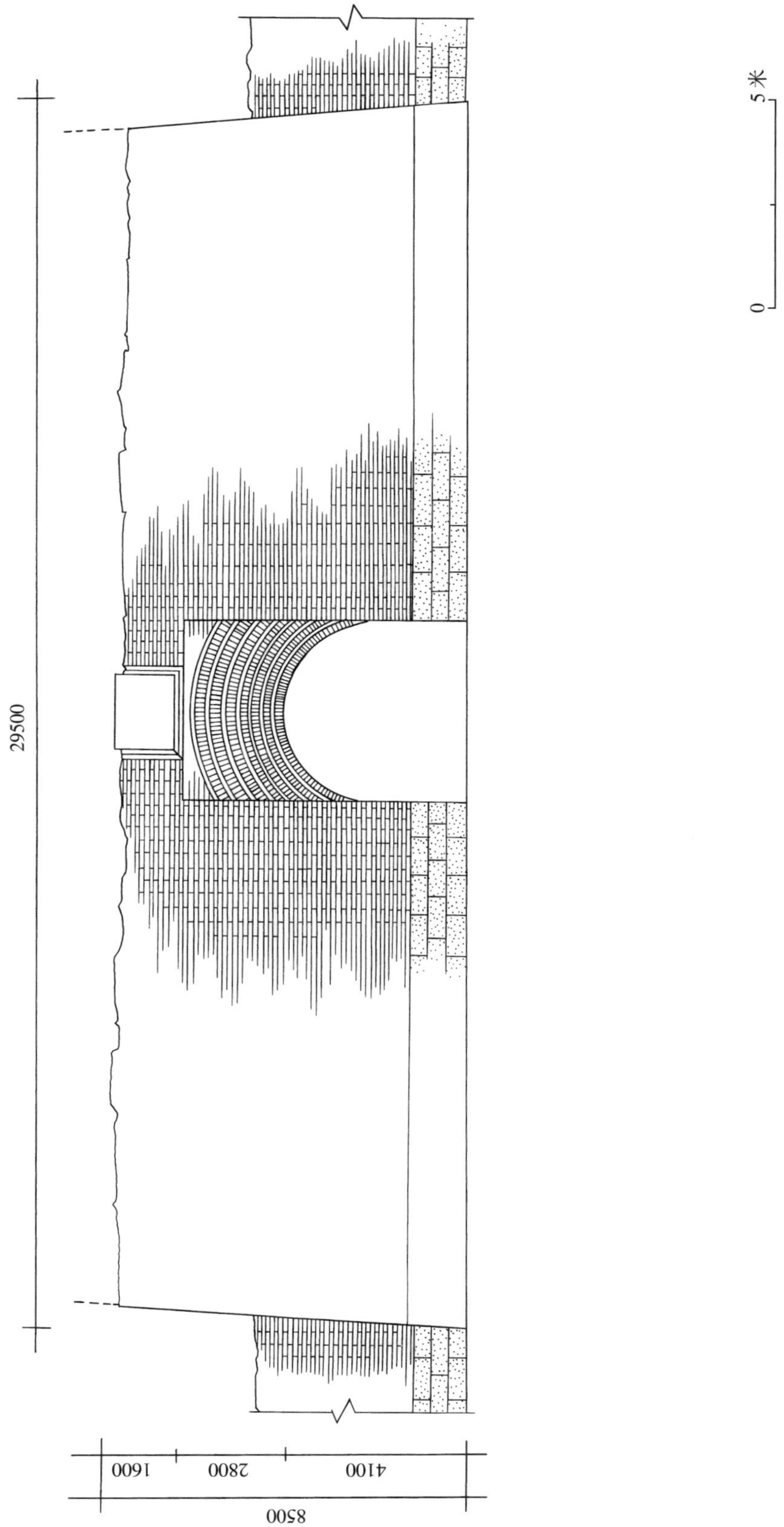

图［13］110 迁西汉儿庄城南城门正立面图

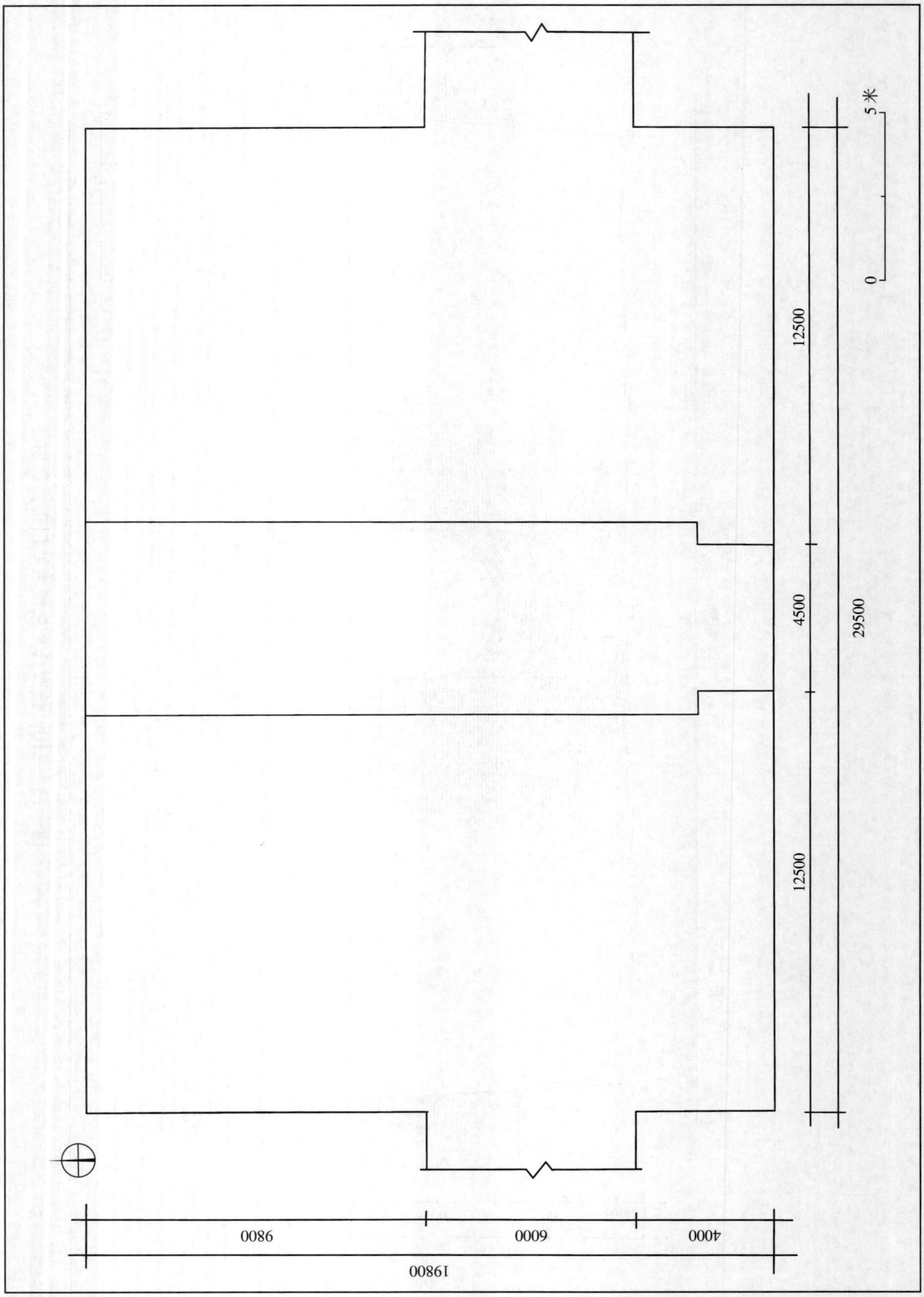

图［13］111 迁西汉儿庄城南城门楼平面图

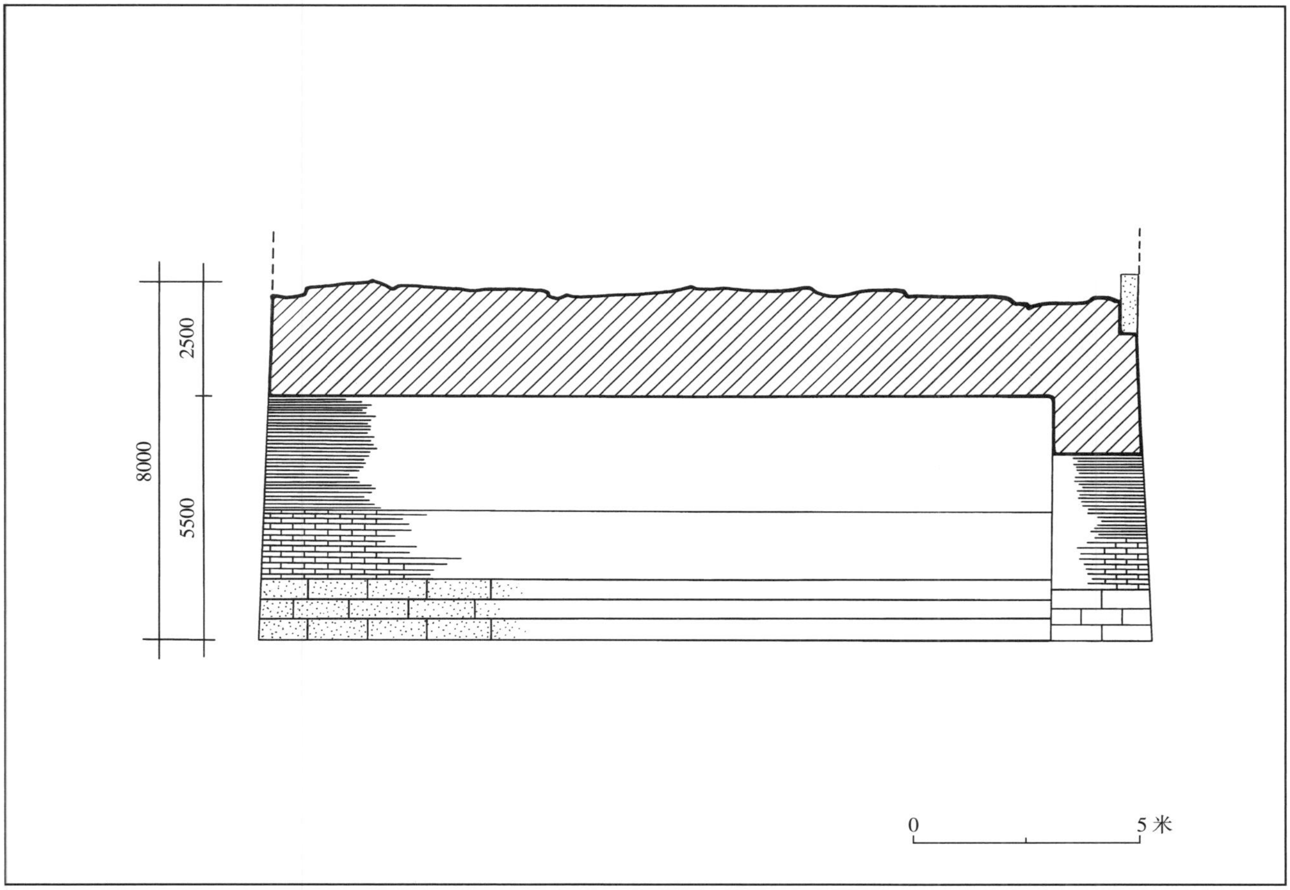

图［13］112　迁西汉儿庄城南门剖视图

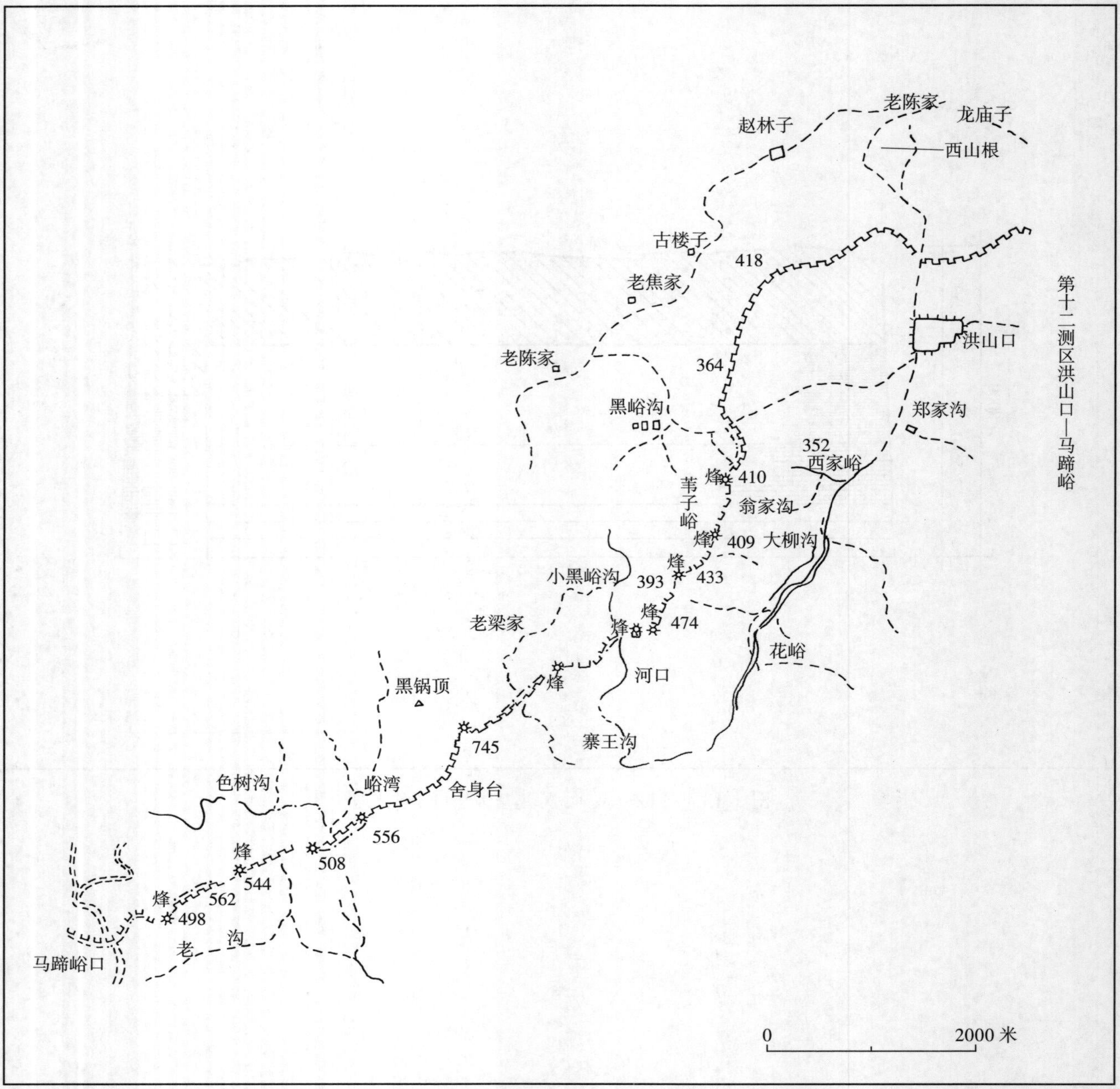

图［12］001　第十二测区长城地段图（用五万分之一图）

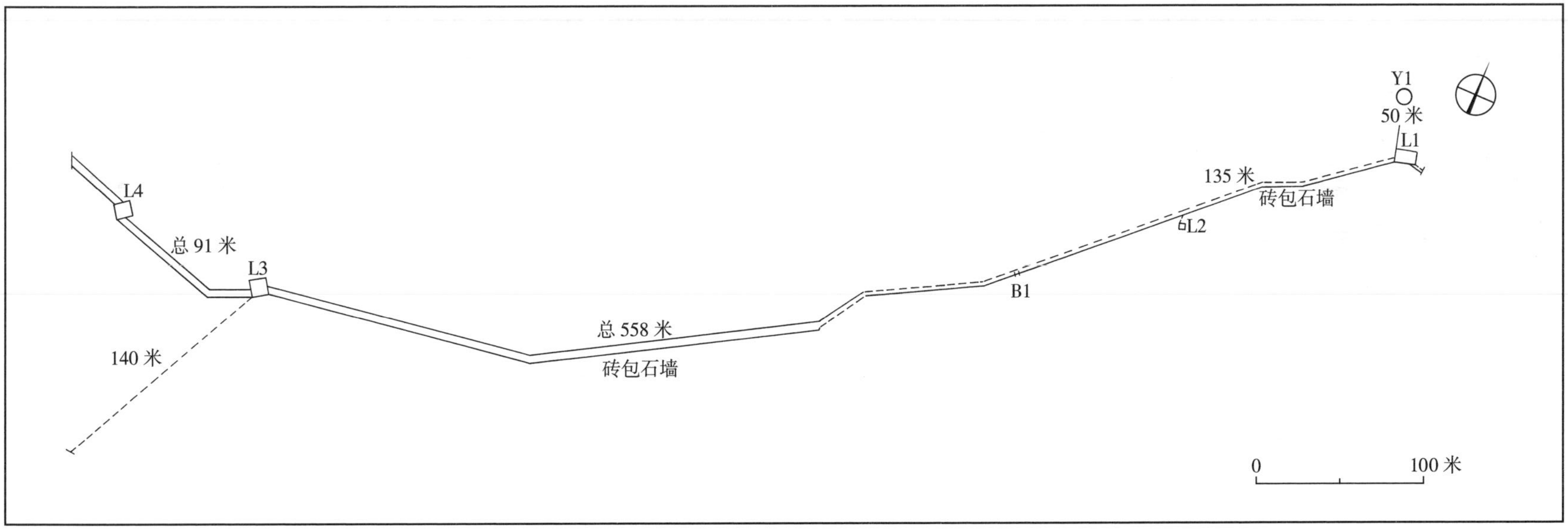

图［12］002 C1洪山口测区边墙建筑遗迹分布图

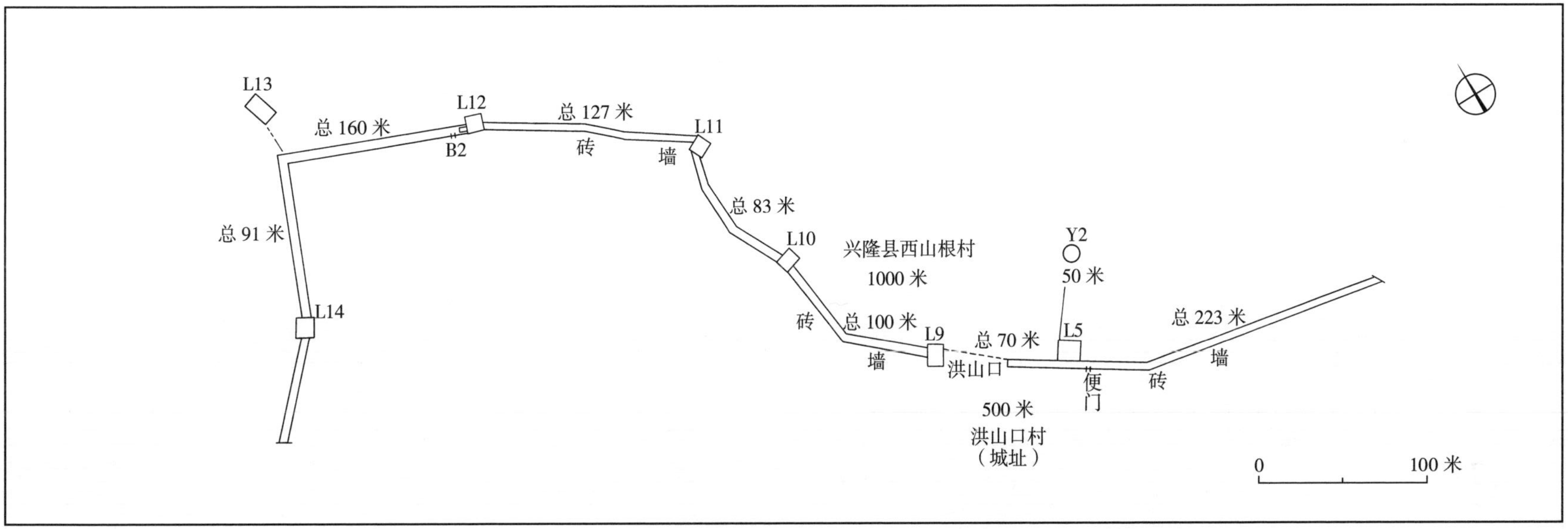

图［12］003 C2洪山口测区边墙建筑遗迹分布图

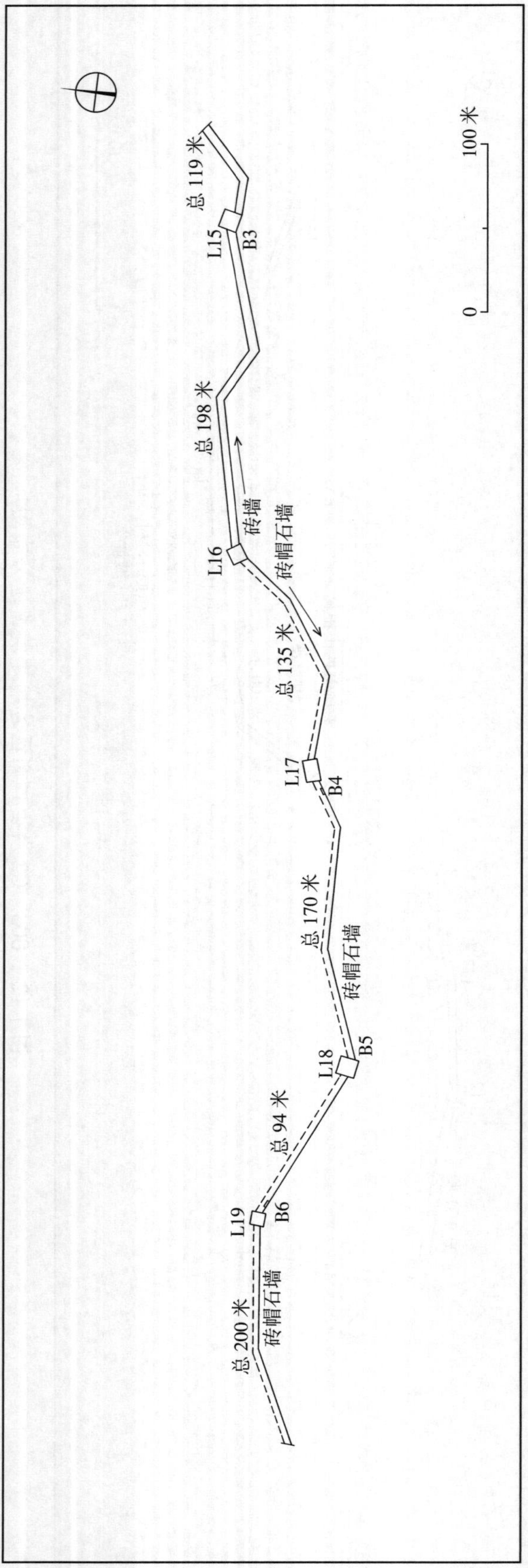

图［12］004 C3 洪山口测区边墙建筑遗迹分布图

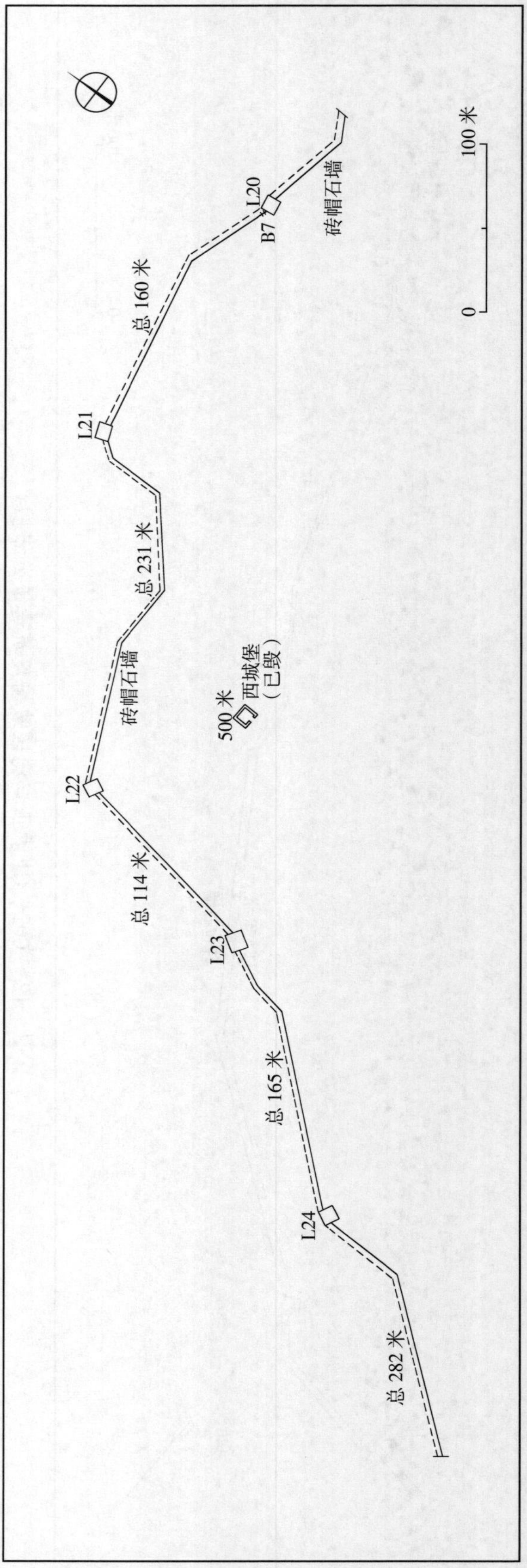

图［12］005 C4 洪山口测区边墙建筑遗迹分布图

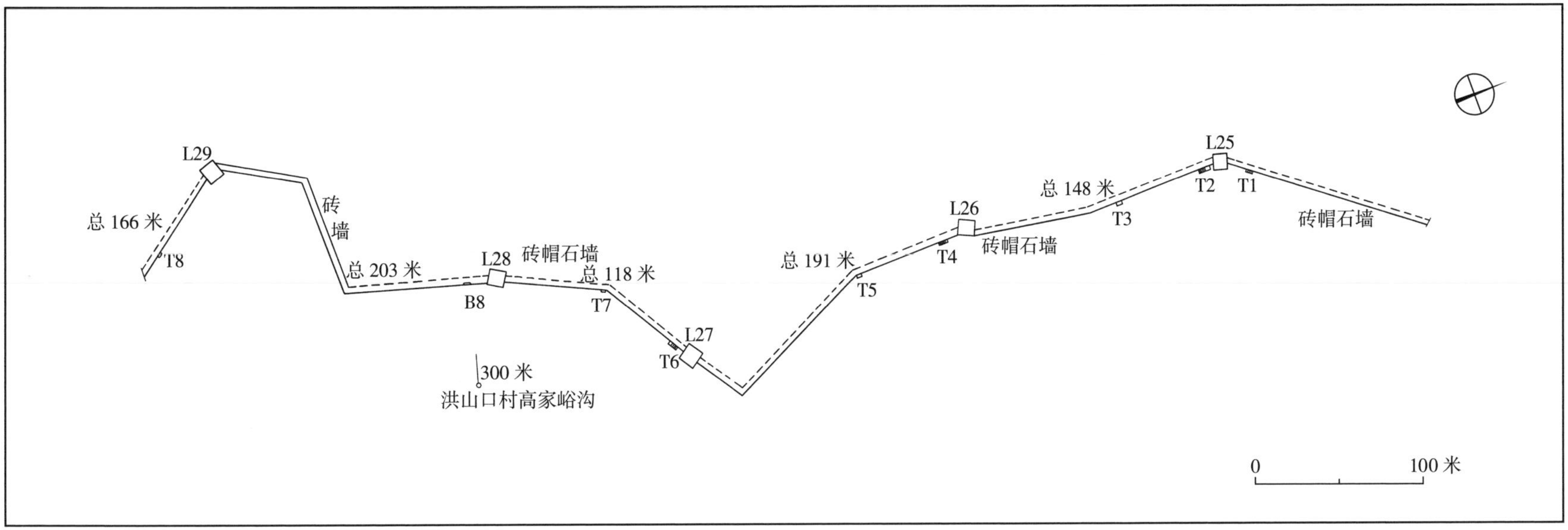

图［12］006　C5洪山口测区边墙建筑遗迹分布图

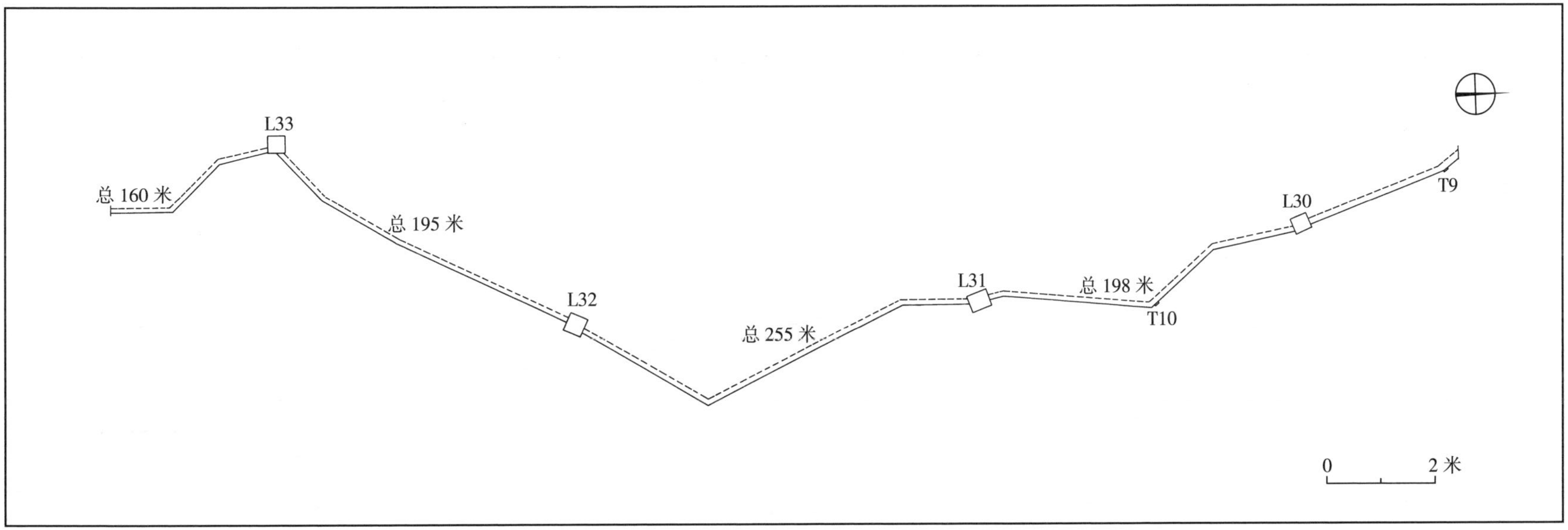

图［12］007　C6洪山口测区边墙建筑遗迹分布图

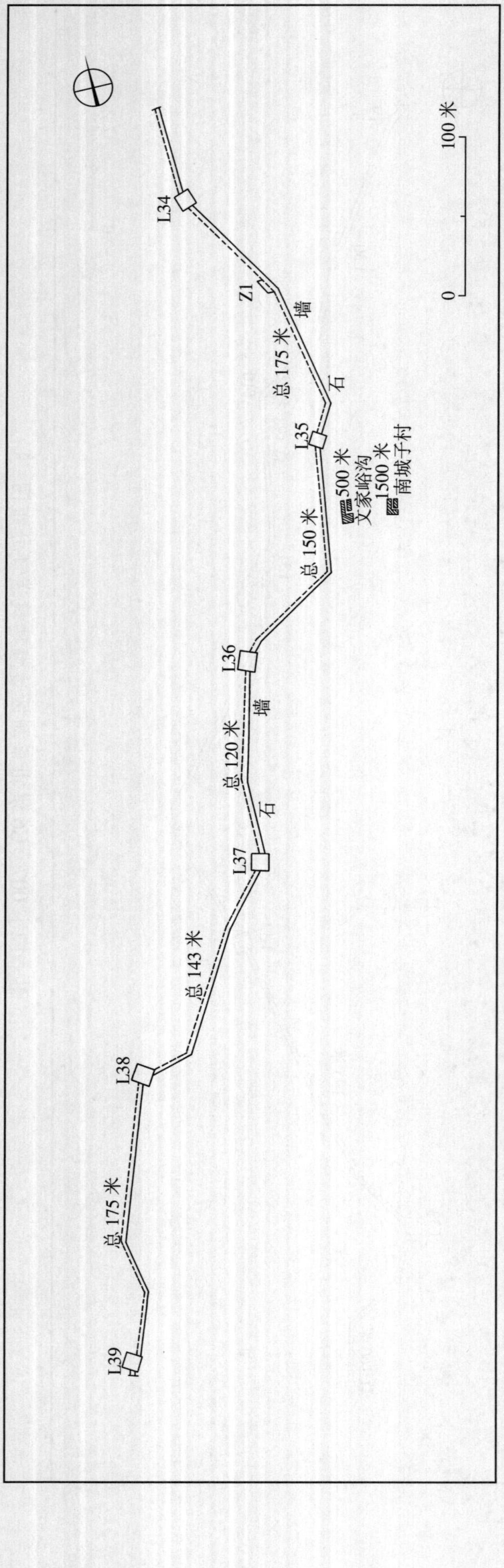

图［12］008　C7 洪山口测区边墙建筑遗迹分布图

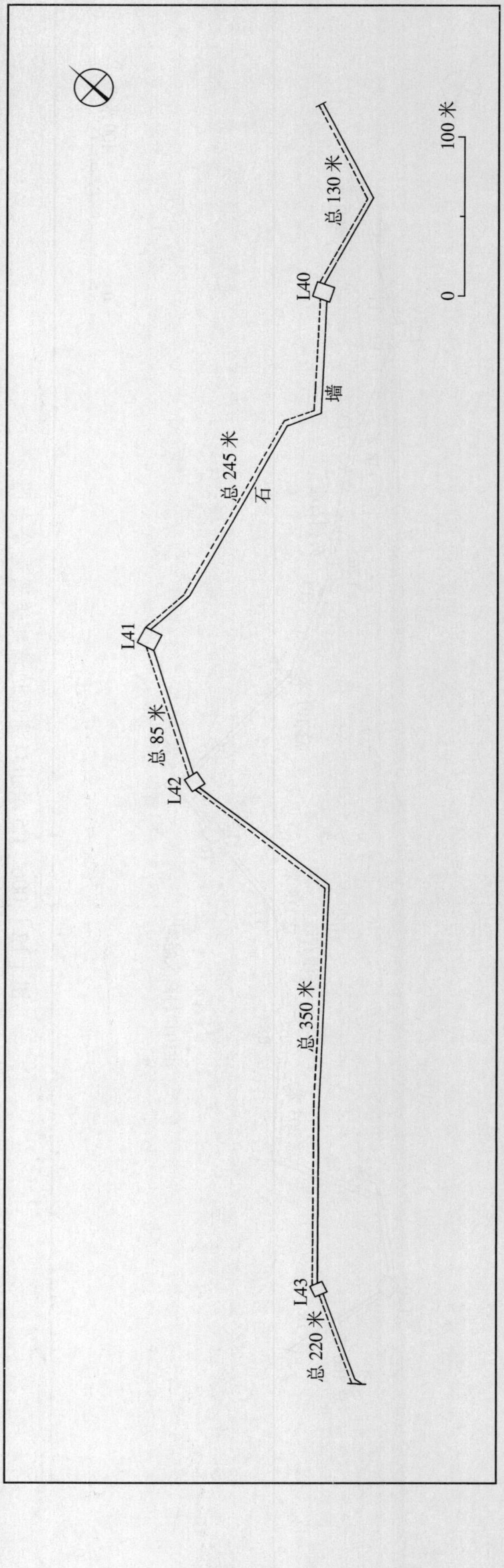

图［12］009　C8 洪山口测区边墙建筑遗迹分布图

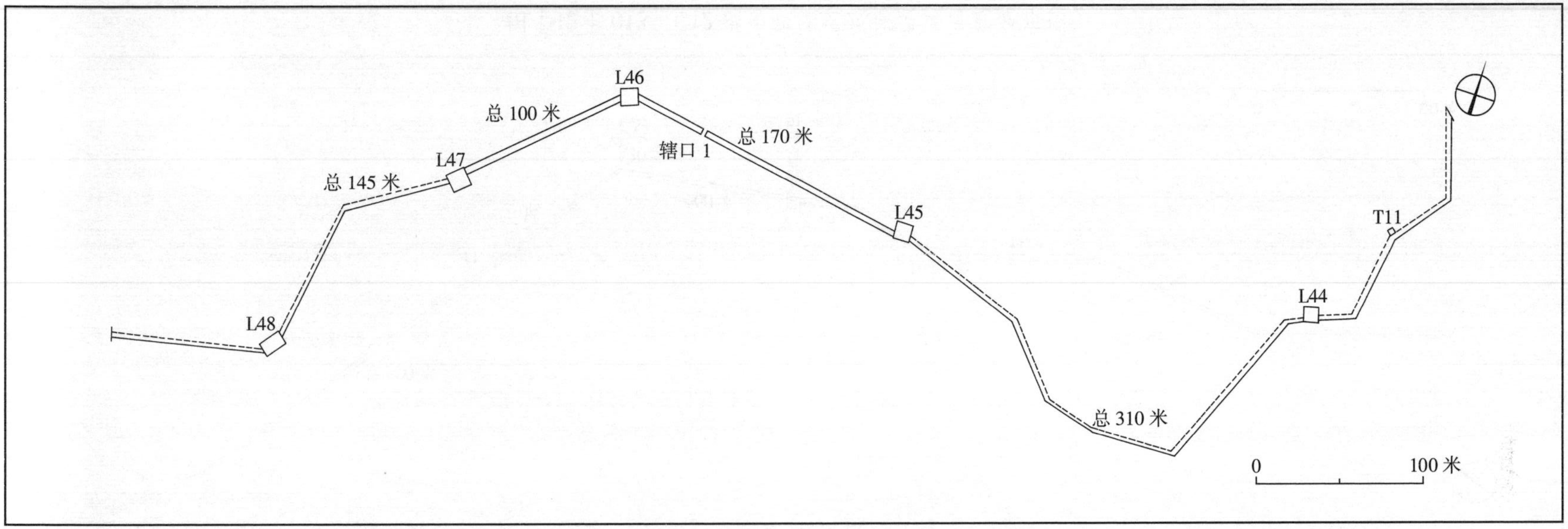

图［12］010　C9 洪山口测区边墙建筑遗迹分布图

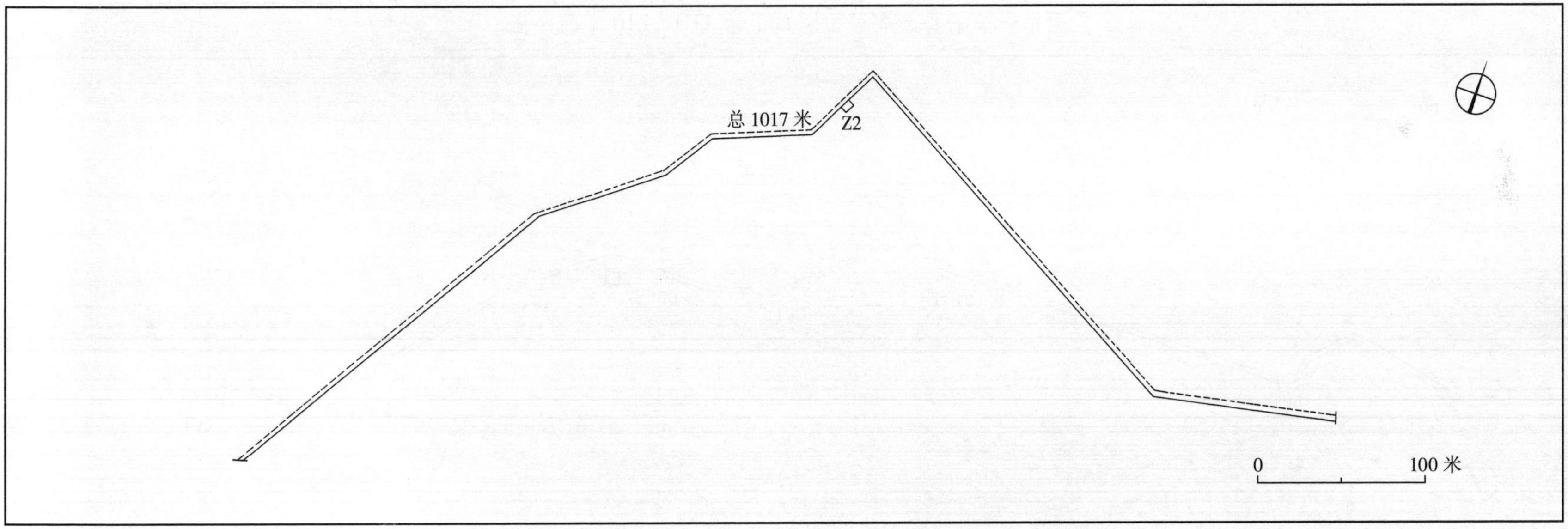

图［12］011　C10 洪山口测区边墙建筑遗迹分布图

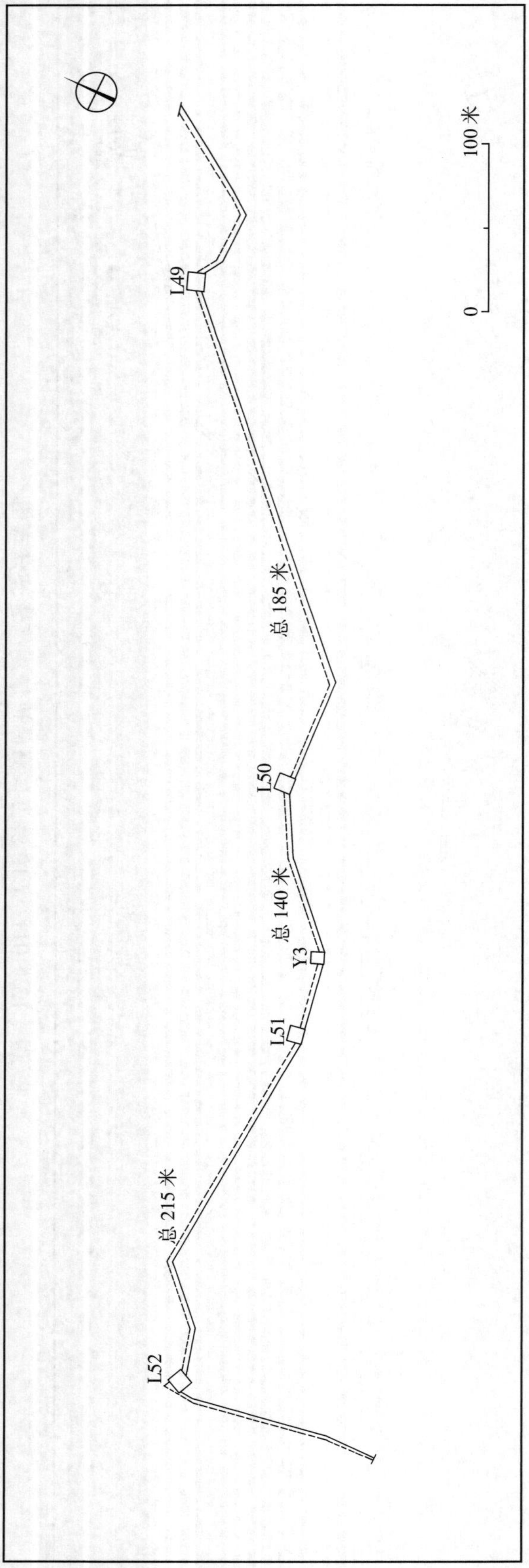

图［12］012　C11 洪山口测区边墙建筑遗迹分布图

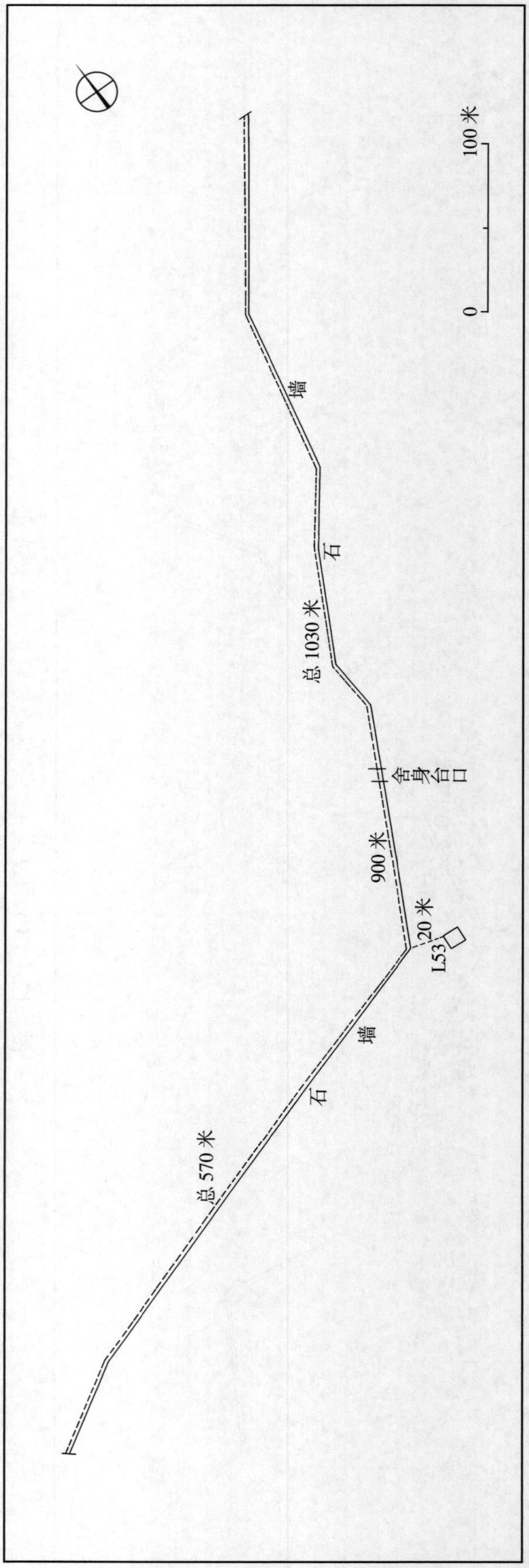

图［12］013　C12 洪山口测区边墙建筑遗迹分布图

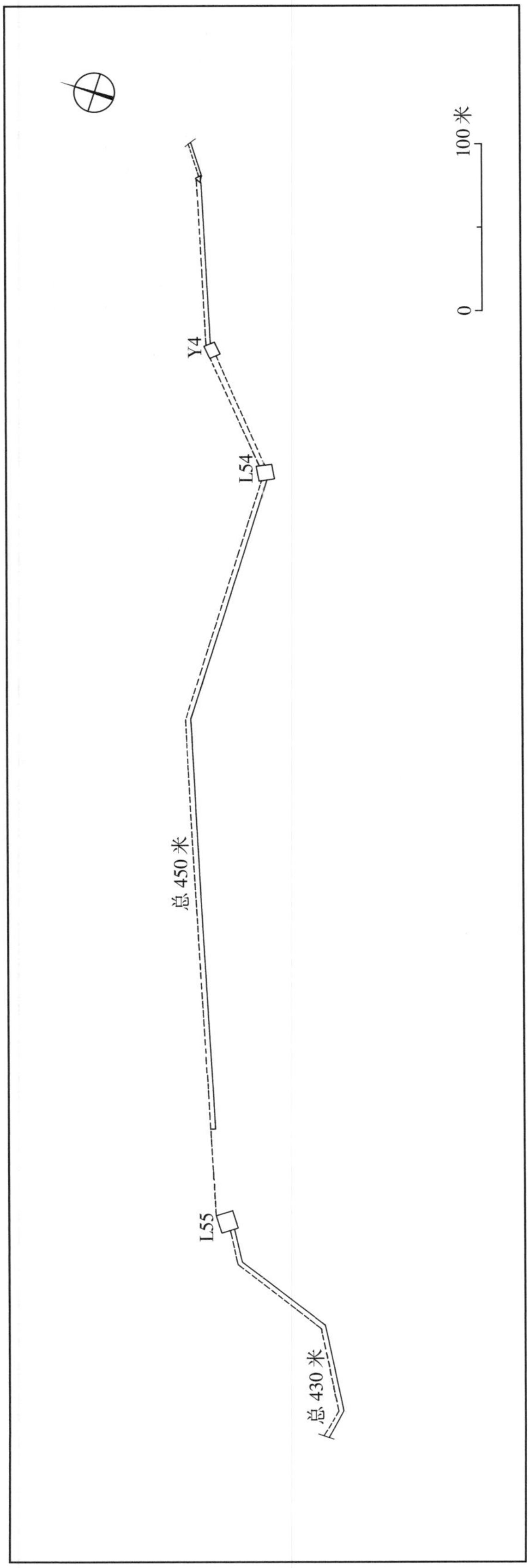

图［12］014 C13洪山口测区边墙建筑遗迹分布图

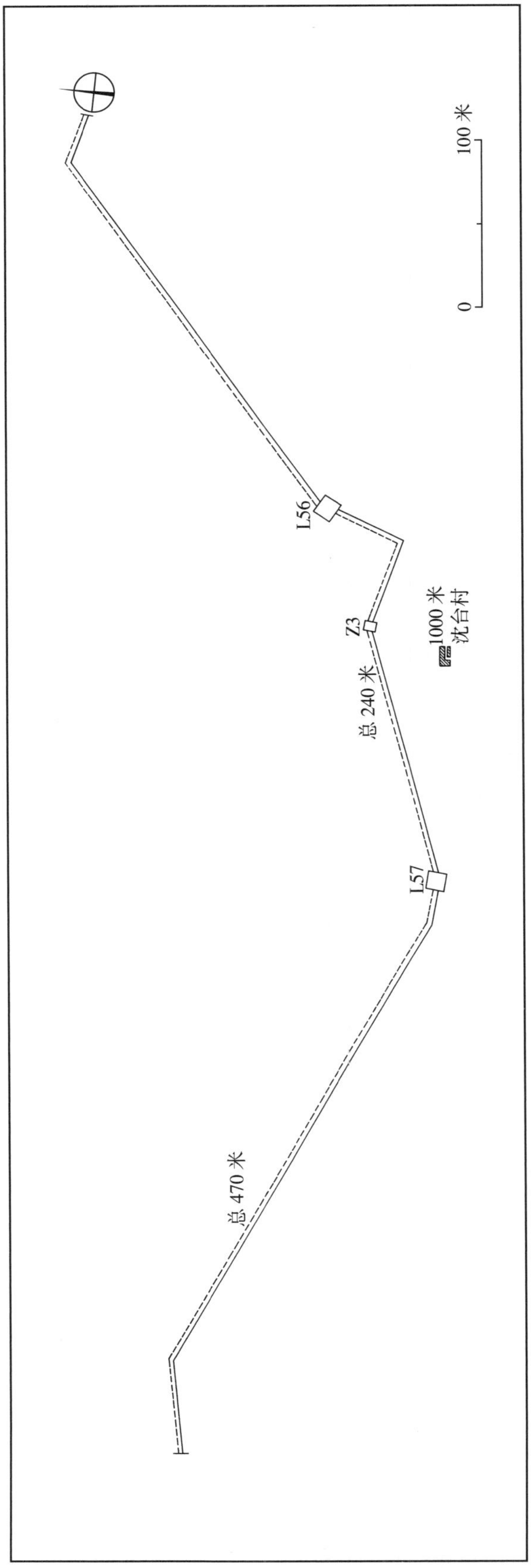

图［12］015 C14洪山口测区边墙建筑遗迹分布图

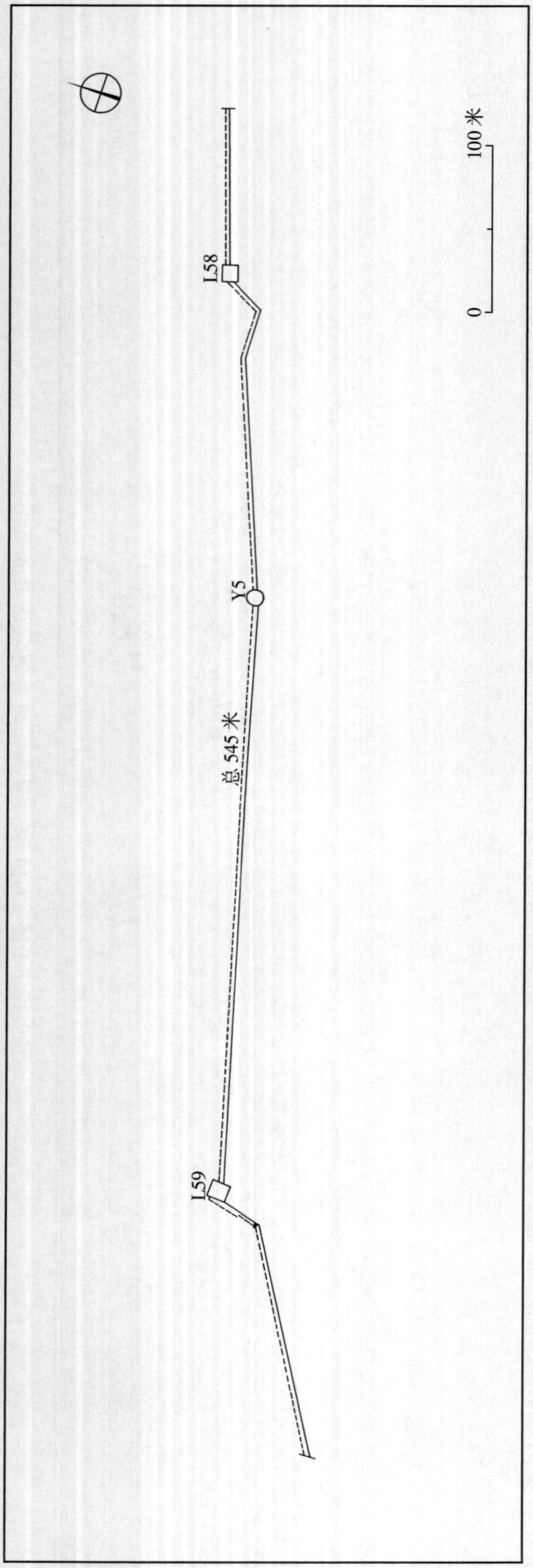

图［12］016　C15 洪山口测区边墙建筑遗迹分布图

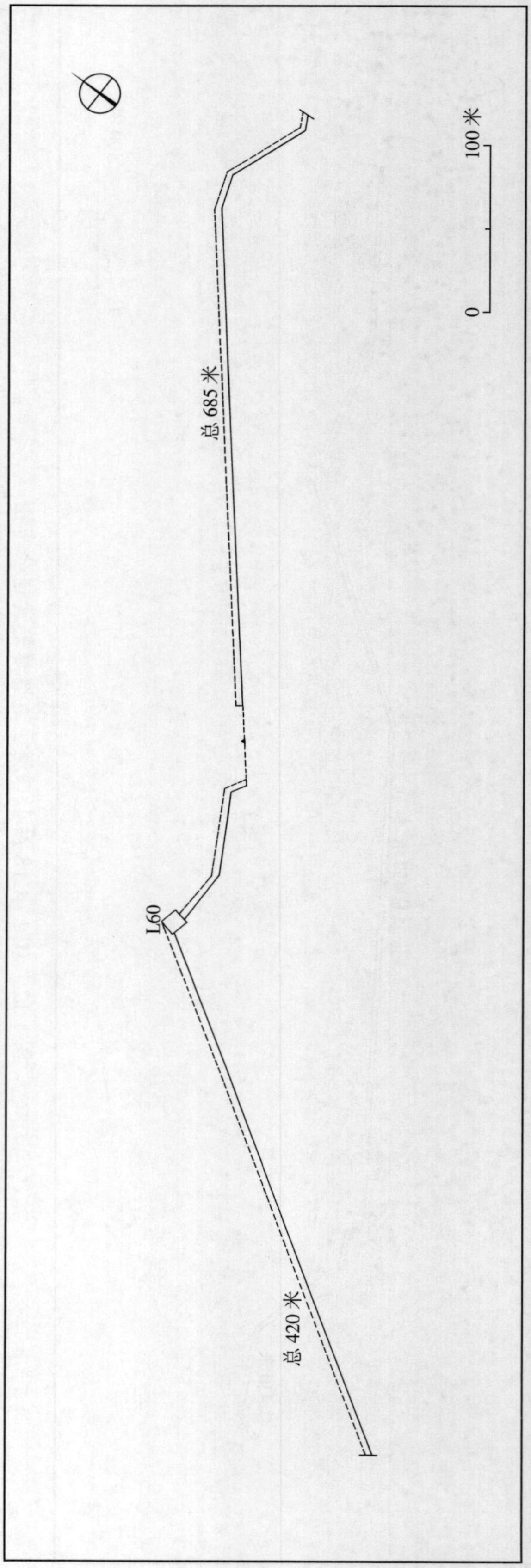

图［12］017　C16 洪山口测区边墙建筑遗迹分布图

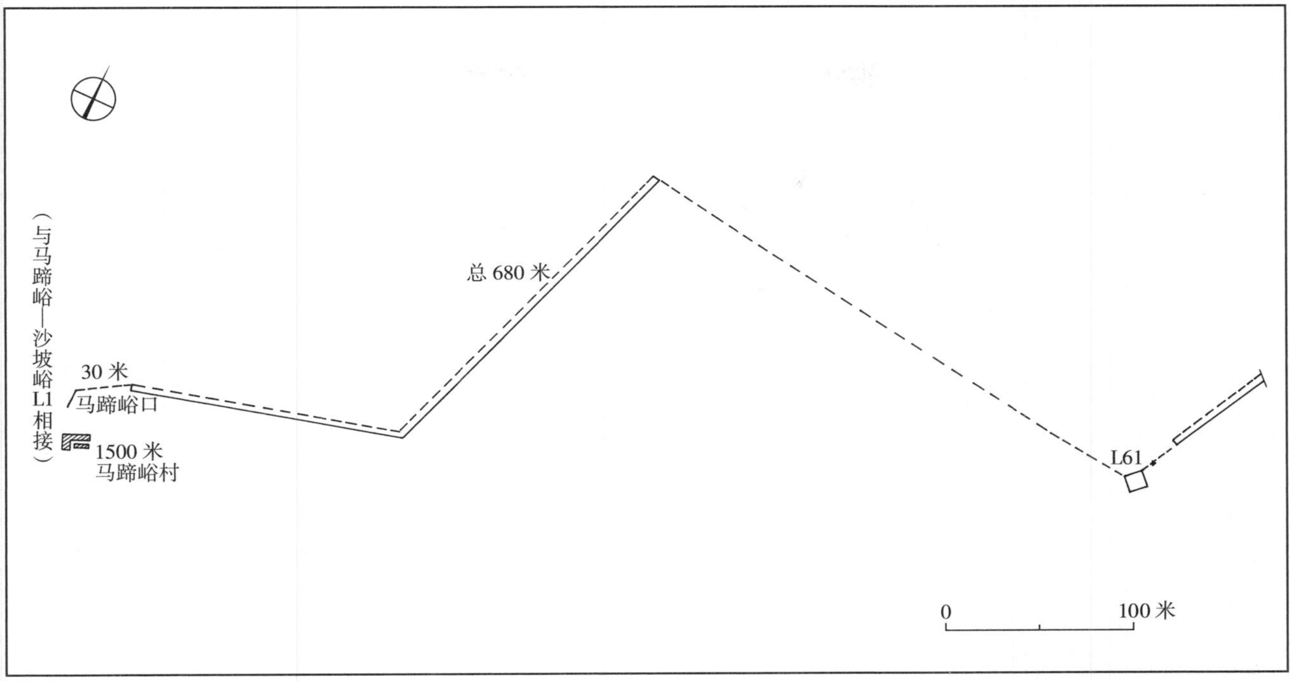

图［12］018　C17洪山口测区边墙建筑遗迹分布图

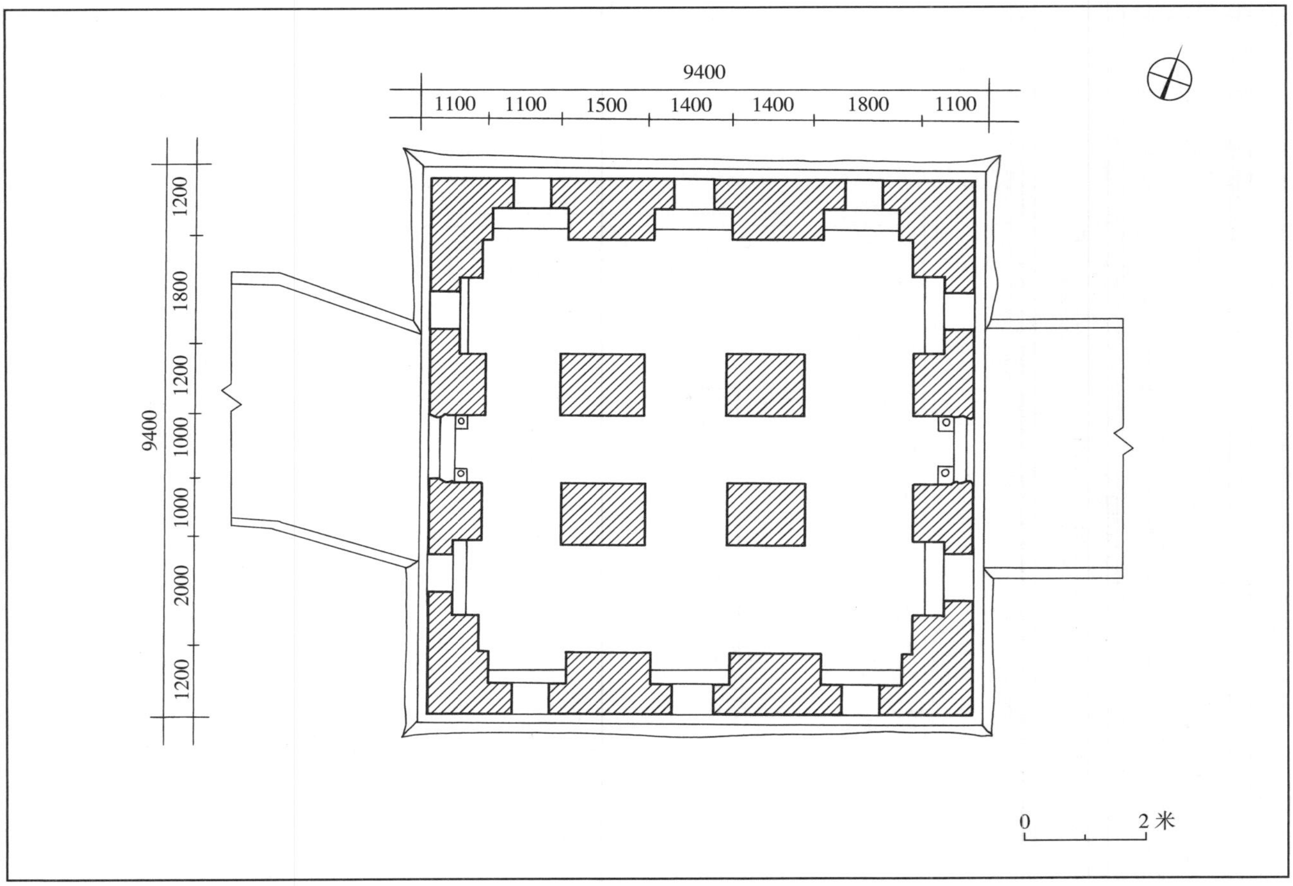

图［12］019　L21中层平面图

图［12］020 L21横剖面图

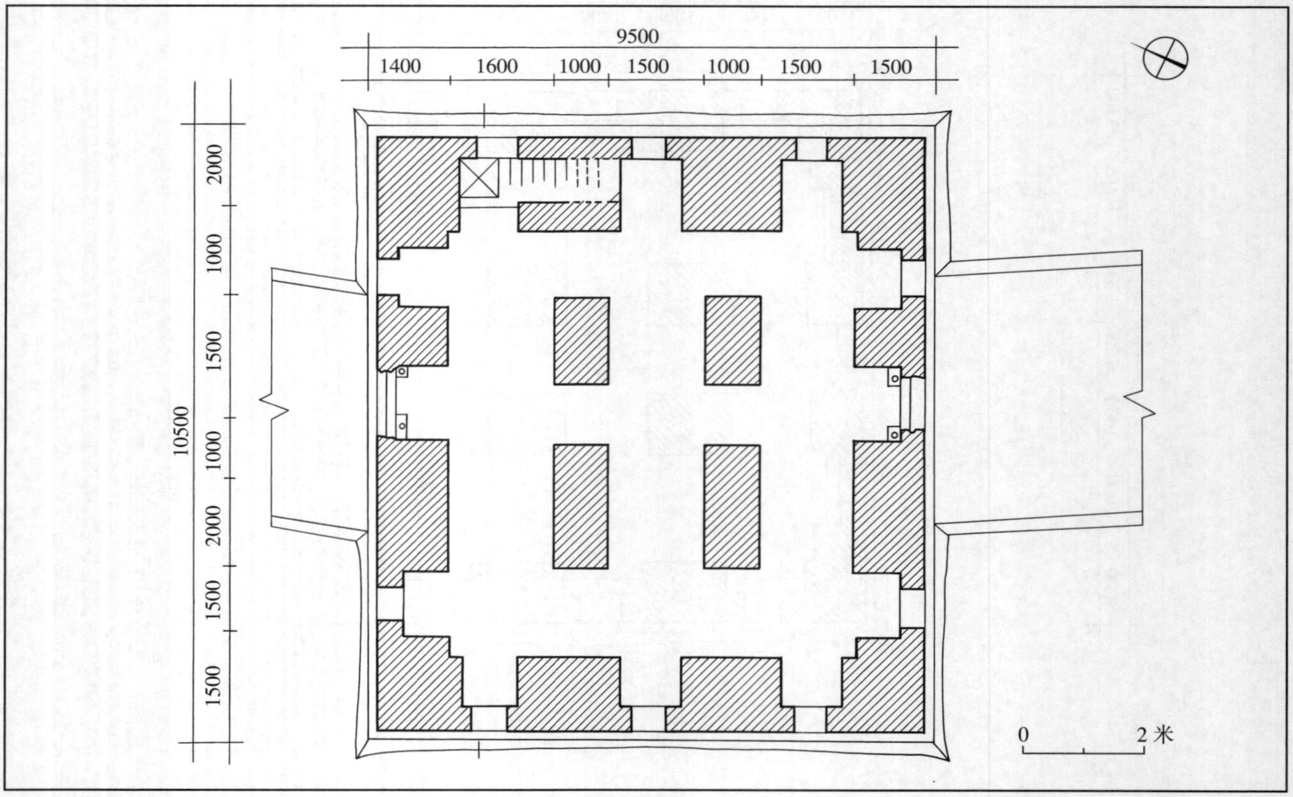

图［12］021 L22中层平面图

图［12］022　L22 立、剖面图

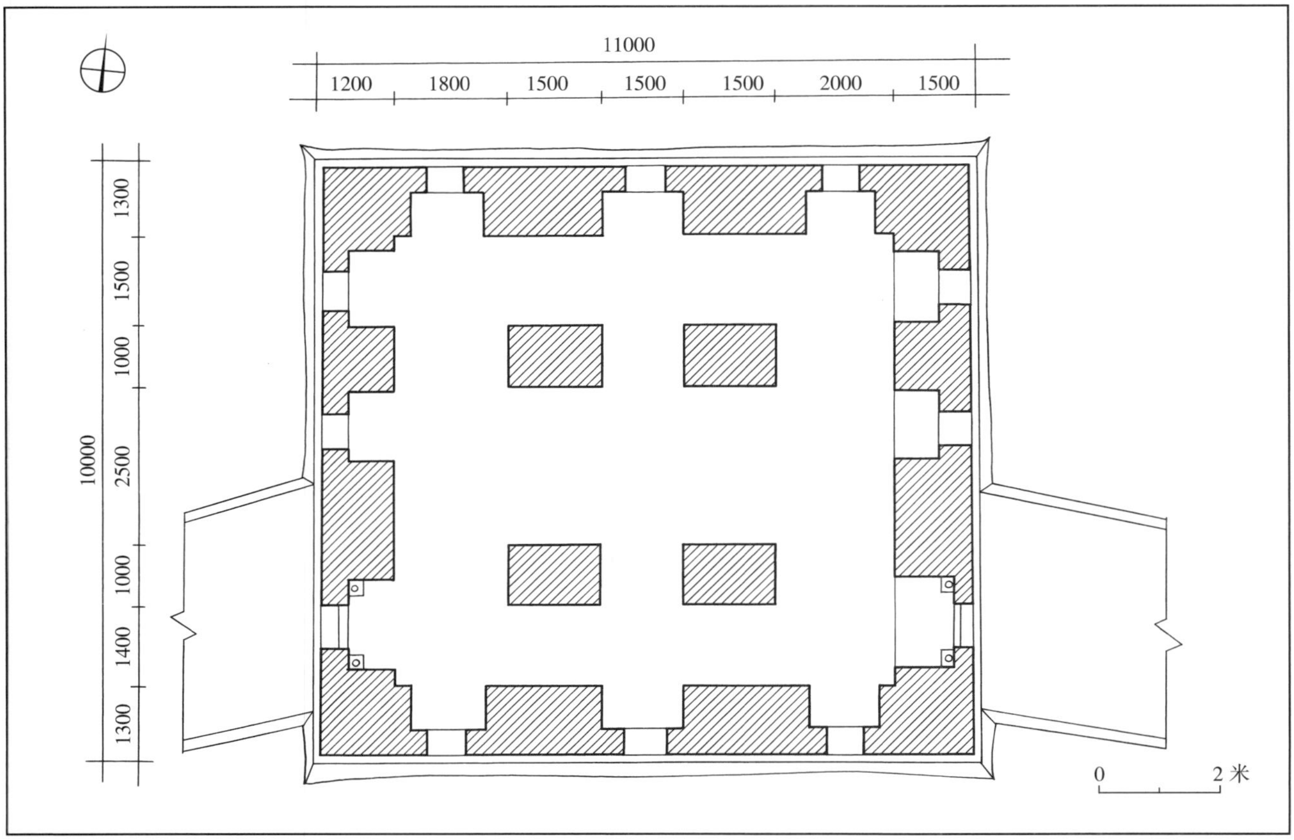

图［12］023　L49 中层平面图

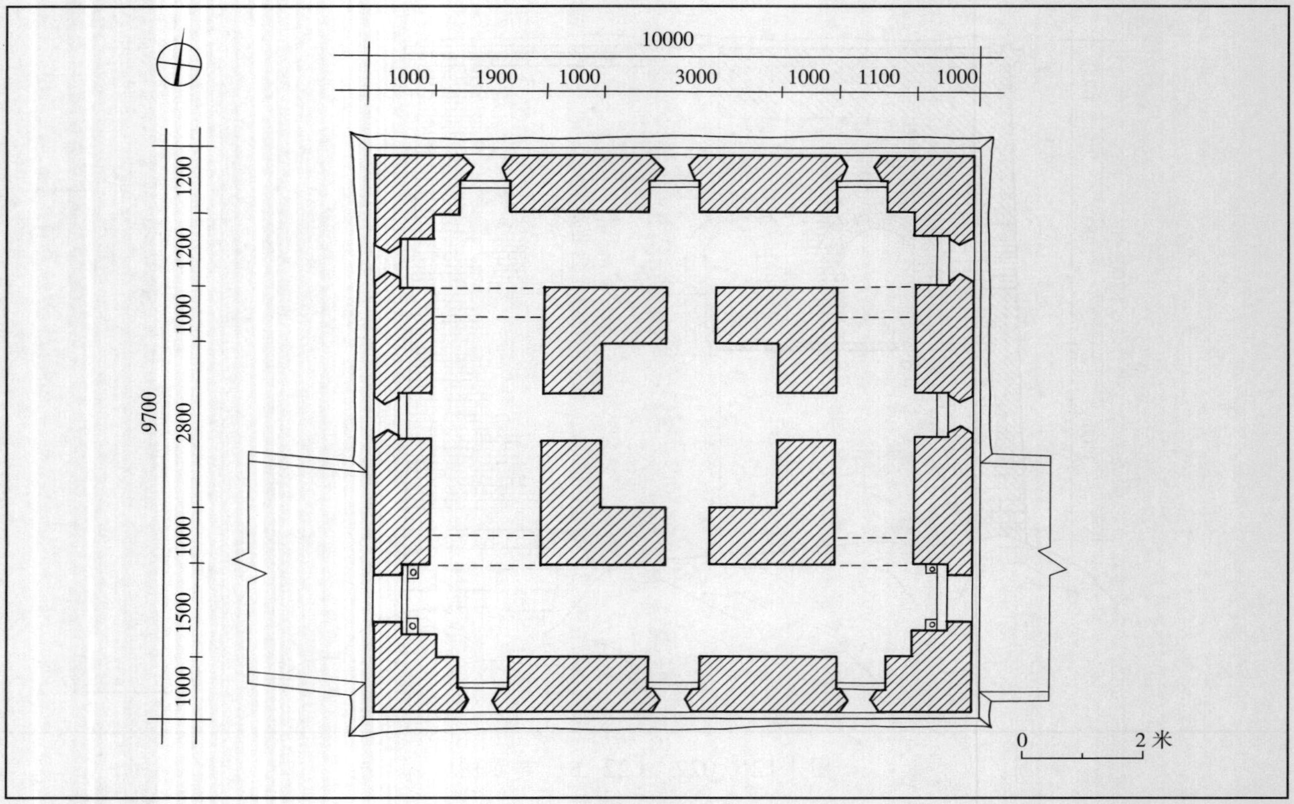

图［12］024　L51 中层平面图

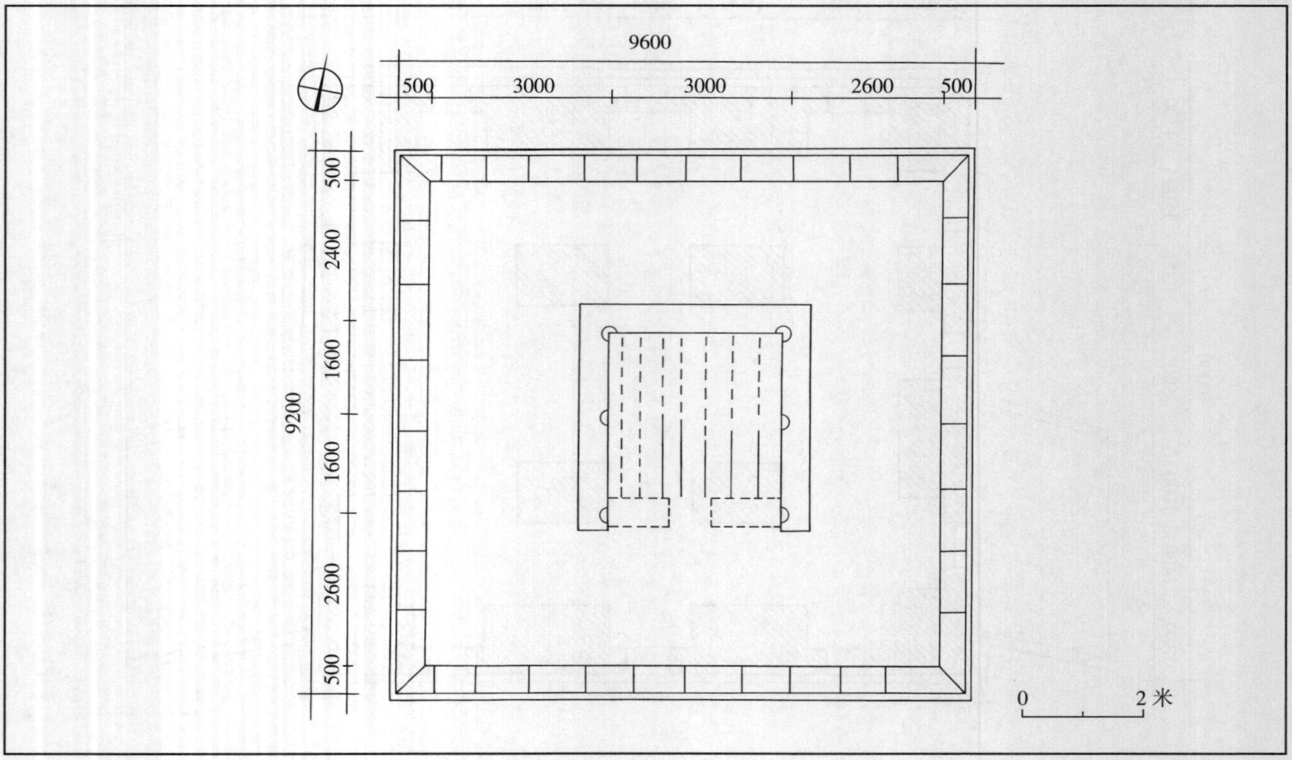

图［12］025　L51 上层平面图

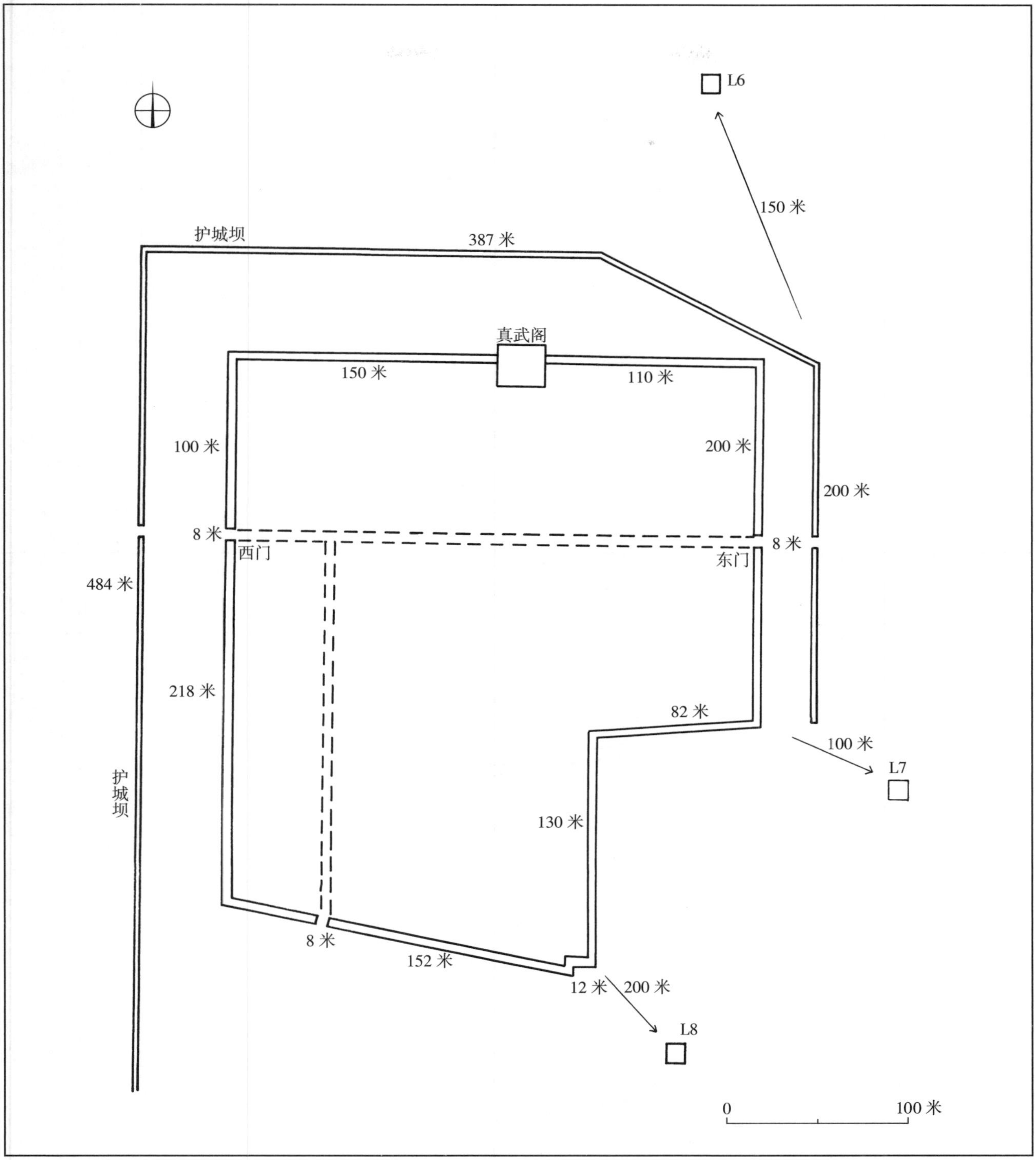

图［12］026 洪山口城平面图

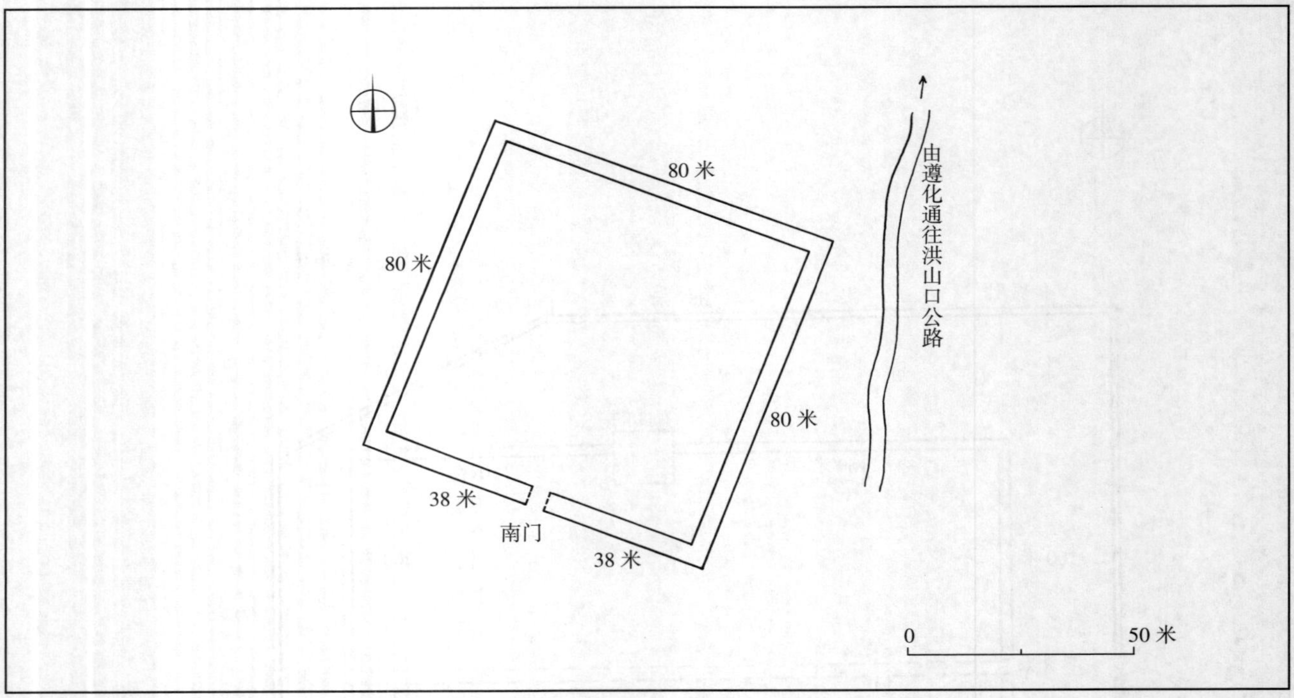

图［12］027　洪山口南头道城子平面图

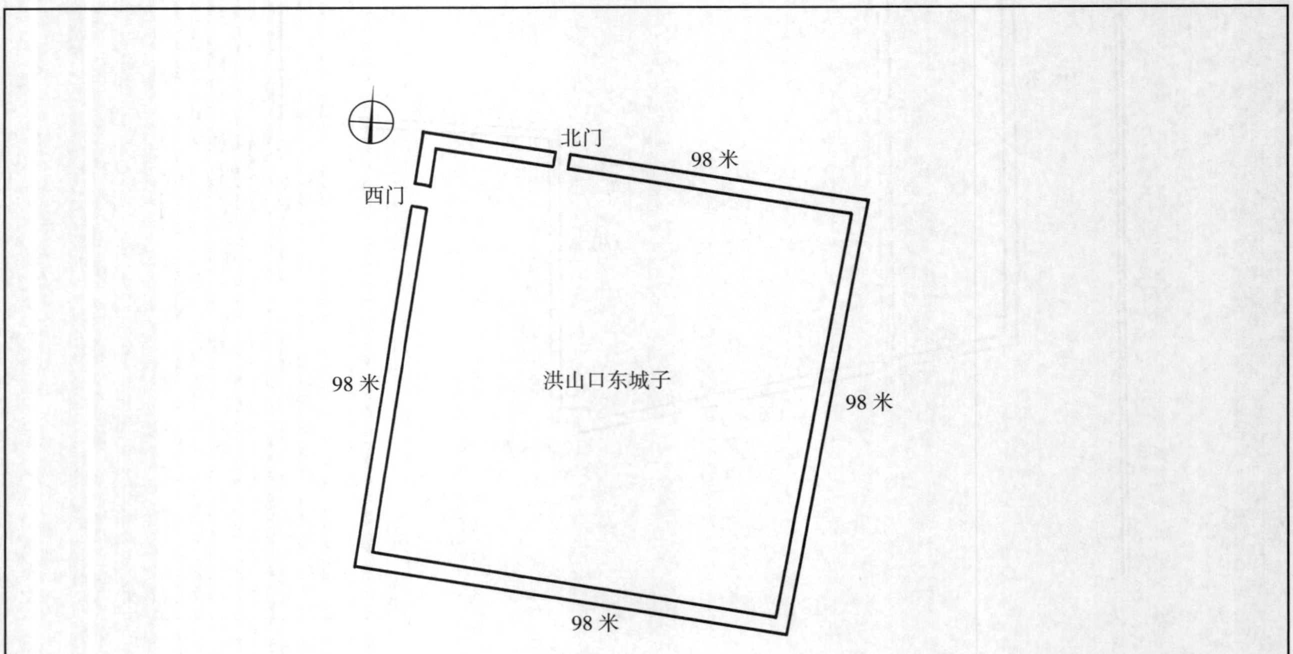

图［12］028　洪山口东城子平面图

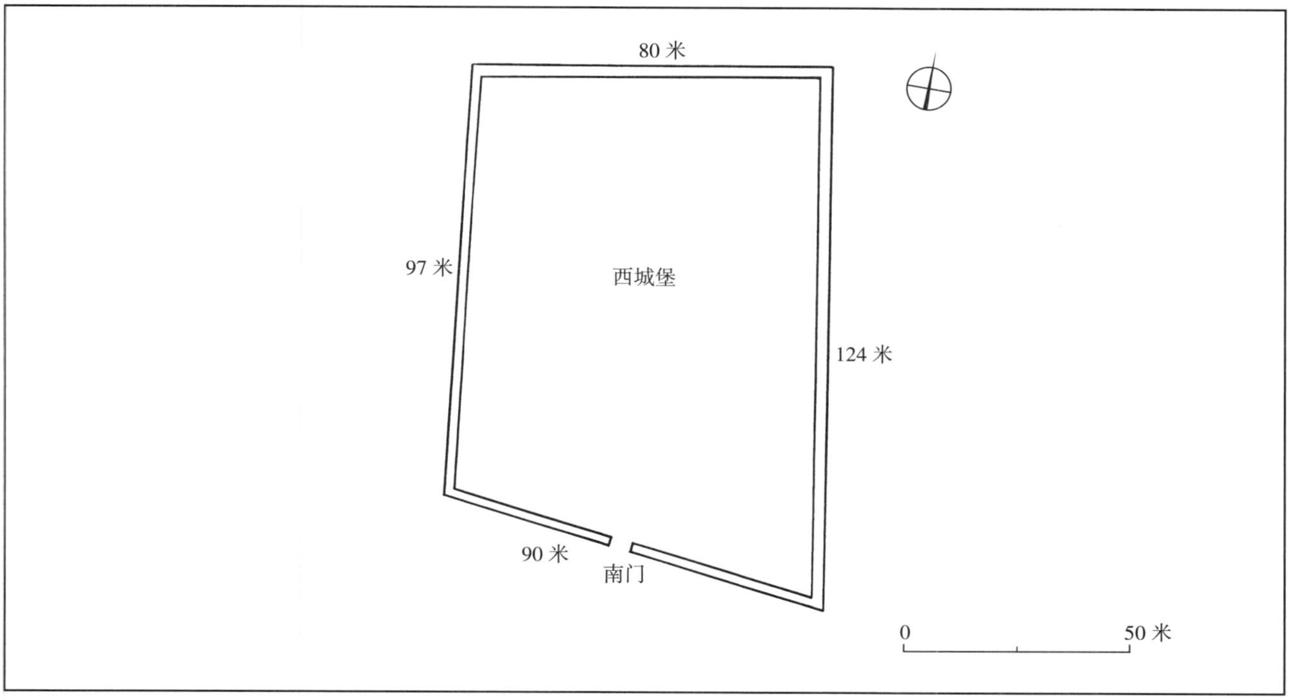

图［12］029　洪山口西城堡平面图

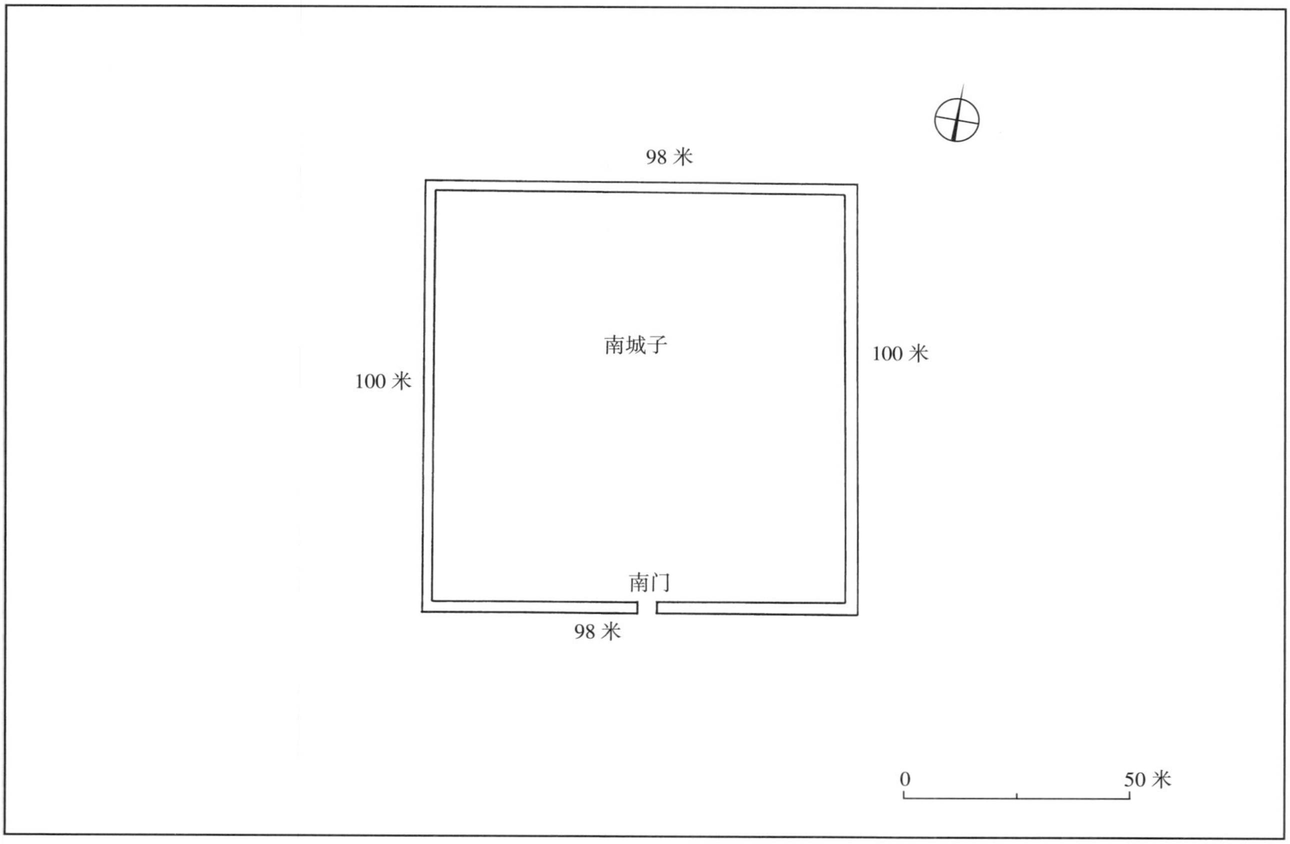

图［12］030　洪山口南城子平面图

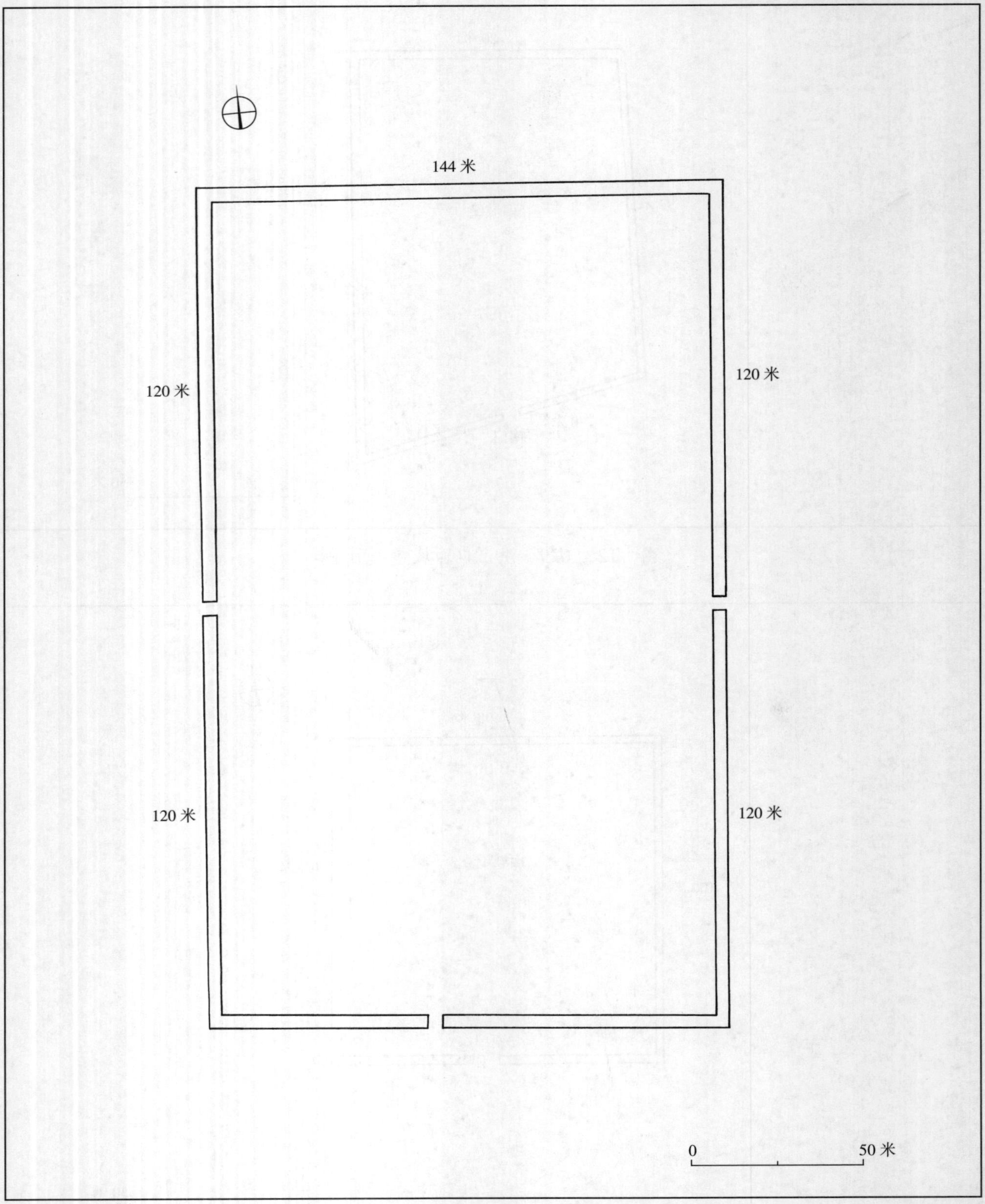

图［12］031　松棚营城平面图

图　版

图版［14］001 L72（接第十三测区敌台编号，由南各北，1983年12月）

图版［14］002 L74远望（由南向北，1983年12月）

图版［14］003 L75远望（由南向北，1983年12月）

图版［14］004 L76东立面（由东向西，1983年12月）

图版［14］005　L78 西南立面（由西南向东北，1983 年 12 月）

图版［14］006　L79 东立面（由东向西，1983 年 12 月）

图版［14］007　L80 基址及边墙（由南向北，1983 年 12 月）

图版［14］008　L81 西面（由西向东，1983 年 12 月）

图版［14］009　L82 北门、箭窗劈裂情况（由北向南，1984 年 4 月）

图版［14］010　D29 现状（1984 年 4 月）

图版［14］011　L83 残址（1984 年 4 月）

图版［14］012　L84 西立面（由西向东，1984 年 4 月）

图版［14］013　L84 东南立面（由东南向西北，1984年4月）

图版［14］014　F10 基址（由东向西，1983 年 12 月）

图版［14］015　L85 西北立面（由西北向东南，1984 年 12 月）

图版［14］016　L85 西南侧面（由西南向东北，1984 年 4 月）

图版［14］017　L86 基址（1984 年 4 月）

图版［14］018　L87 残基址（1984 年 4 月）

图版［14］019　L88 西立面及墙体（由西向东，1984 年 4 月）

图版［14］020　L88 东立面及墙体（由东向西，1984 年 4 月）

图版［14］021　L88 内梯井（1984 年 4 月）

图版［14］022　L90 南面（由南向北，1984 年 4 月）

图版［14］023　L91 东侧墙体（由东向西，1984 年 4 月）

图版［14］024　L92 东北面（由东北向西南，1984 年 4 月）

图版［14］025　D31 残基址（1984 年 4 月）

图版［14］026　D32 现状（1984 年 4 月）

图版［14］027　D33 远望（1984 年 4 月）

图版［14］028　D36 基址（1984 年 4 月）

图版［14］029　L94 东立面及边墙（由东向西，1984 年 4 月）

图版［14］030　L95 东立面及石边墙（由东向西，1984 年 4 月）

图版［14］031　D37 残基址（1984 年 4 月）

图版［14］032　L96 东立面（由东向西，1984 年 4 月）

图版［14］033　L96 南立面及墙体（由南向北，1984 年 4 月）

图版［14］034　L97 残墙（1984 年 4 月）

图版［14］035　L98 南立面及墙体（由南向北，1984 年 4 月）

图版［14］036　L98 内部中央筒拱及台门（由南向北，1984 年 4 月）

图版［14］037　L99 西立面及边墙（由西向东，1984 年 4 月）

图版［14］038　L99 内部残破情况（1984 年 4 月）

图版［14］039　B15现状（1984年4月）

图版［14］040　L100及边墙（由西向东，1984年4月）

图版［14］041　L101 及石边墙（由南向北，1984 年 4 月）

图版［14］042　L102 远望（由东向西，1984 年 4 月）

图版［14］043　L103 远望（由东向西，1984 年 4 月）

图版［14］044　L103 内残墙（1984 年 4 月）

图版［14］045　L104 北立面及边墙（由北向南，1984 年 4 月）

图版［14］046　L105 残基址及石边墙（1984 年 4 月）

图版［14］047　L106 东北立面及边墙（由东北向西南，1984 年 4 月）

图版［14］048　L112 西南立面及墙体（由西南向东北，1984 年 4 月）

图版［14］049　L113 及墙体（由南向北，1984 年 4 月）

图版［14］050　L114 西立面（由西向东，1984 年 4 月）

图版［14］051　L114 及墙体（由东向西，1984 年4月）

图版［14］052　L115 塌毁情况（1984 年 4 月）

图版［14］053　L115 南立面及墙体（由南向北，1984 年 4 月）

图版［14］054　L116 残破情况（1984 年 4 月）

图版［14］055 L116—L117 垛、宇墙及马道（1984 年 4 月）

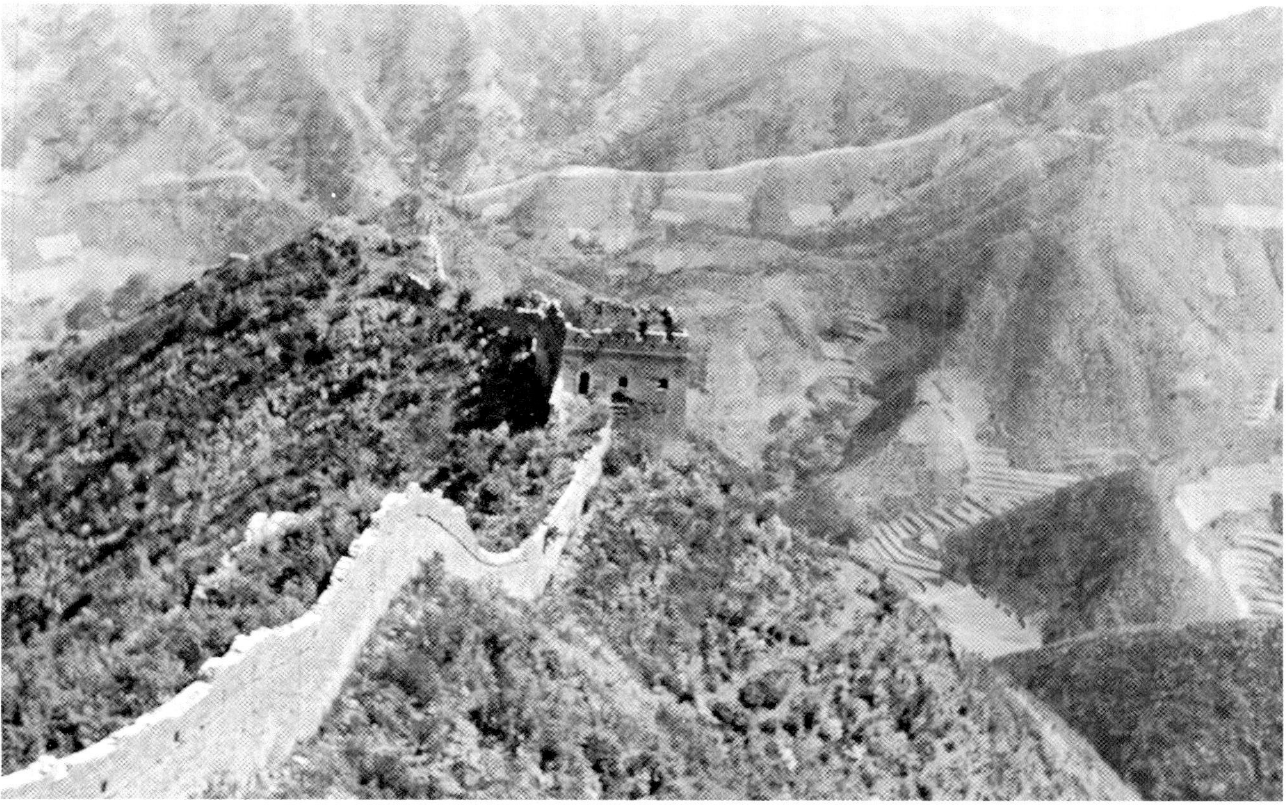

图版［14］056 L116 东南之边墙（由东南向西北，1984 年 4 月）

图版［14］057　L117 南立面及墙体（由南向北，1984 年 4 月）

图版［14］058　L118 内残存之石碑座（1984 年 4 月）

图版［14］059　L118 俯瞰及边墙（由西北向东南，1984 年 4 月）

图版［14］060　L119 南墙台门及墙体（由南向北，1984 年 4 月）

图版［14］061　L120 及墙体（由南向北，1984 年 4 月）

图版［14］062　L121 毁坏情况（由北向南，1984 年 4 月）

图版［14］063　L122 西墙现状（由西向东，1984 年 4 月）

图版［14］064　L123 残侧面及箭窗（1984 年 4 月）

图版［14］065　L123 西南立面（由西南向东北，1984 年 4 月）

图版［14］066　L125 东南立面（由东南向西北，1984 年 4 月）

图版［14］067　L126 毁坏情况（由西向东，1984 年 4 月）

图版［14］068　L127及边墙（由北向南，1984年4月）

图版［14］069　L128东门塌落情况（1984年4月）

图版［14］070　L128东面墙体（由东向西，1984年4月）

图版［14］071　L129东台门及墙体（由东向西，1984年4月）

图版［14］072　L130 东南立面全貌（由东南向西北，1984 年 4 月）

图版［14］073　董家口城全景（由西南向东北，1984 年 4 月）

图版［14］074 董家口城石心（早）砖包墙（早、晚期）（1984年4月）

图版［14］075 董家口城北门址外侧（1984年4月）

图版［14］076 董家口城北垣及角楼（1984年4月）

图版［14］077 董家口城东北角东便门（1984年4月）

图版［14］078　董家口城南便门址（1984年4月）

图版［14］079　董家口东垣砖墙（1984年4月）

图版［14］080　青山口关城（由东南向西北，1984年4月）

图版［14］081　青山口城北门（由北向南，1984年4月）

图版［14］082　青山口城南门（1984年4月）

图版［14］083　青山口南马圈城（1984年4月）

图版［13］001　L1 边墙远望（由北向南，1983 年 7 月）

图版［13］002　L1 边墙（由东向西，1983 年 7 月）

图版［13］003　L6 远景及墙体（由北向南，1983 年 7 月）

图版［13］004　L8 远望（由东向西，1983 年 7 月）

图版［13］005　L9 西面远望（由西向东，1983 年 7 月）

图版［13］006　L10 东立面（由东向西，1983 年 7 月）

图版［13］007　L11 残基址（由南向北，1983 年 7 月）

图版［13］008　L12 及边墙（由西向东，1983 年 7 月）

图版［13］009　L14及墙体（由南向北，1983年8月）

图版［13］010　L16及墙体（由东向西，1983年8月）

图版［13］011　L18及墙体（由南向北，1983年8月）

图版［13］012　L18顶部结构（由下向上，1983年8月）

图版［13］013　L19及墙体（由北向南，1983年8月）

图版［13］014　L20残墙（由东向西，1983年8月）

图版［13］015　L20 内残碑（1983 年 3 月）

图版［13］017　L21 南立面现状（由南向北，1983 年 8 月）

图版［13］016　L20 — L21 之间边墙（由南向北，1983 年 8 月）

图版［13］018　L23 残基址（由东向西，1983 年 8 月）

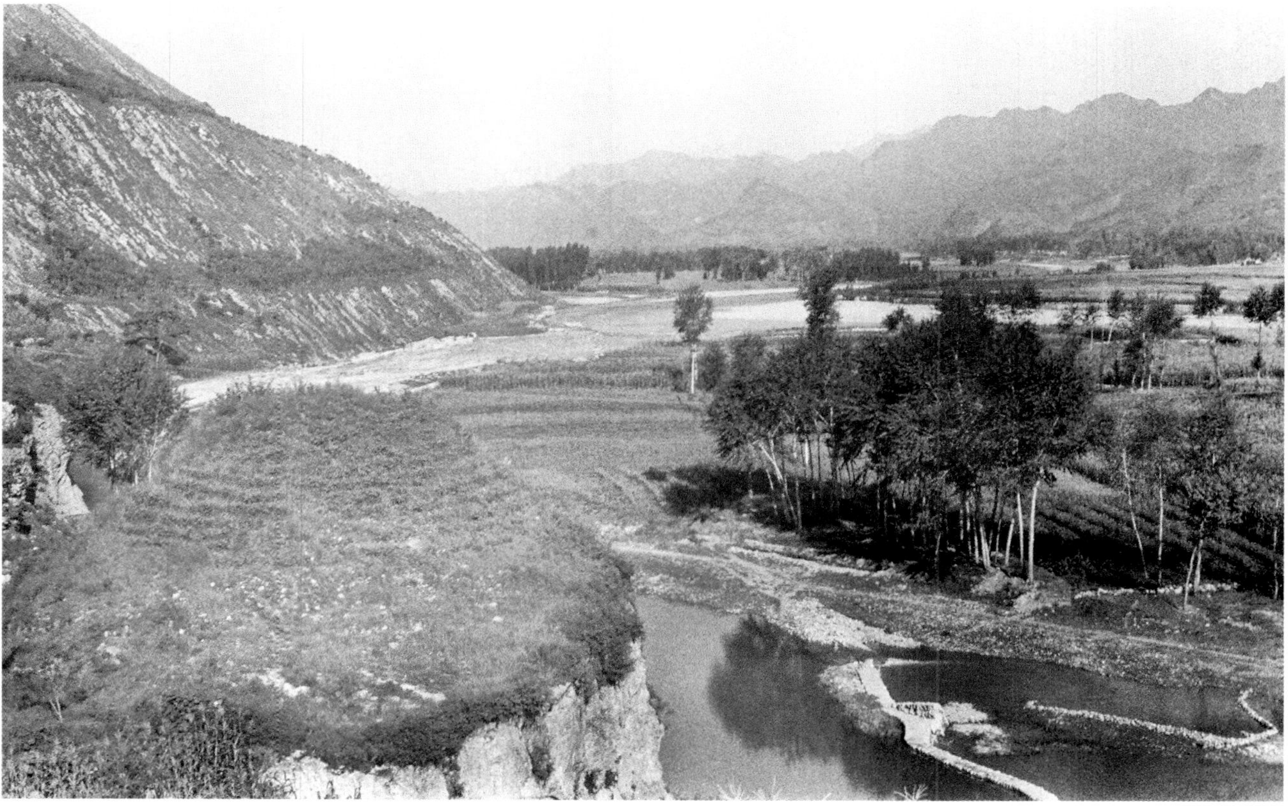

图版［13］019　龙井关门旧址（由东向西，1983 年 8 月）

图版[13]020　L26东立面（由东向西，1983年8月）

图版[13]021　L27东立面（由东向西，1983年8月）

图版[13]022　L30东立面（由东向西，1983年8月）

图版[13]023　L31远景（由西向东，1983年8月）

图版[13]024　L32西Y4（由西向东，1983年8月）

图版[13]025　L33东面（由东向西，1983年8月）

图版［13］026　L34 日址（由东向西，1983 年 8 月）

图版［13］027　Y5（由北向南，1983 年 8 月）

图版［13］028　Y6 和边墙（由西向东，1983 年 8 月）

图版［13］029　L41 及墙体（由南向北，1983 年 9 月）

图版［13］030　L41 — Y8 之间的边墙（由南向北，1983 年 9 月）

图版［13］031　Y8（由西南向东北，1983 年 9 月）

图版［13］032　Y10 和喜峰口以东墙体（由南向北，1983 年 11 月）

图版［13］033　L43 西侧远望（由西向东，1983 年 9 月）

图版［13］034　Y11 和边墙（由南向北，1983 年 11 月）

图版［13］035　L45 东立面残墙和边墙（由东向西，1983 年 11 月）

图版［13］036　L46 南面（由南向北，1983 年 11 月）

图版［13］037　L46 — L47 之间的石边墙（由南向北，1983 年 11 月）

图版［13］038　L47 残基址（由南向北，1983 年 11 月）

图版［13］039　D5 及长城远望（由东向西，1983 年 11 月）

图版［13］040　D6（由南向北，1983 年 11 月）

图版［13］041　D7 远望（由南向北，1983 年 11 月）

图版［13］042　D8 远望（由东向西，1983 年 11 月）

图版［13］043　L50 远望（由东向西，1983 年 11 月）

图版［13］044　L51及边墙（1983年11月）

图版［13］045　L52东面（由东向西，1983年11月）

图版［13］046　L53 东面及墙体（由东向西，1983 年 11 月）

图版［13］047　L54 及边墙（由东向西，1983 年 11 月）

图版［13］048　L54 以西边墙（由东向西，1983 年 11 月）

图版［13］049　L55 与主体边墙（由南向北，1983 年 11 月）

图版［13］050　L56 — L57 之间的主体边墙（由南向北，1983 年 11 月）

图版［13］051　L57 及墙体（由南向北，1983 年 11 月）

图版［13］052　L58 及墙体（由东南向西北，1983 年 11 月）

图版［13］053　L59 及边墙（由南向北，1983 年 11 月）

图版［13］054　Y12（由南向北，1983 年 11 月）

图版［13］055　L60 南立面（由南向北，1983 年 11 月）

图版［13］056　L60 东南石边墙（由西向东，1983 年 11 月）

图版［13］057　L61 东面现状（由东向西，1983 年 11 月）

图版［13］058　L61 南面（由南向北，1983 年 11 月）

图版［13］059　D16 全景（由西向东，1983 年 11 月）

图版［13］060　L62 远望（由东向西，1983 年 11 月）

图版［13］061　L64南立面（由南向北，1983年11月）

图版［13］062　L64—L65之间的石边墙（由东向西，1983年11月）

图版［13］063　L65西南立面（由西南向东北，1983年11月）

图版［13］064　L66东立面（由东向西，1983年11月）

图版［13］065　L66 南面和砖帽石墙情况（由南向北，1983 年 11 月）

图版［13］066　L66 — L67 间墙上射孔（由南向北，1983 年 11 月）

图版［13］067　L67 南立面（由南向北，1983 年 11 月）

图版［13］068　L68 边墙（由东向西，1983 年 11 月）

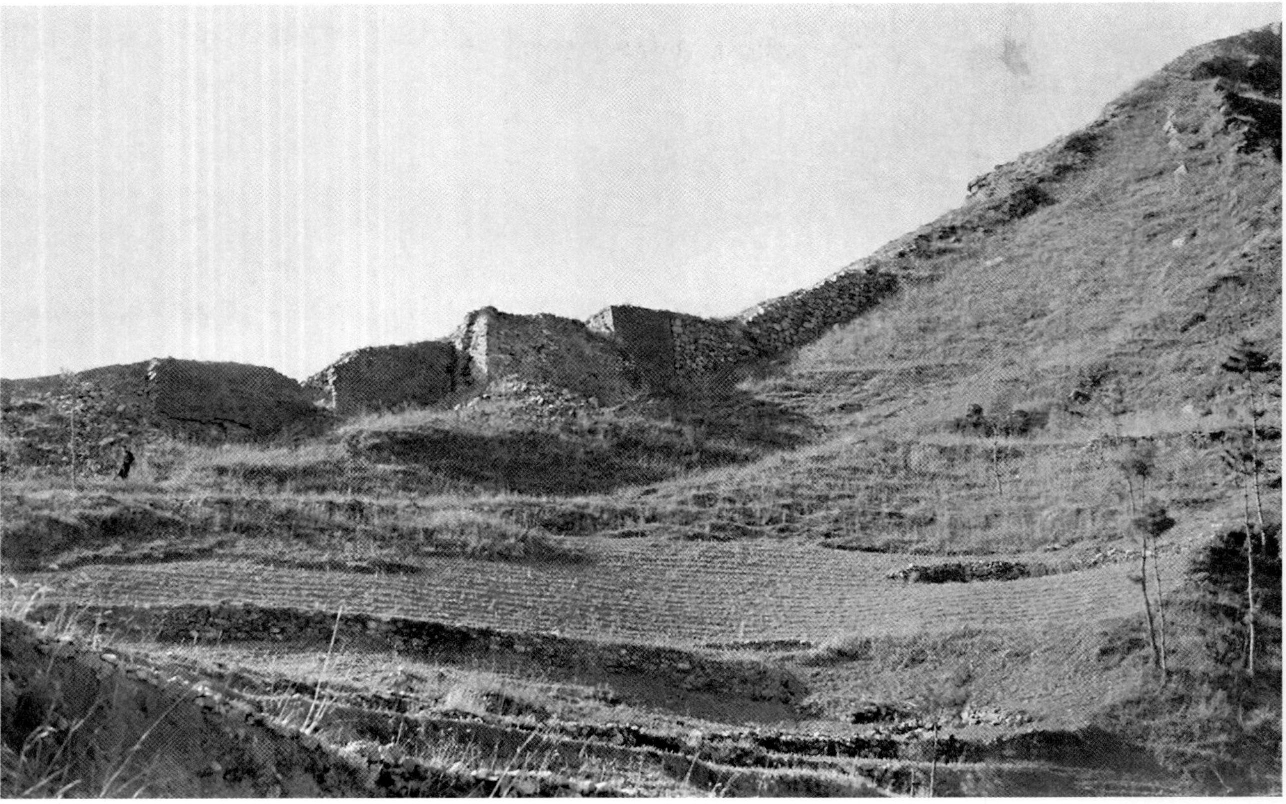

图版［13］069　L69 及墙体（由东北向西南，1983 年 11 月）

图版［13］070　L70 残墙（由东向西，1984 年 4 月）

图版［13］071　D23 残迹（由东向西，1983 年 11 月）

图版［13］072　附 L1 东面（由东向西，1983 年 9 月）

图版［13］073　附 L1 南立面（由南向北，1983 年 9 月）

图版［13］074　附 L2 东立面（由东向西，1983 年 9 月）

图版［13］075　附 L3 东立面（由东向西，1983 年 9 月）

图版［13］076　附 L4 及墙体（由南向北，1983 年 9 月）

图版［13］077　附 L5 东面（由东向西，1983 年 9 月）

图版［13］078　附 L5 西北立面（由西北向东南，1983 年 9 月）

图版［13］079　附 L6 以北砖边墙及礌石溜道（由南向北，1983 年 9 月）

图版［13］080　附 L6 北石灰窑址（由南向北，1983 年 9 月）

图版［13］081　附 L8 东立面和边墙（由东向西，1983 年 10 月）

图版［13］082　附 L8 西立面（由西向东，1983 年 10 月）

图版［13］083　附 L8 及边墙（由北向南，1983 年 10 月）

图版［13］084　附 L9 南立面（由南向北，1983 年 10 月）

图版［13］085　附 L9 及山险墙（由北向南，1983 年 10 月）

图版［13］086　附L10北侧面（由北向南，1983年10月）

图版［13］087　附L10东侧面（由东向西，1983年10月）

图版［13］088　附L11南面（由南向北，1983年10月）

图版［13］089　附L11东立面（由东向西，1983年10月）

图版［13］090　附L12南立面（由南向北，1983年10月）

图版［13］091　附L12西南面（由东南向西北，1983年10月）

图版［13］092　附 L13 南立面（由南向北，1983 年 10 月）

图版［13］093　附 L13 东立面（由东向西，1983 年 10 月）

图版［13］094　附 L14 南立面（由南向北，1983 年 10 月）

图版［13］095　附 L15 南面（由南向北，1983 年 10 月）

图版［13］096　附 L15 — L16 远景（由西向东，1983 年 10 月）

图版［13］097　附 L16 东立面（由东向西，1983 年 10 月）

图版［13］098　附 L17 残迹（由南向北，1983 年 10 月）

图版［13］099　附L18基址（由南向北，1983年10月）

图版［13］100　附Z1基址（由北向南，1983年11月）

图版［13］101　附L19南面（由南向北，1983年11月）

图版［13］102　附L20残墙（由东向西，1983年10月）

图版［13］103　附 L21 东立面（由东向西，1983 年 10 月）

图版［13］104　附 L21 石台门（由下向上，1983 年 10 月）

图版［13］105 附 L22 东面远望（由东向西，1983 年 10 月）

图版［13］106 附 L23 远景（由南向北，1983 年 10 月）

图版［13］107 附 L24 远景（由南向北，1983 年 10 月）

图版［13］108 附 L25 南侧面（由南向北，1983 年 10 月）

图版［13］109 附 L26 南立面（由南向北，1983 年 10 月）

图版［13］110 附 L27 东面（由东向西，1983 年 10 月）

图版［13］111　附 L28 东面（由东向西，1983 年 10 月）

图版［13］112　二道城子残城墙（由南向北，1983 年 10 月）

图版［13］113　苏郎峪城城垣（由南向北，1983 年 10 月）

图版［13］114　西城峪城全景（由东向西，1983 年 10 月）

图版［13］115　大喜峰口关城东北部被水库淹没情况（由西向东，1983 年 11 月）

图版［13］116　大喜峰口关城关门被水淹没情况（由西南向东北，1983 年 11 月）

图版［13］117　大喜峰口关城东北角（由西南向东北，1983 年 11 月）

图版［13］118　喜峰口路城南门（由南向北，1983 年 11 月）

图版［13］122　马圈城西门及砖墙（由西向东，1983 年 12 月）

图版［13］123　迁西三屯营城现状（由西向东 1983 年 12 月）

图版［13］119　李家峪城现状（由东向西，1983 年 11 月）

图版［13］120　铁门关城南垣砖墙（由南向北，1983 年 11 月）

图版［13］125　三屯营城小东门北东小关旧址（1983 年 12 月）

图版［13］126　三屯营城西垣（由西向东，1983 年 12 月）

图版［13］127　关门岭城 L1（由西向东，1983 年 9 月）

图版［13］128　关门岭城 L2（由西向东，1983 年 9 月）

图版［13］129　关门岭城 L6（1983 年 9 月）

图版［13］130　汉儿庄南门（由南向北，1983

图版［13］131　汉儿庄南城门上石匾额（带川门）（由南向北，1983 年 9 月）

图版［13］132　汉儿庄北极阁残石匾一角（1983 年 9 月）

图版［12］001　L1 残基址（1983 年 3 月）

图版［12］002　L2 基址（1983 年 3 月）

图版［12］003　L2 西侧砖边墙（1983 年 3 月）

图版［12］004　L2 西侧 B1（1983 年 3 月）

图版［12］005 L3 东立面（由东向西，1983 年 3 月）

图版［12］006 L3 以西砖边墙（1983 年 3 月）

图版［12］007 L4 残基址（1983 年 3 月）

图版［12］008 L6 东立面（由东向西，1983 年 3 月）

图版［12］009 L7 残基址（1983 年 3 月）

图版［12］010 L8 残基址（1983 年 11 月）

图版［12］011　L10 残基址（1983 年 3 月）

图版［12］012　L11 基址（1983 年 3 月）

图版［12］013　L12 基址（1983 年 3 月）

图版［12］014　L13 基址（1983 年 3 月）

图版［12］015　L14 基址（由东向西，1983 年 3 月）

图版［12］016　L14 西北侧与砖墙结构（1983 年 3 月）

图版［12］017　L15 残基址（1983 年 3 月）

图版［12］018　L16 残基址（1983 年 3 月）

图版［12］019　L17 残墙（1983 年 3 月）

图版［12］020　L18 残基址（1983 年 3 月）

图版［12］021　L19 残基址（1983 年 3 月）

图版［12］022　B6（1983 年 3 月）

图版［12］023　L20 基址（1983 年 3 月）

图版［12］024　B7（1983 年 3 月）

图版［12］025　L22（由东向西，1983 年 3 月）

图版［12］026　L23 残基址（1983 年 3 月）

图版［12］027　L24 及修复的残墙（1983 年 3 月）

图版［12］028　T1 附墙台（1983 年 3 月）

图版［12］029　L25 残基址（1983 年 3 月）

图版［12］030　T2 附墙台（由东向西，1983 年 3 月）

图版［12］031　L26 残基址（1983 年 3 月）

图版［12］032　L26 及上墙台阶（1983 年 3 月）

图版［12］033　L26及T4附墙台（由东向西，1983年3月）

图版［12］034　L27东北面及墙体（由东北向西南，1983年3月）

图版［12］035　L27以西石边墙接茬情况（1983年3月）

图版［12］036　L28 基址（1983 年 3 月）

图版［12］037　L29 残基址（1983 年 3 月）

图版［12］038　T8 附墙台（1983 年 3 月）

图版［12］039　L30 基址（1983 年 3 月）

图版［12］040　L31 基址（1983 年 3 月）

图版［12］041　L32 现状（1983 年 3 月）

图版［12］042　L33 基址（1983 年 3 月）

图版［12］043　L35 基址（1983 年 3 月）

图版［12］044　L36 基址（1983 年 3 月）

图版［12］045　L37 基址（1983 年 3 月）

图版［12］046　L38 基址（1983 年 3 月）

图版［12］047　L39 现状（1983 年 3 月）

图版［12］048　L40基址（1983年3月）

图版［12］049　L41和残墙体（1983年3月）

图版［12］050　L42基址（1983年3月）

图版［12］051　L43 残基址（1983 年 3 月）

图版［12］052　L43 西 T11 附墙台（1983 年 3 月）

图版［12］053　L44（由西南向东北，1983 年 3 月）

图版［12］054　L45（由西南向东北，1983 年 3 月）

图版［12］055　L45 及墙体（由东向西，1983 年 3 月）

图版［12］056　L45 门及筒拱（1983 年 3 月）

图版［12］057　L45 活口（豁口）（1983 年 3 月）

图版［12］058　L46 残迹（1983 年 3 月）

图版［12］059　L47 基址（1983 年 3 月）

图版［12］060　L48 残基址（1983 年 3 月）

图版［12］061　Z2 及石边墙（1983 年 3 月）

图版［12］062　L49 及石边墙（由北向南，1983 年 3 月）

图版［12］063　L49 台门（由东向西，1983 年 3 月）

图版［12］064　L50 西北立面（由西北向东南，1983 年 3 月）

图版［12］065　L50 台门（1983 年 3 月）

图版［12］066　Y3 残迹（1983 年 3 月）

图版［12］067　L51 西立面（由西向东，1983 年 3 月）

图版［12］068　L52（1983 年 3 月）

图版［12］069　L53 残迹（1983 年 3 月）

图版［12］070　L53 西侧 Y4（1983 年 3 月）

图版［12］071　L54（由东向西，1983 年 3 月）

图版［12］072　L55 残基址（1983 年 3 月）

图版［12］073　L56 残基址（1983 年 3 月）

图版［12］074　L56 西侧 Z3（1983 年 3 月）

图版［12］075　L57 残墙（1983 年 3 月）

图版［12］076　L58 残墙（由东向西，1983 年 3 月）

图版［12］077　L58 西 Y5（1983 年 3 月）

图版［12］078　L59（由东向西，1983 年 3 月）

图版［12］079　L60 残墙及台门（由北向南，1983 年 3 月）

图版［12］080　L61 及边墙（由西向东，1983 年 3 月）

图版［12］081　洪山口（松棚路）城址及民居（由东南向西北，1983 年 3 月）

图版［12］082　松棚路城北垣东段（1983 年 3 月）

图版［12］083　松棚路城北垣西段（1983 年 3 月）

图版［12］084　松棚路城东南拐角处（1983 年 3 月）

图版［12］085　松棚路城南垣砖包石墙（1983 年 3 月）